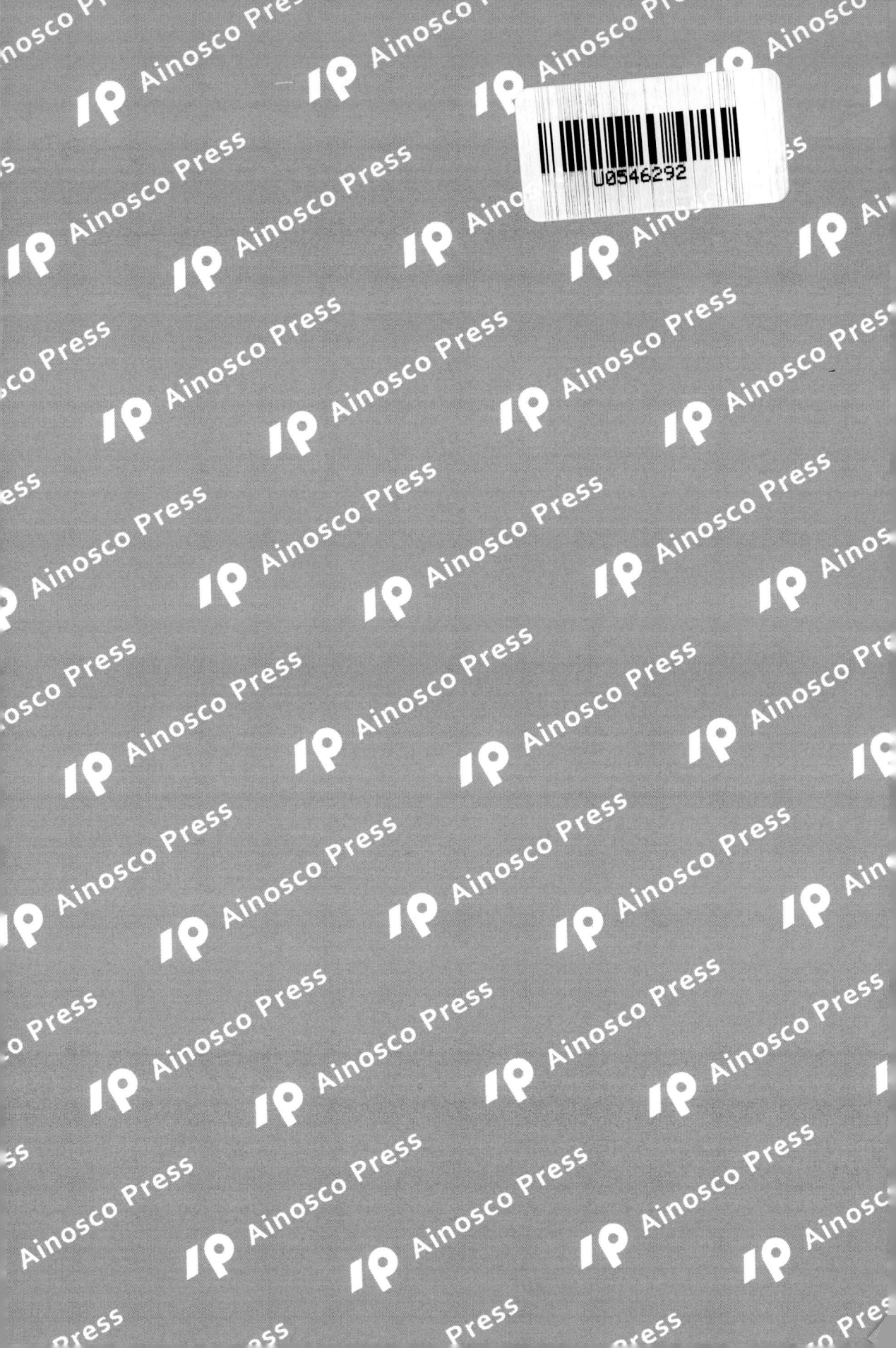

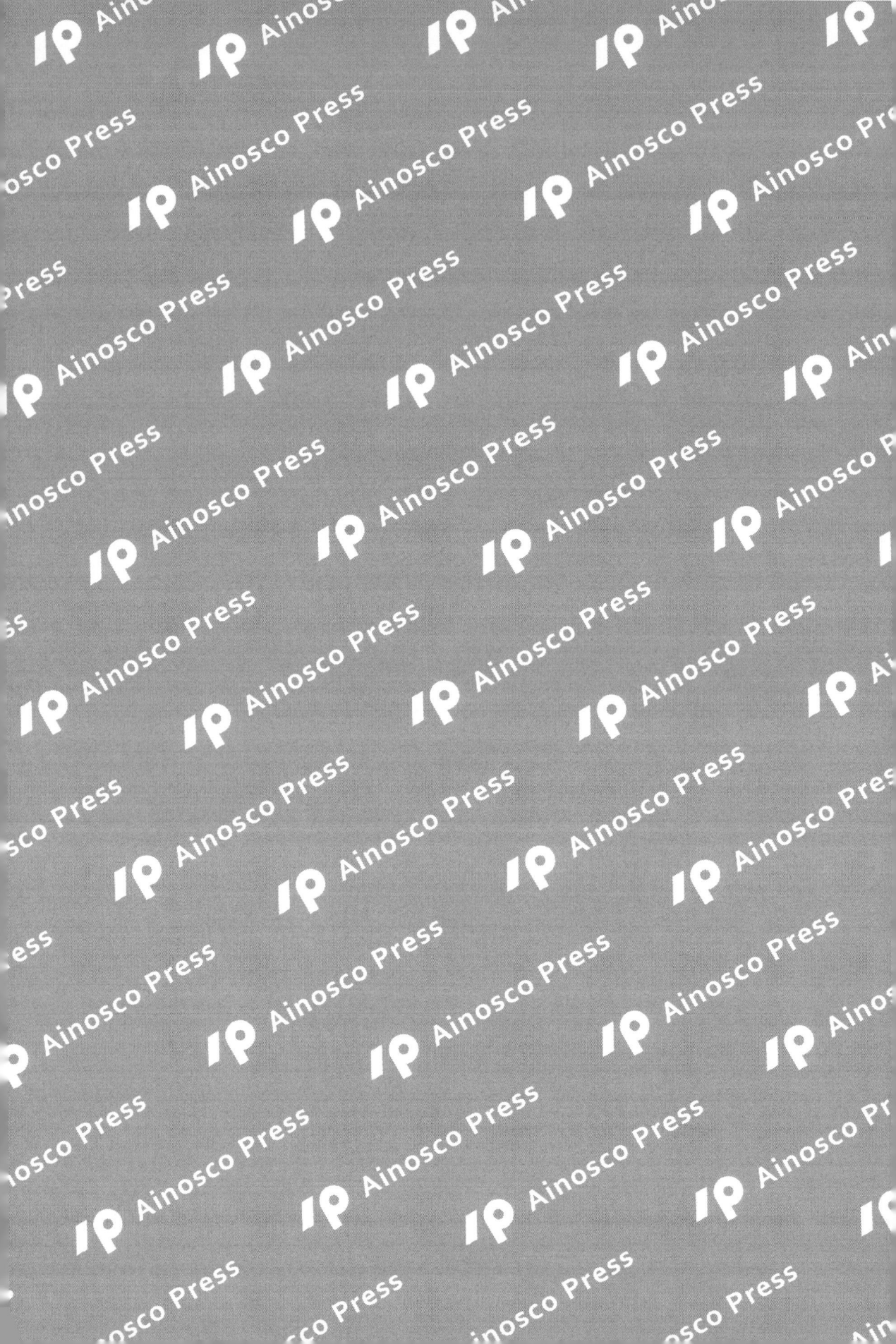

中國人道德體系的文化演進

柯仁泉 (Ryan Nichols) 編著

Ainosco Press

目次

引言 1
　　柯仁泉　著／Translated S.r.l.　譯審

模型

第一章　中國人道德體系的文化演進，及跨學科研究對其理解的重要價值 19
　　柯仁泉　著／張奕樂、謝安怡　譯

第二章　做對與不做錯：社會心理學模型——中華文化和其他文化群體的情境道德 43
　　彭邁克　著／Translated S.r.l.　譯審

遠端和生物遺傳因素

第三章　中國道德的生態學分析：緯度、病原體、農業和現代化 67
　　濱村武　著／張奕樂、謝安怡　譯

第四章　基因遺傳對東亞人道德觀的貢獻 93
　　王一伊、蘇彥捷　著／Translated S.r.l.　譯審

第五章　文化神經科學視角下的道德判斷 119
　　韓世輝　著／Translated S.r.l.　譯審

文化和歷史因素

第六章　認知科學與早期儒家德性倫理學：論習慣之必要 139
　　森舸瀾　著／Translated S.r.l.　譯審

第七章　中國文化中的語言與道德 159
　　林培瑞　著／Translated S.r.l.　譯審

**第八章　中國法律傳統框架下的中國道德心理：從歷史觀點探討正式與
　　　　非正式法律形態之間的分歧如何塑造中國的「法律靈魂」** 175
　　　　John W. Head　著／Translated S.r.l.　譯審

發展和心理因素

第九章　由發展心理學角度理解中國人的道德觀 203
　　　　朱莉琪、萬紫佳　著／Translated S.r.l.　譯審

第十章　「好孩子」：中國兒童道德發展的人類學視角 227
　　　　許晶　著譯／謝安怡　編修

**第十一章　文化心理學與道德在中文和中國之意涵：誤解、觀念和可能
　　　　　　性** 255
　　　　蒲安梅　著／Aaron Hao　譯

道德改變的因素

第十二章　當代中國道德轉型的軌跡 279
　　　　閻雲翔　著／許晶　譯

第十三章　中國文化中的幸福感與道德 301
　　　　倫妙芝　著／Translated S.r.l.　譯審

第十四章　從文化多樣性的角度瞭解中華道德思想 317
　　　　敬一鳴、蔡華儉　著／Translated S.r.l.　譯審

本書貢獻學者（按貢獻章節順序排列）

柯仁泉 (Ryan Nichols)
美國加州州立大學富勒頓分校哲學系教授

彭邁克 (Michael Harris Bond)
中國香港理工大學管理及市場學系客座教授

濱村武 (Takeshi Hamamura)
澳大利亞珀斯科廷大學心理及語言病理學學院教授

王一伊
中國北京大學心理與認知科學學院行為與心理健康北京重點實驗室助理教授／研究員

蘇彥捷
中國北京大學心理與認知科學學院行為與心理健康北京重點實驗室教授博導

韓世輝
中國北京大學心理與認知科學學院教授
中國北京大學 IDG 麥戈文腦科學研究所首席研究員

森舸瀾 (Edward Slingerland)
加拿大研究主席 (Canada Research Chair) 和傑出大學學者 (Distinguished University Scholar)
加拿大英屬哥倫比亞大學哲學系教授
宗教史資料庫主任

林培瑞 (Perry Link)
美國加州大學河濱分校跨學科教學創新 Chancellorial Chair
美國加州大學河濱分校比較文學和語言特聘教授

John W. Head
美國堪薩斯大學法學院 Robert W. Wagstaff 特聘法學教授

朱莉琪
中國科學院心理研究所行為科學重點實驗室教授
中國科學院大學心理系

萬縈佳
中國科學院心理研究所行為科學重點實驗室博士後研究員
中國科學院大學心理學系

許晶
美國華盛頓大學人類學系副教授

蒲安梅 (Emma E. Buchtel)
中國香港教育大學心理學系教授

閻雲翔
美國加州大學洛杉磯分校人類學系教授

倫妙芝
中國香港嶺南大學應用心理學系副教授

敬一鳴
中國科學院心理研究所助理教授（一級）
中國科學院大學心理系（二級）

蔡華儉
中國科學院心理研究所教授（一級）
中國科學院大學心理系（二級）

引言

柯仁泉 (Ryan Nichols) 著
Translated S.r.l. 譯審

一、本書之目的和內容

「解釋」是一組表徵，創造對事實之間關係的理解；「表徵」是指對實體或特徵的描述、描繪或本意。描述性表徵以口頭或書面之語言形式呈現，圖表圖像則透過描繪恰當地展現實體。符號表徵如同畢式定理，在科學解釋中不可或缺。為了讓表徵能「解釋」事物，它們必須「創造理解」，這採用了心理學的解釋觀。最後，表徵只有在它們能對事實之間的關係創造心理理解時才能解釋事物。在科學史上，眾多的學科和方法發現了幾十種事實之間的關係，其中包括：關聯、因果、交流、機制、法規、身分、實現、聚合、組合、結構、功能、複雜性和湧現 (Cunningham 2020)。本書的作者們在撰寫各章節時，都隱約地表現出這些關係，以嘗試解釋影響中華文化道德之不同因素。

為了解釋道德觀（如果你不介意這句話非理性的企圖），我們必須給予道德概念一個框架，因為道德時常跳脫其預期範圍。英語單字 "morality"（道德）的使用通常落入兩種類型中。在「描述性」用法中，該詞係指社會、宗教或文化群體成員所遵循的行為準則；在「規定性」用法中，該詞係指理性人士應遵守的行為準則 (Gert 2016)。例如，在疫情大流行期間，某人在擁擠的車站行走時沒有配戴口罩，且其所屬群體之行為準則在道德上要求他在此情況下應該要戴口罩。行為準則代表了一組複雜的「如果……那就……」條件句，其描述或規定群體中的個人如何根據互動和事件來改變自身的想法、感受和行動。某人的群體可能採取以下條件：「如果」某人在捷運站內，「那麼」他就應該戴口罩。如果有人在此情況下不戴口罩，那麼就違反了該群體的道德準則。在描述性背景下，社會科學家可能會注意到該行為者的行為與所屬群體之道德準則不一致；在規定性背景下，哲學家可能會爭辯說，該行為者的行為是不道德的。道德的科學調查僅限於對被不同群體認可為標準的行為準則之描述性研究，不過，本書關注的重點是單一文化群體。

文化中道德行為準則的形成是各種事實之間不同關係之複雜相互作用的產

物，這些因素包括社會組織系統、生態、緯度、遺傳、神經荷爾蒙、語言、婚姻制度、社會與個人學習的比例、認知和社會發展模式、經濟和工業成長的途徑、社會化、教育學與方法、親屬關係、文化史、領導力、宗教信仰體系、文學史、政府形式、認知風格等。與事實相反的條件有助於理解跨文化變數對道德影響的不同重點。我們可以對每個因素以及每個因素之間的相互作用提出條件或反事實條件，以代表、澄清，並可能試驗每個因素對中華道德的不同影響。中國歷史上道德權威的主要來源是父系血統這一事實在多大程度上塑造了中華道德觀呢？提出此問題自然會吸引研究人員設計實驗，其中相關變數可以被控制，也可以透過使用來自（有或沒有）像中國這樣深度的祖先崇拜系統之人群樣本來研究。在發現不具有這種社會組織形式的社會並沒有發展高權力距離與群體融合之後，我們可能會推斷「沉浸在以親屬關係為導向、父系且階級制的社會組織中，形成當代中華社會心理的主要道德相關特徵，包括高比例的權力距離與群體融合」。

因果解釋的反事實方法隱約暗示，當控制方 X 會改變 Y 值時，因素 X 和 Y 處於因果關係。例如，某人劃火柴的行為和氧氣的存在都是點亮火柴的原因，因為若其中一項有變動，火柴可能就不會被點亮。這是真實且準確的，但並不令人滿意，因為此因果多元的解釋並沒有產生對事實之間實際關係的理解。純粹的反事實方法無法區分促成原因（氧氣）的因果作用和促成差異原因（某人劃火柴的行動）的因果作用 (Waters 2007)。在這種情況下，我們希望瞭解哪個原因對火柴的點亮產生了影響。在本書中，我們希望瞭解哪些原因影響了中華道德的形成和內涵。Kenneth Waters 對因果解釋的「實際差異製造者」(Actual Difference-Maker) 理論非常適合應用於跨學科背景（如本書），因其旨在瞭解人群中的成因。本書期望解釋是什麼因素使中華道德體系與世界各地的有所不同，從阿富汗到萬那杜，從阿爾巴尼亞到辛巴威。某人從盒子內選擇一根想點亮的火柴，雖然氧氣的存在是點燃火柴的一個成因，但某人劃火柴的動作才是實際差異製造者，因為氧氣對所有火柴來說都是存在的 (Waters 2007)。此見解可以應用於本書中的文章：作為一個合作團隊，我們最期望的是建立對事實之間關係的理解，而這些事實是中華道德的實際差異製造者或與之有關。理應，在這幾千年的時光裡，有許多實際差異產生的原因，在單獨或相互作用下，賦予了中華道德所具有的屬性。

道德議題的跨學科研究採取了多種形式，並以多種方法加以應用，因此本書作者以不同方式定義和使用道德一詞也就不足為奇了。若想在這單字上強加一組必要且充分的條件，並堅持所有作者只遵循如此定義來使用「道德」一詞，實際上並不可行。讓我們花點時間思考以下陳述，並能理解其中原因。每位作者都專

注於一組特定且有限的事實，以及它們之間的關係；每個作者都使用其專長學科獨有的解釋策略來向讀者傳達對這些事實的理解。

每章節的總結都必須等待進一步的審查和分析，然後才能將之適當地整合，講述中華道德整體文化演變的循證故事。正如 Joseph Henrich 最近在其著作《世界上最奇怪的人：西方心理學如何變得特殊且發展繁榮》（暫譯／*The WEIRDest People in the World: How the West Became Psychologically Peculiar and Particularly Prosperous*）中講述了西方世界規範文化演變的故事一樣，等待時機成熟時，自然中國也會有相似的故事產生 (Henrich 2020)。尤其是文化演化領域的進步，對於試圖將代表中華文化演化特徵的各種布料編織在一起的人來說，有著特殊的希望。正如 Henrich 和其他人所觀察，理解某種文化及其歷時發展的關鍵是瞭解該文化在其公民之間實現合作的獨特方式，從而改變控制利他主義和狹隘自我利益比例的激勵結構。這就是為什麼理解「中華道德」能開啟對「中華文化」更深入瞭解的關鍵因素。

本書的第一部分奠定了基礎，使讀者能夠充分理解其中篇章。

理解和解釋中華道德的另一個潛在障礙是目前缺乏跨學科整合。為了解釋任何一種現象，人會在事實之間的關係中製造表徵。正如學術界的典型情況一樣，某研究人員在單個學科中關注的關係類型和事實類型的確可以很狹窄。作為本書的開篇，筆者欲向讀者講述中國和其他儒家傳承文化中存在的羞恥以及羞恥系統的混淆概念，以展示此議題與相關的克服方法。羞恥在儒家傳承文化的行為準則中具有極其重要的意義。羞恥感是從與等級相關的情緒演變而來，並會激發有威望的競爭、合作和從眾行為 (Fessler 2004, p. 207)；羞恥系統的發展是為了應對以自我為中心的社會威脅和未來合作的風險 (Gilbert 2003, p. 1205)。儘管所有人都擁有羞恥心，但羞恥感的向性、體驗頻率、羞恥的社會重要性以及羞恥系統在不同文化中存在很大差異。在引言中，筆者對研究員在解釋中國羞恥的獨特特徵時提供之儒家傳承文化中所代表的羞恥事實之間的各種關係進行了編排。這些研究員包括文學家、生態學家、跨文化心理學家、遺傳學家和其他學者，每個人都認為他們不僅確定了中華文化中羞恥的成因，而且似乎也確定了實際差異製造之原因，結果至多是對中華文化羞恥系統的各種影響和組成部分之分解、分析性的理解。相反地，如果這些研究員閱讀彼此的著作並嘗試將其內容融入自己的篇章中，本書就能對中華文化的羞恥心塑造一個整體、統一的解釋。在跨文化心理學中得到充分證實的發現可靠地證明，東亞人表現出的整體認知風格多於分析認知風格，而西方人則相反（請參閱 Peng 和 Nisbett 1999；另見 Nichols 2021）。在此，筆者

想重新表述前一點：從某種意義上說，本書目的是為了讓西方和中國的研究員對中華道德觀有更全面的中華視角。引言詳細地描述跨學科研究中關於單一主題的解釋性差距，對這樣一本合著書的重要性提出實際說明。此外，引言還揭示了中國研究的列維納斯式影響（至少對筆者而言），也就是說，筆者對中國和中華道德的理解已有所改變，且思考和進行研究的方式顯然變得周全了。筆者也希望此著作能跨出重要（即使是初步）的一步，為未來的整合研究提供模板。

本書的第二章由彭邁克 (Michael Harris Bond) 博士撰寫，該章節提供了一個整合的道德發展模型。遵循行為準則的動機植根於個人利益的基本顧慮。若某人的某行為結果會失去朋友和盟友，那麼只有當在其他方面的獲利超過這些損失時，某人才有可能做出該行為。但是，在任何道德演算中起作用的大多變數值都會隨著文化和時間的不同而發生變化，有時是戲劇性的，有時是些微的。在第二章中，彭邁克博士借鑑由 Fiske (1993) 提出的跨文化應用模型，進一步發展並將應用於理解文化的起源和含義。根據該模型，四種基本力量支配著人們在文化背景下做出道德選擇的情感、認知和行為：團結驅動共享，階級驅動權力分級，平等驅動公平分配，比例原則驅動市場訂價。這四種因素的影響在某些情況下會發生變化：某人在關係背景下被規定的角色、治理的政治制度、經濟關係等。正如彭邁克博士所強調，將該模型應用於中華道德中，可以幫助我們理解它是如何變化的。在讀完本章後，讀者將能夠把該模型重新應用於本書其他地方提出的事實並從中受益。

本書第二部分的內容囊括生態學、遺傳學和神經科學對中華道德的影響。

濱村武博士的章節為讀者提供了對中華道德最具影響力的生態影響、遠端影響的系統性回顧和解釋。其令人信服的證據證明了東亞大陸早期人類定居者所經歷的祖先物理生態，以及隨後的道德社會取向之間存在著引人入勝的解釋關係，但對人文學界來說卻鮮為人知。例如，病原體和危險的微生物會危及被感染的人類，濱村武博士表明，其威脅的嚴重程度與道德取向有關。源自曾面臨極高病原體負荷的族群之現代文化（包括古代中華文化裡的人群），被發現具有強調群體價值而非個人價值的規範，而這種模式與源自面臨低病原體負荷族群的文化相反。濱村武博士還討論了其他遠端影響，包括緯度和農業，並發現這些都是中華道德心理和行為內容的實際差異製造者。

濱村武博士避免詳細討論對當代中華道德（緯度、病原體和農業）產生作用的遠端影響機制。儘管如此，有證據表明這些對中華道德的遠端影響是由多種機制調節而成，其中包括學習風格和基因。例如，在美國體質人類學家協會 2021 年

會上，演化遺傳學家 David Enard 及其同事提出了證據，證明東亞人體內存在專門適應冠狀病毒的遺傳基因。這種適應似乎是在大約 2.5 萬年前就選擇的 (Enard et al. 2021)，約為末次冰盛期。這提供了與當前疫情大流行相關的證據，即包括病原體在內的祖先生態因素通過天擇過程改變人們的遺傳基因碼，最終改變身體功能和行為。

生物文化人類學家、考古學家和古氣候學家透過研究行為準則的起源以及群體本身的融合，對群體行為準則的科學理解做出了卓越貢獻。在人類物種的早期成員從東非散布出去後，考古學家觀察到了文化分化和群體形成起始的關鍵步驟。隨著一群人進入我們星球中不同自然生態環境和緯度，其成員遇到了新的挑戰，要尋找不熟悉的食物資源，以及應對嚴酷的氣候變化。我們的祖先群體面臨著不同的區域問題。例如，與其他舊石器時代晚期人群相比，冠狀病毒對東亞人基因組的影響似乎更大。

根據舊石器時代晚期出土的遺骸，末次冰盛期的環境壓力促使東亞大陸的許多北方居民要麼一起死去，要麼緊緊地綁在一起以求生存 (Barton et al. 2007)。相比之下，在同一時期（大約 2.3 萬年前）的地層中，居住在赤道地區的人群遺骸並沒有展現出相同模式。此類研究有助於瞭解早期人們賦予該群體的相對重要性，也就是說，它能協助研究員找出條件來表示各種因素之間的解釋關係。此外，人類學家、考古學家和古氣候學家的研究也十分重要，有助於我們瞭解文化內容是否在很長一段時間內傳播出去，以及若有傳播出去的方式為何。歐洲末次冰盛期的嚴酷意味著其棲息地是循環的，會伴隨大規模的生物死亡和離開後進入多個階段，這種中斷模式限制了文化的歷時傳播。相比之下，在東亞大陸，考古學家和生物文化人類學家提供了可追溯到新石器時代中期的關鍵地區定居之證據。這些研究有助於瞭解最早期東亞群體的深層歷史淵源，有時也有助於瞭解早期祖先群體行為準則的內容。只可惜，本書內容並無包括考古學家或古氣候學家的著作。讀者可以查閱 Bruce Trigger 的重要著作《瞭解早期文明》（暫譯／*Understanding Early Civilizations*），對考古學和早期書面資料中關於七種文明的道德和社會組織資訊進行澈底和比較性的討論 (Trigger 2003)。在這方面，筆者也強烈推薦 Lei Chang 和其他共同作者的「文化適應環境變化：東西方差異的演化解釋」（暫譯／*Cultural Adaptations to Environmental Variability: An Evolutionary Account of East-West Differences*）(Chang et al. 2011)。

不過，本書第四章內容係關於基因遺傳對中華道德觀的可能影響，由王一伊和蘇彥捷博士撰寫。王一伊博士和蘇彥捷博士有系統地向讀者展示了最重要的資

訊，講述對東亞道德情感、認知和行為最有影響力的遺傳貢獻。正如作者所觀察，基因會影響荷爾蒙的產生，再吸收並調節，進而影響大腦功能。根據王一伊博士和蘇彥捷博士介紹的模型，這些大腦功能的影響會產生情感、認知和最終行為的差異。本章將重點放在一小組調節神經荷爾蒙功能的基因上，向讀者介紹並詳細討論了與催產素、多巴胺、血清素、睪固酮和血管加壓素有關的基因。蘇彥捷博士的實驗室是世界領先的催產素受體 (oxytocin receptor, OXTR) 研究中心之一，而這基因編碼會參與體內不同部位接受催產素分子的蛋白質。王一伊博士和蘇彥捷博士發現，除了一些例外，一個人擁有的 OXTR 基因特定變體，如 rs53576 G 對偶基因，無論其本身屬於哪個文化，對催產素調節都有相似的結果，進而影響大腦功能（請參閱第四章表1）。

然而，考慮到上一段的推理，在我們的共同祖先遷出東非之後，天擇和基因漂變的力量將會對我們物種中，不同血統族群的不同染色體成員造成影響。王一伊博士和蘇彥捷博士解釋說，支持這些神經荷爾蒙的遺傳變異之分布，通常在不同血統群體中也有所差異。OXTR 基因 rs53576 變異的 G 對偶基因，無論是西方人還是東亞人，都與利社會性的增加有實質關係。然而，根據千人基因組計畫的數據顯示（在第四章中也有介紹），該基因的分布頻率差異具有統計學意義，在英格蘭和蘇格蘭人 (.62) 和墨西哥裔美國人 (.58) 之間，另一方面則分析北京的漢人 (.31) 和南方的漢人 (.34)（請參閱第四章表2）。王一伊博士和蘇彥捷博士明智地撰寫錯綜複雜的議題，闡述在中國人和其他人群之間觀察到的遺傳差異究竟是天擇還是基因漂變之產物。但該議題與確定中國人和其他人群裡，催產素調節的功能性遺傳差異並不密切相關。儘管在某些包含有關遺傳學的章節引起爭議，不容質疑的事實係遺傳事實與作為中華道德觀基礎的認知、情感和行為的事實之間是一組關係（只有一組，但不少於一組），且這組關係介於對該主題的完整跨學科理解之重要事實之間。

韓世輝博士則貢獻了第五章，從文化神經科學的觀點探討道德判斷，延伸王一伊博士和蘇彥捷博士的著作內容。第五章詳細討論了與道德判斷有關的大腦系統、神經區域和活躍區域，以及道德情境中的考慮、影響和情感，以及對內團體和對外團體成員的道德觀。韓世輝博士的文章中提出了一些文化神經科學發現，其中許多來自其實驗室在文化神經科學方面的卓越實驗成果，揭示了中華文化似乎影響了東亞人大腦功能組織的方式。這些結果的一個子集表明，在相關實驗過程中被掃描的中國受試者大腦表現出文化差異，與匹配樣本的西方人大腦相比，他們在負責優先考慮與他人關係的區域更加活躍，尤其是家庭關係。與西方受試

者相比，中國參與者表現出更多的觀點取替，較願意採納他人的觀點。此外，韓世輝博士的實驗結果表明，在各種廣泛的道德任務中，東亞人和西方人各自是利用不同的大腦功能區域來完成任務。例如，在社交情感過程中，東亞人的右背側額葉較活躍，西方人則是左腦島和右顳葉端較活躍。韓世輝博士總結道：「結果確實指出，與西方人相比，東亞人在推斷他人想法和情緒調節所涉及的大腦神經活動較活躍。」

本書第三部分側重於與中華道德觀有關的文化和歷史因素，共分三章節。

森舸瀾 (Edward Slingerland) 博士的第六章描繪了哲學史對當代中華道德觀的影響。如果不瞭解中國如何統一，政府如何行使權力，民族文化整合如何受到影響，以及歷史人物如何思考、感受和遵照（或不遵照）其所屬團體之行為準則行動等具體事實，我們就無法正確理解當代中華的道德觀。雖本書缺乏古代歷史學家的全面性評論章節，但森舸瀾博士對本書的貢獻利用了早期儒家學者的著作，延伸其開創性研究，以揭示中華道德觀的非凡且獨特的特徵，這些特徵被獨立識別且經當代研究員深入研究。其中最重要的是，森舸瀾博士解釋說，儒家美德是透過對認知和情緒控制的不尋常程度之訓練和培養而發展出。在該環境下，調節一個人的思想和感受能力之發展通常伴隨儀式和習慣。換句話說，與古希臘道德淵源部分明顯的對比，儒家學者並不是依靠個人及自身發揮果斷自我控制的能力來避免採取違反行為準則的行動，而是在對社會和物理環境細微觀察後，對個人做出的決定帶來影響。瞭解行為準則以及對這些準則的思想和感受在歷史上表現與執行的方式，對於理解當代中華道德觀來說是必要的。

在中國，行為準則是使用中文書面語言來呈現和傳播，並伴隨著幾種不同的口語。由於大量實驗研究表明，一個人所用的語言對其自我概念、群體歸屬和行為有不同的影響，因此語言學和文學學者會合理地堅持在理解中華道德觀上，若不瞭解中文裡行為準則表現出的細節是不周全的。這些學者的觀點可能是正確的。在本書中，林培瑞 (Perry Link) 在第七章裡討論了中文與道德的關係。林培瑞博士在他的論文中認為，道德與中文之間的連結可能比大多數其他語言中更強大、更深入。林培瑞博士強調的連結包括評估斷言的方式、表演性話語的本質和頻率、對真理的語言表達之有限價值，以及中國文化裡，正確思維和語言表現之間的長期關聯。

語言並不是代表或制定行為準則的唯一媒介。所有文化中的儀式行為都與行為準則有關，通常是為了確認共享內團體成員身分，同時提供基礎給團體內的階級制度。握手、眼神交流、鞠躬、親吻和感謝所享用之餐點等各式各樣的行為都

可以起到這些作用，並讓敏銳的文化人類學家觀察到一個團體行為準則的微妙特徵。它們也傳達意義，並加強每個人在複雜社會世界中的地位。本書並沒有由跨文化非語言交流和儀式專家撰寫的文章，若想更深入瞭解此主題，建議讀者可以在一個輕鬆的午後，閱讀 Herbert Fingarette 迷人的詮釋經典《孔子：世俗為聖》（暫譯／*Confucius: The Secular as Sacred*）(Fingarette 1998)。

對許多群體而言，比歷史、語言或儀式更重要的潛在行為準則表徵，是將行為規則正式編入法律規範中。由 John W. Head 博士撰寫的第八章，討論了中國的法律傳統。John W. Head 博士觀察到，中國法律傳統是官方、成文、陽、公、法之傳統以及非官方、不成文、陰、私、禮之傳統的相結合。綜觀上述，中國法律傳統往往依賴團體導向的社會情感認知來維護社會秩序。正如 John W. Head 博士所指出，王朝法律傳統將一系列法律規範的執行分配給了宗族或家族，從而依靠家族階級來維護社會和諧及秩序。公元前 217 至 210 年間的秦朝法律文件《封診式》，在關於告子的一節中，描述有個關於兒子對父親做出不孝行為的案件被呈報給書記官，父親請求書記官處決他的兒子。根據證詞，這是真實發生的事情 (McLeod & Yates 1981, p. 150)。違法行為在中國王朝法律中會受到連帶懲罰，此類懲罰不僅適用於犯罪者或違反規範的人，還適用於其兒子或父親。

只要一個群體擁有執行和審理規範的機制，法律就會對與行為準則相關的認知、情感和行為產生重要的直接影響。此外，藉由國家法律納入並支持政府機構和政治治理體系，可以感受到法律對道德的影響。許多歐洲國家的法典對於為老年人提供政府養老金來說十分重要。中國的法典對成年子女強加了法律束縛，要求他們扶養自身父母。這樣的差異影響了道德義務的範圍和重點：相較於中國法律，西方法律似乎更關注創造和規範陌生人之間的互動，而中國法律似乎比西方法律更關注規範家庭內部的互動。John W. Head 博士的著作表明，這兩種截然不同的法律傳統在中國仍然讓法律理論相當活躍。法家元素通常由政府當局應用於自身，使他們能夠不那麼肆無忌憚地控制和影響民眾；儒家元素通常由政府當局應用於人民。這種法律分工有助於解釋為什麼中國大陸憲法的影響如此之小。

本書第四部分的重點係解釋與中華道德觀有關的發展和心理因素。

對道德的調查是在一個廣闊且鬆散分布的跨學科領域中發生，而其中一個相關領域涉及嘗試瞭解一個團體的成員如何遵守其團體的行為準則。「遵守」行為準則不僅僅是以與行為準則一致的方式行事。道德遠不只涉及身體的具體移動，遵守行為準則也需要有恰當的想法和感受。道德認知包括對一個人與團體中他人的關係之感覺，通常稱為一個人的社會角色。團體的行為準則通常會根據道德原

則來規定行動，而且因團體而異。例如，儘管表面上相似，但儒家的銀律「己所不欲，勿施於人」（《論語・顏淵》第十二節）與新約的金律「你們願意人怎樣待你們，你們也要怎樣待人」（《新約・馬太福音》7:12）之間存在差異，對於在道德行為中不積極或積極的義務有著深遠且截然不同的含義（請參閱 Huang 2005 關於金律、銀律和銅律之闡述，他在經典道教資料中特別找到了這一點）。

儘管如此，任何一條規則的使用都是一種道德認知過程。在早期的儒家文化中，在父母晚年為之提供食宿對於道德而言並不足夠，因為這可能伴隨著缺乏相應的尊敬。「子游問孝。子曰：『今之孝者，是謂能養。至於犬馬，皆能有養；不敬，何以別乎』」（《論語・為政第二》第七節）。這些思量代表著對成員如何遵守其團體行為準則的科學研究囊括了心理學和社會學領域。在許多其他方面，心理學實驗讓我們瞭解個人遵守其團體行為準則的動機、個人違反該準則時的感受，以及道德信念與一系列因素（如人格類型、收入和社會地位）之間的相互作用。社會學家和社會心理學家闡明了人們在團體中的結構和關係，包括家庭和其他位於更大群體中的團體。

單獨看待心理學和社會學的分析，明顯缺乏對道德的理解，部分原因是這些領域的方法論有限制，使研究員無法理解該團體的發展及歷時演化的行為準則形成。有一種說法是，心理學家傾向於研究道德情感、認知和行為的短期成因和產物。發展心理學家研究父母養育方式對遵守道德規則或兒童識別他人感受能力的影響，為理解道德做出了實質貢獻。本書中，朱莉琪博士和萬縈佳博士的著作以及許晶博士的篇章，提供讀者中國兒童道德觀發展的兩個精彩討論。

朱莉琪博士和萬縈佳博士撰寫的第九章為讀者提供了其發展心理學實驗室的最新研究結果，探討關於兒童對私有和公共財產、集體主義和道德責任等道德判斷。朱莉琪博士和萬縈佳博士隨後藉由涉及多種文化樣本的研究中關於道德推理和道德行為的實驗討論，將這些實驗結果置於跨文化背景中。兩人並以其他學者理論化過的事實，即伴隨經濟改革、一胎化政策和城鄉差距造成所謂的兒童道德認知變化，結束該章節。與某些預期相反，獨生子女的道德發展似乎與有兄弟姐妹的同齡兒童沒有顯著差異。

朱莉琪博士和萬縈佳博士的章節評論了實驗室內收集的研究結果，而許晶博士所著的第十章則討論了實驗室外中國兒童的道德觀發展。許晶博士對中國的道德觀發展理論回顧了非常實用的歷史概述，接著描述當今中國兒童面臨的一系列相互競爭，有時甚至是相互衝突的影響。其中包括中國共產黨透過促進民族主義的教育課程和素質教育理想在道德發展中發揮的作用；看護敘事實踐的教學特徵；

孩子之間互惠和競爭的輪廓；沒有兄弟姐妹的生活；管教與模仿。在整篇文章中，身為觀察人類學家的許晶博士，在上海一間學校運用自身敏銳的觀察力，讓其影響重見天日。其中一個亮點是許晶博士對三歲的成成之闡述，講述他如何使用了複雜的心智理論，以及基於地位的精巧計算：他正考慮如何以及向誰分享他的生日蛋糕！與本書其他章節的推論一致，許晶博士認為中國兒童的道德發展要求他們特別重視模仿他人的心理狀態和情緒。

讓本書所有合作學者在其專業領域內，自由探討中華道德觀的結果並沒有導致「道德」一詞不適當使用之不和諧。讀完本書的讀者會發現「道德」一詞的用法有一系列持久的共性和語義上的重疊。作為對跨學科著作合集的引言，這裡不是試圖以任何形式陳述、澄清和反駁的地方。由於在中國背景下的獨特觀點，這些環境中有一個問題值得注意。哲學家 Stephen Stich 2017 年於加州州立大學的演講 *Moral Sentimentalism and the Boundaries of Morality* 中，認為「道德」與「習俗」之間沒有區別。如果正確的話，這將澈底顛覆學術道德的標準研究。粗略地說，Turiel (1983) 對「道德」的規範說明，透過指出一個或多個必要條件，使某些行為具有「道德」而其他行為「不道德」而形成。對 Turiel 而言，傷害無辜者是被指控為不當行為特徵的候選條件之一。但是，Stich 觀察到，在許多文化中，傷害無辜者在道德上不被視為應受到譴責；這意味著傷害不是應受譴責的普遍道德基礎。

針對蒲安梅 (Emma E. Buchtel)、蘇彥捷、彭邁克以及其他學者合著的一篇論文 (2015)，Stich 提出反駁意見，認為道德與習俗之間沒有區別（諷刺的是，本書包含了三位作者所著的章節，其中「道德」一詞或其同源詞幾乎出現在每一頁上）。蒲安梅和其他作者對跨越中西方文化的道德概念和語言之研究，為以下斷言提供了一些基礎，即道德和習俗的區別實際上非常大，因為他們發現傷害無辜的人似乎不是當代中國大陸行為的錯誤特徵（不過，香港的受試者有不同的意見）。研究人員向來自澳大利亞、加拿大、香港和北京的受試者提供了一份清單，列出了在之前的一項研究中收集的 26 種行為，作為不道德行為的例子。受試者被要求為每種行為評分：「不道德」、「錯的／不好的，不過『不道德』一詞並不貼切」、「根本沒有錯」。蒲安梅及同事在強調最引人注目的結果時寫道：「儘管 70% 的北京受試者覺得在公共街道上吐痰是『不道德』的（西方人為 11%），但只有 42% 的北京受試者覺得殺人是『不道德』的（西方人為 81%）」(Buchtel et al. 2015, pp. 1386, 1388)。聰明的讀者會猜測，這個結果被解釋為中西方受試者間認為哪些所列行為實際上是有害之差異的產物。但是，研究員進行了一項測試，以確定跨語言中「有害」(harmful) 之含意；結果證實了關於哪些活動是有害的之

廣泛共識。

那麼，該如何解釋大多數北京人認為殺人並非不道德的驚人事實？蒲安梅博士在第十一章中廣泛討論並詳加闡述「不道德」（英文裡通常翻譯成 immoral）的含義和語言。她認為，與西方對「道德」的使用相比，中國人對「不道德」的使用更加微妙，較少非黑即白的成分存在；中國的「不道德」意味著「不文明」，而西方的「不道德」則意味著「有害」。針對蒲安梅博士在本書章節中討論的其他研究，她指出，被歸類為「不道德」的中國人的行為可以被描述為粗魯或不文明，包括不洗手、亂扔垃圾和排隊等；在對比下，西方的報告則包括造成極端傷害的行為，如強姦。在另一項研究中，蒲安梅博士要求受試者用自己的話為他們認為不道德的行為提供其不道德之理由，多數的中國大陸受試者說是因為製造混亂或不禮貌，香港受試者認為不尊重他人或不誠實，西方人則舉出不誠實和傷害他人。整體而言，西方人的理由彼此非常相似，而來自中國兩個地區的人群給出之理由差異較廣，這一結果似乎推翻了「自由思考」的西方人對中華文化中的道德一致性和道德個性的輕率假設。當然還有很多議題值得討論，但蒲安梅博士對本書的貢獻是在一本出版物中綜合了她在該領域的所有工作精華，提供了理想的參考點，讓外界可以從中精確地設想這些議題。

本書最後一部分的章節內容闡述了有關中華道德觀變革的因素和過程。

第十二章由閻雲翔博士撰寫，討論當代中國道德人類學的變化過程。首先，憑藉在中國數十年的田野調查，閻雲翔博士對導致道德危機的主要因素提供了一個整合且宏觀的願景，這些因素經常被認為是今天籠罩著中國道德觀的危機。從 1980 年代初開始的後毛澤東時期，出現了一個以少數主要趨勢為基礎的動態和持續之道德變革過程。其中，閻雲翔博士強調了價值從為眾人利益自我犧牲的集體主義（通常是黨的利益）之倫理轉變為個人權利導向的倫理。其次，在閻雲翔博士的縱向研究期間，人們對道德多樣性的認識以及對不同道德判斷和行為的接觸程度有所提高；這放大了自由的感覺，讓人們在某種程度上擺脫了一元論的道德權威。接著，閻雲翔博士觀察了中國政府機構、社會組織和個人之間的一系列新互動，這些互動指出一種新的文明意識的出現。最後，是中國共產黨對公民道德生活的干預，並以新的、或許也是出乎意料的形式呈現。

從廣義上來說，西方關於道德的理論由兩大部分組成：義務理論（瞭解什麼是有道德的、什麼是沒有道德的）和價值理論。倫妙芝博士為本書撰寫的第十三章，在研究是什麼造就美好生活的背景下，探討了中國價值理論的獨特之處。在對幸福理論進行全面且概念豐富的概述之後，倫妙芝博士以自身研究為基礎，表

明從西方引進的美好生活模型並沒有捕捉到中國人最重視的特徵。在西方，以自我為中心的衡量標準（包括自我效能和自尊），可以可靠地預測主觀幸福感。倫妙芝博士觀察到，在中國文化裡情況並非如此：個人的人際交往和社交體驗對中國人的幸福生活更具預測性和重要性。接著，她繼續探索對這種差異的幾種影響和含義，其中包括辯證認知風格在中國人中的角色，與西方人常見的分析風格形成對比；中國道德環境中缺乏個人人權意識；提高中國文化中社會階級制度的效用；以及中國文化中越趨傾向個人主義的可能影響。

最後，在第十四章中，敬一鳴博士和蔡華儉博士描述了中國漢族占多數的一系列區域性道德結構，不過，很少有研究員能夠理解這些結構。一般來說，以用二分法研究東亞和西方的研究員舉例，其研究的規模結果表明東亞人表現出較高的相互依存率，而西方人表現出較低的相互依存率。在證據證明二分法判斷正確的情況下，對廣泛的跨文化差異進行推斷幾乎沒有問題。

本書的許多章節都提出了使用兩個樣本的實驗結果：西方樣本和東亞樣本。然而，如果這一系列的判斷模式成為瞭解中國文化的主要基礎，我們的視野就會縮至極小，以至於我們可能會忽視中國內部相當大的道德多樣性。這項察覺讓敬一鳴博士和蔡華儉博士有動機藉由實驗性結果去探索中國內部的道德價值、判斷、跨地區實踐、社區和個人的多樣性，其中區域分層隨機樣本中的人們，對關係選擇中的個人自由問題給予了不同的反應。他們發現對個人自由的道德地位存在相當大的分歧，並透過地理、經濟和發展因素部分解釋了不同結果的模式。第十四章中，並無討論宗教或族裔之間的道德心理差異問題。

現在，筆者想談談本書的局限性及其未包含之意圖。

本書主要關注「中華道德觀的心理學」，即個人層面的中華道德觀。這與理解整個群體的行為準則有些不同，比如與其他群體的互動情況，而它也不受政府機構對中華道德觀的影響。雖然中國大陸在道德上比通常公認的更加多元化，但為了在廣泛的範圍內保持重點，除非另有說明，否則本書的「中國人」指的是漢族人群。雖然這點對於理解中華道德觀至關重要，但本書的章節都並未提到「族群」。沒提到的內容包涵：對友誼倫理的討論；非政府組織在中國的脆弱地位；核心家庭的道德中心；血緣和血統；臺灣原住民受到的待遇；中共使數百萬公民脫貧的過程；中國大陸城鄉人口的財富分布；馬來西亞華裔少數民族的多元道德觀。

本書也沒有關於「制度」之內容。我們並沒有討論新加坡人民行動黨的道德願景落實；中共宣傳部的規範執行；中共的社會信用體系是否會危害個人的道德

成長和中介能力；中共在全球應對氣候變化戰爭中的主導作用；中國歷史上的公務員考試制度；國家權力與一帶一路倡議；對資本主義和道德的宏觀經濟檢視；習近平藉由貿易和國際關係對全球的道德影響。

若說圍繞族群和制度議題對於理解道德（尤其是中華道德觀）來說很重要，是一種荒唐的輕描淡寫（本書也沒有專門針對具有非凡影響力的「事件」之文章，我們暫時將這一概念擱置一旁）。親愛的讀者，本書無法囊括上述所有資訊一事，讓我對於未能提供給大眾參閱完整的參考資料感到些許心煩。

本書除了不把重點放在族群和制度外，也沒有章節深入探討那些在中國和中華文化中待了很長時間的人所熟悉的、微妙現象的實際道德。針對想吸收更多上述資訊的讀者，尤其是需要英文來源的話，可以參閱中國享負盛名作家的小說精譯版本或收聽相關 Podcast。

本書所有章節之撰寫與編輯的前提是，我們並非都同意中華道德觀的形成原因和實際因果差異。其目的不是為中華道德觀研究提出整合的觀點，而是在大量的跨學科十字路口中，刺激未來學者對中華文化的相關研究。有時，激發新研究的靈感來自讀者與其中某位作者觀點的分歧。矛盾的是，筆者反倒希望讀者能在本書中找到許多不苟同之論點，如此一來，我和其他作者才能繼續盡我們所能為未來的探討作出更多貢獻。有時，激發新研究的靈感來自作者之間的論點分歧。像這本合著書籍的特別優勢是，它能讓讀者在同一處欣賞跨學界在研究方法上的差異，以識別撰寫同主題的研究員之間關於事實問題的實際意見分歧，並反思迄今為止對本書而言仍未知的發現之間的關係。此外，本書及其所屬專案的主要目標之一是激發對中華道德觀的新研究，尤其是新的且更融合之研究，不僅只針對講英文的研究員，也期望用中文閱讀起來更舒適的研究員能參與其中，因此本書以英文和中文兩個語言出版。

二、本書專案的起源和故事，以及感謝詞

昨天，筆者已將本書編輯好的最後一篇英文版章節交給了翻譯人員。巧合的是，這使得今天，2021 年 5 月 35 日，變成我嘗試向潛在讀者介紹本書的那一天。這要求我擺脫「作者的障礙」，一種低層次的認知和情感麻痺。本書合著作者都是傑出人物，許多人都處於各自研究領域的巔峰，我何德何能可以為本書下引言，還編輯了如此的巨作？

本專案於 2016 年秋季成型。那時，我正準備開始進入瞭解中國的新階段。

1987 年，母親 Carol Nichols 在附近的一所社區學院教授外國人英語，她邀請當時還是學生的張偉俊（現為上海著名的商業顧問）來我們家共進晚餐；這是我展開瞭解中國旅程的契機。我和其他九人申請了為期三年的一項跨學術培訓的獎學金。在對該專案的提案中，我承諾將使用這筆資金從教學中抽出時間，並支付學費讓我重返大學，參加一些跨領域的課程。我正式註冊和未註冊的所有課程種類繁多，包括青銅時代中國考古學、行為內分泌學、文化遺傳學、人類和非人類靈長類動物的社會學習、當代中國人類學、人類社會組織以及中國當代文學等。在這段時間裡，我也私下上了語言課程，以保持適度的中文水準。我在加州大學洛杉磯分校讀書時，曾上過這些課程。在入學之前，我在家鄉學校的教室裡待了一年半。在那裡，有時候我會發現自己坐在以前的學生旁上課。在加州州立大學富勒頓分校，我修讀了一系列的方法和統計課程。我在富勒頓分校就讀時，盡最大努力學習了社會、行為和生命科學的方法和統計分析，之後在有獎學金資助期間於洛杉磯分校應用上這些知識，增強了我作為跨學科研究員的能力。「學而時習之，不亦說乎？」（《孔子‧學而第一》第一節）我當時正在獲得資格的道路上，將跨學科的中國專家小組聚集在一起，進行基於證據、富有成效的對話。

雖然我仍覺得沒有資格帶領一群世界頂尖的學術研究員，以跨學科模式探索中華道德觀，但我也發現需要有人付出心力，將這樣一個團隊聚集在一起。這是因為，在我大量的閱讀中發現到，似乎很少有研究員充分瞭解其鄰近專業領域的相關研究，更不用說關係較遠的研究領域。結果是專家們似乎匆忙地穿過高流量的跨學科十字路口。我把本書想像成伊利諾州家鄉的一個農村十字路口，位於大約有 2,500 名居民的小鎮，就在舊的 66 號公路旁，不過沒有任何紅綠燈；這是美國中西部典型的「高架橋」鄉下環境。機車騎士飛速橫行，有些騎士會踩剎車，其他人則直接通過停車標誌。有些司機直踩油門，也很少有人下車。我坐在那裡，在十字路口的咖啡館裡。現在，我準備好邀請客人進來坐坐，並結交朋友。

從 2017 到 2018 年，我開始向此專案的潛在合作學者傳送電子郵件，通常都是很詳細的內容，期望邀請對方的加入，並表明在任何關於中華道德觀的跨學科專案中都會需要他們的聲音。我感謝參與本書著作的每個人，感謝他們對這看似是初級學者不切實際的專案給予了信心。

經營一家咖啡館絕非易事，更不用說是有盈利的店。在整趟旅程中，我還有許多人要感謝，像是森舸瀾和 Justin Barrett。早在 2010 年，森舸瀾就給了我博士後研究獎助金，加入其宗教研究的文化演化聯盟，並參與人類演化、認知和文化中心及其實驗室裡的活動。在英屬哥倫比亞大學的這段時間裡，我的智力發展和

跨學科研究技能迅速提升。正是在那參與研究，讓我能夠與世界各地的傑出研究員建立情誼，尤其是長期合作者 Kristoffer Nielbo。我想感謝森舸瀾拓展了我的世界，給予且幫助我獲得技能，讓我知道如何提出重要問題，並向我介紹可以同樣幫助我做到這一點的人，以及建立起我努力向前的信心。

在這看似混亂、不守規矩、雜食又多方法的中國研究中，Justin Barrett 給予了一貫且長期的信念，對我來說意義重大。在專業方面，Justin Barrett 自願擔任我的非正式導師（有時也是正式導師），協助我繼續更深入瞭解中國及其道德觀、宗教和文化演變。我常常會帶著孩子氣興奮地抓住他的手，去探索新的假設、批評新的實驗，或者反思牽強附會的因果關係。然而，只有在抵達探索之路的終點時我才知道，原來他早已領悟知曉過其中道理。Justin Barrett 無私地與我分享自身的知識、經驗，以及與其他人和機構的關係，而且一直以來都是我的學術榜樣，我也期許能繼續借鑑他的智慧和謙遜。我可以肯定地說，如果沒有森舸瀾和 Justin Barrett 對我在智力進步上的貢獻，就沒有這本書的問世。

此專案的跨學科合作願景促使我們見面。也就是說，我們要下車，雙腳踩在人行道上，一起進入會議室交談。我們的十字路口自然就成了香港。我們於 2019 年 12 月聚集在那裡，在都會海逸酒店舉辦了研討會（由其銷售總監 Jessica Mo 籌辦），本書中的所有作者都被邀請來呈現將於書中發表的論文草稿。雖然每個人都計畫參加，但有幾個人無法參加，包括 Anna Sun、森舸瀾，以及在中國大陸的所有合作者。由於中國大陸的其他合作者無法現場參加研討會，他們透過影片向小組展示自身作品草稿，並獲得回饋和意見。

雖然本書的缺點和局限性是屬於我一人的，但我仍要感謝一些尚未提及的人士，他們也成就了這本書的問世。我感謝本書的所有貢獻者，將其寶貴且有限的時間用於撰寫、著墨、編輯並修改所著章節。我很感激所有合著學者對我和我的領導能力之信任，一同度過香港的政治不穩定和新冠疫情大流行所帶來意想不到的挑戰。加州州立大學富勒頓分校從一開始就支持我參與這項專案。2017 年秋季，我從研究和贊助計畫辦公室收到了一筆可觀的基金，當時係由 Chris Liu 博士指導，支持我執行該專案的基礎工作。在執行專案期間，我得到了富勒頓分校人文與社會科學學院的慷慨支持，在院長 Sheryl Fontaine 博士的領導下，以課程配對買斷的形式，讓我能夠花時間管理此專案。2021 年春季，我收到了研究和贊助計畫辦公室的通知，此時在 Binod Tiwari 博士的指導下，我可以編輯並重新審稿本書的所有文章，且與各篇作者及 Routledge Press 攜手合作完成本書英文版，之後向臺灣出版社送出中文版書的提案，並找到專業翻譯團隊。我也要感謝 JeeLoo Liu 博

士和 Emily Lee 博士，作為本系的主席，他們在這專案的工作期間讓我能從部分教學職責抽身，全心投入到專案執行中。

我也要感謝 Routledge Press 的工作人員，尤其是 Alex Howard，感謝他們認為出版這本書的英文版本是合適的，並在過程中與我協作。同樣地，我也要感謝華藝數位和其學術出版部的工作人員出版本書的中文版。在此，我要特別感謝石傳德在整個過程中的帶領，以及他寫給我內容精準的電子郵件，說明本書中文版出版所需的法律及合約用語。另外，我也想衷心感謝讓這本書能順利問世的翻譯和審稿團隊，包括張奕樂、許晶、謝安怡以及 Translated S.r.l. 合作譯者，還有 Translated S.r.l. 的員工，尤其是 Cecilia Calignano。本專案致力於發展跨文化理解，翻譯工作是其中重要的關鍵所在。最重要的是，我要感謝我無與倫比的妻子，Henrike Moll 博士。她的愛和支持一路支撐著我，與她討論關於文化演化和心理學的對話啟發了我，而我尚未耗盡她的耐心、善意和愛的寶庫資源。

本書獻給我的孩子，Greta 和 Wallace。

參考文獻

Barton, L., Brantingham, P. J., & Ji, D. (2007). Late Pleistocene climate change and Paleolithic cultural evolution in northern China: Implications from the Last Glacial Maximum. In D.B. Madsen, F.H. Chen, & X. Gao (Eds.), *Developments in quaternary sciences* (Vol. 9, pp. 105-128). Elsevier. https://doi.org/10.1016/S1571-0866(07)09009-4

Buchtel, E. E., Guan, Y., Peng, Q., Su, Y., Sang, B., Chen, S. X., & Bond, M. H. (2015). Immorality East and West: Are immoral behaviors especially harmful, or especially uncivilized? *Personality and Social Psychology Bulletin*, *41*(10), 1382-1394. https://doi.org/10.1177/0146167215595606

Chang, L., Mak, M. C. K., Li, T., Wu, B. P., Chen, B. B. & Lu, H. J. (2011). Cultural adaptations to environmental variability: An evolutionary account of East-West differences. *Educational Psychology Review*, *23*, 99-129. https://doi.org/10.1007/s10648-010-9149-0

Cunningham, B. (2020). A prototypical conceptualization of mechanisms. *Studies in History and Philosophy of Science Part A*, *85*, 79-91. https://doi.org/10.1016/j.shpsa.2020.09.008

Enard, D., Souilmi, Y., Lauterbur, E., Tobler, R., Huber, C., & Johar, A. S. (2021, April 8). *An ancient coronavirus-like epidemic 25,000 years in ancestral populations from East Asia*. 90th Annual Meeting of the American Association of Physical Anthropologists,

Online. https://physanth.org/documents/268/ 2021_AAPA_Conference_Program_-_R8.pdf

Fessler, D. (2004). Shame in two cultures: Implications for evolutionary approaches. *Journal of Cognition and Culture, 4*(2), 207-262. https://doi.org/10.1163/1568537041725097

Fingarette, H. (1998). *Confucius: The secular as sacred.* Waveland Press.

Fiske, A. P. (1993). *Structures of social life: The four elementary forms of human relations: Communal sharing, authority ranking, equality matching, market pricing* (1st Free Press pbk. ed). Free Press; Collier Macmillan Canada; Maxwell Macmillan International.

Gert, J. (2016). The definition of morality. In E. D. Zalta (ed.), *The Stanford encyclopedia of philosophy* (Fall 2020 Edition). The Metaphysics Research Lab.

Gilbert, P. (2003). Evolution, social roles, and the differences in shame and guilt. *Social Research, 70*(4), 1205-1230. https://doi.org/10.1353/sor.2003.0013

Henrich, J. P. (2020). *The WEIRDest people in the world: How the West became psychologically peculiar and particularly prosperous.* Farrar, Straus and Giroux.

Huang, Y. (2005). A copper rule versus the golden rule: A Daoist-Confucian proposal for global ethics. *Philosophy East and West, 55*(3), 394-425. https://doi.org/10.1353/pew.2005.0024

McLeod, K. C. D., & Yates, R. D. S. (1981). Forms of Ch'in Law: An annotated translation of The Feng-chen shih. *Harvard Journal of Asiatic Studies, 41*(1), 111. https://doi.org/10.2307/2719003

Nichols, R. (2021). The origin and cultural evolution of East Asian cognitive style: A case study of the book of changes (Yijing 易經). *Journal of Cognition and Culture, 21*(5), 389-413. https://doi.org/10.1163/15685373-12340118

Peng, K., & Nisbett, R. E. (1999). Culture, dialectics, and reasoning about contradiction. *American Psychologist, 54*(9), 741-754. https://doi.org/10.1037/0003-066X.54.9.741

Trigger, B. G. (2003). *Understanding early civilizations: A comparative study.* Cambridge University Press.

Turiel, E. (1983). *The development of social knowledge: Morality and convention.* Cambridge University Press.

Waters, C. K. (2007). Causes that make a difference. *Journal of Philosophy, 104*(11), 551-579. https://doi.org/10.5840/jphil2007104111

第一章

中國人道德體系的文化演進，及跨學科研究對其理解的重要價值

柯仁泉（*Ryan Nichols*）著
張奕樂、謝安怡譯

摘要

本章開篇首先詳細闡述了跨學科研究所面臨的挑戰，然後為一種包容形式的解釋多元主義 (explanatory pluralism) 打開了大門。其餘的討論則圍繞跨學科研究的兩個階段構建：首先，獲得跨領域和跨方法的研究發現的知識；其次，把這些知識整合為一個單獨的解釋。為了促進第一階段的研究，本章略為詳細地用表格說明了關於羞恥感體系 (shame system) 在中國文化中所呈現的獨有特點的五種不同解釋（分別來自文化研究、社會心理學、生物學、生態學和遺傳學）。儘管實際上這些解釋通常被視作是互不相容的，每一種解釋都十分重要且不可或缺。為了促進第二階段的研究，本章引入了一個新近發展出的理論框架，以整合跨領域的研究，而該框架則被稱為文化演進理論。

一、導言

本書及其所屬的研究專案是以如下假設為前提的：為了增進對於中國人的道德體系的理解，整個學界的研究者們都會通過接觸他們自己學科以外的發現來改進他們的研究。本書的目的在於，向出於對中國的興趣而聯合起來的不同研究者們提供來自十多個研究領域的關於中國人的道德體系的研究發現和結果。而且，本書的關鍵目標在於要在所有人——無論是以統計分析或者神經成像、社會學理論，或者用漢朝歷史的語言來描述 (versed)——都能理解的層面上做到這一點。

我們這些本書的作者們一致希望闡明中國人道德體系和心盛 (Chinese morality and flourishing) 的主體，還有它的一些邊角縫隙，從而令本書的讀者在他們自己

對這個主題的研究中，創造出更多的跨學科整合與綜合分析。基於這一動機，各篇文章致力於透過文化演進的範式來理解各自的研究發現之間的關係，從而把彼此聯繫在一起。實際上，這意味著在這樣一個方法論假設——實質性的因果關係和解釋性關係交錯遍布於我們的研究之中——的基礎上，為了利用他人的研究成果，每篇文章都付出了真誠的努力。我們的作者團隊包括來自神經科學和人類學、發展心理學和文學、歷史學、社會心理學和亞洲研究、哲學和行為生態學等領域的研究者。實質性地參與到這些領域所代表的不同方法之中，這個做法會遇到的挑戰包括：我們中的大多數人沒有機會同那些與我們原本的研究領域相去甚遠的研究者進行實質性的對話。在這個專案的背景下，這一難關通過2019年12月在香港舉行的多日研討會得到了克服。一起開會本身並不能創造參與的深度，而這種深度參與是讓我們得以理解和詳細闡述不同領域的研究發現之間的因果關係和解釋性關係的相交線所必需的。本書中呈現的每個作者正是透過閱讀和評論其他作者的文章草稿，方才促成了這個目標。這一步促使我們意識到了關於中國道德體系解釋的廣度、理解了在本書所展現的領域中採用的方法和技術，並使得我們對跨學科的合流充滿了希望。

　　就一個複雜現象達成跨學科理解的第一階段，是建立關於來自眾多學科的研究者在眾多領域的研究發現的理解，本書主要致力於這一階段。在本書中，該階段包括展示中國人道德體系和心盛的最新研究發現，以及探討得出這些發現所採用的手段和方法。完成這一階段是值得欣喜的，因為，對於同一事物的多元化理解很少會在那些採用大不相同、似乎無從比較的方法來做研究的人們當中產生。就複雜的現象得出跨學科理解的第二階段，包括把來自眾多領域的研究發現整合成一個單獨而連貫的解釋。第二階段似乎需要四個步驟：採用解釋多元主義，並把每一部分的解釋都當作是有價值的；辨別每一個解釋在建立對有待解決的複雜現象的理解上所具備的相對作用或優勢；說明允許在各部分解釋之間形成理論間推斷的橋接法則 (bridge laws)；以及利用這些橋接法則把上述各部分解釋以某種和諧的程度統一起來。

　　本書採取了不少措施來完成第二階段（整合階段），從而努力讓讀者能夠充分利用本書。這篇導言文章包括關於中國文化中的羞恥的案例研究以及對它的多學科解釋，從而描述研究的第一階段，並且指出就一個單獨的複雜現象建立跨學科理解的價值。本文以對於解釋種類的簡短科學哲學討論作結，並把解釋置於文化演進理論的語境之中，而該理論是統一有關中國道德體系的多元研究結果的最佳方式（近來為數眾多的書籍都介紹了文化演進理論，包括 Mesoudi [2011]、

Laland [2017]、Boyd [2018]、Lewens [2015]、Henrich [2016]、Fuentes [2017]、Heyes [2018]、Tomasello [2019] 和 Henrich [2020]）。現在，我們接著討論為什麼儘管對道德體系建立跨學科的理解至關重要，這個做法卻還是問題重重。

二、跨學科研究中的挑戰

在科學哲學最具影響力的一篇文章中，Hempel 和 Oppenheim 寫道：「通過待解釋項 (*explanandum*)，我們理解了描述有待解釋的現象的命題（而不是那個現象本身）；通過解釋項 (*explanans*)，我們理解了那一類命題當中被引證用以解釋該現象的那部分」(1948, p. 152)。科學解釋的 Hempel-Oppenheim 模型（通常被稱為「演繹—規律」模型 ["Deductive-Nomological" model]）的支配地位可能是給多學科解釋造成重重阻礙的原因。在多學科的環境下，通常一個研究者的待解釋項就是另一個研究者的解釋項。這導致了有礙理解的狀況，在這種狀況下，研究者聲稱已經解釋了可被解釋的事物，而忽略了對立的解釋。這就導致了對於「文化」——我們把文化定義為在社會中學到和傳播的信息（參見下文）——的解釋效力的否定。在這些忽略中，E. O. Wilson 寫道「基因牢牢控制了文化。」(Lumsden and Wilson 2005, p. 13) 來自單一領域的類似說法可見於表 1。

這些態度大體上來源於科學家的案例，不過我們最好記住科學家尚未壟斷執

表 1　演化心理學家忽略了作為解釋項的文化

演化心理學家	主張
Lumsden and Wilson (2005, p. 13)	「控制原則」(leash principle) 主張基因牢牢控制了文化，而且解釋是從社會生物學的事實出發，再到文化，而不是相反的方向。
Betzig (1997, p. 17)	在介紹人性概念的一段話中，Betzig 寫道：「我個人覺得『文化』毫無必要。」
Tooby and Cosmides (2015, pp. 7–8, 35)	「文化」和「學習」並非演化心理學在理論上的競爭對手；相反地，它們需要通過和根據創造它們的演化的神經程序的設計來加以解釋的現象……簡而言之，學習（就像文化一樣）是一種本身需要解釋的現象，而不是任何一種解釋本身。
Buss (1999, p. 407)	文化並不是一個與「生物學」競爭解釋效力的自主的因果過程。
Gangestad, Haselton and Buss (2006, pp. 75, 79)	「演化心理學提供了超越〔社會和生物學解釋之間的〕這些二分法的理論框架。」「自動點唱機被設計成能夠根據不同的環境輸入信號（例如，氣溫、人口密度）來播放不同的歌曲。當自動點唱機從一個環境被搬到另一個環境的時候（或者當環境暫時變化的時候），自動點唱機就會播放不同的曲調。在特定條件下播放出來的不同曲調，是由於自動點唱機的設計是與特定的環境輸入信號相呼應的。」因此，文化是「被誘發的」，而不是被創造的，文化是待解釋項，而不是解釋項。

意否定相關研究的市場——或者說，傲慢的市場。長期流傳的指責和非難、侮辱和訴諸人身的歌曲和舞蹈表明：絕大部分的人文學科仍在暗中堅持反對有關人類進化、遺傳學以及它們對文化異同的影響的這些基本事實。這些態度以出人意料的方式讓人聯想到當年查理斯·達爾文 (Charles Darwin) 發表的作品所遭受過的待遇。但如今，反對把科學解釋理解為與文化待解釋項有關的觀點並非來自於字面意義上的信奉宗教經典，而是來自於一個遠親，不過我們不會暫停下來去正式介紹它的來源。舉例來說，二十世紀著名的社會學家和文化人類學家 (Mead 2001 [1935], p. 262)、文化理論家 (Barthes 1972, p. 135)，還有女性主義哲學家 (Okin 1989, p. 134) 都否認了生物科學對於理解性別的關聯性。相反地，性別被廣泛認為僅僅只是文化的產物，並不會受到生理性別、性激素、性染色體等等在因果方面的影響。當今在哲學上對演化心理學解釋之解釋效力的反對者，例如 David Buller 和 Jesse Prinz，也加入了這個行列。Buller 寫道：「不存在諸如人性 (human nature) 之類的東西」(2005, p. 457)，還有「屬於同一物種的生物體不需要有任何共同特點」(p. 448)。在 Buller 看來，演化心理學家們認為，我們是「一群白癡學者」(idiot savants)，就像 "Fred Flintstone" 和 "Wilma Flintstone" 一樣，[1] 有著石器時代的頭腦，卻出現在現代世界 (Buller 2005, p. 112)。Prinz (2012) 似乎系統性地誤讀了大量的雙生子研究，以為這些研究的作用是為了排除任何遺傳學對於理解情感和道德體系的顯著影響。進行這些研究的心理學家和遺傳學家反覆表明了基因對於行為的影響，並計算了這些行為在多大程度上是可以遺傳的。這意味著同卵雙胞胎共同擁有的許多行為並不僅僅是由文化或者共同的環境構建的。一位主要的雙生子研究者總結道，Prinz 的討論污衊並且「極大地損害了」雙生子研究 (Segal 2013, p. 646)。受制於反科學意識形態的廣義上的哲學態度常常會摧毀人文學科與社會科學之間的信任。如果演化、遺傳學、遠古病原體負荷或者緯度在中國道德體系的自然歷史中產生了什麼作用的話，Prinz 和 Buller 看起來會像前一代的人文學者那樣，阻止人們去理解那些作用、發揮作用的行動主體，還有發揮這些作用的舞臺。

比意識形態的激戰影響更大的是一些乏善可陳的問題，這些問題的介入延緩或者暫停了關於道德體系的跨學科合作研究。在這些隔閡當中，最高的要數統計學和非統計學研究之間的壁壘了。社會科學家採用經驗的和實驗的方法，而這些方法通常包含人口抽樣、把子樣本置於各種實驗條件之下，還有從統計學的意義

---

[1] Fred Flintstone 和 Wilma Flintstone 是美國動畫片《摩登原始人》中的主角，故事以原始人為背景，用現代的手段表現原始人幽默趣味的生活方式。——譯者註。

上分析結果。人文學科的研究者通常採用觀察或者文本細讀的方法來研究當代的或者歷史的文本和文化產物。然後，他們對此進行重新描述、分解和分析，或者從中得出歸納陳述。研究方法不同的一個後果在於，社會科學家和人文研究者們對於從對方的研究發現中獲益準備不足。一位研究明清中國的性的歷史學家也許會用這樣的最後一章來總結她的著作：在這一章裡，她會洋洋灑灑地寫下先前的討論中傳達的知識的具體細節。有時，人文研究者會在此處提出從文本細讀中推斷出來的對於娼妓和小妾的作用的普遍歸納。這些歸納推斷通常並不是、也無須建立在社會科學的相關研究的基礎之上。然而，如果我們的目標是創建對於中國的各個性別間關係的理解，那麼，假裝性別間的關係甚至無法部分地通過利用生物學或者行為內分泌學的有關知識來得到闡釋——這種想法就會對讀者造成損害。

另一方面，能夠出版關於中國人心理的具有影響力的發現的跨文化心理學家，甚至從未就中國歷史做過任何功課，也從未閱讀過中國歷史，更從未花時間去學習說中文（遑論閱讀中文）。在閱讀了幾頁史丹佛大學的心理學教授 Markus 最近的關於跨文化心理學的書之後，讀者會發現，她把老子——道家學派的創始人——描述為一位「偉大的儒家學者 (Confucian)」(2014, p. 3)。毫無疑問，這讓那些對這兩個在中國歷史上最具影響力的智識傳統有著基本瞭解的讀者感到十分尷尬。不僅是因為老子很可能先於孔子而存在，更是因為早期的道家學派和早期的儒家學派常常是爭鳴的對手。她的編輯未能及時察覺的諸如此類的錯誤在她的暢銷書中比比皆是，於是，可以肯定地認為，有不少的錯誤之前已經被她的編輯和讀者發現了。對於人文研究者來說，不，對於接受過適當教育的熟悉中國的讀者來說，諸如此類的哄笑削弱了 Markus 接下來在本書的其餘部分中所提出的其他一般性結論在認識論上的正當性。同樣地，對 Prinz 的《超越人性》(Beyond Human Nature) 感興趣的社會科學家，也可能會不願意去閱讀該書對於雙生子的研究發現的錯誤總結以外的內容。

在學術界，尤其是在西方學術界，在學科之間達成解釋的一致，向來仍然是令人擔憂的。持續不斷的關於「跨學科的重要性」的背景音往往掩蓋了這一情況：事實上，最常見的跨學科形式是方法內部的 (within-methods)，而不是方法之間的 (between-methods)。當歷史學家與文學家合作時，或者當社會心理學家與發展心理學家合作時，沒有人會受到這種挑戰，即：與某個使用發現知識的外來方法的人打交道，還要向那人學習。與「方法內部」的研究路徑相比，本書列舉的這一類「方法之間」的跨學科研究提出了越來越多的各種挑戰。不過，更多的挑戰也伴

隨著更多的機會。如果我們能夠讓學科的群體內偏見稍稍淡出我們的腦海，重新燃起那激勵我們研究初衷的求知欲和好奇心，並使自己致力於一種樂於向他人學習的思想開放的智識謙遜，那麼，我們就能抓住這些機會，從而在理解中國人的道德體系上取得巨大的進步。

三、道德準則是什麼，而解釋它的又是什麼？

為了解釋道德體系 (morality)，我們必須至少取得、甚至定義「道德準則」(moral norm)。對於 "morality" 這個英語詞彙的使用，通常屬於兩種範疇。在它的描述性 (descriptive) 用法中，「道德體系」和「道德準則」指的是社會、宗教或者文化群體的成員所遵守的行為準則 (codes of conduct)；在它的規範性 (normative) 或者規定性 (prescriptive) 用法中，這些術語指的是理性的人應當遵守的行為準則 (Gert 2016)。舉例來說，假設在疫情期間，一個人在擁擠的公共場所行走時沒有佩戴口罩，卻還假設他所在群體的行為準則從道德上要求他在這種情況下佩戴口罩。行為準則從核心上來說，表示一系列複雜的「如果—那麼」條件命題，這些命題不是描述，就是規定了一個群體內部的個人是如何調整他們的想法、感受和行為，以此作為對互動和事件的反應。某人的群體也許會採用以下條件限制：如果有人位於一處擁擠的公共場所，那麼他應當佩戴口罩。從描述的角度而言，社會科學家可能會注意到，該行為者的行為與群體的道德準則並不一致。從規範的角度來說，哲學家可能會主張，除此之外，這個行為者的行為是不道德的。道德準則的語境制約 (context sensitivity) 可以通過修改先例來表達。舉例來說，如果一個人與直系家庭成員一起在家裡，而不是在一個公共場所，那麼要求使用口罩的行為準則就不適用了。許多群體都承認行為準則是規範性的，而關於道德體系的科學調查則被局限在對這些行為準則的描述性研究之中了。如果行為準則超出了道德體系的傳統界限，那麼它也可以是規範性的。語言的、宗教的和內團體的行為常常會在類似「你不應該那麼說」這樣的話裡受到指責和認可。這表明了準則 (norms) 的一個至關重要的特點，該特點也提升了本書的價值。

準則構成了跨文化差異的一個特殊種類，因為它是受規範約束的 (regulatory)。準則通過建立適用於內團體成員的期望來約束行為，並且，在違反準則的情形下，準則會通過規定懲罰措施來約束成員的行為。文化發展出了數不清的用於約束行為、使其符合準則的制度，而所有的這些制度都在某個群體的成員之間建立起了樞紐，並促進了成員之間的合作。正如 Bicchieri 所寫下的那樣，「社會準則是相互依賴的首要例證」(2017, p. 3)。很少有物種會像我們一樣樂於合作（群居性昆蟲

這一物種除外,該物種的全體成員都有著比人類近得多的親緣關係)。當然,我們的合作水準也使我們有別於其他靈長類動物 (Tomasello 2019)。

準則通過輪流關閉和打開一個文化的可能的軌道,從而控制著隨之而來的文化演進。與擁護一種更加個人主義的和獨立導向的準則相比,擁護一種更加集體主義和相互依賴的社會導向的準則會更有效地提高個體共同協作的可能性。社會科學家 Chang 等人在他們對於儒家傳承文化的傑出分析中,列舉了相關的例子。他們寫道:「集體主義的導向和價值體系強調保守主義、和諧和等級制度。」這促成了兩種行為:「第一種與學習行為有關,它是以模仿、記憶和注意細節為導向的。第二種行為指的是社會學習模式的心理學成因,包括從眾、服從和相對較低的自我概念,所有這些都有助於同他人相處和模仿他人」(2011, p. 122)。在集體主義的社會中,如果一個行為個體 (agent) 在行動中深思熟慮,是為了突出他個人解決問題的能力,那麼,考慮到推行社會規範的成本—效益體系,他也許會發現,將來其他人都不太可能同他合作了。實際上,集體主義社會(包括中國社會)中的懲罰規則通常會把控制個體服從集體來作為對不守規矩之人的警告。社會導向的規範、自我建構和社會學習的策略都在互相強化和約束對方。

作為約束指南,準則通過文化 (culturally) 進行傳播,而且影響著文化傳播 (Acerbi, Ghirlanda and Enquist 2014)。對於社會科學家來說,正是這一對獨特的性質賦予了準則這種解釋效力;而對於人文研究者來說,正是這對獨特的性質賦予了準則這樣的理論興趣。如果在某個文化裡,行為準則要求個人扶助他的父母,而不是自己獨立生活,這就會導致一些和在認為個人對父母應盡極少的義務或者沒有義務的文化中所產生的那些不同的文化傳播機制。這種孝順的行為準則可以通過內化而實現自我執行。這就是孔子在譴責那些像飼養動物一樣奉養父母的成年子女時所提出的看法,即,缺乏相伴隨的尊敬之情(《論語》2.7)。正如中國最近有一條法律懲罰那些未能滿足父母的基本需求的成年子女(參見本書第八章),同樣的行為準則也可以從外部得到執行。與孝順相比,對於羞恥感的研究為我們用跨學科的嘗試來解釋道德準則提供了一個更好的切入點。

四、為什麼不利用跨學科的知識就無法理解「羞恥」

有一種在儒家傳承文化 (Confucian Heritage Culture) 中十分常見,而在歐洲傳承文化 (European Heritage Cultures) 中卻不太多見的執行規範的主要來源就是羞恥 (shame)。羞恥是一種基本的情感 (Gilbert 1997)。羞恥的感覺則是一旦某人(別人或者自己)被團體內的其他成員貶低時,就能探測到這一情況的一種感知和認

知的調諧。與其他情感不同，這種原始的情緒自然反應被看作是跨文化的自然類 (cross-cultural natural kinds) (Griffiths 1997, p. 4)。這一觀點遵循了該領域的帶領者就「基本情感」所提出的看法 (Ekman 1992)。基本情感通常表示與其他靈長類動物共有的同源性。在遭遇社會等級降低之後，人類和非人類的靈長類動物都會表現出相似的運動神經活動和行為，例如，讓他們自己從體格上在旁觀者眼中變小一些，或者試圖避開他人的目光。這種同源性使得研究者們在人類中，稱之為羞恥，而在非人類的靈長類動物中，則稱之為「原初羞恥」(protoshame) (Fessler 1999)。

全世界的人都經歷過羞恥的情感，也都做出過羞恥的行為，而且都感知過他人的羞恥。儘管如此，羞恥的經歷還是因文化而大不相同。羞恥表現出獨特的、跨文化的臉部表情和行為信號，而愧疚卻表現不出這一點 (Keltner and Buswell 1997)。有些文化中的人們比其他文化中的人們經歷了更多的羞恥。例如，在東亞文化中，羞恥是作為一種被稱之為豐富而微妙的有著類似但又獨特的心理狀態的「情感家族」。即使在那些被社會心理學家歸類為「集體主義的」文化（例如：印尼或者義大利）中，情況也並非如此 (Shaver, Wu and Schwartz 1992)。同西方人相比，東亞人會在更多的場合下、而且會更頻繁地感受到更多的羞恥 (Lutwak, Razzino and Ferrari 1998)。這個結果已經被反覆發現了 (Zhong et al. 2008)。

假如我們把上述事實壓縮成一個命題，從而對其進行簡化和縮減：

> 中國人的羞恥感命題 (Chinese Shame Thesis, CST)：與幾乎所有其他文化的人相比，中華文化的成員都處於以下風險之中：在更多場合下、更頻繁地經歷更多的羞恥，而且會更經常地意識到其他人也經歷了羞恥。

在跨學科文化解釋的語境下，CST 對於有些人來說是待解釋項，而對於其他人來說則是解釋項。現在，我們會說明來自不同領域的五種解釋。誠然，這個案例研究有助於理解中國人的道德體系，不過，我們在此的主要目的是為以下的關鍵主張做辯護：**分別來看的話，這五個解釋的每一個不但很有說服力，而且也很有意思；但同時，單獨的解釋也是遠遠不足以理解 CST 的。然而，當我們把它們整合在一起時，就會大幅地增進我們對於 CST 的理解。**

人文學科的研究者們（包括來自亞洲研究、文化人類學、歷史學和哲學的研究者）對於 CST 都有他們自己的解釋。限於篇幅，我們會把這些領域匯總到一起，作為對 CST 提出的不同形式的文化解釋。許多跨文化的心理學家也屬於這個群體。哲學家注意到，羞恥在中國有一種特殊價值，但在西方卻沒有。他還表明這

可能是由於孔子反覆利用羞恥作為教化民眾的一種手段的做法的影響和歷史共鳴（Geaney 2004；參見《論語》15.1、15.10 和 19.2）。文學家則詳細記錄了這一點：雖然從明朝到共產主義時期和後改革時代，中華文化經歷了種種改變，羞恥在中華文化中依舊還是那個唯一持續的存在 (Yan 2014)。在許多的案例中，廣泛傳播的文字被解讀為是在表現羞恥對於規範執行的重要性，並構成了一種解釋的關係。跨文化的心理學家有時候在描述文化解釋項的特徵時會不那麼難以理解。Zhong 等人寫道：「在中國人的樣本之中，羞恥對於社交焦慮有著更顯著和更強烈的影響。我們認為，這個發現也許同中華文化有關……中國人強調羞恥的教育作用，提倡『要有羞恥心』，並且把羞恥看作是道德判斷的一個重要方面……本研究的結果支援了以下觀點：因為羞恥的內涵在中華文化中更為顯著」(2008, p. 457)，中國文化主要是一種羞恥文化。考慮到以下解釋代表了整個人文學科的各個領域所提出的諸多有著細微差別的版本的解釋，我們主張：

（一）**文化解釋**：CST 中所描述的情況，可以通過中華文化的歷史組成部分和它們隨著時間的推移而進行的成功傳播和具體化來加以解釋。

這似乎是應用前文所述 Prinz (2015) 用於解釋情感的理論框架 (schematic) 的一個例子，在這個框架之內，單單文化本身就足以用來理解 CST。瞭解羞恥在儒家和宋明理學的文本以及具有影響力的文本當中的呈現，也為我們對中國的羞恥的理解增添了細膩和微妙之處。例如，孔子闡明了一個深刻的原則，該原則似乎對中國的法律有著長遠的影響。他寫道，用法律來塑造服從的公民，只會創造出學會怎麼避開法律邊界的耍小聰明的人，但是，培養有羞恥心的人，卻能營造出一個能夠自我管制的社會（《論語》2.3）。儘管如此，至少在 Zhong 等人 (2008) 的解讀中，文化的解釋似乎是空洞的：中華文化的成員及其著作對於羞恥有著高於其他任何地方的人的敏感度，而這是由於中華文化？哲學家 Rosemont 和 Ames 的評論中也可以見到大致相同的說法 (2009, p. 58)。要注意的是，這些作者贊成這樣一個因果命題：中國文學塑造了一群有著同樣高度敏感的羞恥心的公民，而這反過來又有助於建構中國人的規範和中國社會。對於在智識上十分謙遜的研究者和幾乎每一個社會科學家來說，可能看起來不可思議的是，這樣一個如此複雜的情感和行為體系，其唯一值得一提的顯著成因居然是文化。文化（包括儒家文化）並非無中生有，讓我們繼續看其他的解釋。

（二）**社會心理學解釋**：CST 中所描述的情況，可以通過集體主義的社會導向的有關事實來加以解釋。

集體主義指的是一種與個人主義相對的社會導向形式。這兩者並非表示一種二元分立；它們位於一條光譜的相對的兩端。在集體主義的一端，人們通常優先把集體的目標置於個人的目標之上、更努力地工作以融入集體、遵守社會規範，而且更樂於接受社會等級。「在集體主義的文化中，最重要的關係是縱向的（例如，父母與孩子之間的關係），而在個人主義的文化中，最重要的關係則是橫向的（例如，配偶之間的關係、朋友之間的關係）」(Triandis et al. 1988, p. 325)。

按照社會心理學對 CST 的解釋，羞恥會在像中國這樣集體主義扎根的地方的人群中產生更大的作用。集體主義的導向似乎提倡利用羞恥，而在個人主義的文化中，羞恥就沒有那麼重要，因為個人不太在意集體的成員是如何看待自己的。此外，集體主義或者個人主義文化中的自我意識，也包括作為自我的外延的家庭成員和朋友 (Markus and Kitayama 1991)。這也促進了羞恥的作用。把親近的他人當作自我延伸，這意味著當一個人自己感到羞恥的時候，更可能會令他們蒙羞。這激起了更多的服從和更多的對於那些會導致羞恥的違反社會規範的行為的注意。Bedford 和 Hwang 在一篇關於羞恥的文章中寫道：「家庭被定義為『大我』……中國人的認同是依據一個人所在的關係體系來定義的。」他們補充道：「親密的個人關係被當成是自我的一部分，而自我意識則是通過人際關係來確認的」(2003, p. 130)。中華文化是非常集體主義的 (Hofstede 1980; Markus and Kitayama 1991; Triandis 1997)。鑑於集體主義在行為、情感和認知上的內涵，心理學家提出了對 CST 的這個社會心理學解釋。

和此處呈現的其他解釋一樣，這個解釋也是有價值的。在缺乏其他解釋的情況下採用這個解釋的話，會為我們對於羞恥的理解增添一個富有洞察力的觀點，該觀點具有某些深遠意義，然而，僅此而已。關於集體主義的原因或者起源的問題仍然沒有得到解答。對於熟悉《紅樓夢》中所呈現的羞恥、社會角色和家庭動態的複雜性和微妙性的讀者而言，或者對於研究宋明理學家王陽明就羞恥塑造市民社會的方式所做的全面考量的學者而言，這個解釋也許看起來就和水坑一樣淺顯。歸根究柢，社會心理學的解釋實際上是在用一套（關於自我建構的）調查量表的數據去解釋另一套（關於羞恥的）調查量表的數據。現在，我們接著去看下一個所謂的解釋。

（三）**生物學的解釋**：CST 中所描述的情況，可以通過遠古時期東亞地區的病原體負荷水平的有關事實來加以解釋。

我們僅僅關注了 CST 眾多可能的生物學解釋之一，該解釋取自於病原體負荷理論。該理論的支持者主張：某種特定文化的微生物在遠古環境中的實際情況，

影響了從這些遠古文化之中產生的當今群體的認知、情感和行為。可傳播的細菌和病毒給人類進化的適應性 (evolutionary fitness) 帶來了挑戰。為了應對這一看不見的、未知的威脅，人類發展出了一套名為行為免疫系統的東西。行為免疫系統指的是這樣一套行為系統：它最大限度地減少同那些存在可能的感染危險的個體（通常是外團體的成員）的接觸。避免接觸那些散發出人體自身免疫系統缺乏抗體的病毒和細菌的人，這被認為是引起了心理學策略的作用，該策略增強了我們的生物適應性（見本書中的第三章）。

這個理論已經在實驗室中經過諸多發現而得到證實了。當對於疾病的顧慮在實驗中被提高時，被試者會變得不太外向，對於經驗也會變得不太開放 (Duncan, Schaller and Park 2009; Mortensen et al. 2010)。處於較高的病原體環境中的人們也表現出更強的排外心理 (Faulkner et al. 2004)。研究發現，更高的病原體負荷預示著更強烈的集體主義。研究假設之所以出現這種情況，是因為處在較高負荷地區的人們發現，接近內團體成員和遠離外團體成員提高了他們的生物適應性。按照生物學解釋的支持者的說法，遠古時期較高的負荷已經表明預示著當今後代人群中的從眾性、傳統性和明確的內團體／外團體標記 (Fincher et al. 2008)。最近一項關於新冠病毒的國家策略的跨文化研究表示，有著集體主義導向的群體（該導向與強大的中央政府相關）在降低死亡率和減少疫情造成的經濟破壞方面，遠比有著個人主義導向的群體更有效 (Yan et al. 2020)。

東亞人住在一個古時候有著較高的病原體負荷的地區。病原體研究者們利用這一事實來解釋為什麼東亞人比西方人在規避疾病的反應上更強烈，還用來解釋為什麼東亞文化更強烈地傾向於最大限度地減少傳染 (Hamamura and Park 2010, p. 509)。例如，2009 年 4 月亞洲豬流感的爆發導致了東亞人在行為上的諸多變化，而這種變化並未見於其他人群。比如，2009 年 5 月和 6 月，亞洲的航空公司所遭遇的乘客人數的下降，比同時期歐洲的航空公司要高出 2-4%。此外，東亞較高的病原體負荷還被認為可以用來解釋我們在東亞的道德體系和 Haidt 的「連結性的」道德基礎之間觀察到的相關性。這些基礎是忠誠、權威和純潔 (van Leeuwen et al. 2012)（需要強調的是，其他名為「個體化的」基礎，包括關心、公平和自由）。考慮到羞恥在靈長類動物中的本質和演化史，羞恥促進了道德的連結性基礎。例如，破壞純潔的規範會讓破壞者感到羞恥，還可能會讓他失去合作者，甚至還包括來自家族的合作者，這從反面加強了所有各方當事人對純潔規範的服從。難怪同大部分其他人群相比，中國人會在更大程度上贊同連結性的道德基礎了 (Graham et al. 2011)。雖然這個解釋相當有趣，但是理解 CST 這一點肯定沒有那麼簡單。

一個相關的解釋是：

（四）環境解釋：CST 中所描述的情況可以通過東亞的自然環境和定居點的有關實際情況來加以解釋。（來自於 Chang et al. 2011）

在其他條件都相同的情況下，社會學習比個體學習更加可靠和有效 (Boyd and Richerson 1985)。但是，不同群體的成員在採用社會學習比起個體學習的相對總量上各不相同。這個差異來源於環境變化的頻率。當環境迅速變化時，個體學習相對而言更加常見，而當環境較為穩定時，社會學習則成為常見 (McElreath et al. 2005)。這個說法的合理之處在於，在不斷變化的自然和社會環境中，和隨波逐流相比，當個體獨立生活時，他或者她更能在生存或者求偶方面獲得相對的優勢。與歐洲人相比，東亞人更多採用社會學習而非個體學習，這要歸功於東亞地區的相對穩定。這一較高的環境穩定性以及它對於東亞人更高比例的社會學習的作用，據信對於東亞和西歐之間的文化差異有著巨大的影響 (Chang et al. 2011)。

同歐洲相比，從早在距今 60,000 年前起，東亞大陸就表現出了較低的環境多變性的跡象。歐洲處在更高的緯度，而這意味著氣候的多變性。距今大約 22,000 年前的末次冰盛期的影響對於歐洲來說要嚴重得多。正因如此，歐洲的狩獵—採集—覓食人口悉數滅絕，這個地區的人口也幾乎全部遭到更替，而這並不是第一次。東亞大陸的情況則並非如此。歐洲的緯度加劇了距今約 11,000 年以前的全新世中的降溫時期 (periods of cooling) 的影響。歐洲的降水週期變得不太規律，氣溫的變化幅度更大 (Ash and Gallup 2007)，而且全年的日照時長也有了更劇烈的變化。

除了東亞的環境穩定性以外，綿延千年的古代中國還有著一種在歐洲、非洲或者中東地區都不曾有過的政治和社會穩定性。在將近 2,000 年的中國歷史上，全中國的領土一直都被一個中央集權政府統治著，這種政權每次通常都會存續一個世紀或者更久。古代中國統一使用一種單一的書面語言。相較之下，在歐洲，中央集權統治的壽命則十分短暫，而且無論如何它統治的範圍比中國要小得多。自從羅馬帝國滅亡以來，在中世紀期間，歐洲被分裂成了多達 200 個公國、君主國和城市國家（以及現如今的 50 個國家）(Koenigsberger 1987)。總之，穩定的社會和自然環境導致了如下行為：在該行為中，集體學習成為了常態，正因如此，處在這種環境下的人們更有可能服從集體。考慮到羞恥是一種基於社會等級的情感，羞恥還在環境相對而言不太多變的地方被用來推行社會行為和服從的規範，那麼，與在環境相對而言更加多變的地方相比，羞恥在前者之中會更加顯著，因

為後者提倡個體學習。

最後是遺傳學的解釋。假設 Wilson 是對的，「基因牢牢控制了文化」(Lumsden and Wilson 2005)（他現在已經否認了這些觀點；參見 Wilson and Wilson 2007）。那麼，他也許會贊同 CST 的這個解釋：

（五）**遺傳學解釋**：CST 中所描述的情況，可以通過東亞人遺傳特徵的有關事實來加以解釋。

（不同的）親緣關係種群或演化支的人類在遺傳上各不相同 (Reich 2018)。種群之間的少數遺傳差異可以用來解釋人口群體之間的某些差異。在當前的案例中，遺傳學家、行為內分泌學家和神經科學家認為，許多基因與同 CST 有關的某些社會和情感行為之間存在相關性。在這些基因當中，就有血清素轉運體基因——SLC6A4，還有名為 brain-derived neurotrophic factor (BDNF) 的用來編碼腦源性神經營養因數的基因 (Szentágotai-Tătar et al. 2015)。SLC6A4 包含一個名為 serotonin-transporter-linked promoter region (5-HTTLPR) 的多態區域。這意味著 5-HTTLPR 區域在不同個體之間有著多種形式。第二種基因影響 BDNF 神經活動依賴的釋放和海馬體活動，這是大腦的子系統（邊緣系統）的一部分，負責整合信息和情感。

現在，讓我們關注 5-HTTLPR 區域。在這個區域中，研究者發現了這個基因的某種形態，或者等位基因：短的或長的。有著短形態的個體會產生較少的 5-HTT mRNA 和蛋白。相對於有著該基因的長形態的個體而言，這會使突觸間隙中的血清素濃度更高 (Lesch et al. 1996)。研究表明，在同等條件下，短形態的基因通常與以下行為有關：增加的負面情緒和焦慮 (Sen, Burmeister and Ghosh 2004)、規避傷害 (Munafò, Clark and Flint 2005)、條件性恐懼 (Lonsdorf et al. 2009) 和關注負面信息的偏好 (Caspi 2003)。大腦和內分泌系統中的許多其他過程也會與 5-HTTLPR 的短形態的影響相互作用，並對後者進行調節（例如，由產生血清素的神經傳遞控制的過程，就像在杏仁體中那樣）。重要的是，我們要牢記這一點：遺傳學家並不是主張，僅僅由於人們擁有短形態的血清素轉運體基因，就註定意味著他們會經歷更多的負面情緒。相反地，功能 DNA 和行為結果之間的相關性很容易受到人與環境和文化之間不計其數的相互作用的影響。因此，這些一般結論通常應該是概然性的，而不是普遍性的。

5-HTTLPR 的短形態的許多概然性作用都與理解東亞的情感表達（包括羞恥）有關。世界範圍內的遺傳學分析顯示，在東亞，70–80% 的個體攜帶短形態的基因，與之相比，僅有 40–45% 的歐洲個體攜帶短形態的基因。雖然短的等位基因與消

極影響之間存在相關性，但是，同其他人相比，東亞人卻並未顯著受到更多的消極影響 (Kessler, Üstün and World Health Organization 2008)。這表明了無以數計的方式之一：通過這種方式，基因的概然性作用表現出了對於仲介變數和調節變數的高度敏感，而且該作用也會被後兩者所改變。神經遺傳學家 Chiao 和 Blizinsky 寫道：「通過偏好社會和諧勝過個性，集體主義的文化規範也許已經演化為還發揮了一種適應性的、『反精神病理學』的功能」(2010, p. 531)。這些科學家主張，該基因的短形態提倡這樣一種精神和情感狀態：這種狀態引導人們遵守集體規範，因此，人們會去避免那些會導致降低社會等級的行為。換句話說，超出既定的社會規範之外的個體行為預期會帶來社會地位的下降，而短形態的等位基因也許會利用這種預期以增強社會從眾性。由於羞恥是一種基於等級的情感，這種情感促進了所謂的「社會威脅體系」，Chiao 和 Blizinsky 的推測看起來似乎有一定的道理。因此，許多遺傳學家已經開始相信，中華文化中的人們過高比例地攜帶 5-HTTLPR 的短形態等位基因——這一人口層面上的遺傳差異解釋了 CST（參見本書的第四章）。

　　對 CST 的五種解釋的綜述給主張方法間跨學科研究的專案提供了教訓，而這教訓主要突出了以下三點。首先，這些領域的每個研究似乎都在用穩健的、公認的分析方法探索屬於它自己的世界。任何對中華文化中所呈現的羞恥的全面理解都必須整合從每一個研究中得出的發現。也許這個討論會激勵我們甚至更多地強調智識謙遜的價值、我們向他人學習的意願，以及預設解釋和因果關係多元主義的重要性（與表 1 中所呈現的立場相反）。其次，通常研究者們寫作的時候，就好像他們所偏好的解釋理應被當成唯一 (the) 正解那樣。用科學哲學家 Waters (2007) 的話來說，研究者們通常認為，他們所發現的原因正是引起重要作用的原因。通過寬容而又廣泛地閱讀，我們知道，這些解釋的確或者至少是可以變得相互相容而不是相互競爭的。第三，不只是這些不同的解釋；在許多情況下，它們其實是不同類別的解釋，其中有些個別地利用了解釋的多種形式。解釋的類比包括法則論的、結構性的、機械的、功能的、因果的、目的論的、歷史的、動態的和反事實的。為了讓讀者能夠充分利用來自多個學科的有關發現（這也包括本書），下一小節將對這些解釋的類別做一番簡短和非正式的討論（至於正式的討論，參見 Love and Wimsatt 2019 和 Cunningham 2020）。理解它們的不同之處和相似之處，有助於我們將來整合它們所取得的結果。

五、解釋和文化演進

「解釋」，我們指的是創造理解事實之間的關係的表達。「表示」(representation) 是對實體的描述 (description)、描繪 (depiction) 或者符號表示 (denotation)。當用文字形式進行「表達」時，它是在「描述」；當用圖形或者插畫的形式進行「表達」時，它是在「描繪」；而當用符號象徵性地「表達」時（例如，以數學方程等式的形式），則是在「符號表示」。在前文描述的創建整合的跨學科理解的第一階段，對於一個像羞恥這樣的複雜現象的解釋，要以來自許多不同領域的人都能理解的語言來呈現。這應該能創建對於事實以及事實之間的關係的理解。在這一過程的第二階段，我們需要對這些採用不同方法、有著不同解釋項的解釋是如何共同協作以增進理解這一點來展開解讀。這通常會以某種理論的形式具體化。「理論」(theory) 是主張事實間系統性的關係的一系列運算系。文化演進理論是普遍整合關於像 CST 和中國人規範這類問題的發現的最好打算。文化演進理論主張在我們目前已經考察過的五個研究領域中所舉出的多組事實之間存在系統性的關係，力圖發現這些領域之間的橋接法則，評估這些不同解釋的相對效力，然後統一這些解釋。我們可以利用新獲得的對於來自五個主要研究領域的關於 CST 的解釋的熟悉，來領會第二階段研究的困難之處，並開始瞭解如何把這些解釋結合在一起。表 2 描述了上文提出的對 CST 的解釋以及這些解釋所訴諸的事實。

先前我注意到，把有關中國道德體系的研究發現整合起來，似乎有必要辨別各部分解釋在以下過程中的相對貢獻：創建對現象的理解、闡述支持理論間溝通的橋接法則，以及利用那些橋接法則，從而以某種程度的和諧來統一各部分解釋。本書通過文化演進理論為讀者在這方面的工作提供了一些說明。該理論主張各部分解釋的事實之間系統性的關係（我們不會在諸多理論問題上耽誤時間；參見 Lewens 2015）。根據該領域的權威說法，「文化是一種信息，它能夠影響個體的行為，而個體是通過教育、模仿和其他形式的社會傳播，從所在種群的其他成員那裡獲得這些信息的」(Richerson and Boyd 2005, p. 5)。文化信息是基因遺傳和人類的社會學習的共同產物 (Richerson and Boyd 2005, p. 11)，而且不能還原成二者中的任何一個。根據定義，文化可以在當前的一代人中間橫向傳播，也可以在代際之間縱向傳播。信息是可以多樣地實現的。文化可以通過大腦組織、硬碟、石碑、鉛筆、建築和電波進行編譯。文化信息不是通過在一代又一代裡忠實複製的離散單元進行傳播的。文化並不像基因那樣被複製。沒有什麼文化可以與 RNA 剪接相對應。文化信息的單元相互重疊與混合，而這些單元通常以混亂和不準確的方式進行傳遞。通常情況下，它們一點也沒有被傳遞下去。不同於 RNA 剪接，人類學

表 2　CST 的解釋

解釋類別	學科	解釋	解釋中的事實
歷史的、目的論的	文化的	7,000 年古代中國的文化和傳統，歷經千載有效傳承至今，強調羞恥的社會功用，導致了羞恥體系在一代又一代人當中的使用，正如孔子的想法。	• 廣泛傳播的文本頌揚並強調了羞恥體系對於社會和諧的調諧作用 • 由「內／外」習俗預設的極端的性別功能 • 與「正名」傳統相一致的等級森嚴的社會分化
統計學的	社會的、心理學的	高度的集體主義與強制推行增強從眾性的集體規範和羞恥感的社會行為規範相關。	• 中國人表現出高度的相互依賴和社會凝聚力 • 家庭作為自我的外延而發揮作用 • 集體主義量表上的高分導致了強調服從內團體的規範
功能性的	生物學的	早期中國較高的病原體負荷帶來了適應性的挑戰，這導致了某種行為免疫系統的運行：在該系統中，擁有羞恥體系的個體能更好地適應。	• 農業的早期發端 • 牲畜（病原體的主要溫床）的早期馴化 • 歷史上不斷增長的病原體負荷
結構性的、歷史的	生態學的	在晚期人類向亞洲遷徙之後，環境的穩定性、水稻農業的發端，還有其他因素導致集體的重要性增加，這導致了依靠羞恥來推行的集體規範。	• 較低的環境變化率 • 高度的服從主義和基於榜樣的學習 • 強調代際之間縱向的文化傳播
法則論的	遺傳學的	在神經學的原初恐懼體系之上運行的羞恥體系，其顯著性越發增強，而這是由於亞洲人攜帶能夠強化社會威脅意識的多態等位基因。	• 東亞人口表現出高比例的攜帶 SLC6A4 和 5-HTTLPR 的關鍵多形態 • 在東亞人中十分多見，但卻未見於其他人群的 5-HTTLPR 的短形態等位基因促進了血清素的釋放 • 血清素的釋放與增加的負面情緒、焦慮、規避傷害和條件性恐懼有關，不過也受到文化的調節

習和傳播文化。

　　文化演進描述了一系列假設的過程，用來解釋文化特徵的傳播，進而解釋顯著的跨文化差異和相似之處。文化變量的範圍可以是從文化中的情感差異（正如我們在羞恥中發現的那樣），到家長的價值觀 (Silverstein and Conroy 2008)，再到波利尼西亞的獨木舟設計 (Rogers, Feldman and Ehrlich 2009)。社會學習和文化傳播的過程支持了有關獨木舟設計的信息單元的傳播，該過程包括：強調在公海航行的技術的歌曲、建造多體船和接縫木板獨木舟所需的工藝、造船所用到的特定木材和編織纖維的獨有的物理性質、提高浮力和耐久性的處理方法，還有關於桅杆和舷外支架配件的形狀，以及把它們與獨木舟船體綁緊時所採用的方法。和大

多數傳播了好幾代人的文化單元相似，這些信息就像更好的營養一樣帶來了適應性提高的結果。反過來，因為有著更高超的遠航技術的群體，在把自己同其他南太平洋島國文化相比較時，會發現改善營養（的效果）(Rogers and Ehrlich 2008)，而這又導致了文化差異。沒有一個單一的研究方法可以建立關於波利尼西亞獨木舟工藝、設計和用途傳統的充分理解。對這個目標來說最重要的領域包括：樹木栽培學、海洋學、民俗學、考古學歷史，此外還有語言學。文化演進理論可以讓這些解釋融會貫通。

文化演進理論帶來的整合，在沒有浸潤大量文獻以及充分利用這些文獻所需的方法論背景的情況下，通常會顯得難以捉摸。為了促進我們對整合的、「第二階段」研究的展望的信心，我們來簡單地考慮一下乳糖酶持久性的例子，這是我們的種群的某些亞族群所獲得的一個極為有益的生物適應性 (Bersaglieri et al. 2004)。遺傳學家表明，成年時期消化乳製品的能力是通過 2 號染色體上攜帶的一對基因——lactase (LCT) 和 minichromosome maintenance complex component 6 (MCM6)——實現的。乳糖不耐受，而非乳糖酶持久性，才是祖先的特徵。當這些基因在成年時期表現出來時，它們會讓攜帶者在小腸上皮細胞中產生一種名為乳糖酶的酶。乳糖酶分解乳糖——一種可見於牛奶中的糖類 (Gerbault et al. 2011)。贊同反事實解釋的遺傳學家便會合理地推斷，如果一個人缺乏這些基因，那麼，她在食用了未經加工的乳製品的情況下，就會感到劇烈的腸道不適。需要注意的是，這看起來是一種非文化的解釋，因為它的解釋項指的並不是在人與人之間傳播的信息（正如前文所討論的那樣，把特定的基因同特定的行為聯繫起來的相關性結果通常都會有例外。研究發現，東非的一個牧民群體在成年時期可以在缺乏 LCT 和 MCM6 基因的情況下食用未經加工的乳製品。進一步的研究揭示，該群體的微生物菌群包含一種細菌，該細菌可以在不受胃裡的產物影響而產生毒素的情況下分解乳糖。參見 Tishkoff et al. 2007）。

由於文化演進理論支持解釋多元主義，它不會滿足於單單這一個解釋。這些基因的幾乎所有多態都僅僅出現在牧民的後代中。這其中的含義十分有趣，而且對於文化的因果效力有著特殊的意義。對於人類來說，放牧並不是自然而然地產生的。人類的放牧技能一定是習得的。我們學習如何放牧、在何處放牧、在何時遷移牧群、何種草類適用於何種牲畜等等。放牧是一種社會習得的技能，它要求信息從一個人的大腦傳遞至另一個人的大腦（甚至還有這樣一種說法：澳大利亞牧羊犬天生就會放牧，因為這個品種是人類出於這一目的而培養出來的，這個說法難道是真的嗎？）。文化演進的解釋整合了遺傳和文化的解釋，這是很少有遺

傳學家一開始就預料到的。這其中所涉及的基因在大量不同的牧民群體中都出現過，這一點有力地表明了趨同演化 (Tishkoff et al. 2007)。然而，這些基因是在放牧行為在這些群體當中產生之後才被選擇的。這意味著，因為有關放牧的信息是通過大腦與大腦之間的信息傳播而在一代又一代人之間進行傳授的，所以**文化在創造對於支援乳糖酶持久性的基因的生物選擇所必需的社會生態學上，引起了至關重要的因果作用**。

　　文化演進的新興領域在整合社會科學與人文學科方面，比其他任何領域或者運動都要做得更多。關注中國的文化演進研究者們，在用跨學科的投入去理解社會和個體學習之間複雜且通常是縱向的相互作用的語境下，研究文化隨著時間的推移而產生的變化。因為對於理解文化知識的協作和傳播而言，最為重要的那種社會學習的形式是人類獨有的，因此，社會學習在文化演進研究中日漸凸顯。這涉及到「共用式注意力」(joint attention) 和「分享的意向」(shared intentionality) 這兩個核心認知能力（參見，例如 Tomasello 2019）。通過社會進行傳播的知識包括以下技能和散漫的知識：敲鑿手斧、點火技巧、園藝工作、經文傳統、哲學信念、法律傳統、宗教儀式、政治組織、情感控制、放牧等等。因此，對於社會學習和在散布社會習得的知識中所涉及的傳播機制的全面理解，被視為是增進對於人類文化的理解的最佳方式。在這些原因中，最值得一提的事實是：文化演進的框架獨特地準備了一個場合：在這裡，每一個相關的領域都能為增進我們的理解做出實質性的貢獻。

參考文獻

Acerbi, A., Ghirlanda, S., & Enquist, M. (2014). Regulatory Traits: Cultural Influences on Cultural Evolution. In S. Cagnoni, M. Mirolli, & M. Villani (Eds.), *Evolution, complexity and artificial life* (pp. 135–147). Springer Berlin Heidelberg. doi:10.1007/978-3-642-37577-4_9

Ash, J., & Gallup, G. G. (2007). Paleoclimatic variation and brain expansion during human evolution. *Human Nature*, *18*(2), 109–124. doi:10.1007/s12110-007-9015-z

Barthes, R. (1972). *Mythologies*. Farrar, Straus and Giroux.

Bedford, O., & Hwang, K.-K. (2003). Guilt and shame in Chinese culture: A cross-cultural framework from the perspective of morality and identity. *Journal for the Theory of Social Behaviour*, *33*(2), 127–144. doi:10.1111/1468-5914.00210

Bersaglieri, T., Sabeti, P. C., Patterson, N., Vanderploeg, T., Schaffner, S. F., Drake, J. A., Rhodes, M., Reich, D. E., & Hirschhorn, J. N. (2004). Genetic signatures of strong recent positive selection at the lactase gene. *The American Journal of Human Genetics*, *74*(6), 1111–1120. doi:10.1086/421051

Betzig, L. L. (Ed.). (1997). *Human nature: A critical reader*. Oxford University Press.

Bicchieri, C. (2017). *Norms in the wild: How to diagnose, measure, and change social norms*. Oxford University Press.

Boyd, R. (2018). *A different kind of animal: How culture transformed our species*. Princeton University Press.

Boyd, R., & Richerson, P. J. (1985). *Culture and the evolutionary process*. University of Chicago Press.

Buller, D. J. (2005). *Adapting minds: Evolutionary psychology and the persistent quest for human nature*. MIT Press.

Buss, D. M. (1999). *Evolutionary psychology: The new science of the mind* (First ed.). Pearson Allyn & Bacon.

Caspi, A. (2003). Influence of life stress on depression: Moderation by a polymorphism in the 5-HTT gene. *Science, 301*(5631), 386–389. doi:10.1126/science.1083968

Chang, L., Mak, M. C. K., Li, T., Wu, B. P., Chen, B. B., & Lu, H. J. (2011). Cultural adaptations to environmental variability: An evolutionary account of east–west differences. *Educational Psychology Review, 23*(1), 99–129. doi:10.1007/s10648-010-9149-0

Chiao, J. Y., & Blizinsky, K. D. (2010). Culture-gene coevolution of individualism-collectivism and the serotonin transporter gene. *Proceedings of the Royal Society B: Biological Sciences, 277*(1681), 529–537. doi:10.1098/rspb.2009.1650

Cunningham, B. (2020). A prototypical conceptualization of mechanisms. *Studies in History and Philosophy of Science Part A, 85*, 79–91, S0039368120301801. doi:10.1016/j.shpsa.2020.09.008

Duncan, L. A., Schaller, M., & Park, J. H. (2009). Perceived vulnerability to disease: Development and validation of a 15-item self-report instrument. *Personality and Individual Differences, 47*(6), 541–546. doi:10.1016/j.paid.2009.05.001

Ekman, P. (1992). An argument for basic emotions. *Cognition and Emotion, 6*, 169–200.

Faulkner, J., Schaller, M., Park, J. H., & Duncan, L. A. (2004). Evolved disease-avoidance mechanisms and contemporary xenophobic attitudes. *Group Processes & Intergroup Relations, 7*(4), 333–353. doi:10.1177/1368430204046142

Fessler, D. (1999). Toward an Understanding of the Universality of Second Order Emotions. In A. Hinton (Ed.), *Beyond nature or nurture: Biocultural approaches to the emotions* (pp. 75–116). Cambridge University Press.

Fincher, C. L., Thornhill, R., Murray, D. R., & Schaller, M. (2008). Pathogen prevalence predicts human cross-cultural variability in individualism/collectivism. *Proceedings of the Royal Society B: Biological Sciences, 275*(1640), 1279–1285. doi:10.1098/rspb.2008.0094

Fuentes, A. (2017). *The creative spark: How imagination made humans exceptional*. Dutton.

Gangestad, S., Haselton, M., & Buss, D. (2006). Evolutionary foundations of cultural variation: Evoked culture and mate preferences. *Psychological Inquiry, 17*(2), 75–95.

doi:10.1207/s15327965pli1702_1

Geaney, J. (2004). Guarding moral boundaries: Shame in early Confucianism. *Philosophy*, *54*(2), 113–142.

Gerbault, P., Liebert, A., Itan, Y., Powell, A., Currat, M., Burger, J., Swallow, D. M., & Thomas, M. G. (2011). Evolution of lactase persistence: An example of human niche construction. *Philosophical Transactions of the Royal Society B: Biological Sciences*, *366*(1566), 863–877. doi:10.1098/rstb.2010.0268

Gert, B. (2016). The definition of morality. In E. D. Zalta (ed.), *Stanford encyclopedia of philosophy* (Spring 2016 ed.). Metaphysics Research Lab.

Gilbert, P. (1997). The evolution of social attractiveness and its role in shame, humiliation, guilt, and therapy. *British Journal of Medical Psychology*, *70*(2), 113–147.

Graham, J., Nosek, B. A., Haidt, J., Iyer, R., Koleva, S., & Ditto, P. H. (2011). Mapping the moral domain. *Journal of Personality and Social Psychology*, *101*(2), 366–385. doi:10.1037/a0021847

Griffiths, P. (1997). *What emotions really are: The problem of psychological categories*. University of Chicago Press.

Hamamura, T., & Park, J. H. (2010). Regional differences in pathogen prevalence and defensive reactions to the "swine flu" outbreak among East Asians and Westerners. *Evolutionary Psychology*, *8*(3), 506–515. doi:10.1177/147470491000800315

Hempel, C., & Oppenheim, P. (1948). Studies in the logic of explanation. *Philosophy of Science*, *15*(2), 135–175.

Henrich, J. P. (2016). *The secret of our success: How culture is driving human evolution, domesticating our species, and making us smarter*. Princeton University Press.

Henrich, J. P. (2020). *The WEIRDest people in the world: How the west became psychologically peculiar and particularly prosperous*. Farrar, Straus and Giroux.

Heyes, C. (2018). *Cognitive gadgets: The cultural evolution of thinking*. The Belknap Press of Harvard University Press.

Hofstede, G. H. (1980). *Culture's consequences: International differences in work-related values*. Sage Publications.

Keltner, D., & Buswell, B. (1997). Embarrassment: Its distinct form and appeasement functions. *Psychological Bulletin*, *122*(3), 250–270.

Kessler, R. C., Üstün, T. B., & World Health Organization (Eds.). (2008). *The WHO world mental health surveys: Global perspectives on the epidemiology of mental disorders*. Cambridge University Press.

Koenigsberger, H. G. (1987). *Medieval Europe, 400–1500. A history of Europe*. Longman.

Laland, K. (2017). *Darwin's unfinished symphony: How culture explains the evolution of the human mind*. Princeton University Press.

Lesch, K.-P., Bengel, D., Heils, A., Sabol, S. Z., Greenberg, B. D., Petri, S., Benjamin, J., Müller, C. R., Hamer, D. H., & Murphy, D. L. (1996). Association of anxiety-related traits with a polymorphism in the serotonin transporter gene regulatory region. *Science*,

274(5292), 1527–1531. doi:10.1126/science.274.5292.1527

Lewens, T. (2015). *Cultural evolution: Conceptual challenges* (First ed.). Oxford University Press.

Lonsdorf, T. B., Weike, A. I., Nikamo, P., Schalling, M., Hamm, A. O., & Öhman, A. (2009). Genetic gating of human fear learning and extinction: Possible implications for gene-environment interaction in anxiety disorder. *Psychological Science*, *20*(2), 198–206. doi:10.1111/j.1467-9280.2009.02280.x

Love, A. C., & Wimsatt, W. (Eds.). (2019). *Beyond the meme: Development and structure in cultural evolution*. University of Minnesota Press.

Lumsden, C. J., & Wilson, E. O. (2005). *Genes, mind, and culture: The coevolutionary process* (25th anniversary ed.). World Scientific.

Lutwak, N., Razzino, B. E., & Ferrari, J. R. (1998). Self-perception and moral affect: An exploratory analysis of subcultural diversity in guilt and shame emotions. *Journal of Social Behavior and Personality*, *13*(2), 333–348.

Markus, H. R., & Conner, A. (2014). *Clash!: How to thrive in a multicultural world*. Plume.

Markus, H., & Kitayama, S. (1991). Culture and the self: Implications for cognition, emotion, and motivation. *Psychological Review*, *98*(2), 224–253.

McElreath, R., Lubell, M., Richerson, P. J., Waring, T. M., Baum, W., Edsten, E., Efferson, C., & Paciotti, B. (2005). Applying evolutionary models to the laboratory study of social learning. *Evolution and Human Behavior*, *26*(6), 483–508. doi:10.1016/j.evolhumbehav.2005.04.003

Mead, M. (2001). *Sex and temperament: In three primitive societies*. HarperCollins. (Original work published 1935)

Mesoudi, A. (2011). *Cultural evolution: How Darwinian theory can explain human culture and synthesize the social sciences*. University of Chicago Press.

Mortensen, C. R., Becker, D. V., Ackerman, J. M., Neuberg, S. L., & Kenrick, D. T. (2010). Infection breeds reticence. *Psychological Science*, *21*(3), 440–447. doi:10.1177/0956797610361706

Munafò, M. R., Clark, T., & Flint, J. (2005). Does measurement instrument moderate the association between the serotonin transporter gene and anxiety-related personality traits? A meta-analysis. *Molecular Psychiatry*, *10*, 415–419. doi:10.1038/sj.mp.4001627

Okin, S. M. (1989). *Justice, gender, and the family*. Basic Books.

Prinz, J. J. (2012). *Beyond human nature: How culture and experience shape the human mind*. W.W. Norton & Company.

Prinz, J. J. (2015). *Beyond human nature: How culture and experience shape the human mind*. W. W. Norton & Company.

Reich, D. (2018). *Who we are and how we got here: Ancient DNA and the new science of the human past* (First ed.). Oxford University Press.

Richerson, P. J., & Boyd, R. (2005). *Not by genes alone: How culture transformed human evolution*. University of Chicago Press.

Rogers, D. S., & Ehrlich, P. R. (2008). Natural selection and cultural rates of change. *Proceedings of the National Academy of Sciences*, *105*(9), 3416–3420. doi:10.1073/pnas.0711802105

Rogers, D. S., Feldman, M. W., & Ehrlich, P. R. (2009). Inferring population histories using cultural data. *Proceedings of the Royal Society B: Biological Sciences*, *276*(1674), 3835–3843. doi:10.1098/rspb.2009.1088

Rosemont, H., & Ames, R. T. (2009). *The Chinese classic of family reverence: A philosophical translation of the Xiaojing*. University of Hawai'i Press.

Segal, N. L. (2013). Twin studies of multiple myeloma/research reviews and news: Critique of twin research; opposite-sex twins and sexual attraction; twinning rates and assisted reproductive technology; family history of multiple implantation/human interest: Book party: Born together—Reared apart; morning sickness and twins; sexuality in conjoined twins; Kofi Annan: Opposite-sex twin; switched at birth. *Twin Research and Human Genetics*, *16*(2), 645–649. doi:10.1017/thg.2013.1

Sen, S., Burmeister, M., & Ghosh, D. (2004). Meta-analysis of the association between a serotonin transporter promoter polymorphism (5-HTTLPR) and anxiety-related personality traits. *American Journal of Medical Genetics. Part B, Neuropsychiatric Genetics: The Official Publication of the International Society of Psychiatric Genetics*, *127B*(1), 85–89. doi:10.1002/ajmg.b.20158

Shaver, P., Wu, S., & Schwartz, J. (1992). Cross-Cultural Similarities and Differences in Emotion and Its Representation: A Prototype Approach. In Society for Personality and Social Psychology (Ed.), *Review of personality and social psychology* (Vol. 13, pp. 175–212). Sage.

Silverstein, M., & Conroy, S. J. (2008). Intergenerational Transmission of Moral Capital across the Family Life Course. In U. Schönpflug (Ed.), *Cultural transmission: Psychological, developmental, social, and methodological aspects* (pp. 317–337). Cambridge University Press.

Szentágotai-Tătar, A., Chiș, A., Vulturar, R., Dobrean, A., Cândea, D. M., & Miu, A. C. (2015). Shame and guilt-proneness in adolescents: Gene-environment interactions. *PLOS One*, *10*(7). doi:e0134716.10.1371/journal.pone.0134716

Tishkoff, S. A., Reed, F. A., Ranciaro, A., Voight, B. F., Babbitt, C. C., Silverman, J. S., Powell, K., Mortensen, H. M., Hirbo, J. B., Osman, M., Ibrahim, M., Omar, S. A., Lema, G., Nyambo, T. B., Ghori, J., Bumpstead, S., Pritchard, J. K., Wray, G. A., & Deloukas, P. (2007). Convergent adaptation of human lactase persistence in Africa and Europe. *Nature Genetics*, *39*(1), 31–40. doi:10.1038/ng1946

Tomasello, M. (2019). *Becoming human: A theory of ontogeny*. The Belknap Press of Harvard University Press.

Tooby, J., & Cosmides, L. (2015). The Theoretical Foundations of Evolutionary Psychology. In D. M. Buss (Ed.), *The handbook of evolutionary psychology* (Second ed., Vol. 1, pp. 3–87). John Wiley & Sons.

Triandis, H. (1997). Cross-cultural perspectives on personality. In R. Hogan, J. Johnson, & S. R. Briggs (Eds.), *Handbook of personality psychology* (pp. 439–464). Academic Press.

Triandis, H., Bontempo, R., Villareal, M., Asai, M., & Lucca, N. (1988). Individualism and collectivism: Cross-cultural perspectives on self-ingroup relationships. *Journal of Personality and Social Psychology*, *54*(2), 323–338.

van Leeuwen, F., Park, J. H., Koenig, B. L., & Graham, J. (2012). Regional variation in pathogen prevalence predicts endorsement of group-focused moral concerns. *Evolution and Human Behavior*, *33*(5), 429–437. doi:10.1016/j.evolhumbehav.2011.12.005

Waters, C. K. (2007). Causes that make a difference. *Journal of Philosophy*, *104*(11), 551–579. doi:10.5840/jphil2007104111

Wilson, D. S., & Wilson, E. O. (2007). Rethinking the theoretical foundation of sociobiology. *The Quarterly Review of Biology*, *82*(4), 327–348. doi:10.1086/522809

Yan, B., Zhang, X., Wu, L., Zhu, H., & Chen, B. (2020). Why do countries respond differently to COVID-19? A comparative study of Sweden, China, France, and Japan. *The American Review of Public Administration*, *50*(6–7), 762–769. doi:10.1177/0275074020942445

Yan, M. (2014). Poverty and Shame in Chinese Literature. In E. Chase & G. Bantebya-Kyomuhendo (Eds.), *Poverty and shame* (pp. 60–72). Oxford University Press. doi:10.1093/acprof:oso/9780199686728.003.0005

Zhong, J., Wang, A., Qian, M., Zhang, L., Gao, J., Yang, J., Li, B., & Chen, P. (2008). Shame, personality, and social anxiety symptoms in Chinese and American nonclinical samples: A cross-cultural study. *Depression and Anxiety*, *25*(5), 449–460. doi:10.1002/da.20358

第二章

做對與不做錯：社會心理學模型——中華文化和其他文化群體的情境道德

彭邁克 (*Michael Harris Bond*) 著
Translated S.r.l. 譯審

摘要

本篇總結將以一個卓越職涯的學術成就，對中華文化心理學做出反思，透過建立一個跨文化的社會心理模型來定位中華文化的道德心理。先前發展出來的模型通常是針對西方文化背景量身定做，但還是有少數（如 Fiske, 1991）很明確地針對跨文化研究開發出多項工具，旨在讓跨文化比較能有更清晰、更豐富的資源。這個模型的預設前提是，文化在一般模式下，透過個人在已設定的角色範圍內或外的行動以及決策演算之過程構建行為。該模型導出：以 Fiske 所提出的四種基本模式，道德存在於關係規範中，而幾乎所有社會互動都依循此模式進行：團結驅動共享、階級驅動權力分級、平等驅動公平分配、比例原則驅動市場訂價。接著會分析該模型在中華道德中的應用。然而，此討論會反覆比較道德在中華文化與其他文化之間的差異，以加深我們對中華道德觀的理解。本章最後將討論此模型能如何幫助我們理解中華文化中不斷變化的道德觀。

一、道德的定位

故常無欲，以觀其妙。——《道德經》第一章

道德是非常個人的。但是，作為一名社會科學家，在討論此話題時，必須將個人在文化中養成的是非觀概括考慮，以便瞭解每個人的文化傳承可能會如何影響他們對道德或不道德所抱持的觀點，或形塑他們在參與對或錯的行為時所可能產生的回應。因此，此章節將會循著開頭摘錄的《道德經》內容作為指引，以探

討下列問題：中華或其他文化在「教化」其成員時，扮演什麼角色？社會科學家如何解釋一個文化群體的成員之間，在與道德相關的反應上所顯現的多元性？在二十一世紀的文化變革壓力下，這些重要的人類過程又將如何進行？本章會嘗試回答這些問題，並將焦點放在中華文化及其人民上。

道德是不滅的。在即將提出的模型中，與此章節有關的社會心理結果是：個人的心態是「做好」還是不「做壞」。然而，此複雜過程所衍生的結果，會因個人及其受眾在社會化過程中所身處的文化系統之不同而有所差異，無論是中華或是其他文化。尊重各文化、將不同的文化觀點納入道德討論，是社會科學的主流趨勢，也就是將道德議題之討論融入所有文化背景以及所有人的日常生活中。正如 Dewey (1922) 在最早的社會心理學著作之一中所主張：「道德科學不是一個單獨存在的領域，它將生理、生物和歷史知識置於人性中來討論，因為人性為人類活動照亮引路」(p. 204)。一些道德哲學家也同樣贊同這種對庶民生活的關注。

生物學和心理學與規範倫理學有什麼關係呢？更廣泛地來說，我們的進化史……以及相關的科學，與我們應該成為什麼樣的人和過什麼樣的生活，以及人類能夠生生不息的本質有何關係？回答是：關係非常緊密。倫理涉及人類個人和社會生活的價值觀、美德、目的、規範、規則和原則，而這些都是自然現象 (Flanagan, Ancell, Martin, & Steenbergen, 2014, p. 209)。

因此，許多當代哲學家試圖透過人性、文化以及每個文化群體成員個性發展的多元性，來「自然化」規範倫理。本文將以自然主義哲學的定向原則為基礎，試圖透過對日常倫理行為的多元文化視角，將心理學針對道德之討論納入所有類型的文化系統中。

二、道德行為的通用模型

Everything should be made as simple as possible, but no simpler.

一切都應該盡可能簡單，但也不能過度簡單。——愛因斯坦

筆者希望提出的是一個適用於不同文化體系的社會心理道德概念，並應用於針對中華文化的探討。這是一個針對個別道德觀的模型，分析在某文化傳統中社會化過的個人，對在該文化背景下發生的事件所做出之反應。一個心理模型會同時涉及情感和認知，而這些心理因素促使一名行為者對情境行為的對或錯做出判斷。大多數文化行為者會將這些判斷內化，並學會預測其他人可能會做出的判斷。一名行為者可能的作為或不作為會引發他人的獎勵或懲罰性回應，此回應是由行

為者及其受眾，在他們共同的文化覆蓋下所經歷之社會化體驗所構成。

（一）文化覆蓋

面對隨著時間變化的生存威脅和機遇，所有文化系統都會演化，以便在其生態起源中能維持自身及其成員的存活。有些文化衰落並失敗，有些繼續生存與繁榮，持續擴大其領土和宗主權，也將其他文化群體引入它們的管轄範圍 (Diamond, 1996, 2005)。所有文化系統都會社會化自身的成員，讓他們能承擔和掌握在整個生命過程中所扮演的角色，為自身的文化單元貢獻人力和社會資本。這些文化單元可能是各個不同的文明，在人類歷史上有不同的定義：政治單元，如國家、省或地區；當地群落，如城鎮和社區；業餘協會，如俱樂部；機構，如警察部隊、社會服務機構或商業公司；學校，包括職業或工藝協會；各專業內的職業分工；以及（或許是最重要的單位）家庭，無論此家庭經跨世代後如何構建而成，以及被此文化單元所使用的族譜系統為何。如今，有許多方法可以將各個社會分類成不同的文化群體。

無論其規模和鄰近程度如何，任何文化體系都依年齡和性別對其成員指定適當的角色，讓他們在協調個人對其文化群體長時間建立出之社會關係中，承擔和履行特定職責。這些角色本質上是相互關聯的，並描述了每個文化系統中，相互依賴的個體之間所發生的主要交流類型，例如：父親與長子、雇主與雇員、銷售員與客戶、鄰居與鄰居、罪犯與受害者、商業夥伴之間、陌生人與陌生人之間等等；各種角色間的交流種類豐富多樣。一個既定角色關係的雙方各自發揮其作用，以促進在交流過程中所須解決的議題，無論本質為何。在此過程中，一個角色關係中的雙方都必須意識到，並回應自身角色行為是否適當，而隨著關係發展，對方行為的適當性也會得到相同的回應 (Sarbin & Allen, 1968)。

每個角色都是依據當前的設定來扮演的，即根據不同的社會規範，當某人在某時扮演某角色之時，此角色會得到不同程度的接受度。這些規範是社會建構出應該和不應該執行的行為規則，即是行為準則。與社會系統中多數角色相關的規範構成了它的倫理景觀、它的道德框架，而社會機構或該社會文化體系中的個別成員，會以社會認可的方式，來獎勵或懲罰某角色的扮演者。隨著時間推進，一個文化中的成員會逐漸瞭解，在他們扮演各種不同角色的時候，什麼是正確、什麼是錯誤的行為。從這個角度來看，文化是一個擁有共識、縱橫交織的網格，對於如何適當地管理一個已進化的角色關係系統，所形成的共同理解（當然，這並不表示所有在文化中得到社會認可的角色，都會受到社會認可。另參閱第十三章

關於中國文化中幸福感與角色占有之間的關係）。

（二）人格的構成

個人會依其文化系統所提供的角色背景下，以道德或不道德的方式行事。在社會行為者的學習歷程中，根據過去經驗裡其他參與者認可或不認可的回應以及其他的因素（包括他們遺傳的稟性）發展出適合當下情境的慣性回應（請參閱第四章）。雙方的回應會依據適用於總體文化體系的道德模式邏輯 (Fiske, 1991)，以及在處理日常角色過程中，所遇到的許多相互依存情況下被社會化 (Gerpott, Balliet, Columbus, Molho, & de Vries, 2017)。模範角色行為會獲得獎勵，常規角色行為會被忽視，而越軌角色行為則會受到懲罰。

個人在扮演各種社會角色時，做什麼和不做什麼，以及如何做，源於一系列複雜的運算；此運算是基於行為者的個性特徵和自身在該角色背景下所設定的目標 (Horstmann, Rauthmann, Sherman, & Ziegler, 2021)。行為者在處理與道德相關的狀況（即道德困境）時，通常會面臨高風險的權衡（如 Kleiman-Weiner, Saxe, & Tenenbaum, 2017）。因此，或許這個問題會比較切實：當一名行為者在管理日常生活中相互依存的關係時，如何考慮腦中浮出的行為替代方案；也就是此行為者如何在最大化期望的結果與最小化不利的因素之間，實現個人平衡。

當然，儘管有很多心理暗示會出現，並非每個人都會綜合考慮替代方案。有些人甚至可能沒有意識到替代方案的浮現，而是本能地或無意識地採取行動 (Bargh, 2013)，沒有多加思考；他們的行為出自於透過社會化而建立的習慣，而此習慣係從類似的道德場景汲取之經驗 (Bergmann & Wagner, 2020)。根據經典和工具學習模型，反射性反應是人格的一個特徵；而此特徵在認知上有較低的需求 (Cacioppo, Petty, Feinstein, & Jarvis, 1996)，在結束一件事情的急迫性上有較高的需求 (Kruglanski & Webster, 1996)，在規避不確定性上有更強的傾向 (Sorrentino & Roney, 1999)。進一步將某些行為者推向反射性反應的導因是他們相對缺乏做出明智決定所需的批判性思考能力 (Butler, Pentoney, & Bong, 2017)。

道德或不道德的人格：其他性格上的變數可能會導致行為者越軌或扮演模範角色。少數人可能是反社會的，並表現出遺傳上 (Raine, 2018) 人格特質的「黑暗三角」(Dark Triad) 特徵 (Paulhus & Williams, 2002)。這些人對自身的行動如何影響他人表現冷漠，對於罪惡感有免疫力，並且無法從展現不道德的行為在其文化系統產生的負面後果中，學習覺知的能力。其他人可能會表現出模範道德，並被同文化的社會成員視為具有高尚道德的人 (Goodwin, Piazza, & Rozin, 2014)；他

們的正直可能源於天生的氣質 (Thomas & Chess, 1977)、被重視的能力 (Australian Council for Educational Research, 1981)、個人動力 (Siegling, Ng-Knight, & Petrides, 2019),以及被正向鼓勵的社會化經歷,尤其是來自同儕群體 (Harris, 1995)。

文化對其成員的社會化影響並不是單一的,因此在任何文化體系中,成員在表現道德或不道德行為的反應上,人格特質會在不同層次上有所區別。此外,在同一個文化體系中,各成員對於如何與互補的他人扮演不同的角色,會有不一樣的理解。角色夥伴可能會認為,自己的行為根據自身的道德準則是屬於做對的事情或至少沒有做錯,但是對於在不同道德準則下社會化的人來說,這些行為判斷依據則不同。因此,在任何文化體系內部都存在著道德難題的潛在可能。

錯綜複雜的文化模組和個人特質會影響行為者是否依照當地認為的道德或不道德、對或錯之準則作為。這種演算的細節因個別行為者而異,取決於相關的人格特質,以及他們認為在其文化背景中所扮演的社會角色所蘊含之本質。這種文化背景包括持續的社會發展,進而激發文化演變;這樣的動態必須納入一個人「做對與不做錯」的道德演算中。

三、道德文化

在比較不同文化時,設定一些基礎來區分這些文化是有必要的。既然本文的重點是與特定文化系統相關的道德準則,本章將以 Rai 和 Fiske (2011) 提出之豐富的道德文化類型學作為起點。Fiske (1991) 最初在類型學中提出關係分類,歸納了四種文化系統。之後,這個類型學將會與不同文化中,各角色關係的社會化系統做連結。這些社會化系統在其成員間促進了支持自身文化道德準則的心理特質,以便管理其角色關係的網路。從此理論所發展出來的模型可以用來分析任何文化系統(如中華文化),並與其他系統進行比較。

(一)道德作為關係調節的機制

Rai 和 Fiske (2011) 在描述他們所發展的四種道德模式時指出:「道德感有助於產生和維持與他人的長期社會合作關係」(p. 59)。道德、同源詞或其他語言的表達(參閱第十一章)涉及對人際交往和社會行為的必要調節,進而在特定文化中保護和促進人與人之間發展可行之關係。一個文化的成員須與他人共同管理相互之間的關係,而此關係範圍會隨著所有角色在其文化系統的歷史中所表現的複雜性不同而有所差異;有些很簡單,有些很複雜,有些保持不變,有些則逐漸變得越來越複雜。

關係的背景：所有的社會行為都發生在關係的背景之下。因此，當針對觀察到的行為所涉及的道德，以及隨之而來的對錯行為做出判斷時，必須考慮到當事人之間關係的性質：

> 社會、認知和進化心理學方面的文獻指出：道德心理學可能與其社會關係背景密不可分……任何行為在某些社會關係背景下發生時，會被判斷為正確的、公正的、公平的、值得尊敬的、純潔的、高尚的或道德正確的，但當這些行為發生在其他社會背景時，會被判斷為錯的行為。──Rai 和 Fiske (2011, p. 57)

因此，兩位作者提出：「一種道德心理學理論，其中道德動機、判斷、制裁、補救、情感和行為被嵌入在群體生活的社會關係模型中」(p. 59)。而這些模型主宰構成該文化系統的各種角色關係，正如 Simpson、Latham 和 Fiske (2016) 所記錄的現象。

四種道德動機：Rai 和 Fiske (2011) 指出：「我們使用四種基本的心理模型或結構來協調幾乎所有的社會互動」(p. 60)。這些關係模型是：群體共享，對應團結的道德動機；權力分級，對應階級劃分的道德動機；市場訂價，對應比例原則的道德動機；以及公平分配，對應平等的道德動機。上述模型詳細闡述了這些道德相關的動機系統，每一個都與 Fiske (1991) 在其廣泛的人類學研究中，所提出的人類組織之四種基本形式相契合。道德動機在任何文化體系的表徵是：團結、階級制度、比例原則和平等性：

> 團結是透過避免或消除被污染的威脅，並依據需求或同理心提供援助和保護，照顧並支持內團體的完整性之動機。階級制度是在社會群體中形塑尊重階級之動機；在階級之中，上級有權得到服從和尊重，但也必須領導、引導、指導和保護下級。平等是平衡、實物互惠、平等對待、平等發言和平等機會之動機。比例原則是分配與功績比例相當的獎勵和懲罰，調校與貢獻相當的利益，以及確保判斷是基於成本和收益的效益性演算而形成之動機。──Rai 和 Fiske (2011, p. 57)

Rai 和 Fiske (2011) 進一步闡述了每個動機系統，並描述在文化群體成員間交流之社會人際關係邏輯：

> 團結旨在透過集體責任感和共同命運，以照顧和支持內團體之完整性。當有人有需要時，我們必須保護和提供對方適當的資源；當有人受到傷害，整個群體都會感到侵犯，所以必須做出回應。當某位內團體成員受到污染或違反

道德，整個群體都要承擔責任，並同樣感到被污染和羞辱，直到這個群體自我淨化。某個群體或其完整性，或任何成員受到之威脅都會被認為是對所有人的威脅。──(p. 61)

階級的形成旨在建立和維護一個社會群體中的線性分級。下級被鼓勵要尊重、服從和尊敬上級，如領袖、祖先或神明，並懲罰那些不服從或不尊重的人。相反地，上級對下級會感到一種責任感，並且對於領導、指引、指導和保護下級有使命感……在許多文化中，人們認為階級制度是自然的、不可避免的、必要的也是合法的。──(p. 63)

比例原則旨在針對不同商品計算比率或採取行動時，以確保每一方的獎懲與其成本、貢獻、努力、功績或罪行的程度成正比……違犯比例原則的主要行為是作弊；在此嚴格定義「作弊」一詞：個人依其文化標準，試圖獲得與他應得的利益不成比例之利益……當人們為了帶來更大的道德善舉，而須進行某些會傷害道德或放棄某些道德權衡的行為時，會受到比例原則的激勵……功利主義道德依賴於後果的比例尺度，其中結果的好壞可以按比例衡量並乘以受影響的人數。──(p. 64)

平等旨在加強社會關係中的平衡和實物互惠。它要求平等對待、平等發言、平等機遇、平等機會、平等分配、平等貢獻、輪流制度和抽籤的機會……平等提供的道德動機包括：維持「有來有往」的互惠形式，和追求「以眼還眼」的報復形式。──(p. 63)

Rai 和 Fiske (2011) 對這四種道德動機的描述有詳細闡述，因為它們代表在不同道德系統的議題上，不斷累積的跨文化研究有了令人滿意的融合，也得到世界性的認證。每個動機系統的呈現均為一個主要的主題或模板，通常被一個文化系統的成員用來判斷其成員的行為是道德還是不道德的。其他社會科學家還開發了其他道德類型理論，例如：道德基礎理論 (Haidt, 2007)。然而，Rai 和 Fiske 的四種道德類型可以很容易地與社會化、角色關係、價值觀和行為理由的跨文化研究結果相結合，形成一個分析道德行為文化差異的社會心理模型。這個綜合模型可以用來連結不同的實證文獻，然後定位任何特定的文化系統，如中華文化系統相對於其他文化系統。

中華文化的道德觀： 大多數關於中華文化的討論都強調了它的儒家傳承（如 King & Bond, 1985）。此類分析的呈現側重於中華文化以階級、關係為基礎的發展；這個發展須檢視整個生命週期內，基於職責的角色履行「相對於」互補的角色夥伴 (Ames, 2011)。當這個政體的每個成員都服從其命令並符合要求時，這個政體就

能維持。所以，

> 齊景公問政於孔子。孔子對曰：「君君，臣臣，父父，子子。」公曰：「善哉！信如君不君，臣不臣，父不父，子不子，雖有粟，吾得而食諸？」──《論語·顏淵》第十一節

這段話強調了「合規合禮」的基本重要性，暗示不合規不合禮的制度讓人民的意志混亂，甚至反應在吃這件事上面。正如沒有食物就無法維持生命一樣，如果個人不依從角色所要求的合宜性，這個政體就無法維持。上級須給予明智的判斷以及限制，下級須忠誠地服從。

在上述這段經文中，孔子著重在五種基本關係中的兩種。其他三個，即夫對妻、兄對弟、友對友，這三者同樣也需要角色扮演者的紀律。關係中的每一方都有義務注意遵守他們在階級制度中的位置與相對要求（正如 King & Bond, 1985 所指出：在中華文化中，甚至朋友間的關係也有階級，通常以年齡為基礎）。在每種關係中，一個人的角色設定細節各不相同，也可以有一定程度的折衷，特別是對於可能發展成比例或甚至平等倫理的朋友關係。

值得注意的是，儒家學說並未有針對陌生人的討論，也沒有針對在當代較開放的社會、經濟和政治系統中可能發展的各種關係做出任何討論。幾個世紀以來，壽命延長、教育機會擴大、職業差異化，以及個人財富增加都擴大了關係的可能性及相對應的關係發展動態。在探討當代中國社會時，Hwang (2016) 將關係分為較廣義的三種類型，以限制關係夥伴的資源分配倫理為分類基礎。基於 Turner、Foa 和 Foa (1971) 的類型學分類，包括金錢、商品、服務、資訊、地位授予和感情，他提出了資源可以交換的一個廣義概念：在關係的發展過程中，上述都可以隨時被帶入資源交換中。

情感性關係在家庭關係中占主導地位，但也可能觸及更廣泛的領域。管理社會互動和資源共享的是需求原則。工具性關係的發展是為了建立較臨時以及匿名的關係，例如：在公共空間中的客戶與銷售人員、法官與被告、公民對公民等。在這種關係中，公平原則是被尊重的，各方也都利用可取得的資源進行協商，以求在該角色關係內蘊的可能性中獲得最佳結果。混合性關係涉及情感性關係領域之外的熟人，包括透過發展對彼此的正向感覺（人情），以及利用先前建立的連結（關係）所培養出之各種關係。在這種關係中，互惠原則占主導地位，儘管這個交換的演算在關係雙方之間是可以協商的，視雙方之間共享資源的類型不同而有所差異。

但是迄今為止，還沒有任何人嘗試檢驗這些關於中華文化關係類型的原生理論、其中的邏輯以及生命過程中的發展。然而，這三種關係似乎生成了混合型道德：「情感性關係：團結—階級；工具性關係：比例原則；以及混合性關係：階級—比例原則」。因此，不道德行為違反了每種特定關係預期的資源交換。

四、透過角色關係描繪各文化的特點

All the world's a stage, and all the men and women merely player: ... and one man in his time plays many parts.

世界是座舞台，所有男女都只是演員：……每個人皆扮演許多角色。——莎士比亞《皆大歡喜》

因此，正如 Ames (2011) 和 Hwang (2016) 所提出，文化間的不同之處在於如何包裹在人際關係系統化中所提供和強調的角色。如果一個文化的道德準則是用來調節人際關係的，那麼理應根據它們如何組織各角色網路，來比較文化間之差異。

也許是由於西方社會科學中的個人主義偏見所導致（如 Sampson, 1983），少有研究試圖解決此重要的跨文化議題。一個例外是 McAuley、Bond 和 Kashima (2002) 的研究。他們選擇了 56 個不同的當代角色配對，例如：房東與租戶、主管與工廠工人、父女以及足球比賽中的對手球員，並透過他們制定的 20 個客觀特徵，請澳大利亞人和香港人對這些配對的行為評分，例如：兩者見面的頻率，兩者間的權力不對等，所進行的活動範圍，以及兩者會面的隱私。

研究結果呈現了四個面向。根據這四個面向，這些角色配對可以在跨文化系統中做比較：複雜性（各角色配對是否參與廣泛的活動）、平等（各角色配對是否參與平等的交流）、對抗性（各角色配對是否參與競爭性交流）和束縛（各角色配對是否參與較分離式的交流）。在兩種文化中，這些面向幾乎都適用於各角色配對，但是每種特定的角色配對在每個面向上的定位都有些不同。例如，父子的二人配對，在平等的面向，香港華人給予的評分低於澳大利亞人；對抗性的二元配對（如個人的敵人），在對抗性的面向，香港華人的評分也低於澳大利亞人。此外，這一系列角色在平等的面向上，香港華人的評分高於澳大利亞人；這說明了在這一社會互動的特徵中，對於所有角色而言，香港華人與澳大利亞人相較，有著更大的差異性。香港華人的這種相對不平等，在工具性關係方面尤其顯著，例如，飯店賓客相對於接待員。在其他的例子上，文化差異顯現在個別文化如何

在這四個角色設定的基本面向中,定位特定的社會角色。

這項研究說明在更廣角的跨文化比較中,類似的層面也會出現,因為這是文化體系組織管理各角色的方法。然而,每個文化系統都會在這個框架內對所有設定的角色有不同定位。如果一個角色的行為是由一組道德準則來做管理,這組道德準則會隨角色的複雜性、平等性、對抗性和束縛性的不同而有所差異;那麼,在概念化和進行文化系統間的比較時,發展一個道德的角色文化也許會是個可行且有用的方法。

五、道德的社會化

> 人之初,性本善,性相近,習相遠。——《三字經》

如果,有一個總體的文化議題,驅動著社會依據四種道德模式中之一的模式來運作,那麼孩童們就須相對應地社會化。一項多國分析研究,對於兒童社會化過程中偏好的素質提供了支持性的實證。Bond 和 Lun (2014) 使用了來自「世界價值觀調查」的數據,提供來自 55 個國家文化的代表性樣本。此調查的受訪者拿到了一份清單,其中列出兒童可以在家學習的十項特質,並要求他們選擇其中最重要的五種特質進行教育。分析結果將各國之間的關係定位在一個二維、四象限的空間中,以「自我導向」與「他人導向」以及「禮貌」與「務實」來定義座標的軸線。

> 在「自我導向」與「他人導向」的象限中,獨立性和想像力之類的特質標記了「自我導向」端;這與宗教信仰和服從之類的特質剛好相反,這些特質標記了「他人導向」端。在「禮貌」與「務實」的象限中,對他人的寬容、尊重以及無私等特質標記了「禮貌」這一端,而節儉、省錢和物質等元素則標記了「務實」這一層面。——Bond 和 Lun (2014, p. 79)

根據這些實證標記,55 個社會化國家文化以國家名稱標記在圖 1 中。

這個「兒童社會化發展偏好性格特質」的概念空間,是否與「道德社會化」呈現一個「平行宇宙」呢?是否在這個二維空間中的每一個象限都定位了各國文化,而且體現了 Rai 和 Fiske (2011) 所提出的道德動機之一以及其協調社會互動的相關模型?同時落在「他人導向」與「禮貌」象限裡的國家文化系統,是否體現了基於團結和群體共有的倫理道德體系?同時落在「他人導向」與「務實」象限裡的國家文化系統,是否體現了基於階級和權力分級的倫理道德體系?同時落在「自我導向」與「務實」象限裡的國家文化系統,是否體現了比例原則的道德和

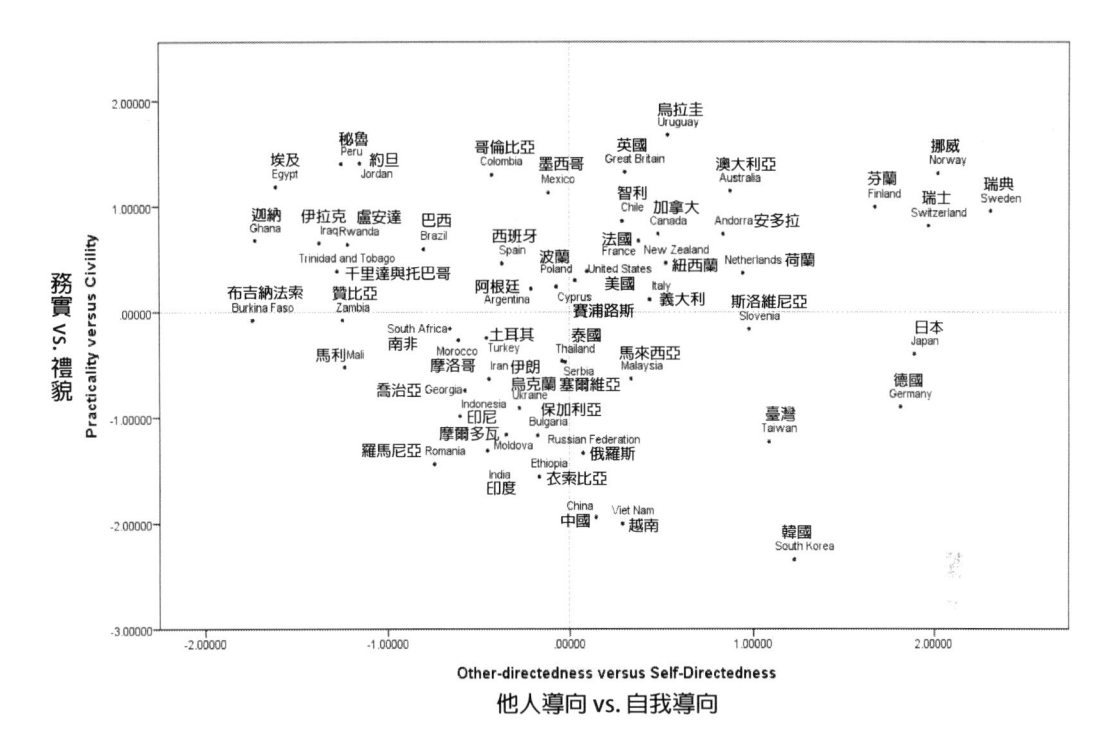

图 1 横跨 55 种国家文化的社会化重点

资料来源：Bond 和 Lun (2014)。

市场订价的伦理？同时落在「自我导向」与「礼貌」象限里的国家文化系统，是否体现了平等的道德和平等分配的伦理？我认为是的。

中华文化中的社会化：就目前讨论的主题，本节将使用上述 Bond-Lun 模型为基础。由于座标上的两个社会化轴线是垂直的，各国都可以被视为是落在由这些轴线所定义的四个象限之一。例如：瑞典可以被视为一个将其人力资本社会化，以实现一个「自我导向」和「礼貌」的国家；中国大陆则是「自我导向」加上「务实」；秘鲁——「他人导向」加上「礼貌」；马利——「他人导向」加上「务实」。在这个关于儿童社会化的二维概念空间中，其他国家分别落在座标的不同位置。

然而，从图 1 中我们可以看到，任何国家在这个二维网格上都占据一个独特的位置，一个「经纬度」，该「经纬度」将各国定位于与其他国家相对应的位置。因此，在此社会化地图中，读者会注意到，台湾和中国大陆这两个华人社会均处于「自我导向」和「务实」的象限中，但在台湾，父母对其子女进行的社会化教育却更倾向于「自我导向」，而「务实」层面较低。在 79 个国家的比较中，当新加坡和香港被加入到华人社会的群组时，这样的区别就更加明显了（请参阅 Bond

& Jing, 2019）。實際上，臺灣隨後與其他國家一起進入了「自我導向」與「禮貌」的象限。

因此，如果我們在多國空間中比較當代華人社會，「中華文化」的構成似乎出現了一些細微的差別。在這個社會化空間中，有其他國家文化與這四個華人社會之間的距離，比他們之間更為接近：韓國與中國、亞塞拜然與香港、匈牙利與臺灣、塞爾維亞—蒙特內哥羅與新加坡。在此可以看出，對「中國性」大一統式的理解是被削弱的。

文化價值觀的社會化支持關係道德

針對道德的討論通常被框架為「揭示體現正當生活的價值觀」。世界各地都已經對價值觀進行了廣泛的比較，從 Morris (1956) 的 Ways to Live 量表開始，一直延伸到現在（如 Inglehart & Welzel, 2011）。最近關於不同文化群體中與道德相關的各種行為或個人性格之研究，通常與 Schwartz (2006, 2008) 的多元文化價值觀之架構保持一致，無論是對國家，或對國家內部的個人 (Schwartz et al., 2012)。這個框架確立了排列在一個二維的環狀模型當中之四個價值象限：第一個軸線是「自我超越」，由普世主義和仁慈組成，表示一個國家文化的公民具有與他人合作、並為他人利益做出犧牲的積極性。這種動機取向與「自我彰顯」的價值觀相對立，因為這個價值觀是由享樂主義、權力和成就等元素組成，顯示一個國家文化的公民具有努力實現自身進步的動力。第二個軸線是「對變革的開放性」，由自我導向和激勵等元素組成，顯示這個國家文化的公民有動力追求自己的利益，並挑戰既定標準。這種動機取向與「保守維持」的價值觀相對立，因為這個價值觀是由安全、一致性和傳統等元素組成，顯示這個國家文化的公民有動力維持現狀，並遵循既定的實踐標準。

根據針對個人的價值特質抽樣和平均得出結果的國家文化研究，Schwartz (2008) 將許多國家文化定位在這個環狀模型中。具有相對價值觀的象限在這個二維空間中，沿著這些軸線排列，並定義這四個象限。這些價值觀象限與道德的四個領域似乎有非常明確的對應：「自我超越」象限對應「團結」道德象限；「保守維持」象限對應「階級」道德象限；「自我彰顯」象限對應「比例原則」道德象限，「對變革的開放性」象限對應「平等」道德象限。但是，這裡面有一個妥協，係由在這「循環的動機連續體」(Circular Motivational Continuum) 中的任一國家文化所產生的一種權衡 (Schwartz, 2008, p. 684)。與社會化的重點一樣，每個文化群體都可能在這個強調相對價值的象限裡分配到一個位置。

這些文化價值的強調源於社會化的優先順序，以及與其特徵有關的實踐。因此，Bond 和 Lun (2014) 發現，在 Schwartz 的環狀價值模型中，一個國家的社會化呈現更高程度的「自我導向」時（相對於「他人導向」），與更高程度的「對變革的開放性」（相對於「保守維持」）是有關聯的。「禮貌」價值的社會化（相對於「務實」）與更高程度的「自我超越」價值觀（相對於「自我彰顯」）是相關的。因此，在這個社會化價值空間中，相互距離越遠的文化，越有可能將彼此的行為視為「不道德」。

華人的價值觀：當代華人文化圈，包括中國大陸、臺灣、新加坡和香港，都位於由「自我彰顯」和「保守維持」的價值優先象限內 (Schwartz, 2008)。然而，各個華人政治文化群體中都與其他文化群體共享這個二維價值空間。與社會化目標一樣，即使同為華人的群體較可能落在同一個廣泛的價值象限，部分非華人社會與這些華人社會彼此之間的距離卻來得更為接近。文化的相似性可以理解為：在一個價值空間的視覺範圍中一個可測量的屬性，而兩種文化相似的程度表現在他們與其他文化群體有相同的距離（這類似於第三章中，濱村武對文化和社會化空間的討論）。在比較文化時，定位是一個程度問題。

六、道德文化的模型

You're right from your side, and I'm right from mine. We're just one too many mornings an' a thousand miles behind.

你在你身邊，我在我身邊，我們只是太多的早晨，以及一千英哩之遙。——
Bob Dylan (*One Too Many Mornings*)

許多探討文化系統道德的構建，為社會科學家提供了思考和衡量社會環境的方法，在此環境下，所探討的文化結果就有被理解的可能。然而，針對不同類型的文化構建所做出的定位，通常是單獨進行、沒有被整合的。如何將一個由這些文化構建組成的模型，用來解釋道德行為，也就是本文期待的最終結果？

透過 Rai 和 Fiske (2011) 的道德文化構建，我們可以提出一個模型來理解某文化用來建構道德準則的系統，也就是一個指導其成員走「正確道路」的系統。與社會科學中的任何模型一樣，它是假設性和探索式的，目的是讓研究者可以進一步集中思考，並提出研究建議。然而，這種模式的優勢在於，它建立在道德領域裡須謹慎對待的人類學和廣泛的多元文化研究之上。

（一）道德的多元文化定位

一個文化群體的歷史環境和生態社會特徵，使其傾向於發展某種類型的社會關係及相關的道德模式，用以管理其成員之間的活動 (Fiske, 1991)。這種道德模式被廣泛應用於該文化在一段時間內所發展出來的角色，以協調其成員間各種類型的交流。任何文化群體的成員都會透過該文化系統的制度進行社會化，並按照這個文化的道德模式生活。而這個道德模式會有道德控制的規定，以及其支持的方法，以確保此文化系統能順利運作。合適的價值觀也會因此灌輸給這個文化系統的成員。然後，該道德文化群體的成員會將價值相關的正當性邏輯應用在回應對和錯的行為上（參閱第十四章，不道德行為合理化的模型定位）。透過整合這組社會科學的構建，我們可以提出一個全面性的道德模型，如表 1。

中華文化：以此針對不同文化系統的道德模型為基礎，中華文化在 Fiske (1991) 的模型中落入權力分級的象限。權力分級的象限有幾個特色：他人導向和務實的社會化、角色關係的發展基於較高程度的束縛、強調自我彰顯的價值取向、對私人生活方式的多樣性容忍度低，以及對公共規則遵從的多樣性容忍度高。

然而，這裡必須指出的是，有不同的當代華人社會體現了這種權力分級的制度。它們在權力分級的欄位中，彼此的距離會依據它們帶入今日社會的生態社會歷史而有所差異（參閱第十二章）。當這些華人社會或任何其他社會被概括論述時，這些文化群體隨時間的變化和變化速率必須被注意到，因為每個群體都有其獨特的生態社會背景 (Sng, Neuberg, Varnum, & Kenrick, 2018)。

表 1　Fiske (1991) 社會關係模型

	群體共享	權力分級	市場訂價	平等分配
相關的道德動機 (Rai & Fiske, 2011)	團結	階級	比例原則	平等
角色關係的特性 (McAuley et al., 2002)	複雜度	束縛性	對抗性	平等性
社會化的強調 (Bond & Lun, 2014)	他人導向與禮貌	他人導向與務實	自我導向與務實	自我導向與禮貌
價值象限 (Schwartz, 2012)	保守維持	自我彰顯	對變革持開放態度	自我超越
公共和私人道德多樣性的正當性（第十四章）	對私人生活方式的多樣性容忍度低；對公共規則遵從的多樣性容忍度低	對私人生活方式的多樣性容忍度低；對公共規則遵從的多樣性容忍度高	對私人生活方式的多樣性容忍度高；對公共規則遵從的多樣性容忍度高	對私人生活方式的多樣性容忍度高；對公共規則遵從的多樣性容忍度低

（二）其他概念化與模型化的方法

　　針對道德相關構建的多元文化研究須依賴針對社會和心理概念的大量調查。調查後所得到的回應再依據各文化群體的成員數計算平均，所得到的結果就能提供該文化單位所呈現的比較性「社會心理」。直到最近，這些跨文化研究才將針對文化的比較分析，擴展到上述的社會化目標、價值觀或合理性的構建。例如，Bond 等人 (2004) 探討了世界觀或對世界的信仰，並在一個二維的分布圖上，將全球 40 個國家和地區的群體做了區別。Ashton 等人 (2005) 同樣地，也使用了一個政治社會態度的二維分布圖，來區分國家或地區。Schmitt 等人 (2007) 將 56 個國家的公民，針對他們的典型特徵或個性，進行了比較，發展出一個二維的性格分布圖。Jing 等人 (2021) 針對信任程度，收集了跨國數據，然後將這些數據擴展至針對陌生人以及其他親近之人（如家庭成員）的研究。

　　跨文化遺傳學的快速發展在跨文化心理學領域的研究中尤其重要 (Sasaki & Kim, 2017)。透過分析族群內部或跨族群的某些遺傳標記和特徵分類的發生頻率，各個國家文化可以更大範圍地被區分（如 Minkov, Blagoev, & Bond, 2015）。這些區分與道德相關的個體神經反應（請參閱第五章）和行為（如 Minkov & Bond, 2015）有相關。此社會和人格構建的比較也可以引入到上述之社會關係模型中，因其與道德領域也有關係。

（三）文化建構關係行為中的道德觀

　　文化可以被理解為一種在人群或團體間實際運作彼此角色關係時，用於規範利弊交換的系統。道德是隨著時間推移而發展出來的概念，以管理這些不同的角色關係，維持該文化社會結構之完整性，並保護其發展（請參閱 World Justice Project, 2019）。這些關係類型會根據它們自己的邏輯而運作，但描述這個文化系統的總體道德模型會廣義地將其定位。關係中的成員所做出的正確行為會符合控制系統中，該角色關係的道德模型；而錯誤行為象徵這種角色關係會損害該控制系統。非常正確的行為會受到文化體系及成員的重視，而非常錯誤的行為則會受到該系統及成員的制裁。

　　但是，在 Rai 和 Fiske (2011) 提出的四種道德類型中，什麼是正確、什麼是錯誤的行為呢？每個道德模式都可以被視為一個指南，導引某角色關係中的雙方在進行交流時，最大化利益並最小化傷害（儘管在第十一章中，我們可以看到一些與此主題相關的問題正在浮現，更不用說中華文化對道德規範有什麼樣的危害）。

因此，在群體共享的邏輯下，雙方都在「自我超越」和「保守維持」的優先價值下被社會化成「他人導向」與有「禮貌」。雙方均努力創造平等的交換，任何一方都傾向於接受相對較低的利益或相對較多的傷害，兩者關係的穩定性進而得以維持。當不公平的判斷以及隨之而來的不合理平衡出現時，其他社會代理人（機構），或者（可能的話）平等他人會被期待以社會認可的方式進行干預以「糾正錯誤」。

同樣地，在權力分級的邏輯下，雙方都在「自我彰顯」和「保守維持」的優先價值下被社會化成「他人導向」與「務實」。雙方努力創造公平的交換，位於下級的那方傾向於接受相對較少的利益或「得到」相對較大的傷害；而位於上級的那方傾向於接受相對較高的收益或相對較低的「損失」，兩者關係的穩定性進而得以維持。當不公平的判斷以及隨之而來的不合理平衡出現時，其他社會代理人（機構），或者（可能的話）平等他人會被期待以社會認可的方式進行干預以「糾正錯誤」。

在市場訂價的邏輯下，雙方都在「自我彰顯」和「對變革的開放性」的優先價值下被社會化成「自我導向」與「務實」。雙方努力創造公平的交換，雙方都致力於依照在他們關係角色中所付出的貢獻，取得比例相當的利益以及避免損失；他們角色關係的可行性以及未來交流潛力進而得以維持。當不公平的判斷以及隨之而來的不合理平衡出現時，其他社會代理人、個人，或（可能的話）機構會被期待以社會認可的方式進行干預以「糾正錯誤」。

最後，在平等分配的邏輯下，雙方都在「自我超越」和「對變革的開放性」的優先價值下被社會化成「自我導向」與有「禮貌」。雙方努力創造公平的交換，致力於獲得與雙方所付出的貢獻相等之結果；他們角色關係的可行性以及未來交流的潛力進而得以維持。當不公平的判斷以及隨之而來的不合理平衡出現時，其他社會代理人、個人，或者（可能的話）機構會被期待以社會認可的方式進行干預以「糾正錯誤」。

道德與不道德行為的多元文化研究：如果資訊提供者能不受研究人員自己的道德觀念影響而獨立作答，那麼在極度不同的社經體系中，成員們對道德和不道德的行為會有什麼樣的看法？針對這個基本問題，Purzycki 等人 (2018) 請來自八個不同環境背景的受試者，包括農夫、園藝家、牧民和城市居民「列出最多五種他們認為是好的／高尚的／有道德的人所表現的行為」或「不好的／不道德的人所表現的行為」(p. 492)。研究者對受訪者的自由回答進行了編碼，之後的報告指出「參與者認為最顯著的項目是『慷慨』或『分享』，其次是『樂於助人』和『誠

實』」(p. 493)。相反地，「與進化論文獻一致，『盜竊』是所有文化群體中所列出最顯著的項目（慷慨的對立面），其次是『欺騙』和『暴力』」(p. 493)。從這個受到尊重的研究中可以得出一個結論：在泛文化的場景中，對他人有益或有害的主要層面定義了行為道德的軸心。

多元文化研究能否區分此單一層面，並將這個層面與 Fiske (1991) 的社會關係模型連結？試想，對國際刑警組織和世界銀行等國際機構來說，資料是如此廣泛易得，一些初步的答案開始出現了。

謀殺：兇殺可能被認為是對他人最大的傷害，特別是當這個行為是針對同一內團體的成員。各國的兇殺犯罪率由世界衛生組織收集，並在其年度報告中揭露，而數據顯示各國之間存在巨大差異。Minkov (2013) 指出，兇殺犯罪率隨「排外主義」與「普世主義」的國家差異而變化。排外主義的定義為：

> 一種文化傾向，促使人們依據群體的隸屬關係來對待他人，並為朋友、親戚或個人認同的其他群體保留恩惠、特權和奉獻，同時將外來者排除在由應得這種待遇的人所組成的群體之外。雖然這種排斥文化的成員經常努力維持自己群體內的和諧與良好關係，但他們可能非常冷漠、不體貼、粗魯，有時甚至對其他群體的成員懷有敵意。──Minkov (2013, p. 386)

正如許多人類學研究結果顯示，在受到排外主義的社會化所影響的社區或部落中，兇殺的嚴重程度可能令人驚訝地高（如 Kuschel, 1988），而且對於被定義為排外主義高的國家（如巴基斯坦、迦納和委內瑞拉）也呈現如此現象。其中的關鍵問題是：這些文化群體的成員，在多大程度上擴展了「內團體」之概念，以及其他人在哪些角色關係中得到和諧對待。如果我們將社會關係模型帶入，此情境似乎可以用來描述道德文化的概念順序，從團結開始，依序是比例原則、階級，最後是平等。

普世主義被定義為：「在對待每個人時，視對方為獨立的個體，而不考慮他們的群體隸屬關係」。普世主義高的國家，如芬蘭、紐西蘭和烏拉圭，兇殺犯罪率非常低。然而，在哪個角色關係中，一個人的角色夥伴會「被視為獨立個體」，雖然這個概念相當模糊？將上述的社會關係模型帶入，此情境似乎可以用來描述道德文化的概念順序，從平等開始，依序是比例原則、階級，最後是團結。

利社會行為：將自己的資源贈送給他人的行為被廣泛地認為是道德的。Smith (2015) 利用來自 135 個國家具有全國代表性的調查數據，就其公民報告中，關於幫助陌生人、向慈善機構捐款以及參與志工服務的頻率，比較了各國差異。這三

種行為產生了一個可靠的利社會行為指標。我們可以預測：有較高的利社會行為比例的國家，會有較低的內團體偏袒和宗教規範認可。如果將這兩個預測因素帶入，對他人仁慈的行為似乎可以用來描述道德文化的概念順序，從平等開始，依序是比例原則、階級，最後是團結。上述道德元素的排序，與低謀殺率國家的結果相同。

誰受益於道德行為或因遭受到不道德行為而受苦呢？ Purzycki 等人 (2018) 根據其泛文化研究結果提出：「對未來的研究來說，合理的下一步會是探討這些參與者聲稱的道德作為適用於何時、何地以及何人」(p. 499)。本文中的探討將社會關係模型擴展，並用來描述現代社會的角色關係；這個方向與上述建議是一致的。關於道德的社會心理學必須關注任何交換中所涉及的關係類型。因此，上述行為道德分析中所缺少的是評估在哪些文化中，哪些角色關係中的哪些行為被認為是道德或不道德的。這些有針對性的行為可能會導致行為者認定某個人（無論是本人還是他人）是一個有道德或沒有道德的人。

七、改變中的道德文化

What men have seen, they know; But what shall come hereafter, no man before the event can see.

人類曾經做過什麼，他們知道；但以後會發生什麼，在事件發生之前，沒有人可以預見。——索福克勒斯 (*Ajax*)

Purzycki 等人 (2018) 在其多元文化道德研究中總結：

揭示道德系統的起源是一項艱鉅的（若非不可能的）任務，但對該主題之縱向研究將能夠透過追蹤個人和群體層面的道德模型與行為，來論述認知適應、文化和環境之間的連結，包括這些模型與行為如何改變、它們從哪些源頭發展出來，以及當它們被選擇性地保留時，可以起到什麼作用。——(p. 499)

但是，透過跨文化心理學中已進行過的縱向研究，我們可以較輕鬆地預測不同文化道德的未來軌跡。

Varnum 和 Grossmann (2017) 記錄了行為生態學的實證工作。這個紀錄顯示了跨文化群體間，許多心理測量變項的跨文化差異：從「慢」相對於「快」的生活史策略、配偶偏好，以及個人主義—集體主義所偽裝成的侵略、競爭與蔑視，相對於寬容和信任。侵略、競爭與蔑視，相對於寬容和信任是道德的層面，因為它們描述了人際間的相互依賴是如何被管理的。

在試圖解釋跨文化群體的差異時，Sng 等人 (2018) 指出：「這種差異為何存在，多種解釋已經被提出，包括歷史哲學、生存方式、社會流動性、社會階層、氣候壓力和宗教」(p. 714)。他們採用行為生態學的觀點來構建社會科學的框架，以理解這些已記載的心理結果。因此，他們聚焦於：「在一個含有六個重要生態層面的函數中，各個社會有什麼差異性，包含：密度、（遺傳）相關性、性別比例、死亡可能性、（物質）資源和疾病」(p. 714)。這些因素相互關聯，通常包含在「現代化」這一總體性的概念之下。但是，在這些生態面向中，哪個面向與在道德相關的現象中所呈現的哪個社會心理變化有關？

當這些關係確立後，這些變化就可用來預測特定文化道德發展的未來軌跡。然而，正如 Varnum 和 Grossmann (2017) 所指出：基於當前跨文化的差異來做預測充滿著許多困難；其中一個問題是某文化群體目前在某生態面向上的位置可能會影響其未來變化的速度和方向。例如，Li 和 Bond (2010) 發現，相對於傳統主義，國家世俗主義的價值觀在整個 20 年間呈現整體性的上升趨勢，但在財富水準較高、人口壽命較長，以及人口教育水準較高的國家中上升較快。那麼，一個國家目前的行為生態指標，很可能無法準確預測該國在任何相關心理結果上的未來軌跡。儘管如此，社會科學家還是勇於推測（請參閱第十二章中有關中國現代化之篇章）。

中華文化的變遷：Yang (1988, 1996) 撰寫了關於現代化對中華文化社會的影響，其結論是：現代化對中華文化及其成員的影響僅限於價值與信仰的面向，以及為了適應工業化社會的轉變而產生的功能性行為。Yang 列出了二十個相關的特徵，包括個人效能感、與親戚的低融合度、性別平等的信念、對城市生活的偏愛和個人主義取向。透過他的量表測量傳統性和現代性的面向產出了一系列的資料。根據這些資料，他認為許多中華文化傳統（如孝道及其相關的尊重行為）將保持不變。在現代化力量的挑戰下，這些傳統將持續存在，因為它們可以與現代化的價值觀、信仰和實踐相互整合。

Yang (1988, 1996) 承認：服從權威、被動／保守、宿命論／防禦性和男性主導的傳統社會特徵將隨著工業化程度提高而消融，但也提出傳統主義凋零的速度將會因面向而異。Yang 認為：消融的程度會發生在特定面向，並且取決於文化規範度對此面向所傳達的傳統主義和現代性之強度。拋開理論不談，Yang 認為圍繞現代化和隨之而來的文化轉變間之爭議是一個實證問題，須從社會科學而非意識形態來探討；須進行縱向的跨文化研究，以追蹤文化蛻變在任何特定文化體系中所發生之軌跡。

值得注意的是，Yang (1988, 1996) 並沒有提到這種文化蛻變將會發生在哪一個社會過程。他的實證研究和理論的生成是第三次工業革命在全球結束時所進行的，各國才剛剛開始適應第四次革命 (Schwab, 2016)。在此情況下，預測變得更加複雜。無論如何，筆者將根據過去的經驗和上述 Fiske (1991) 的社會關係模型進行預測：似乎文化邏輯越是分層、越是側重於狹義的「誰是我們內團體的一員」，社會文化的重組就越是突然，越具有破壞性。正如 Rummel (1994) 所記錄和 Welzel (2013) 所預測，隨著文化系統從單一到有階級、到符合比例原則，最後再到平等依次過渡，這個過程雖然還是會引起爭議，但暴力會越來越少。並非所有系統在構建它們的角色關係時都會達到平等的端點，對於某些文化系統而言，此過渡期會比其他文化系統緩慢。無論如何，道德的蛻變都是漸進的，對所有國家而言（包括中國和其他華人的政治文化單位）都會是如此。

備註

筆者在撰寫本文時受益於多位尊敬的同事之意見：Plamen Akaliyski、蒲安梅 (Emma E. Buchtel)、Don Dutton、John W. Head、Vassilis Saroglou、Peter B. Smith、Louise Sundararajam 和本書主編柯仁泉 (Ryan Nichols)。

參考文獻

Ames, R. T. (2011). *Confucian role ethics: A vocabulary*. Honolulu, HI: University of Hawai'i Press.

Ashton, M. C., Danso, H. A., Maio, G., Esses, V. M., Bond, M. H., & Keung, D. (2005). Two dimensions of political attitudes and their individual difference correlates: A cross-cultural perspective. In R. M. Sorrentino, D. Cohen, J. M. Olsen, & M. P. Zanna (Eds.), *Culture and social behavior, Volume 10* (pp. 1-30). Manwah, NJ: Lawrence Erlbaum Associates.

Australian Council for Educational Research. (1981). *ACER higher tests ML-MQ and PL-PQ manual* (2nd ed.). Hawthorn, Australia: Author.

Bargh, J. A. (2013). *Social psychology and the unconscious: The automaticity of higher mental processes*. New York, NY: Psychology Press. https://doi.org/10.4324/9780203783016

Bergmann, L. T., & Wagner, J. (2020). When push comes to shove—The moral fiction of reason-based situational control and the embodied nature of judgment. *Frontiers in Psychology, 11*, 203. https://doi.org/10.3389/fpsyg.2020.00203

Bond, M. H., & Jing, Y. (2019). Socializing human capital for 21st century educational goals: Suggestive empirical findings from multi-national research. In G. Redding, A. Drew,

& S. Crump (Eds.), *The Oxford handbook of higher education systems and university management* (pp. 40-63). Oxford, UK: Oxford University Press.

Bond, M. H., Leung, K., Au, A., Tong, K.-K., de Carrasquel, S. R., Murakami, F., ... Lewis, J. R. (2004). Culture-level dimensions of social axioms and their correlates across 41 cultures. *Journal of Cross-Cultural Psychology, 35*(5), 548-570. https://doi.org/10.1177/0022022104268388

Bond, M. H., & Lun, V. M.-C. (2014). Citizen-making: The role of national goals for socializing children. *Social Science Research, 44*, 75-85.

Butler, H. A., Pentoney, C., & Bong, M. P. (2017). Predicting real-world outcomes: Critical thinking ability is a better predictor of life decisions than intelligence. *Thinking Skills and Creativity, 25*, 38-46.

Cacioppo, J. T., Petty, R. E., Feinstein, J. A., & Jarvis, W. B. G. (1996). Dispositional differences in cognitive motivation: The life and times of individuals varying in need for cognition. *Psychological Bulletin, 119*(2), 197-253. https://doi.org/10.1037/0033-2909.119.2.197

Dewey, J. (1922). *Human nature and conduct: An introduction to social psychology*. New York, NY: Henry Holt.

Diamond, J. M. (1996). *Guns, germs, and steel: The fates of human societies*. New York, NY: Norton.

Diamond, J. M. (2005). *Collapse: How societies choose to fail or survive*. New York, NY: Viking.

Fiske, A. P. (1991). *Structures of social life: The four elementary forms of human relations: Communal sharing, authority ranking, equality matching, market pricing*. New York, NY: Free Press.

Flanagan, O., Ancell, A., Martin, S., & Steenbergen, G. (2014). Empiricism and normative ethics: What do the biology and the psychology of morality have to do with ethics? *Behaviour, 151*, 209-228.

Gerpott, F. H., Balliet, D., Columbus, S., Molho, C., & de Vries, R. E. (2017). How do people think about interdependence? A multidimensional model of subjective outcome interdependence. *Journal of Personality and Social Psychology, 115*(4), 716-742. http://doi.org/10.1037/pspp0000166

Goodwin, G. P., Piazza, J., & Rozin, P. (2014). Moral character predominates in person perception and evaluation. *Journal of Personality and Social Psychology, 106*, 1-21.

Haidt, J. (2007). The new synthesis in moral psychology. *Science, 316*(5827), 998-1002. http://doi.org/10.1126/science.1137651

Harris, J. R. (1995). Where is the child's environment? A group socialization theory of development. *Psychological Review, 102*, 458-489.

Horstmann, K. T., Rauthmann, J. F., Sherman, R. A., & Ziegler, M. (2021). Unveiling an exclusive link: Predicting behavior with personality, situation perception, and affect in a preregistered experience sampling study. *Journal of Personality and Social Psychology*,

120(5), 1317-1343. https://doi.org/10.1037/pspp0000357

Hwang, K. K. (2016). The structure of Confucian ethics and morality. In M. Fuller (Ed.), *Psychology of morality: New research* (pp. 19-59). New York, NY: Nova Science Publishers.

Inglehart, R., & Welzel, C. (2011). *The WVS cultural map of the world*. Retrieved from http://www.worldvaluessurvey.org/wvs/articles/folder published/ article base 54

Jing, Y., Cai, H., Bond, M. H., Li, Y., Stivers, A. W., & Tan, Q. (2021). Levels of interpersonal trust across different types of environment: The micro–macro interplay between relational distance and human ecology. *Journal of Experimental Psychology: General, 150*(7), 1438-1457. https://doi.org/10.1037/xge0000997

King, A. Y. C., & Bond, M. H. (1985). The Confucian paradigm of man. In W. S. Tseng & D. Y. H. Wu (Eds.), *Chinese culture and mental health: An overview* (pp. 29-45). Orlando, FL: Academic Press.

Kleiman-Weiner, M., Saxe, R., & Tenenbaum, J. D. (2017). Learning a commonsense moral theory. *Cognition, 167*, 107-123.

Kruglanski, A. W., & Webster, D. M. (1996). Motivated closing of the mind: 'Seizing' and 'freezing.' *Psychological Review, 103*(2), 263-283. http://doi.org/10.1037/0033-295X.103.2.263

Kuschel, R. (1988). *Vengeance is their reply: Blood feuds and homicides on Bellona Island*. Copenhagen, Denmark: Dansk Psykologisk Forlag.

Li, L. M. W., & Bond, M. H. (2010). Value change: Analyzing national change in citizen secularism across four time periods in the World Values Survey. *The Social Science Journal, 47*, 294-306.

McAuley, P., Bond, M. H., & Kashima, E. (2002). Towards defining situations objectively: A culture-level analysis of role dyads in Hong Kong and Australia. *Journal of Cross-Cultural Psychology, 33*, 363-380.

Minkov, M. (2013). *Cross-cultural analysis: The science and art of comparing the world's modern societies and their cultures*. Thousand Oaks, CA: Sage.

Minkov, M., Blagoev, V., & Bond, M. H. (2015). Improving research in the emerging field of cross-cultural sociogenetics: The case of serotonin. *Journal of Cross-Cultural Psychology, 46*(3), 336-354.

Minkov, M., & Bond, M. H. (2015). Genetic polymorphisms predict national differences in life history strategy and time orientation. *Personality and Individual Differences, 76*, 204-215.

Morris, C. W. (1956). *Varieties of human value*. Chicago, IL: University of Chicago Press.

Paulhus, D. L., & Williams, K. (2002). The dark triad of personality: Narcissism, Machiavellianism, and psychopathy. *Journal of Research in Personality, 36*, 556-568.

Purzycki, B. G., Pisor, A. C., Apicella, C., Atkinson, Q., Cohen, E., Henrich, J., … Xygalatas, D. (2018). The cognitive and cultural foundations of moral behavior. *Evolution and Human Behavior, 39*(5), 490-501. http://doi.org/10.1016/j.evolhumbehav.2018.04.004

Rai, T. S., & Fiske, A. P. (2011). Moral psychology is relationship regulation: Moral motives for unity, hierarchy, equality, and proportionality. *Psychological Review, 118*, 57-75. http://doi.org/10.1037/a0021867

Raine, A. (2018). Antisocial personality as a neurodevelopmental disorder. *Annual Review of Clinical Psychology, 14*, 259-289. http://doi.org/10.1146/annurev-clinpsy-050817-084819

Rummel, R. J. (1994). *Death by government*. New Brunswick, NJ: Transaction Publishers.

Sampson, E. E. (1983). Deconstructing psychology's subject. *Journal of Mind and Behavior, 4*(2), 135-164.

Sarbin, T. R., & Allen, V. L. (1968). Role theory. In G. Lindzey & A. Aronson (Eds.), *Handbook of social psychology* (2nd ed., pp. 488-567). Reading, MA: Addison-Wesley.

Sasaki, J. Y., & Kim, H. S. (2017). Nature, nurture, and their interplay. *Journal of Cross-Cultural Psychology, 48*(1), 4-22. http://doi.org/10.1177/0022022116680481

Schmitt, D. P., Allik, J., McCrae, R. R., Benet-Martinez, V., Alcalay, L., Ault, L., ... Zupancic, A. (2007). The geographic distribution of big five personality traits: Patterns and profiles of human self-description across 56 nations. *Journal of Cross-Cultural Psychology, 38*(2), 173-212. http://doi.org/10.1177/0022022106297299

Schwab, K. (2016). *The fourth industrial revolution: What it means and how to respond*. Retrieved from https://www.weforum.org/agenda/2016/01/the-fourth-industrial-revolution-what-it-means-and-how-to-respond

Schwartz, S. H. (2006). A theory of cultural value orientations: Explications and applications. *Comparative Sociology, 5*, 137-182.

Schwartz, S. H. (2008). *Cultural value orientations: Nature and implications of national differences*. Moscow, Russia: State University—Higher School of Economics Press.

Schwartz, S. H. (2012). An overview of the Schwartz theory of basic values. *Online Readings in Psychology and Culture, 2*(1), 11. https://doi.org/10.9707/2307-0919.1116

Schwartz, S. H., Cieciuch, J., Vecchione, M., Davidov, E., Fischer, R., Beierlein, C., ... Konty, M. (2012). Refining the theory of basic individual values. *Journal of Personality and Social Psychology, 103*, 663-688. http://doi.org/10.1037/a0029393

Siegling, A. B., Ng-Knight, T., & Petrides, K. V. (2019). Drive: Measurement of a sleeping giant. *Consulting Psychology Journal: Practice and Research, 71*(1), 16-31. http://doi.org/10.1037/cpb0000123

Simpson, A., Laham, S. M., & Fiske, A. P. (2016). Wrongness in different relationships: Relational context effects on moral judgment. *Journal of Social Psychology, 156*, 594-609.

Smith, P. B. (2015). To lend helping hands: In-group favoritism, uncertainty avoidance, and the national frequency of pro-social behaviors. *Journal of Cross-Cultural Psychology, 46*, 759-771.

Sng, N., Neuberg, S. L., Varnum, M. E. W., & Kenrick, D. T. (2018). The behavioral ecology of cultural psychological variation. *Psychological Review, 125*(5), 714-743.

Sorrentino, R. M., & Roney, C. J. R. (1999). *The uncertain mind: Individual differences in facing the unknown*. Philadelphia, PA: Psychology Press.

Thomas, A., & Chess, S. (1977). *Temperament and development*. New York, NY: Brunner/Mazel.

Turner, J. L., Foa, E. B., & Foa, U. G. (1971). Interpersonal reinforcers: Classification, interrelationship, and some differential properties. *Journal of Personality and Social Psychology, 19*(2), 168-180. https://doi.org/10.1037/h0031278

Varnum, M. E. W., & Grossmann, I. (2017). Cultural change: The how and the why. *Perspectives on Psychological Science, 12*, 956-972. http://doi.org/10.1177/1745691617699971

Welzel, C. (2013). *Freedom rising: Human empowerment and the quest for emancipation*. New York, NY: Cambridge University Press.

World Justice Project. (2019). *WJP Rule of Law Index 2019*. Retrieved from https://worldjusticeproject.org/our-work/publications/rule-law-index-reports/wjp-rule-law-index-2019

Yang, K. S. (1988). Will societal modernization eventually eliminate cross-cultural psychological differences? In M. H. Bond (Ed.), *The cross-cultural challenge to social psychology* (pp. 67-85). Newbury Park, CA: Sage.

Yang, K. S. (1996). Psychological transformation of the Chinese people as a result of societal modernization. In M. H. Bond (Ed.), *The handbook of Chinese psychology* (pp. 479-498). New York: Oxford University Press.

第三章

中國道德的生態學分析：緯度、病原體、農業和現代化

濱村武 (*Takeshi Hamamura*) 著
張奕樂、謝安怡 譯

摘要

因為環境的自然和人為特徵帶來了 (afford) 文化和人類的思想，所以，中國正在經歷的變化也可能正在影響中國人的文化和心理。心理學中的跨文化研究已經闡明了中國人的心理特徵。然而，變化中的環境是如何影響中國人的心理，這一點卻尚未明晰。回答這個問題的方法之一是採用生態學的分析。生態學是研究生物體與其周圍環境之間關係的學科領域。生態學的方法若是應用於對人類行為的研究，那就是在考察環境的特徵以及人類對這些特徵的適應。生態學的方法在行為科學的領域中正方興未艾，它還闡釋了文化和心理特徵的規律性與局限性。生態學的方法也有助於我們創新性地去理解文化是如何隨著時間的推移而變化的。本章綜述了當代文獻最深入研究的四個生態學因素：緯度和氣候、病原體、農業、現代化。本章的結論評價了用生態學的方法來理解中國人的心理這一研究方法。

一、前言

生態學是研究生物體與其周圍環境之間關係的學科領域。生態學的方法若是應用於對人類行為的研究，那就是在考察環境的特徵和人類對這些特徵的適應。一代又一代的心理學家考量了塑造人類思想的諸因素。以自然和社會棲息地因素為中心的生態學思維，傳統上是在諸如進化生物學和人類學的領域中得到發展。生態學思維也越來越多地與心理學相結合 (Oishi & Graham, 2010)。以生態學的研究方法來看，人類心靈及其思考、感受和行為方式的地理多樣性，可以被定義為

至少部分地反映了局部棲息地的不同之處 (Nettle, 2009)。文獻中考察的生態學因素包括那些在動物文獻中受到廣泛研究的因素，例如氣候和病原體壓力 (Sng et al., 2018)。人類行為科學中的生態學方法還研究了環境的人為方面，例如生存和現代化制度 (Oishi & Graham, 2010)。前者有時候被稱為「行為生態學」(behavioral ecology)，後者則被稱為「社會生態學」(social ecology) 或者「社會生態學方法」(socioecological approach)。本章綜述的生態學研究方法則包含了以上兩者。

生態學思維的例子之一——在 2020 年 5 月的當下尤為顯著——是不同的社會如何應對新型冠狀病毒 (coronavirus disease 2019, COVID-19) 疫情。有的社會（以新加坡為例）通過廣泛易得的檢測工具組和嚴格的隔離規定迅速應對當前的疫情 (Fisher, 2020)。解釋新加坡積極應對的方法之一是制度性的，例證是 2003 年嚴重急性呼吸系統綜合症 (severe acute respiratory syndrome, SARS) 的爆發，導致了旨在做好更為充分準備（例如：更多的隔離醫院）的政策變化。一個有著生態學思維的人，也許還會關注當地的文化，這種文化在歷史上源於東南亞的熱帶氣候，而這個氣候令當地居民面臨頻繁的傳染病負擔。

二、什麼是而什麼又不是生態學的方法

生態學的方法為關於人類多樣性的「為什麼」問題提供了不同種類的解釋。說明這種不同之處的方式之一是把它與另一種可供選擇的方法——跨文化的研究方法——做比較。讓我們以眾所周知的發現為例：與其他社會的人相比，中國人往往更願意把社會和諧與孝順放在優先地位。[1] 跨文化的研究方法從中國社會的文化中尋求解釋，而文化則通常被定義為一群人內部共同擁有、明確且隱含的資訊的鬆散集合 (Kashima et al., 2019)。因此，在中國人身上發現的社會和諧與孝順就會用中國社會的文化、規矩、價值觀和習俗來解釋。相反地，生態學的方法則試圖給出一個更為遠端的 (distal) 解釋，用來說明為何文化會按照它們既有的方式興起和維持。以中國人的文化以及優先考慮社會和諧與孝順為例，研究者們在自然環境（即：緯度和氣候、病原體）和社會環境（即：農業、現代化）的特徵中尋求一種遠端的解釋。這種對於遠端解釋的關注，顯然使得生態學的研究方法有別於跨文化的研究方法。雖然生態學的分析可見於早期的一些跨文化研究方法的文章之中 (Nisbett et al., 2001)，但是，關於生態學的作用卻鮮少有過系統性的研究。

---

[1] 諸如此類的說法並不意味著忽略了中國人群體的異質性。它應該被解讀為，這僅僅是在描述把中國人群體的樣本與非中國人群體的樣本做比較時，反覆得出的經驗發現。

除了這一區別以外，正如許多跨文化研究方法的模型所認為的那樣，許多採用生態學研究方法的模型也認為，文化塑造了參與者的思想 (participating minds)。從這個意義上講，這兩種研究方法有共同之處，且二者都假設文化和思想之間存在相互依賴的關係（請見圖1）。

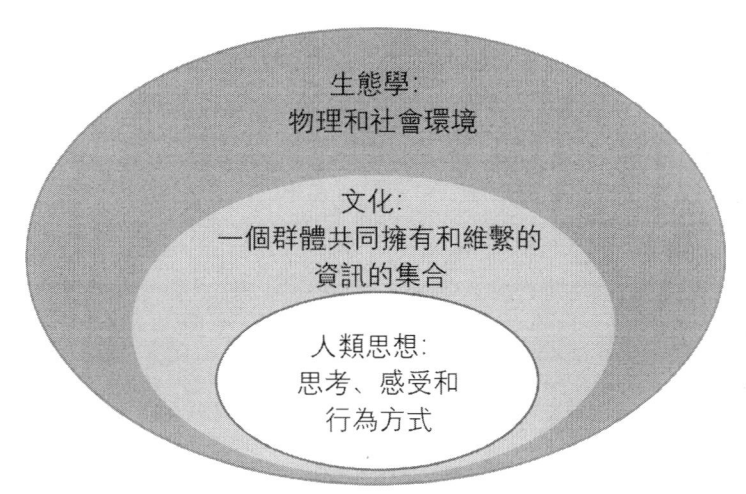

圖1　生態學、文化與人類思想的關係圖

（一）非決定論的

生態學研究方法的誤解之一，在於認為它是決定論的，而且還把對文化和人類思想的研究簡化為對二者的物理和社會環境的側寫。這是一種誤解，因為生態學的研究方法認為，在塑造文化和參與者的思想的過程中，環境因素與其他因素是相互作用的 (Nettle, 2009)。一個典型的例子就是技術進步（當代生態學的一個強大力量）對於人類思想的作用。幾代心理學家都論證了技術發展導致了文化和人類思想的系統性和普遍性的變化（例如：個人主義的全球性增長）(Greenfield, 2015; Inkeles, 1975)。然而，其他心理學家則主張，技術進步對於不同社會產生了不同影響，這反映了獨特的歷史和具體情況（例如：「個體化的中國式道路」[Yan, 2010]）。在這方面尤為富有啟發性的，是本書中收錄的人類學和人文科學領域的創新研究，這些研究闡釋了當代中國社會是如何確定現代化和全球化的方向。簡而言之，儘管以生態學為核心的分析方法通常認為，生態學通過一種機械的和普遍的過程來塑造文化和人類思想，還是有眾多學科的大量證據表明，這一過程往往會根據不同社會所特有的情況來進行調節。

（二）道德體系

本書的許多章節都對當代中國社會的道德體系做出了詳細的解讀。作為對這些章節的補充，本章提供了對中國文化和心理的一種全新的分析。這個以生態學特徵為核心的研究方法，有望對道德體系興起和運轉於其中的文化全景做出一種遠端的解釋。採用生態學方法的研究通常關注社會規範，這種規範憑藉人與人之間的某種信任感、美德和對他人的義務得以維持和傳播。這些是當代道德心理學中的一些關鍵問題（見第十一章）。

（三）基因的作用

有些理論假定了生態學對群體遺傳學的影響，提出了如下機制，即：生態學施加給人類遺傳學的選擇壓力，反過來塑造了行為的傾向與文化 (Odling-Smee et al., 2013)。該過程的一個例子或許是酒精不耐受的基因。研究顯示，許多等位基因會參與到生產分解酒精酶的過程中，這些等位基因相對來說在東亞人群當中更為常見。這些等位基因的載體在吸收酒精時會遇到困難，從而抑制了酒精依賴的可能性 (Peng et al., 2010)。在這些研究發現的基礎上，有學者主張，東亞地區水稻種植的歷史傳播也許導致了對這些基因的選擇，以及討厭酒精依賴的文化。這有可能是因為水稻收割所需的密切合作無法擔負一個受到酗酒影響的群體（見第一章）。重要的是，遺傳學的作用是以一種迥異的方式與其他生態學的模型相結合的，後者認為，人類文化是人類普遍的心理過程應對局部生態學特徵時的產物 (Sng et al., 2018)。這些理論主張文化和心理學的社會（而非遺傳的）傳播。對此的進一步討論，詳見本章中的病原體一節。

（四）文化的變化

文化不是一成不變的。毋庸置疑，生態學的研究方法最重要的貢獻在於提供了一種對於文化和心理變化的全新、實在和可以經受檢驗的預測 (Varnum & Grossmann, 2017)。例如：在理解文化和心理變化是如何在當代中國展開時，生態學的研究方法可以聚焦於中國的生態學因素（例如：減少病原體的威脅、現代化），還能檢驗一個概念的和計算的模型。不過，生態學理論在多大程度上可以正確描述隨著時間的推移而產生的變化的模式，這必須通過現有的經驗證據進行嚴格評估 (Hamamura, 2018, 2020)。不這麼做的話，就會深受前文所提到的決定論思維之害。實際上，越來越多的研究發現指出，文化和心理的特徵有時候比生態學的因

素「持續時間更長久」。這些發現有著重要的理論意義,而且會在本章中著重討論。

三、本章目標

本章旨在為行為科學的生態學研究方法提供一個指南。現有文獻對生態學的研究方法做出了許多全面的綜述 (Oishi & Graham, 2010; Sng et al., 2018; Uskul & Oishi, 2020; Varnum & Grossmann, 2017)。近來還有一本期刊的特刊,收集了更多對於除本章討論以外的其他生態學因素的易於理解的綜述 (Uskul & Oishi, 2020)。在此,我的目標並不是要重複這些工作成果,而是要提供這樣一個綜述,它指引(我們回顧)該領域的當代文獻,尤其聚焦於東亞,特別是中國。接下來的各個小節會綜述目前研究最密切關注的生態學因素:緯度和氣候、病原體、農業、現代化。每個小節會分別介紹生態學因素以及用來支持相關論點的經驗證據。

四、緯度和氣候

自然環境的許多特徵會隨著緯度的變化而發生可預測的變化。近來,人們發明了「緯度心理學」(latitude psychology) 一詞,提出把緯度梯度 (latitudinal gradients) 也當成描述和解釋人類多樣性的一種方式 (Van de Vliert & Van Lange, 2019a, 2019b)。按照這些研究者的說法,心理學家應該對緯度梯度給予更多關注,因為它是自然環境(例如:氣溫、降水、季節變化和動植物群)以及出於適應而產生人類行為系統性差異的深層原因。與緯度相關而且在研究中受到密切考察的自然環境的兩大特徵是病原體壓力 (pathogen stress) 和水稻農業 (riceagriculture)。這些因素在本章的別處會進行綜述。本小節綜述了把緯度與文化和心理特徵聯繫在一起的其他研究專案。

把緯度與心理學之間的關係概念化的方法之一,就是不同緯度下的氣候所產生的不同需求。惡劣的氣候下需求更高(例如:嚴寒酷暑)。這些氣候下的居民需要一套精心設計的建築系統、保暖和降溫系統,以及食物儲藏系統,用來保障生存和良好生活。有些研究者認為,約束性的政府治理形式會在有著惡劣氣候的地區出現,從而在應對氣候需求時能夠保證更多的協同努力 (Conway et al., 2017, 2019)。為了從經驗上檢驗這一推測,Conway 等人 (2017) 彙編了一個縱向約束 (vertical restriction) 指數,該指數以國家施加於政治權利之上的法律約束,還有施加於墮胎、性少數群體 (Lesbian, Gay, Bisexual, Transgender, LGBT) 權利和死刑

之上的限制來衡量。這一指數與各個國家的氣候壓力之間存在穩健的正相關。[2] Welzel 也提出了一個類似的想法，他把當代西方社會的「解放動力」(emancipatory dynamics) 歸因於寒冷的年平均氣溫和持續的降水 (Beugelsdijk & Welzel, 2018; Welzel, 2014)。

另外一群不同的研究者們近來把緯度與性格特質聯繫了起來。有觀點認為，相對於較惡劣的氣候而言，較溫和的氣候能更容易滿足人類基本生存的需求 (Van de Vliert, 2013)。據此，這些研究者們假設，較溫和的氣候能讓人探索外界環境，從而尋求發展的機會。研究者們尤其假設：在較溫和的氣候和更廣泛普及的與社交和探索有關的性格特質之間存在某種相關性 (Wei et al., 2017)。從經驗上支援這一假設的是，在中國的大學生中，相對於那些在有著較為惡劣氣候的地區生長的人而言，那些在有著較為溫和氣候（平均氣溫接近攝氏 22 度）的地區生長的人，在外向性、親和性和經驗開放性上得分更高 (Wei et al., 2017)。研究者們在他們的統計學分析中，排除了若干其他解釋（包括稍後會討論的諸如病原體、水稻種植和現代化之類的生態學解釋）。

源自於緯度心理學的洞見之一，是南北軸 (north-south axis) 在理解人類多樣性中的重要性，它削弱了心理學中許多比較東西方的跨文化分析。南北軸很重要，因為：

> 區別於處在同一緯度的不同經度（的情況），處在同一經度的不同緯度使人直接面對（以及通過以動植物為食，從而間接面對）迥然不同的氣溫、降水和病原體流行的季節性週期，而這些週期歸根結底是靠太陽能輻射運轉起來的。(Van de Vliert & Van Lange, 2019a, p. 44)

這說明：無論處於什麼經度的位置，南北軸對心理特徵都會產生類似的影響。與這一推測一致的是，上文提到的在中國人當中發現的溫和氣候與性格之間的關係，同樣也可見於一個有關性格的大型美國人數據——與那些居住在氣候較為惡劣地區的人相比，居住在氣候較為溫和地區的美國受觀察者在外向性、親和性和開放性上得分更高 (Wei et al., 2017)。

在文獻中，研究者們就氣候需求的影響究竟是線性的（例如：僅僅取決於到赤道的距離）還是相互作用的（例如：由緯度和其他因素共同決定）爭論不休。

---

[2] 生態學的屏障很少會與國家的邊界準確對應，而跨國家層面的分析通常不會為生態學的模型提供確定性的檢驗。該領域的研究者試圖通過不同種類的分析來交叉驗證這個證據基礎，例如：檢驗同一國家內的不同區域。關於國內分析的好處，見第十四章。

尤其是 Van de Vliert 主張氣候需求和資源可用性之間的相互影響，他認為，資源可用性（例如：財富）決定了人們如何評估惡劣的氣候。按照這個理論，（一）較大的氣候需求在較為貧困的人群看來是一種威脅，但在較為富裕的人群看來，卻是一種挑戰；（二）貧困人群給出的威脅評價引發了生存導向，以及與此有關的思想保守、內團體偏私和集體主義等的心理作用；還有（三）富裕人群給出的挑戰評價則引起了發展導向，以及與此相關的個人主義、開放性和創造性等的心理作用。

對這一理論的經驗證據支援，可以通過對眾多國際資料庫的分析得出。有分析發現，優先對待內團體的現象在受到嚴苛氣候挑戰的富裕人群中最不常見，而在受到嚴苛氣候威脅的貧困人群中最為常見 (Van de Vliert, 2013)。同樣的在氣候需求和資源可用性之間的相互影響也在中國大陸涉及集體主義的方面得到了驗證 (Van de Vliert et al., 2012)。這項研究從中國的 15 個省分中抽樣調查受觀察者，並且制定了集體主義的衡量標準。正如所預測的那樣，氣候需求、收入以及它們之間的相互作用共同預測了受觀察者的集體主義（傾向）。更強的集體主義可見於位於嚴苛氣候地區的收入較低的省分（比如黑龍江），接著是位於嚴苛氣候地區的收入較高的省分（比如湖南），然後是位於溫和氣候地區不論收入水準的省分（比如廣東）。

生態學研究方法的獨特優勢之一在於，它能夠把豐富而又詳細的有關諸如氣候之類的環境特徵的紀錄，結合到根據經驗來建立文化變化的模型中。氣候資料的詳細紀錄是可以獲得的，而且這些紀錄被「緯度心理學家們」(latitude psychologists) (Van de Vliert & Van Lange, 2019a, 2019b) 用來作為理解過去和未來的文化與心理的基礎。就這一點而言，有關氣候壓力的研究在關於全球氣候變化方面提供了一個有趣的視角 (Palinkas & Wong, 2019)。例如：氣候學數據預測氣候需求在中國的大部分地區長期遞減，據此，Van de Vliert 等人 (2012) 預計，由於氣候需求減少，集體主義在中國會逐漸式微，尤其是在目前（以及歷史上）面臨惡劣氣候需求的地區（例如：黑龍江）。

五、病原體

在動物和人類的文獻中都有過大量研究的一種生態學因素就是病原體壓力。歷史學家和人類學家已經論證了病原體在帝國的歷史興衰中的作用 (Cashdan, 2004; Diamond, 1999)。在當代行為科學研究中，病原體的作用在寄生物壓力理論 (parasite-stress theory) 中取得了最長足的發展。寄生物壓力理論依據如下觀點，

即：人體擁有一套與生理免疫系統一起運作的行為免疫系統。其基本主張是：人類歷史進程中反覆出現的病原體威脅，導致出現了一套意在降低人類對於生理免疫系統依賴的行為（免疫）系統 (Schaller & Park, 2011)。迄今為止，許多實驗室實驗皆表明，人類思想配備有一套警示傳染病的潛在威脅的系統 (Boyer & Bergstrom, 2011)。例如：一個事先放出病原體威脅消息的實驗室研究方法導致了更強烈的外團體規避的傾向（對此的綜述，參見 Schaller, 2019）。

與本章尤為相關的是寄生物壓力理論中研究文化的方面 (Fincher & Thornhill, 2012)。該理論提出，人類文化的一個重要功能在於防止和處理疾病傳播。身體接觸的規範和習俗、衛生以及食材準備是通常被列舉的例子，比如：有分析發現，打招呼時身體接觸的慣例（例如擁抱）和浪漫的親吻在擁有較高疾病流行率的社會中都不太明顯 (Murray et al., 2017)。巧合的是，流行病學調查顯示，與歐洲相比，中國在歷史上有著更高程度的病原體流行 (Low, 1994; Murray & Schaller, 2010)。[3] 一些研究者認為，中國較高程度的病原體流行，外加許多其他生態學因素（例如：緯度和氣候），解釋了心理學中描述的許多東西方差異 (Chang et al., 2011)。

那麼，傳染病是如何影響文化的呢？學界提出了至少三種機制 (Schaller & Murray, 2008, 2012)。一種可能性是遺傳進化 (*genetic evolution*)，即：寄生物負荷 (parasite load) 在歷史環境中對基因頻率 (gene frequencies) 施加壓力，構成了當代人群在基因頻率上的差異，而這又反過來導致了文化上的差異。第二種可能性是寄生物負荷對於基因如何表達施加了壓力。雖然人類普遍從遺傳上具備對病原體威脅做出生理和行為反應的能力，但是這些反應卻被局部生態學的病原體壓力部分地觸發了。按照這個解釋，這一差異才是文化差異的深層原因。第三種可能性並未假定遺傳學的直接作用，相反，它認為，寄生物負荷影響了社會心理學，尤其是人們與他人互動的方式（例如：不鼓勵與外團體接觸的溝通方式）。由於這些社會心理學的作用，在不同的局部生態中發展出來的不同規範和習慣才導致了文化上的差異。

學界提出的這三種機制暗示了病原體影響的不同時間範圍。第一種可能性基於遺傳進化，在病原體威脅塑造文化和思想上，它假設了一個相當長的時間範圍（即：許多世代的人）。根據這種可能性，與研究當代文化相關的，是在祖先環

---

[3] Low (1994) 曾經就七種傳染病的嚴重程度和流行程度，編碼了與標準跨文化抽樣 (Standard Cross-Cultural Sample) 相關的民族誌。Murray and Schaller (2010) 則獨立地編碼了二十世紀四十到六十年代的流行病學輿圖中的九種傳染疾病。這兩種指數趨近一致。在 Murray and Schaller 的文章中，中國歷史上的疾病流行率的估值大約比世界平均值高出一個標準差。

境中施加選擇壓力的寄生物壓力。而在第二種和第三種可能性下，學者們假設病原體壓力的影響會在較短的時間範圍內展開，甚至是立刻展開。目前對於理解 COVID-19 疫情後果的研究工作（例如 Grossmann, n.d.）就是基於這兩種可能性。學界認為，所有這三種可能性都是可行的，而且與經驗證據一致（對這一觀點的詳細討論，參見 Schaller & Murray, 2008, 2012）。下文綜述的大部分研究都證明了病原體壓力相對短期的影響，這與第二種和第三種可能性也是一致的。

寄生物壓力理論的證據基礎正在不斷增長 (Fincher & Thornhill, 2012; Schaller, 2019)。首先，該理論預測了從眾 (conformity) 的文化差異。從眾的跨文化差異對於心理學家而言是眾所周知的，例如：從對阿希從眾實驗 (Asch conformity experiment) 的綜合分析中可見一斑 (Bond & Smith, 1996)。寄生物壓力理論對此提供了一個全新的解釋，它主張，從眾在有些社會中十分普遍，因為遵守社會規範在處理病原體威脅中至關重要 (Murray et al., 2011)。Murray 等人 (2011) 在他們對於多個有關從眾的跨文化資料庫的再分析中發現了支援這一假設的證據。性格在文化層面上的差異也與病原體的流行有關。有分析發現，開放性（涉及好奇心和脫離現狀的意願）與病原體流行呈負相關，據推測，這可能是由於有著較高開放性的個體能夠降低社會規範的完整性，而且能夠提高疾病傳播的風險 (Schaller & Murray, 2008)。關於外向性和不受限制的社會性性取向 (sociosexuality)，學者也得出了類似的觀點 (Schaller & Murray, 2008)。與此相關的，最近有分析把病原體流行與關係的流動性（或者說，社會能夠在多大程度上讓個體有機會根據他們自己的偏好去選擇和處理社會關係）聯繫了起來 (Thomson et al., 2018)。具體而言，在有著較高的病原體流行率的社會中，關係的流動性較低。值得注意的是，研究發現，病原體流行的作用通常獨立於其他生態學因素。例如：Schaller 和 Murray (2008) 在統計上排除了這一點，即：現代化和緯度上的差異無法解釋病原體與性格的聯繫。

對於嚴厲—寬鬆文化維度 (tightness-looseness cultural dimension) 的研究進一步拓展了寄生物壓力理論。嚴厲 (tightness) 指的是社會規範的強度和對偏差行為的不寬容 (Gelfand et al., 2011)。文化的嚴厲在理論上來源於多種環境威脅，包括病原體威脅 (Gelfand & Jackson, 2016)。Gelfand 等人 (2011, 2017) 認為，有效地處理生態威脅要求秩序和社會協作，而嚴厲在確保這兩點中至關重要。「嚴厲—寬鬆」在探究寄生物壓力理論內部表現的特徵之外的一系列文化和心理特徵上有很多說明 (Chua et al., 2019; Gelfand et al., 2011, 2017)。例如：生態威脅會加強社會規範的觀點已經被用來論證生態威脅和親社會宗教之間的關係 (Botero et al., 2014;

Norenzayan et al., 2014)。Chua 等人 (2019) 發現,在中國各省,嚴厲與城市化、幸福生活、社會寬容度和(與實質相比)更高的創新增長率(以獲頒專利的國家紀錄來衡量)相關。

研究者們還把寄生物壓力理論用於理解文化的改變上面。許多論文研究了有關傳染病爆發的寄生物壓力理論 (Beall et al., 2016; Hamamura & Park, 2010; Schaller et al., 2017)。例如:有一篇論文研究了 2014 年埃博拉 (Ebola) 病毒的爆發是否導致了選民意見的改變 (Beall et al., 2016; Schaller et al., 2017)。結果表明,疾病的爆發在美國和加拿大都導致了對於保守政黨支持的增長。這一發現證實了從文獻中得出的以下假設:疾病的爆發引發了保守思想的傾向。論證 COVID-19 疫情的文化和心理後果的研究工作也正在進行中(例如 Grossmann, n.d.)。

長期(即:幾十年)來說,寄生物壓力理論預測全球都會從以嚴厲、內團體偏私和排外主義為特徵的「選擇社交性」(assortative sociality) 轉移開來。該模式做出如此預測,是因為隨著公共健康標準的提高,病原體威脅在許多當代社會中得到了更為有效的處理。一些發現也支援了這一觀點。有分析關注了病原體流行與傳統信念體系的一個方面——性別不平等——之間的關係。結果表明,美國和英國在過去六十年(1951–2013 年)中病原體流行的歷史性下降,預示了(觀念)向性別平等的轉變 (Varnum & Grossmann, 2016)。有趣的是,該分析顯示,性別平等的改善比疾病流行的下降要延後約 15 至 25 年。與此相關的是,與當代的病原體流行相比,二十世紀早期的病原體流行對於先前討論性格中文化差異的預測要更加準確 (Schaller & Murray, 2008)。這些發現意味著當代的文化差異或許至少部分地反映了以往病原體壓力的歷史遺留。這些發現在思考生態學研究方法的貢獻和局限上至關重要。這一問題會在「結論」中做進一步闡述。

六、農業

近來一項研究發現,與中國南方地區相比,中國北方地區星巴克的顧客更有可能會獨立就坐,而且更有可能會去挪開擋道的椅子 (Talhelm et al., 2018)。Talhelm 等人 (2018) 認為,實驗觀察到的這一區域差異分別反映出南方省分的水稻種植文化和北方省分的小麥種植文化。這個發現是 Talhelm 等人提出的水稻理論的實證之一,這反過來也是生存形式理論的一種延伸。

在考慮環境如何影響 (afford) 人類思想上,人類為了確保生計或者生存而從事的活動顯然是一大興趣點。研究者們早已考察了不同的生存形式是如何影響文化和心理特徵的。在二十世紀中葉,Barry 等人 (1959) 專注於研究前工業化社會中

導致高／低度食物積累的生存形式。一方面，農業是高度食物積累的。對於農業而言，雖然會大量收穫糧食，卻很少要求對於糧食生產過程的精心管理。這個要求是通過嚴格實施糧食生產的規範和習慣實現的。對於社會規範的忠實遵守也是通過在年輕一代中把所需的特質（例如從眾和服從）社會化，從而得以維持的。相反，依賴打獵和捕魚的生存方式則不具備擴充的儲藏手段，它代表了較低的食物積累，並形成了自力更生和個人主義 (Barry et al., 1959; Berry, 1967; Edgerton, 1965)。

近來的研究把生存形式理論引申到了工業化社會中。在其中一個研究專案裡，Uskul 等人 (2008) 假設了位於土耳其的黑海東岸地區的農業、畜牧業和漁業社區之間的文化差異。這些研究者基於各自社區分別從事的產業性質，假設了自我建構（獨立自主—相互依賴）和思維模式（分析性的—整體性的）之間的差異。收穫茶葉的農民被假設為相互依賴和整體思維，這是因為他們的工作需要大量的合作，而且還因為農民們大多是久坐的。與此形成對比的是，牧民們的勞動通常不要求密切的合作，因此他們是自主的，也是不太久坐的。（研究者們）通過在農民和牧民當中實施三種標準的思維模式測量法，來考察他們假設的差異。與假設一致的是，結果顯示：農民有著更強的整體性思維（關注語境資訊的一種思維模式）。該研究小組最近的工作研究了社會互動規範中的差異。牧民們被假設為是更加開放的，而且也是更願意與陌生人互動的，因為與農民相比，牧民在更大程度上要依靠非親近的他人（例如：工廠經營者、貿易公司）的互動來獲得經濟上的成功，而前者往往只需要與社區內部人員打交道即可。符合這個假設的研究發現還可見於研究對於社會排斥回應的一系列實驗 (Over & Uskul, 2016; Uskul & Over, 2014)。有關這一研究主題的近期發現表明，相互依賴的生存形式預示著更強的社會學習的傾向，這種學習形式能夠使人通過規避個體試錯的代價，快速獲取資訊 (Glowacki & Molleman, 2017)。值得注意的是，社會學習的顯著性在漢學家對中國文化的描述中也得到了討論（見第一章）。

Talhelm 等人 (2014) 把這項工作拓展到了中國，聚焦於水稻和小麥種植上面。一方面，水稻種植包含密切的協作勞動，最突出的就是灌溉和水源管理。合作的勞動力交換制度在整個亞洲的稻作社區裡尤為顯著。與此相反，小麥相對來說較為容易種植，因為它不需要灌溉和密切的勞動協作。根據這一觀點，（研究）假設：與種植小麥的農民相比，種植水稻的農民擁有更具約束力的合作規範和更高程度的相互依賴 (Talhelm et al., 2014)。重要而且不同於其他生存形式理論的是，Talhelm 等人明確指出，水稻和小麥種植的文化和心理特徵在各自社區的農民和非

農民中都很顯著。這一觀點的論證如下：

> 種植水稻和小麥的文化在數千年的時間裡傳承了稻作文化或小麥文化，即便在大多數人放下鋤頭之後。簡而言之，你無須親自種植水稻也能繼承稻作文化。(pp. 604–605)

水稻理論的證據庫正在日漸壯大 (S. S. Liu et al., 2019; Talhelm, 2020)。有研究發現，與位於小麥種植省分的學生相比，位於水稻種植省分的學生在思維模式上更加從整體考慮，而且在與他人的關係上也表現得更加集體主義 (Talhelm et al., 2014)。這些發現是獨立於諸如現代化和病原體流行之類的其他生態因素而獲得的。上文提到在星巴克顧客中的發現——位於傳統水稻種植省分的顧客不太可能獨立就坐和實施個人控制——也佐證了這些省分的水稻文化的看法 (Talhelm et al., 2018)。

那麼，稻作文化在像上海這樣的國際化都市裡的那些並不種植水稻的星巴克顧客中也十分顯著，又做何解釋？該領域的文獻認為，這個現象背後的深層原因是文化的機能自主性 (functional autonomy)。文化的機能自主性指的是：一旦局部生態引發了文化，這個文化就能擁有它自己的生命 (Cohen, 2001)。關於這一點，眾所周知的例子是美國南方的榮譽文化 (culture of honor)。對這個主題的研究表明，雖然美國南方的榮譽文化最初是作為適應該地區遍布的畜牧經濟而興起的，但如今，這個文化已經以諸如通過鼓勵男孩堅強和反擊的社會化之類的社會生活方式得到了維繫 (Cohen et al., 1996)。

機能自主性認為，有時候文化能比相應的生態持續更長的時間。這也是對環境特徵的側寫，並不一定能就人類多樣性給出一個令人滿意的解釋的原因之一 (Henrich, 2014; Nettle, 2009)。另外還需要對於能夠維持文化運轉的人際動態解釋（見第二章）。研究開始闡明稻作文化是如何通過人際過程而以一種機能自主的方式得以維繫的。在日本有學者研究了這一問題 (Uchida et al., 2018; Uchida & Takemura, 2019)，這項研究發現，相互依賴的形式、對於人際名聲的關切，在那些經常舉辦得到廣泛參與社區活動的水稻種植社區裡更加強烈，這些活動既可以是與水稻種植相關的（例如保養灌溉系統的集會），也可以是無關的（例如社區節日）。簡而言之，這項研究表明，稻作文化通過社區居民對社會活動的參與傳播給了非農民群體。

七、現代化

縱觀人類歷史，人們陷入了瑪律薩斯迴圈 (Malthusian cycle)：生產力的進步，尤其是食品生產的增加，總會被人口的增長抵消，因此無法導致生活水準的持續改善 (Korotayev & Zinkina, 2015)。工業革命結束了這個循環，因為生產力的進步開始恆定地超過人口增長的速度。生活狀況隨即得到了改善。例如：英國的預期壽命曾於十九世紀以前在 30 歲到 40 歲之間波動，（工業革命時）卻有了飛速提高 (Roser et al., 2019)。生活水平的持續改善模式改變了英國和世界上的其他地方。[4]

許多社會科學家堅信，上文概述的歷史變遷改變了人類的自然和社會環境，由此改變了他們的文化和心理特徵。人們常常援引人情社會 (*gemeinschaft*) 和法理社會 (*gesellschaft*)（譯作社區 [community] 和社會 [society]，Tönnies [1887/2001]）之間的區別，用來有說服力地描述這一歷史變化。前者的核心特徵是鄉村的、小範圍的、低科技的、同質化的、緊密交織的家庭、隨意取得的社會角色、傳統的和居住穩定的；而後者的核心特徵則是城市的、大範圍的、高科技的、異質化的、努力獲得的社會地位、現代的和居住流動的 (Greenfield, 2009; Oishi, 2010)。

現代化指的是從人情社會到法理社會的轉變。現代化理論的早期說法認為，現代化引發了心理特徵中的系統性變化，例如個人效能、性別平等、成就動機、獨立自主、更多的公民參與、更多的親戚之外的社會關係、遠離作為某種權威來源的傳統和宗教，還有接受社會流動性 (Inkeles, 1975; Yang, 1996)。在現代化理論鼎盛的二十世紀六、七十年代，它被看作是在描述非西方社會發展的必經之路。文化和思想的現代化被看作是經濟發展所必需的，而傳統性則被視為經濟發展的絆腳石。許多支援這一主張的研究發現也出現在了文獻之中。例如：Inkeles (1975) 發現，在六個發展中國家裡，心理現代性的特徵在那些擁有個人積極參與支援經濟發展的制度（例如：高等教育、城鎮定居）的國家中更為普遍。

然而，到了二十世紀晚期，現代化理論在社會科學中的影響逐漸式微。激發這一批評的正是非西方社會（例如：香港、日本、韓國、臺灣）的經濟發展。這些發展嚴重削弱了現代化理論早期說法中所暗示的西方的道德優越性 (Inglehart & Baker, 2000)，社會科學研究開始論證這一點：傳統的文化和心理特徵在東亞的現代社會中繼續存在。可以說，越來越多的有關東亞地區的傳統性的證據，激發了人們對於心理學的跨文化研究更廣泛的興趣。現代化理論的這一歷史發展進程在

---

[4] 這是對該觀點的一個有趣的展示：https://www.youtube.com/watch?v=jbkSRLYSojo。

臺灣心理學家楊國樞的開創性事業中尤為顯著。在二十世紀七十年代，楊國樞曾是率先研究亞洲的心理現代化的學者之一，他總結道，「正是由於現代化，中國人變得更少的以社會為導向，而是更多的以個人為導向」(Yang, 1996, p. 489)。在他職業生涯的後期，楊國樞轉而主張中國社會中持續的傳統性（例如：孝順和敬奉祖先）(Yang, 1996)。

在當代跨文化研究中，現代化的因素（例如：以人均國民生產總值來衡量的富裕程度）得到了例行的研究。研究顯示，這些因素是人類多樣性最有力的預測因數之一。比如：富裕程度和個人主義之間的穩健關聯已經在不同的分析層面（國家層面、眾多國家內部的不同地區層面，還有西方和東方國家內的不同個體層面）都有過紀錄（關於對此的綜述，參見 Hamamura, 2012）。

近來，這項研究被拓展到用於分析隨著時間的推移，文化和心理的變化。Santos 等人 (2017) 評估了 78 個國家自二十世紀六十年代以來在生活安排（例如：家庭人數、離婚率）和價值觀（例如：獨立自主、自我表達）上的變化。他們的結果表明：在大多數國家中，個人主義呈增長態勢（更小的家庭、更高的離婚率、更強的獨立自主和自我表達的價值觀），還有幾個值得注意的例外。實際上，中國就是少數幾個表現出不同模式的國家之一，它在獨立自主的價值觀和自我表達上呈現出些許下降。不過，整體來說，大量的證據表明了個人主義的全球化增長。此外，這一增長通過諸如城市化、受教育程度、收入之類的現代化特徵得到了最佳的預測。學者研究的其他生態因素（包括降低的病原體流行和氣候壓力）也預測了個人主義的全球化增長，不過不如 Santos 等人的分析那樣強而有效力。重要的是，現有分析表明，現代化對於個人主義有延後的影響 (Grossmann & Varnum, 2015; Santos et al., 2017)。例如：在一個全球範圍的分析中，社會經濟發展的崛起與十年後個人主義的興起強烈相關。

這些分析的缺陷之一在於，它們都局限於在許多國家之間可用的少數幾個有關個人主義的指數。雖然這情況是這類分析不可避免的一個問題，但它依然是一個缺陷，因為個人主義包含一系列心理學的作用，而這些作用是無法由這些指數單獨表現出來的 (Kitayama et al., 2009; Vignoles et al., 2016)。實際上，對於日本的個人主義─集體主義的一項時間分析研究了更大範圍的指數，該研究發現，集體主義的某些方面（例如：社會和諧的重要性、人與人之間的義務）在當代日本依然繼續存在 (Hamamura, 2012)。傳統性在中國持續存在的證據也已有過報告 (Xu & Hamamura, 2014; Zeng & Grrenfield, 2015; Zhang & Weng, 2019)。關於眾多國際資料庫的分析也表明了持續的文化差異模式可以追溯到歷史因素 (Beugelsdijk & Welzel,

2018; Inglehart & Baker, 2000)。

總之，儘管當代文獻提出了現代化對於文化和心理特徵的穩健影響，它也還是繼續支持延續的傳統性的主張。對於這一領域的一大挑戰在於要詳細說明這樣一些特徵，該特徵更容易受到隨著時間的推移而產生的變化影響 (Hamamura, 2012, 2018; Kashima, 2014; Santos et al., 2017; Yang, 1996)。學界提出的一種假設是，文化的一些特徵與規範、價值觀和習俗深刻交織，這些在歷史上十分重要的文化特徵與那些不太重要的特徵相比，更不容易受到隨著時間的推移而產生的變化影響 (Yang, 1996; Zhang & Weng, 2019)。這也許是能從文化人類學的文獻中大為受益的一個研究領域，文化人類學為當代中國文化提供了精妙複雜的分析（見第十二章）。

現代化中國的生活滿意度

在目前為止已經綜述的生態學因素裡，許多專業的和非專業的讀者眼中，現代化或許是文化和心理變化最顯著的動力。無可爭議的證據表明，現代化顯著改善了中國人的生活狀況和生活水準：貧困的減少、新生兒死亡率的下降。此外，收入的增長也都可以證明這一點。另一方面，在中國人的心理健康方面是否存在類似的顯著改善，則是一個充滿公開爭論的話題。實際上，心理學的基礎研究認為，人們從根本上會把他們的社會認同建立在他們同社會團體（包括文化）的從屬關係之上。因此，文化以及價值觀、規範和習俗上的中斷，也許會通過破壞人們得出社會認同和自我概念的機制，進而對人們的身心健康產生消極的影響 (Chandler & Lalonde, 1998; Sani et al., 2008)。總之，有理由懷疑中國文化的激底變革會導致有害的心理後果。本小節會綜述關於這一點的現有文獻。

首先，關於生活滿意度，近來一項研究綜合了多個資料庫（這些資料庫先前導出了各種各樣的結果），然後發現在 1990–2011 年間，中國人的生活滿意度有所下降 (Li & Raine, 2014)。其次，D. Liu 和 Xin (2014) 綜合分析了報告中國青少年自尊心的研究，並發現在 1996–2009 年間，（中國青少年的自尊心）呈現下降的趨勢。同一個研究團隊還對焦慮感、孤獨感和社會支援進行了類似的綜合分析，所得的發現全都顯示出更糟糕的心理健康情況——在二十世紀九十年代和二十一世紀之間，焦慮感和孤獨感增強，社會支持減弱 (S. Xin & Xin, 2016; Z. Xin et al., 2010)。與此一致的模式則可見於一個有關抑鬱症的流行病學分析。儘管中國擁有全世界最低之一的抑鬱症發病率，許多分析還是表明，抑鬱症的發病率從二十世紀九十年代起就開始增長了 (Sun & Ryder, 2016)。有意思的是，一些研究者認為，

抑鬱症的增加反映了如下變化：抑鬱症和更為一般意義上的消極的心理健康是如何在人與人之間呈現的，還反映了支援自我表達社會規範的變化 (Sun & Ryder, 2016)。文獻還注意到了不斷增長的與西方精神病學的接觸。至於相關的研究發現，還可參見第十三章。

關於深層原因機制的問題，文獻中提出的一個觀點是，心理健康的惡化反映出中國人民在適應劇烈的社會變化時所遇到的困難。例如：有學者主張逐步破壞的社會關係在中國的作用，他們認為這源自於離婚率的上升和民工「流動人口」與他們的家庭和社區的脫節 (S. Xin & Xin, 2016; Z. Xin et al., 2010)。與此相關的是，近來日本的一些研究也把日本的社會變化，尤其是和全球化相關改變了的勞工待遇，與心理健康問題聯繫在一起 (Norasakkunkit & Uchida, 2011)。這些發現表明整個東亞飛速的社會變革產生了消極的心理影響。Graham 等人 (2017) 就當代中國人經歷的對於心理健康的挑戰做了如下說明：

> 中國的生活滿意度趨勢反映了隨著時間推移而產生的深刻變化：更遠大的抱負、加劇的收入不平等，以及一方面與高速的經濟發展相關的風險和不確定性，還有另一方面，與快速城市化和不斷發展的勞動力市場有關的巨大的社會轉型。(p. 3)

耐人尋味且與 Graham 等人 (2017) 一致的研究發現是，農村中國家庭（可能與城市生活方式的挑戰相隔絕）報告的主觀幸福感比他們在城裡、更加富有的對應家庭更高 (Knight & Gunatilaka, 2010)。一些研究者認為，通常在發展中經濟體裡觀察到的情感健康的惡化只是一種短期的下降 (Graham et al., 2017)。這個問題值得學界的迫切關注。

八、結論

在本章中綜述及在表 1 中總結目前現有的證據，表明了生態學對於文化和參與者的思想所引起的作用。這篇綜述展現了由生態學的研究方法所提供的一種新型的解釋文化和人類的思想的例子。比如：心理學的一種標準解釋或許會根據文化集體主義來解釋東亞的社會和諧，而生態學的研究方法則試圖根據生態因素（例如：病原體流行或者水稻文化）來解釋。生態學的研究方法力圖提供一個連接生態學、文化和人類思想的一般模型。正是在這個意義上，生態學分析對跨文化差異給出了一個更加遠端的解釋。例如：把社會和諧置於優先地位（的觀念），預計會在東亞以外的有著類似病原體負荷或者普遍種植水稻的局部生態地區被發

表 1　當代生態因素關注焦點

生態因素	假設過程	時間範圍
緯度	氣候需求導致了： 1. 約束性的治理體系 2. 對於探索、風險和開放性較低的寬容度 3. 當氣候需求因資源不足而被看作是某種威脅時的生存導向 4. 當氣候需求因資源充足而被看作是某種挑戰時的發展導向	大部分模型假定影響同時出現。
病原體	傳染病的威脅導致了： 1. 優先對待內團體而不是外團體 2. 從眾 3. 降低感染風險的習慣（例如：身體接觸） 4. 性格：外向性、開放性、社會性性取向 5. 嚴格遵循傳統	影響同時出現和影響經過短期或者長期延後（分別是幾十年和幾代人的時間）出現的說法都被提出過。
農業	必須通過密切合作（才能進行）的農業（尤其是水稻種植）導致了： 1. 社會學習和整體思維的傾向 2. 不願與非親近的他人互動 3. 通過警惕性來維繫合作規範	同時出現的影響和經過一段時間延後（幾十年）再出現的影響都被提出過。
現代化	從人情社會（社區）到法理社會（社會）的轉變導致了： 1. 個人主義的價值觀、規範和人際關係 2. 傳統和集體的重要性下降	大部分模型假設影響是同時出現的。近來的一些研究提出影響是延後的（至多三十年）。

現。如果經驗觀察在某種程度上不支持假設的模式，那麼學界所提出的模型就會受到挑戰。

生態學的研究方法把心理學中的跨文化研究開放給了其他學科領域。Nettle (2009) 對這一點的表達如下：

> 對社會和生態狀況之間的相互作用的理解，有助於打破邊界。這樣一種理解能夠超越學術界在社會科學和生物科學之間、人類學和心理學之間，還有對於人類的研究和對於這個星球上的其他物種的研究之間存在的阻礙壁壘。(p. 623)

降低的學科壁壘正在帶給文化研究的新研究工作活力。關於這方面的一個例子是越來越多的對生態學「大」數據的使用 (Botero et al., 2014; Gray & Watts, 2017; Hamamura & Chan, 2019; Varnum & Grossmann, 2016)。許多國家在不同的分析層面（例如：國家、省分、社區）擁有大量的關於氣候、傳染病、農業和現代化的數據。這些資料使研究者們能夠從事高度細化的 (granular) 分析，可以在允許一種「僅最小差異的」(just minimal difference) 研究方法，或者允許一種聚焦於某個特定的生態因素精確定位的同時，保持儘可能多的干擾因素恆定不變 (Uskul et al., 2008)。

例如：通過利用國家有關農業的詳細紀錄，有一個分析得以研究中國北方地區的一個孤立的水稻種植社區 (Dong et al., 2018)。與來自同一省分的某個小麥種植社區的學生相比，該社區學生（的思想）是更加集體主義的和整體性的。這個發現通過表明水稻文化可以在中國北方出現，甚至可以在被小麥種植社區包圍的情況下出現，從而有力地支援了水稻理論。

生態學研究方法的當代文獻中一條重要的思路是，文化以及參與者心理的模式大多是路徑依賴的，而且不能被還原成對於生態特徵的簡單側寫 (Cohen, 2001; Nettle, 2009)。例如：本章綜述的研究證據表明，在當代中國觀察到的合作規範與社會和諧反映了（水稻種植和傳統社交性的）歷史生態學的遺留，而不是（工業化和城市化的）當代中國社會生態學的遺留。這一發現對於生態學思維假設生態因素對於文化和人類思想的短期和普遍影響的那方面提出了挑戰。未來研究工作的關鍵在於闡明心理學是如何調節生態學的（見第二章）。一個說明性的例子是：水稻文化是如何通過社區參與的社會規範，從而在東亞的傳統水稻收穫地區社會性地傳播開來的 (Talhelm et al., 2018; Uchida et al., 2018)。這項研究指出，只有社區在某種程度上保持公民參與的規範，傳統水稻地區的水稻文化才能得到維繫。探索這一可能性的研究可以極大地推動目前對於生態學和社會心理學之間的互動過程的理解。總之，對於文化和參與者心理的一個令人滿意的解釋，在於要求這樣一種生態學的思維：考慮人類是如何感受局部生態的，以及局部生態是如何產生文化體系的。

Yang (1996, p. 480) 寫道：「在過去的 100 多年裡，中國經歷了五千年歷史上最大的政治、經濟、社會和文化變革」。無論是否同意這個特定的說法，人們都對理解在中國已經發生的和繼續在發生的文化及心理變化有著積極公開的和學術的興趣。可以說，在對中國人心理的當代研究中，最耐人尋味和令人沮喪的發現之一，就是所謂的心理健康的惡化。這一趨勢似乎至少從二十世紀九十年代開始持續至今，而且在眾多心理健康指數的層面都十分顯著。目前，研究者們對此產生了分歧：心理健康的惡化，究竟反映了緊張的人際關係的長期侵蝕，還是反映了與常見於轉型經濟的不確定性有關的暫時性驟降。生態學的分析為這個現象提供了一種解釋，它指出了生態學側寫中從人情社會到法理社會的中斷，以及相應的在文化破壞的過程中的中斷，而人們正是從這一過程中得出了他們的社會認同。這些問題值得研究界的優先關注。

參考文獻

Barry, H., III, Child, I., & Bacon, M. (1959). Relation of child training to subsistence economy. *American Anthropologist, 61*(1), 51–63.

Beall, A. T., Hofer, M. K., & Schaller, M. (2016). Infections and elections. *Psychological Science, 27*(5), 595–605. doi:10.1177/0956797616628861

Berry, J. W. (1967). Independence and conformity in subsistence-level societies. *Journal of Personality and Social Psychology, 7*(4 PART 1), 415–418. doi:10.1037/h0025231

Beugelsdijk, S., & Welzel, C. (2018). Dimensions and dynamics of national culture: Synthesizing Hofstede with Inglehart. *Journal of Cross-Cultural Psychology, 49*(10), 1469–1505. doi:10.1177/0022022118798505

Bond, R., & Smith, P. B. (1996). Culture and conformity: A meta-analysis of studies using Asch's (1952b, 1956) line judgment task. *Psychological Bulletin, 119*(1), 111-137. doi:10.1037/0033-2909.119.1.111

Botero, C. A., Gardner, B., Kirby, K. R., Bulbulia, J., Gavin, M. C., & Gray, R. D. (2014). The ecology of religious beliefs. *Proceedings of the National Academy of Sciences, 111*(47), 16784–16789. doi:10.1073/pnas.1408701111

Boyer, P., & Bergstrom, B. (2011). Threat-detection in child development: An evolutionary perspective. *Neuroscience and Biobehavioral Reviews, 35*(4), 1034–1041. doi:10.1016/j.neubiorev.2010.08.010

Cashdan, E. (2004). Ethnic diversity and its environmental determinants: Effects of climate, pathogens, and habitat diversity. *American Anthropologist, 103*(4), 968–991. doi:10.1525/aa.2001.103.4.968

Chandler, M. J., & Lalonde, C. (1998). Cultural continuity as a hedge against suicide in Canada's First Nations. *Transcultural Psychiatry, 35*(2), 191–219. doi:10.1177/136346159803500202

Chang, L., Mak, M. C. K., Li, T., Wu, B. P., Chen, B. B., & Lu, H. J. (2011). Cultural adaptations to environmental variability: An evolutionary account of east-west differences. *Educational Psychology Review, 23*(1), 99–129. doi:10.1007/s10648-010-9149-0

Chua, R. Y. J., Huang, K. G., & Jin, M. (2019). Mapping cultural tightness and its links to innovation, urbanization, and happiness across 31 provinces in China. *Proceedings of the National Academy of Sciences, 116*(14), 6720–6725. doi:10.1073/pnas.1815723116

Cohen, D. (2001). Cultural variation: Considerations and implications. *Psychological Bulletin, 127*(4), 451–471.

Cohen, D., Nisbett, R. E., Bowdle, B. F., & Schwarz, N. (1996). Insult, aggression, and the southern culture of honor. *Journal of Personality and Social Psychology, 70*(5), 945–960.

Conway, L. G., III, Bongard, K., Plaut, V., Gornick, L. J., Dodds, D. P., Giresi, T., Tweed, R. G., Repke, M. A., & Houck, S. C. (2017). Ecological origins of freedom: Pathogens, heat stress, and frontier topography predict more vertical but less horizontal governmental restriction. *Personality and Social Psychology Bulletin*, *43*(10), 1378–1398. doi:10.1177/0146167217713192

Conway, L. G., III, Chan, L., & Woodard, S. R. (2019). Socio-ecological influences on political ideology. *Current Opinion in Psychology*, *32*, 76–80. doi:10.1016/j.copsyc.2019.06.034

Diamond, J. (1999). *Guns, Germs, and Steel: The Fates of Human Societies*. WW Norton & Company.

Dong, X., Talhelm, T., & Ren, X. (2018). Teens in rice county are more interdependent and think more holistically than nearby wheat county. *Social Psychological and Personality Science*, *10*(16), 966–976. doi:10.1177/1948550618808868

Edgerton, R. B. (1965). 'Cultural' vs. 'Ecological' factors in the expression of values, attitudes, and personality characteristics. *American Anthropologist*, *67*(2), 442–447. doi:10.1525/aa.1965.67.2.02a00130

Fincher, C. L., & Thornhill, R. (2012). Parasite-stress promotes in-group assortative sociality: The cases of strong family ties and heightened religiosity. *Behavioral and Brain Sciences*, *35*(2), 61–79. doi:10.1017/S0140525X11000021

Fisher, D. (2020). *Why Singapore's coronavirus response worked—And what we can all learn*. The Conversation. Retrieved from https://theconversation.com/why-singapores-coronavirus-response-worked-and-what-we-can-all-learn-134024

Gelfand, M. J., Harrington, J. R., & Jackson, J. C. (2017). The strength of social norms across human groups. *Perspectives on Psychological Science*, *12*(5), 800–809. doi:10.1177/1745691617708631

Gelfand, M. J., & Jackson, J. C. (2016). From one mind to many: The emerging science of cultural norms. *Current Opinion in Psychology*, *8*, 175–181. doi:10.1016/j.copsyc.2015.11.002

Gelfand, M. J., Raver, J., Nishii, L., Leslie, L., & Lun, J. (2011). Differences between tight and loose cultures: A 33-nation study. *Science*, *332*, 1100–1104.

Glowacki, L., & Molleman, L. (2017). Subsistence styles shape human social learning strategies. *Nature Human Behaviour*, *1*(5), 1–13. doi:10.1038/s41562-017-0098

Graham, C., Zhou, S., & Zhang, J. (2017). Happiness and health in China: The paradox of progress. *World Development*, *96*, 231–244. doi:10.1016/j.worlddev.2017.03.009

Gray, R. D., & Watts, J. (2017). Cultural macroevolution matters. *Proceedings of the National Academy of Sciences*, *114*(30), 7846–7852. doi:10.1073/pnas.1620746114

Greenfield, P. M. (2009). Linking social change and developmental change: Shifting pathways of human development. *Developmental Psychology*, *45*(2), 401–418.

Greenfield, P. M. (2015). Social change, cultural evolution, and human development. *Current Opinion in Psychology*, *8*, 84–92.

Grossmann, I. (n.d.). *Behavioral and social science forecasting collaborative—Join us!* Forecasting Collaborative. Retrieved from https://predictions.uwaterloo.ca/

Grossmann, I., & Varnum, M. E. W. (2015). Social structure, infectious diseases, disasters, secularism, and cultural change in America. *Psychological Science*, *26*(3), 311–324. doi:10.1177/0956797614563765

Hamamura, T. (2012). Are cultures becoming individualistic? A cross-temporal comparison of individualism-collectivism in the United States and Japan. *Personality and Social Psychology Review*, *16*(1), 3–24. doi:10.1177/1088868311411587

Hamamura, T. (2018). A cultural psychological analysis of cultural change. *Asian Journal of Social Psychology*, *21*(1–2), 3–12. doi:10.1111/ajsp.12194

Hamamura, T. (2020). Cross-temporal changes in people's ways of thinking, feeling, and behaving. *Current Opinion in Psychology*, *32*, 17–21. doi:10.1016/j.copsyc.2019.06.019

Hamamura, T., & Chan, C. S. (2019). Just google it: Social ecological factors of internet search records on anxiety. *Emotion*, *20*, 1475–1484.

Hamamura, T., & Park, J. H. (2010). Regional differences in pathogen prevalence and defensive reactions to the "Swine Flu" outbreak among East Asians and Westerners. *Evolutionary Psychology*, *8*(3), 506–515.

Henrich, J. (2014). Rice, psychology, and innovation. *Science (New York)*, *344*(May), 594–595. doi:10.1126/science.1254236

Inglehart, R., & Baker, W. E. (2000). Modernization, cultural change, and the persistence of traditional values. *American Sociological Review*, *65*, 19–51.

Inkeles, A. (1975). Becoming modern: Individual change in six developing countries. *Ethos*, *3*(2), 323–342. doi:10.2307/j.ctt6wpzjd.18

Kashima, Y. (2014). How can you capture cultural dynamics? *Frontiers in Psychology*, *5*(995), 1–16.

Kashima, Y., Bain, P. G., & Perfors, A. (2019). The psychology of cultural dynamics: What is it, what do we know, and what is yet to be known? *Annual Review of Psychology*, *70*(1), 499–529. doi:10.1146/annurev-psych-010418-103112

Kitayama, S., Park, H., Sevincer, A. T., Karasawa, M., & Uskul, A. K. (2009). A cultural task analysis of implicit independence: Comparing North America, Western Europe, and East Asia. *Journal of Personality and Social Psychology*, *97*(2), 236–255.

Knight, J., & Gunatilaka, R. (2010). The rural-urban divide in China: Income but not happiness? *Journal of Development Studies*, *46*(3), 506–534. doi:10.1080/00220380903012763

Korotayev, A., & Zinkina, J. (2015). East Africa in the Malthusian trap? *Journal of Developing Societies*, *31*(3), 1–36. doi:10.1177/0169796X15590322

Li, J., & Raine, J. W. (2014). The time trend of life satisfaction in China. *Social Indicators Research*, *116*(2), 409–427. doi:10.1007/s11205-013-0300-4

Liu, D., & Xin, Z. (2014). Birth cohort and age changes in the self-esteem of Chinese adolescents: A cross-temporal meta-analysis, 1996–2009. *Journal of Research on Adolescence*, *25*(2), 366–376.

Liu, S. S., Morris, M. W., Talhelm, T., & Yang, Q. (2019). Ingroup vigilance in collectivistic cultures. *Proceedings of the National Academy of Sciences of the United States of America, 116*(29), 14538–14547. doi:10.1073/pnas.1817588116

Low, B. S. (1994). Pathogen intensity cross-culturally. *World Cultures, 8*(1), 24–34.

Murray, D., Fessler, D. M. T., Kerry, N., White, C., & Marin, M. (2017). The kiss of death: Three tests of the relationship between disease threat and ritualized physical contact within traditional cultures. *Evolution and Human Behavior, 38*(1), 63–70. doi:10.1016/j.evolhumbehav.2016.06.008

Murray, D., & Schaller, M. (2010). Historical prevalence of infectious diseases within 230 geopolitical regions: A tool for investigating origins of culture. *Journal of Cross Cultural Psychology, 41*(1), 99–108.

Murray, D., Trudeau, R., & Schaller, M. (2011). On the origins of cultural differences in conformity: Four tests of the pathogen prevalence hypothesis. *Personality and Social Psychology Bulletin, 37*(3), 318–329.

Nettle, D. (2009). Ecological influences on human behavioural diversity: A review of recent findings. *Trends in Ecology and Evolution, 24*(11), 618–624. doi:10.1016/j.tree.2009.05.013

Nisbett, R. E., Peng, K., Choi, I., & Norenzayan, A. (2001). Culture and systems of thought: Holistic versus analytic cognition. *Psychological Review, 108*(2), 291–310.

Norasakkunkit, V., & Uchida, Y. (2011). Psychological consequences of postindustrial anomie on self and motivation among Japanese youth. *Journal of Social Issues, 67*(4), 774–786. doi:10.1111/j.1540-4560.2011.01727.x

Norenzayan, A., Shariff, A. F., Gervais, W. M., Willard, A. K., McNamara, R. A., Slingerland, E., & Henrich, J. (2014). The cultural evolution of prosocial religions. *Behavioral and Brain Sciences, 39*(May), 1–19. doi:10.1017/S0140525X14001356

Odling-Smee, J., Erwin, D. H., Palkovacs, E. P., Feldman, M. W., & Laland, K. N. (2013). Niche construction theory: A practical guide for ecologists. *The Quarterly Review of Biology, 88*(1), 3–28. doi:10.1086/669266

Oishi, S. (2010). The psychology of residential mobility: Implications for the self, social relationships, and well-being. *Perspectives on Psychological Science, 5*(1), 5–21. doi:10.1177/1745691609356781

Oishi, S., & Graham, J. (2010). Social ecology: Lost and found in psychological science. *Perspectives on Psychological Science, 5*(4), 356–377.

Over, H., & Uskul, A. K. (2016). Culture moderates children's responses to ostracism situations. *Journal of Personality and Social Psychology, 110*(5), 710–724.

Palinkas, L. A., & Wong, M. (2019). Global climate change and mental health. *Current Opinion in Psychology, 32*, 12–16. doi:10.1016/j.copsyc.2019.06.023

Peng, Y., Shi, H., Qi, X. B., Xiao, C. J., Zhong, H., Ma, R. L. Z., & Su, B. (2010). The ADH1B Arg47His polymorphism in East Asian populations and expansion of rice domestication in history. *BMC Evolutionary Biology, 10*(15). doi:10.1186/1471-2148-10-15

Roser, M., Ortiz-Ospina, E., & Ritchie, H. (2019). *Life expectancy*. OurWorldInData.Org. Retrieved from https://ourworldindata.org/life-expectancy

Sani, F., Bowe, M., & Herrera, M. (2008). Perceived collective continuity and social well-being: Exploring the connections. *European Journal of Social Psychology*, *38*(2), 365–374. doi:10.1002/ejsp.461

Santos, H. C., Varnum, M. E. W., & Grossmann, I. (2017). Global increases in individualism. *Psychological Science*, *28*(9), 1228–1239. doi:10.1177/0956797617700622

Schaller, M. (2019). Evolutionary psychology meets socio-ecological psychology: The motivational psychologies of disease-avoidance and parental care. *Current Opinion in Psychology*, *32*, 6–11. doi:10.1016/ j.copsyc.2019.06.020

Schaller, M., Hofer, M. K., & Beall, A. T. (2017). Evidence that an Ebola outbreak influenced voting preferences, even after controlling (mindfully) for autocorrelation: Reply to Tiokhin and Hruschka (2017). *Psychological Science*, *28*(9), 1361–1363. doi:10.1177/0956797617718183

Schaller, M., & Murray, D. (2008). Pathogens, personality, and culture: Disease prevalence predicts worldwide variability in sociosexuality, extraversion, and openness to experience. *Journal of Personality and Social Psychology*, *95*(1), 212–221.

Schaller, M., & Murray, D. R. (2012). Mechanisms by which parasites influence cultures, and why they matter. *Behavioral and Brain Sciences*, *35*(2), 91–92. doi:10.1017/S0140525X11001038

Schaller, M., & Park, J. H. (2011). The behavioral immune system (and why it matters). *Current Directions in Psychological Science*, *20*(2), 99–103.

Sng, O., Neuberg, S. L., Varnum, M. E. W., & Kenrick, D. T. (2018). The behavioral ecology of cultural psychological variation. *Psychological Review*, *125*(5), 714–743. doi:10.1037/rev0000104

Sun, J., & Ryder, A. G. (2016). The Chinese experience of rapid modernization: Sociocultural changes, psychological consequences? *Frontiers in Psychology*, *7*(APR), 1–13. doi:10.3389/fpsyg.2016.00477

Talhelm, T. (2020). Emerging evidence of cultural differences linked to rice versus wheat agriculture. *Current Opinion in Psychology*, *32*, 81–88. doi:10.1016/j.copsyc.2019.06.031

Talhelm, T., Zhang, X., & Oishi, S. (2018). Moving chairs in Starbucks: Observational studies find rice-wheat cultural differences in daily life in China. *Science Advances*, *4*(4), 1–10. doi:10.1126/sciadv.aap8469

Talhelm, T., Zhang, X., Oishi, S., Shimin, C., Duan, D., Lan, X., & Kitayama, S. (2014). Large-scale psychological differences within China explained by rice versus wheat agriculture. *Science*, *344*(6184), 603–608.

Thomson, R., Yuki, M., Talhelm, T., Schug, J., Kito, M., Ayanian, A. H., Becker, J. C., Becker, M., Chiu, C. Y., Choi, H.-S., Ferreira, C. M., Fülöp, M., Gul, P., Houghton-Illera, A. M., Joasoo, M., Jong, J., Kavanagh, C. M., Khutkyy, D., Manzi, C., …

Visserman, M. L. (2018). Relational mobility predicts social behaviors in 39 countries and is tied to historical farming and threat. *Proceedings of the National Academy of Sciences*, *115*(29), 7521–7526. doi:10.1073/pnas.1713191115

Tönnies, F. (2001). *Community and Civil Society*. Holllis, M. (Trans.). Cambridge University Press. (Original work published 1887).

Uchida, Y., & Takemura, K. (2019). How do socio-ecological factors shape culture? Understanding the process of micro-macro interactions. *Current Opinion in Psychology*, *32*, 1–17.

Uchida, Y., Takemura, K., Fukushima, S., Saizen, I., Kawamura, Y., Hitokoto, H., Koizumi, N., & Yoshikawa, S. (2018). Farming cultivates a community-level shared culture through collective activities: Examining contextual effects with multilevel analyses. *Journal of Personality and Social Psychology*, *116*(1), 1–14. doi:10.1037/pspa0000138

Uskul, A. K., Kitayama, S., & Nisbett, R. E. (2008). Ecocultural basis of cognition: Farmers and fishermen are more holistic than herders. *Proceedings of the National Academy of Sciences*, *105*(25), 8552.

Uskul, A. K., & Oishi, S. (2020). Editorial overview: What is socio-ecological psychology? *Current Opinion in Psychology*, *32*, 181–184. doi:10.1016/j.copsyc.2020.01.001

Uskul, A. K., & Over, H. (2014). Responses to social exclusion in cultural context: Evidence from farming and herding communities. *Journal of Personality and Social Psychology*, *106*(5), 752–771.

Van de Vliert, E. (2013). Climato-economic habitats support patterns of human needs, stresses, and freedoms. *Behavioral and Brain Sciences*, *36*(5), 465–480. doi:10.1017/s0140525x12002828

Van de Vliert, E., & Van Lange, P. A. (2019a). Latitudinal gradients as scientific tools for psychologists. *Current Opinion in Psychology*, *32*, 43–46. doi:10.1016/j.copsyc.2019.06.018

Van de Vliert, E., & Van Lange, P. A. (2019b). Latitudinal psychology: An ecological perspective on intelligence, aggression, happiness, and beyond. *Perspectives on Psychological Science*, *14*(5), 1–72. doi:10.11 77/1745691619858067

Van de Vliert, E., Yang, H., Wang, Y., & Ren, X. p. (2012). Climato-economic imprints on Chinese collectivism. *Journal of Cross Cultural Psychology*, *44*(4), 589–605.

Varnum, M. E. W., & Grossmann, I. (2016). Pathogen prevalence is associated with cultural changes in gender equality. *Nature Human Behaviour*, *1*(1), 0003. doi:10.1038/s41562-016-0003

Varnum, M. E. W., & Grossmann, I. (2017). Cultural change: The how and the why. *Perspectives on Psychological Science*, *12*(6), 956–972. doi:10.1177/1745691617699971

Vignoles, V. L., Owe, E., Becker, M., Smith, P. B., Easterbrook, M. J., Brown, R., González, R., Didier, N., Carrasco, D., Cadena, M. P., Lay, S., Schwartz, S. J., Des Rosiers, S. E., Villamar, J. A., Gavreliuc, A., Zinkeng, M., Kreuzbauer, R., Baguma, P., Martin, M.,

… Bond, M. H. (2016). Beyond the 'east–west' dichotomy: Global variation in cultural models of selfhood. *Journal of Experimental Psychology: General*, *145*(8), 966–1000.

Wei, W., Lu, J. G., Galinsky, A. D., Wu, H., Gosling, S. D., Rentfrow, P. J., Yuan, W., Zhang, Q., Guo, Y., Zhang, M., Gui, W., Guo, X. Y., Potter, J., Wang, J., Li, B., Li, X., Han, Y. M., Lv, M., Guo, X. Q., … Wang, L. (2017). Regional ambient temperature is associated with human personality. *Nature Human Behaviour*, *1*(12), 890–895. doi:10.1038/s41562-017-0240-0

Welzel, C. (2014). Evolution, empowerment, and emancipation: How societies climb the freedom ladder. *World Development*, *64*, 33–51. doi:10.1016/j.worlddev.2014.05.016

Xin, S., & Xin, Z. (2016). Birth cohort changes in Chinese college students loneliness and social support: One up, as another down. *International Journal of Behavioral Development*, *40*(5), 398–407.

Xin, Z., Zhang, L., & Liu, D. (2010). Birth cohort changes of Chinese adolescents' anxiety: A cross-temporal meta-analysis, 1992–2005. *Personality and Individual Differences*, *48*(2), 208–212. doi:10.1016/ j.paid.2009.10.010

Xu, Y., & Hamamura, T. (2014). Folk beliefs of cultural changes in China. *Frontiers in Psychology*, *5*, 1–8.

Yan, Y. (2010). The Chinese path to individualization. *British Journal of Sociology*, *61*(3), 489–512. doi:10.1111/j.1468-4446.2010.01323.x

Yang, K.-S. (1996). The psychological transformation of the Chinese people as a result of societal modernization. In M. H. Bond (Ed.), *The Handbook of Chinese Psychology* (pp. 479–498). Oxford University Press.

Zeng, R., & Greenfield, P. M. (2015). Cultural evolution over the last 40 years in China: Using the Google Ngram Viewer to study implications of social and political change for cultural values. *International Journal of Psychology*, *50*(1), 47–55.

Zhang, R., & Weng, L. (2019). Not all cultural values are created equal: Cultural change in China reexamined through Google books. *International Journal of Psychology*, *54*(1), 144–154. doi:10.1002/ ijop.12436

第四章

基因遺傳對東亞人道德觀的貢獻[1]

王一伊、蘇彥捷著
Translated S.r.l. 譯審

摘要

探討道德的基因遺傳基礎可以協助我們進一步瞭解人類道德的演變和發展。本章回顧基因遺傳對東亞人道德表現的貢獻，並比較在東亞人和西方人身上基因遺傳的影響。與催產素 (OXTR、CD38)、多巴胺 (COMT、DRD3、DRD4)、血清素 (TPH2)、睪固酮 (AR) 和血管加壓素 (AVPR1B) 系統有關的基因遺傳皆會影響道德判斷和道德行為，這些基因遺傳大多對東亞人和西方人的道德表現產生相似的影響。本章提出了「基因—荷爾蒙—大腦—心理學—行為」模式來解釋從基因遺傳變異進而影響道德表現的途徑。最後，筆者會從四個方向討論道德基因遺傳研究的未來方向。

一、引言

　　道德是人類社會中極具爭議性的話題 (Gibbs, 2019)，道德自律由多個層面組成，包括知識、價值觀和行為 (Decety & Cowell, 2018)。當人們進行與道德相關的思考時，會涉及多個過程，例如：共情、觀點採擇和抽象推理 (Decety & Cowell, 2018)。儘管不同文化對正確與錯誤的行為可能有不一樣的看法，但普遍的共識是，對傷害和不公平的嫌惡是兩個主要的道德考量（Gray, Young, & Waytz, 2012，請參閱第十一章的研究結果，其被解釋為挑戰此現狀）。這些價值觀在很大程度上構成了道德判斷和道德行為原則的基礎。

---

[1] 這項研究獲得中國國家自然科學基金委員會的贊助 (31872782, Yanjie Su)。我們感謝主編、本書其他作者，及 Meng Pei、Qing Liang 和 Jennifer Parker 提供意見和建議，以及與我們實驗室的成員進行無價的討論和修訂。

那麼，道德從何而來？即使是五個月大的嬰兒也可以根據他人的人際行為進行社會評價 (Hamlin, Wynn, & Bloom, 2007)。許多研究人員認為人類道德是進化的產物 (Boehm, 2008; Tomasello, 2016)。具體而言，有人提出人類道德原則來自於群體合作與競爭的需求，而這些原則有助於提高個人的生存率。一代接著一代，人類道德已被編碼到遺傳基因中。因此，研究基因遺傳對道德判斷和道德行為的貢獻可讓我們對人類道德的基礎有更進一步的瞭解。

隨著遺傳學的進步，人們普遍認為，我們的生理特徵（如身高、外觀和對各種疾病的敏感度）是由基因決定或受其影響的，同時，我們的某些心理特徵（如智商和某方面的人格）也或多或少可以透過基因預測。科學家發現，恰如生理和心理特徵，個體與道德相關的特徵（如共情、讀心能力）和道德表現（如道德判斷、道德行為）也可以透過其基因型來預測。在這些研究當中，研究人員通常從血液或唾液中獲取 DNA 樣本，使用分子生物學技術分析個體的基因型，並檢視基因型與道德表現之間的關聯（此處筆者使用「道德表現」一詞代表道德情緒、道德認知和道德行為，原因單純是多項研究結果顯示，基因與道德間之關聯的結果變數涉及這些因素）。

這些研究大多在美國或澳大利亞等西方國家進行，大多數樣本都是高加索人，且來自強調個人主義的文化背景。由於種族和文化背景可能會影響個體道德行為的遺傳基礎，因此對研究結果的分析亦須考量這些背景因素。從演化的角度來看，不同種族的祖先面臨不一樣的環境因素以及有些細微差異的天擇過程的挑戰，使不同種族間的道德進化發展有所區別（請參閱第一章的研究結果）。另一方面，個體的道德價值觀會受其文化背景影響。考慮到種族（高加索人相對於蒙古人）和文化背景（如個人主義相對於集體主義）的可能影響，越來越多的研究人員開始探究基因遺傳對東亞人道德的貢獻，其中許多研究特別針對華人。

本章將回顧基因遺傳對東亞人之道德判斷和道德行為貢獻的研究，並將上述研究就基因遺傳影響的結果和針對西方人所進行的類似研究結果做比較。透過研究基因遺傳對東亞人道德的貢獻，我們可以進一步瞭解其演變；透過比較不同族群基因遺傳的貢獻，我們可以進一步瞭解基因遺傳對道德的影響機制。此外，透過檢視基因對道德表現的預測，我們可以判別哪些個體具有高度風險並可能做出道德上有問題的行為，如攻擊性行為或謀殺等。如此，便有可能提高這些高風險族群的道德認知，並透過道德教育和干預降低他們傷害他人的傾向。

二、回顧東亞人道德表現之基因遺傳上的發現

為回顧基因遺傳對東亞人道德判斷和道德行為的影響，筆者在 Web of Science 資料庫中搜尋截至 2019 年 9 月 1 日發表的文獻，並使用了下列關鍵字進行搜尋：「基因」、「道德行為」、「道德判斷」、「道德」、「親社會」、「攻擊性」和「反社會」，且選擇以東亞人為樣本的實證研究。

基因透過控制細胞內蛋白質的轉錄和編碼過程來影響個體的表現型，從而對人體功能產生立即的影響。這個過程也解釋了基因如何影響個體的道德表現。首先，基因影響個體的蛋白質產生，然後這些蛋白質影響人體激素的功能。激素的功能進一步調節人腦的功能，最終導致個體道德表現這種更高層次的功能變化。基於上述流程，筆者根據基因與不同荷爾蒙系統的交互作用總結基因對東亞人道德表現的影響。在此，本章提供與催產素 (oxytocin, OT)、多巴胺、血清素、睪固酮、精胺酸血管加壓素 (arginine vasopressin, AVP) 相關的結果。

（一）催產素受體 (Oxytocin Receptor, OXTR)

OT 是在下視丘的視上核與室旁核中產生的一種神經肽，它廣泛參與個體的社會認知和社會行為（參閱 Shang & Su, 2016）。例如：身體中 OT 濃度較高的嬰兒對於社交互動會表現出更多的興趣 (Clark et al., 2013; Feldman, Gordon, & Zagoory-Sharon, 2011)。鼻內 OT 可以提高個體的社會認知能力，例如：情感共情 (Hurlemann et al., 2010)、情緒理解 (Guastella et al., 2010)、觀點採擇 (Theodoridou, Rowe, & Mohr, 2013)，以及個體的親社會行為 (Bethlehem, van Honk, Auyeung, & Baron-Cohen, 2013; Hurlemann et al., 2010; Kosfeld, Heinrichs, Zak, Fischbacher, & Fehr, 2005; Olff et al., 2013)。

隨著腦部影像技術的進步，研究人員還發現鼻內 OT 可影響個體的腦部功能（參閱 Bethlehem et al., 2013）。功能性核磁共振成像的元分析總結了先前功能性磁振造影研究的結果，並發現鼻內 OT 對杏仁核、中腦、前額葉和顳葉皮質的激活有影響 (Grace, Rossell, Heinrichs, Kordsachia, & Labuschagne, 2018)；上述所有大腦區域都與社會信息處理有關。研究人員認為，OT 可以解除對皮質迴路的抑制，從而增加社會刺激的顯著性 (Mitre, Minder, Morina, Chao, & Froemke, 2017)。

OT 對個體行為和腦部功能的影響很大程度上取決於 OXTR。OXTR 位於邊緣系統和腹側前腦，如杏仁核與伏隔核。OT 的功能受 OXTR 的密度和活性影響，受其 OXTR 的基因編碼所控制。該基因位於染色體 3p25 上，總長為 17 kb。雖

然尚無法完全確定 OXTR 基因的基因型與 OT 功能之間的關係，但許多研究發現 OXTR 基因與個體的道德判斷和道德行為有關。

1. rs53576

OXTR 的第三個外顯子 (rs53576) 是在社會認知和行為領域研究中最常被研究的單核苷酸多型性 (single nucleotide polymorphism, SNP) 之一。許多西方研究發現 rs53576 的對偶基因 G 與較高的社會性有關，例如：更高的共情 (Bašić et al., 2019; Rodrigues, Saslow, Garcia, John, & Keltner, 2009)、更佳的讀心能力 (Domes, Heinrichs, Michel, Berger, & Herpertz, 2007)、更多信任行為 (Kosfeld et al., 2005)、更多親社會行為 (Kogan et al., 2011) 和更高的情緒穩定性 (Massey-Abernathy, 2017)。一項元分析證實 rs53576 與個體一般社會性間的關聯 (Li et al., 2015)：帶有同質 G 基因者 (GG) 表現出比帶有對偶基因 A 者更高的一般社交性 (Li et al., 2015)。

與上述西方社會結果一致，對偶基因 G 似乎也對華人的道德行為有正面的作用。例如：華人學齡前兒童帶有 GG 基因者比帶有對偶基因 A 者更有可能幫助和安慰他人 (Wu & Su, 2015)，男性成年帶有 GG 基因者比起帶有對偶基因 A 者表現出較少敵意性攻擊 (Yang et al., 2017)。

綜上所述，外顯子 rs53576 的對偶基因 G 在西方人和東亞人的道德行為中似乎扮演著特殊的角色。元分析還發現，該 SNP 的對偶基因 G 與歐洲人和亞洲人的較高共情表現都有關係 (Gong, Fan, et al., 2017)。共情被視為一種重要的道德情緒，可以促進親社會行為（如 Hoffman, 2008）。由上述結果可得知，具有 rs53576 對偶基因 G 的個體傾向於擁有更強的道德感，並會更頻繁地表現出道德行為。

2. rs2254298

在 OXTR 上另一個常被研究的 SNP 是位於內含子 3 上的 rs2254298，其與個人的社會認知能力和社會行為相關。研究發現對偶基因 G 可正向預測西方人的社交能力。帶有 GG 基因者比起帶有對偶基因 A 者在「眼神辨識測驗」中，辨識正面情緒圖片方面的精確度較高 (Lucht et al., 2013)，且對動物有較高的共情 (Connor, Lawrence, & Brown, 2018)。

至於東亞人的道德行為，研究結果亦發現該 SNP 的對偶基因 G 亦是一個正向的預測因子。與帶有 AA 基因者相比，華人青少年帶有對偶基因 G 者對道德問題的判斷更加親社會，並有更強的親社會傾向 (Shang, Wu, & Su, 2017)。不過，此效果僅在男性青少年中出現，這代表該 SNP 的基因型與性別會產生交互作用。性別對於西方人也是調節變項之一。在高加索人種大學生中（高加索人占樣本的

89.2%），僅男性中帶有 GG 基因者比帶有 GA 或 AA 基因者對於觀點採擇和共情關注的表現更明顯 (Christ, Carlo, & Stoltenberg, 2016)。此項研究結果可能是由於女性天生具有較高的 OT 濃度，從而使男性對 OT 的影響更為敏感 (Shang et al., 2017)。

綜合以上，rs2254298 對東亞人和西方人道德表現的影響似乎相似，而 rs2254298 的對偶基因 G 在個體的道德認知和行為中有正面的影響，尤其是對於男性。

3. 其他 SNP

部分研究發現其他 OXTR SNP 與東亞人道德行為亦有關聯。與 rs2268498 帶有 CC 基因型的華人青少年相比，帶有 CT 基因型者將某些危害性事件評斷為更應受到譴責的 (Shang et al., 2017)，這代表對偶基因 T 對道德判斷具有正向作用。然而，一項針對高加索成年人的研究未在帶有 CT 基因型者和帶有 CC 基因型者之間發現差異 (Walter et al., 2012)。取而代之的是，他們發現比起帶有基因 TT 者，帶有對偶基因 C 者將意外造成之傷害評價為更應受到譴責 (Walter et al., 2012)，這代表對偶基因 C 有正向作用。該 SNP 對不同族群的影響仍需要更多研究證實 (Shang et al., 2017)。

研究發現另一個 SNP (rs237885) 亦與攻擊相關因素有關。在華人男性青少年中，該 SNP 帶有 TT 基因者比帶有對偶基因 G 者更具攻擊性 (Zhang et al., 2018)，而在高加索青少年中也發現了類似的影響。冷漠無情特質與攻擊性密切相關 (Frick & White, 2008)，相較於帶有 TT 基因者，帶有對偶基因 G 者的冷漠無情評分較低 (Beitchman et al., 2012)。因此，rs237885 的對偶基因 G 在提升東亞人和西方人的道德行為方面有正面作用。

（二）Cluster of Differentiation 38 (CD38)

除了 OXTR，CD38 基因也與 OT 的作用有關，因為它可以調節 OT 的釋放 (Jin et al., 2007)。在 CD38 (rs3796863) 上帶有對偶基因 A 者的 OT 濃度高於沒有帶有該基因者 (Feldman et al., 2012)。和 OXTR 類似，CD38 亦與社會情緒功能有關，如社交技能 (Chong et al., 2017) 和自殺意圖 (McQuaid, McInnis, Matheson, & Anisman, 2016)。

研究也發現在 CD38 上的 SNP rs3796863 與東亞人的道德行為有關。華人帶有對偶基因 A 者在現實生活中更有可能捐款，且有更大的共情反應 (J. Liu, Gong, Li, & Zhou, 2017)。此外，共情反應會中介該 SNP 與捐款之間的關係 (J. Liu et al.,

2017)，而 OT 濃度的變化可能會中介 CD38 與道德行為之間關係。帶有對偶基因 A 者具有更高的 OT 濃度，而該現象與更高的共情有關 (Bašić et al., 2019; Feldman et al., 2012; Rodrigues et al., 2009)。由於個體較高的共情與更多的道德行為相關，因此帶有對偶基因 A 者會傾向於較常做出道德行為。

到目前為止，尚無研究直接檢視 CD38 與其他族群道德行為間的關聯。因此，rs3796863 的對偶基因 A 是否可以預測除亞洲人以外族群的道德行為還有待觀察。

（三）與 OT 相關基因的概述

OT 是人類社會互動的重要激素，且 OT 相關的基因也與個體道德表現有關。以上提到的基因可以調節 OT 在人體中的作用，且可能可以解釋它們對個體道德表現的預測作用。

（四）兒茶酚 -O- 甲基轉移酶 (Catechol-O-Methyltransferase, COMT)

COMT 基因位於染色體 22q11.2，含有 COMT 酶之編碼。該酶可以降解並改變兒茶酚胺的活性，而兒茶酚胺是包括腎上腺素、正腎上腺素和多巴胺的激素家族 (Lotta et al., 1995)。這些有機化合物與人體多項重要功能息息相關，如睡眠、記憶、學習、情緒和壓力調節 (Goldstein & Kopin, 2018)。此外，許多研究發現 COMT 功能性多型性與個體的攻擊行為有關（參閱 M. Wang & Zhang, 2010）。

1. Val158Met

Val158Met (rs4680) 是 COMT 基因中最常研究的 SNP，與多巴胺濃度有關。多巴胺對前額葉皮質 (prefrontal cortex) 的認知控制功能發揮重要作用，包括工作記憶、注意力、決策和彈性行為（參閱 Ott & Nieder, 2019）。擁有較高濃度的多巴胺可以減少個體對傷害的嫌惡，以及對他人痛苦的關懷 (Crockett et al., 2015)。換句話說，多巴胺濃度越高，對外界刺激產生攻擊性反應的門檻就越低，而使個體更容易傷害他人。

Val158Met 的 Met 對偶基因 A 與高濃度多巴胺有關，因為 Met/Met 基因型的 COMT 活性低於 Val/Val (GG) 基因型 (Bilder, Volavka, Lachman, & Grace, 2004)。許多針對西方人的研究發現，Met 對偶基因與精神病患者的攻擊行為有關（參閱 M. Wang & Zhang, 2010），而此現象可以透過帶有 Met 對偶基因者的多巴胺濃度高於未帶有該基因者來解釋 (Volavka, Bilder, & Nolan, 2004)。

研究亦發現 Met 對偶基因在東亞人的道德表現中有負面作用。在華人男性精

神分裂症患者中，帶有 Met 對偶基因者比未帶有該基因者做出了更多攻擊性行為 (Jiang et al., 2005)。在具攻擊性的韓國精神分裂症患者中，帶有 Met 對偶基因者比未帶有該基因者表現出更多言語攻擊行為 (Kim, Kim, Kim, Lee, & Min, 2008)。

除上述關於精神病患者的研究結果外，在心理正常的個體中亦發現 Met 對偶基因對道德表現的負面作用。與未帶有該基因者相比，華人大學生中帶有 Met 對偶基因者對傷害容忍度較高，且具有較低的共情關注 (Ru et al., 2017)。這些帶有 Met 對偶基因者的多巴胺濃度較高，與較低的傷害嫌惡相關 (Crockett et al., 2015)。總結來說，研究發現 Met 對偶基因可能因其對多巴胺濃度的影響，從而對個體的道德表現產生負面影響。

2. Ala22/72Ser

COMT 基因中的另一個 SNP：Ala22/72Ser (rs6267)，在東亞人道德表現也扮演著重要角色。該 SNP 是亞洲人獨有，且在其他族群中非常少見 (Hong et al., 2008; Lee et al., 2005)。該 SNP 名為 Ala22/72Ser，因為丙氨酸至絲氨酸 (Ala/Ser) 的替代是由 G 和 T 的變異所引起。Ala/Ser 變異也與 COMT 酶活性有關，其影響甚至大於 Val/Met 多型性 (M. Wang, Li, Deater-Deckard, & Zhang, 2018)。帶有 Ser 對偶基因者之 COMT 酶的活性較低，導致 COMT 活性增加，此特質與較低的傷害嫌惡感以及更具攻擊性相關 (Lee et al., 2005)。

研究發現 Ser 對偶基因在東亞人的道德表現中有負面作用。在韓國精神分裂症患者中，帶有 Ser 對偶基因者有更高的可能性會容易犯下殺人罪 (Hong et al., 2008)。在華人男性青少年中，帶有 Ser 對偶基因者在高學業壓力下往往會表現出更多攻擊性行為 (M. Wang et al., 2018)。有鑑於帶有 Ser 對偶基因者之 COMT 活性較高，COMT 的活性程度可能會中介此 SNP 與亞洲人道德表現之間的關係。

（五）多巴胺第三型受體 (Dopamine Receptor D3, DRD3) 和多巴胺第四型受體 (Dopamine Receptor D4, DRD4)

DRD3 和 DRD4 多型性與人體內多巴胺的運作有關。DRD3 基因位於染色體 3 上，並含有多巴胺受體之基因編碼。該受體在中樞神經系統中負責訊號觸發 (Benis & Hobgood, 2011)，它位於邊緣區域，會影響酬賞處理（換句話說，人們是如何將想要的東西作為獎賞加工的；Limosin et al., 2005）。DRD4 基因位於染色體 11p14 上，調節大腦中多巴胺受體的活性 (Oak, Oldenhof, & Van Tol, 2000)。

DRD3 基因的一個 SNP (rs3773679) 和 DRD4 基因的一個 SNP (rs11246228) 可

以預測華人青少年的攻擊性行為 (Chang et al., 2018)。在 DRD4 SNP 上帶有對偶基因 T 者和在 DRD3 SNP 上帶有雙 T 者更有可能表現出攻擊性行為，而多巴胺的活性可能會中介 DRD3/DRD4 基因與攻擊性行為之間的關係。除 OXTR 外，DRD4 基因的多型性以及這些多型性的跨文化變異性是研究最廣泛的與道德和情感相關的文化遺傳交互作用（參閱 Tompson et al., 2018），但是，DRD3/DRD4 基因的不同基因型影響多巴胺作用的確切過程尚是未知數。

（六）與 COMT 相關基因的總結

COMT 的功能性多型性在個體的攻擊行為中被認為扮演重要角色 (M. Wang & Zhang, 2010)。例如：多巴胺可以減少個體的傷害嫌惡感以及降低對外界刺激產生攻擊性反應的門檻，使多巴胺失調的個體有更高機率傷害他人 (Crockett et al., 2015)。研究發現與 COMT 相關的基因和攻擊性行為以及傷害容忍度有關，這些基因對人體內 COMT 濃度的調節可能可以解釋它們對個體攻擊性傾向的預測效果。

（七）其他基因

關於基因遺傳對道德貢獻的研究，大多數的焦點都放在與 OT 或多巴胺系統相關的基因上。與其他荷爾蒙有關的基因，例如：血清素、睪固酮和 AVP，也和東亞人的道德表現有關。

1. 第二色胺酸氫氧基化酶 (Human Tryptophan Hydroxylase 2, TPH2) 基因

研究亦發現 TPH2 與東亞人道德表現有關，該基因包含用於合成血清素的酶編碼 (Walther & Bader, 2003)。血清素系統在抑制行為和執行功能裡扮演重要的角色 (Barnes, Dean, Nandam, O'Connell, & Bellgrove, 2011)，且血清素腦部投射可引導行為的退縮和抑制 (Tops, Russo, Boksem, & Tucker, 2009)。此外，研究人員發現血清素濃度會影響個人的道德判斷，如對傷害和不公平的反應（參閱 Crockett, 2009; Crockett et al., 2013; Crockett, Clark, Hauser, & Robbins, 2010; Crockett, Clark, Tabibnia, Lieberman, & Robbins, 2008）。

研究發現，TPH2 中的一個 SNP (rs4570625) 與華人大學生的作弊行為有關。於該 SNP 帶有對偶基因 G 者比帶有 AA 基因者更有可能在實驗室環境下進行的擲骰子實驗中有作弊的行為，即報告比實際擲出的骰子點數更大的結果以獲得更多

報酬 (Shen et al., 2016)。帶有對偶基因 G 者可能因即將取得的獎勵而過度驅動，導致他們忽略長期後果並做出衝動的決定。在西方人中也可發現對偶基因 G 對道德行為的負面影響。例如：愛沙尼亞人樣本中帶有對偶基因 G 者更具攻擊性，且更容易做出不當的衝動表現 (Laas et al., 2017)。研究人員認為，對偶基因 G 可能會降低血清素濃度，從而降低個體對行為的抑制，導致做出衝動性行為。

2. 5-HTT Gene-Linked Polymorphic Region (5-HTTLPR)

5-HTTLPR 基因是與血清素系統有關的另一個基因，它含有血清素運送基因 (SLC6A4) 之編碼，該基因影響 5-HT 的可用度。Y. Wang, Li, Enhebayaer, and Guan (2018) 之研究結果發現，5-HTTLPR 中的 rs25531 與蒙古利亞人種學齡兒童的攻擊性行為有關，帶有低表達基因型的兒童比帶有高表達基因型的兒童更具攻擊性。rs25531 對道德行為的影響在高加索人種中可能相似。例如：帶有低表達基因型的青年更傾向於評價無意傷害評價為可接受的 (Marsh et al., 2011)。這種對傷害的不敏感可能與更具攻擊性有關。

3. 雄激素受體 (Androgen Receptor, AR)

睪固酮也是影響個人道德表現的重要荷爾蒙。睪固酮濃度較高的人更能容忍他人遭受到的傷害 (Carney & Mason, 2010; Chen, Decety, Huang, Chen, & Cheng, 2016) 且傾向於表現出更多具攻擊性的行為（參閱 Yildirim & Derksen, 2012）。AR 在睪固酮功能的調節中扮演重要角色。AR 基因位於 Xq11.2 染色體上，AR 基因中重複的三核苷酸 (cytosine-adenine-guanine, CAG) 會影響 AR 的功能，進而影響睪固酮的功能 (Takeyama et al., 2002)。AR 基因中重複較短的 CAG 與較高的睪固酮敏感度有關 (Irvine et al., 2000)。

研究發現 CAG 多型性與東亞人道德表現有關。具有較多短對偶基因數量的華人女大學生，將功利主義道德決策和意外傷害評價為道德上更可容忍的 (Gong, Fang, et al., 2017)。重複較少的 CAG 帶來之負面影響可以由較高的睪固酮敏感性解釋，不過，在男性中並未發現此效果，這可能是因為男性天生的睪固酮濃度高於女性，使得女性對睪固酮相關因素的影響更為敏感。同時，在其他族群中也發現重複較少的 CAG 對個體道德表現有負面影響，例如：來自印度次大陸男性罪犯的犯罪行為 (Rajender et al., 2008) 和男性高加索人的反社會特徵 (Prichard, Jorm, Mackinnon, & Easteal, 2007)。然而，鑑於在印度人和白種人中，CAG 多型性對道德表現的影響主要在男性中發現，性別如何調節 CAG 多型性對道德表現的影響尚不清楚。

4. 精胺酸血管加壓素受體 (Arginine Vasopressin Receptor, AVPR)

AVP 與 OT 具有相似的化學結構，且與哺乳動物的社會行為密切相關（文獻回顧請見 Caldwell, 2017）。研究發現，AVPR1B 基因上 rs28373064 的對偶基因 G 對亞洲人的道德表現有正面作用。華人男性大學生中，帶有對偶基因 G 者比帶有 AA 基因者具有更高的親社會傾向和情緒共情 (Wu, Shang, & Su, 2015)。此外，此 SNP 對親社會性的影響是由共情所中介 (Wu et al., 2015)。然而，鑑於只有一項研究考察了 AVPR 基因的影響，還需要更多的研究來探索 AVPR 基因對個體道德表現的預測作用。

三、基因與環境之間的交互作用

在上一節中，主要討論了基因「本身」對道德表現的影響，而環境亦可調節這些基因的效果。行為遺傳學家提出了三種模式來解釋基因與環境之間的交互作用。「素質－壓力模式」提出，帶有某些高風險基因的個體更有可能受到負面環境的影響，導致適應不良之行為 (Bakermans-Kranenburg & Van IJzendoorn, 2007)。「優勢敏感性模式」提出，具有某些基因的個體對正面的環境更敏感，並且在此環境下有更大的可能表現出正向的反應 (Pluess & Belsky, 2013)。與上述兩個不同的是，「差別感受性模式」提出，有一些基因可以使個體對正面和負面環境都非常敏感 (Caspi et al., 2002)。具有此模型基因的個體更容易受到其環境的影響：正面的環境可以給他們帶來更多益處，而負面的環境會對他們造成更多的傷害。

部分基因的效果亦與環境交互作用，影響個人的道德表現。例如：華人小男孩帶有 rs53576 AA 基因者比帶有對偶基因 G 者在高壓力下表現出更多的肢體攻擊性行為 (Shao et al., 2018)。在負面環境中，對偶基因雙 A 成為高危險基因，而對偶基因 G 則有保護作用。同樣地，帶有 rs6267 對偶基因 Ser 的華人男性青少年在高學業壓力下會變得更具攻擊性 (M. Wang et al., 2018)，而緊張的環境亦會放大對偶基因 Ser 對道德表現的負面影響。但由於尚未檢視這些基因在正面環境中的效果，因此仍然很難確定這些基因是否即是「差別感受性模式」所預測之敏感基因，或「素質－壓力模式」預測之高風險基因。重要的是，筆者必須傳達當前的證據顯示「基因與環境的交互作用會影響東亞人的道德表現」。

（一）多個基因間之交互作用

這種相互作用不同於另一種類型的相互作用，即基因之間或基因多型性之間

的相互作用。除上述討論的單個基因影響外,多個基因亦可共同作用並影響個體的道德表現。例如:具有 rs6267 對偶基因 Ser 和 monoamine oxidase-A (MAOA) 對偶基因 T 的華人男性青少年在高學業壓力下,往往會表現出比其他基因組合的青少年更多具攻擊性的行為 (M. Wang et al., 2018)。MAOA 含粒線體酶的基因編碼,該酶與單胺類的降解有關。單胺類是具有單個胺類的化合物,通常為神經傳導物,如血清素和正腎上腺素都屬單胺類。這些研究結果證明基因和環境對攻擊性行為的交互作用。對於研究人員而言,研究基因組合的影響仍是一個複雜的問題。目前關於基因遺傳對道德表現貢獻的研究結果大多把焦點放在單一基因的影響。

(二) 基因遺傳對亞洲人道德表現貢獻的總結

總而言之,基因在亞洲人的道德表現中扮演特殊角色,而我們可以使用基因型來預測個體的道德表現。與催產素 (OXTR、CD38)、多巴胺 (COMT、DRD3、DRD4)、血清素 (TPH2)、睪固酮 (AR) 和血管加壓素 (AVPR1B) 系統有關的基因遺傳皆會影響東亞人的道德判斷和道德行為。此外,透過比較針對東亞人和西方人的研究結果,筆者發現大多數基因在族群間的預測方向是相似的(見表 1),此結論與關於 OXTR 的前兩項元分析研究結果一致 (Bakermans-Kranenburg & Van Ijzendoorn, 2014; Gong, Fan, et al., 2017)。也就是說,當一個文化群體中的成員和另一文化群體中的成員之特定基因帶有相同的對偶基因時,該對偶基因的影響通常在兩個群體中是相似的;而如上所述,但是在許多情況下文化和環境亦會影響基因的表現和功能。換句話說,就個體而言,無論他是文化 A 或文化 B 的成員,如果他帶有特定基因之特定對偶基因,則上述提到的研究通常顯示,該對偶基因對道德情感、認知或行為的影響通常相似。

但若從分析屬於不同文化「個體」之道德相關因素轉向分析「群體」之道德相關因素時,會發生什麼事呢?必須理解的是,特定基因之對偶基因的分布在不同群體間通常有所不同。部分基因的對偶基因頻率,包括上述大多數基因,以及與神經荷爾蒙調節有關的基因在族群間存在差異。這為理解特定文化群體(包括在東亞的群體)至少一部分的道德特性開了一扇窗。[2] 表 2 列出了東亞人和西方人

---

[2] 我們很清楚東亞包含許多不同的文化群體和國籍。僅中國內部的文化和地區多樣性就確實足以影響道德表現。請參閱第十四章的研究結果。以下所提及的研究對東亞特定群體進行抽樣(如韓國人、日本人)而非「東亞人」全體。不過,由於在此不深入討論的理論原因,且因字數限制,雖然跨文化心理學家經常藉著「儒家傳承文化」的評斷指標將許多東亞群體歸為同一類,我們並不會在本文以下內容討論東亞群體間的差異。如想深入瞭解,請參閱引用文獻。

表 1　東亞人和高加索人的基因遺傳對道德表現的貢獻比較表

基因	東亞人之道德表現	西方人之道德表現	比較[a]
OXTR			
rs53576 G	↑親社會性、↓攻擊性	↑親社會性	+
rs2254298 G	↑親社會性、↓傷害容忍度	↑觀點取替、↑共情	+
rs237885 G	↓攻擊性	↓冷漠無情	+
rs2268498 C	↓傷害容忍度[b]	↓傷害容忍度[c]	−
CD38			
rs3796863 A	↑親社會行為、↑共情	—	—
COMT			
rs4680 Met	↑攻擊性、↓傷害容忍度、↑共情	↑攻擊性	+
rs6267 Ser	↑攻擊性	無 SNP	−
TPH2			
rs4570625 G	↑作弊	↑攻擊性	+
5-HTTLR			
rs25531 基因表現較低	↑攻擊性	↑傷害容忍度	+
AR			
CAG 重複短	↑傷害容忍度	↑反社會性	+
AVPR1B			
rs28373064 G	↑親社會性、↑共情	—	—

註：[a] + 代表該基因對東亞人和高加索人的道德表現有相似預測效果，而 − 代表該基因對東亞人和其他族群的道德表現呈現不同的預測效果。
　　[b] 帶有 CT 基因者比帶有 CC 基因者對傷害的容忍度更低 (Shang et al., 2017)。
　　[c] 帶有 C 基因者比帶有 TT 基因者將意外傷害評價為較無法容忍 (Walter et al., 2012)。

中與道德表現相關 SNP 的對偶基因頻率。例如：東亞人 rs53576 和 rs2254298 對偶基因 G 的比例低於西方人（Sasaki, Kim, & Xu, 2011 對韓國人進行抽樣），但兩個對偶基因 G 都預測較高的親社會性。rs237885 和 rs2268498 也是類似情況。在東亞人中，與較高親社會性相關的對偶基因發生頻率比西方人低，而有兩個原因可解釋這些 SNP 的影響與對偶基因頻率差異無關 (Gong, Fan, et al., 2017)。從文化適應的角度來看，普遍較低的親社會性可能有助於亞洲人適應自己的文化環境。集體主義文化使亞洲人對其他人的群體身分更加敏感，這可能會降低他們普遍的親社會性。從基因文化共同演化的角度來看，亞洲人和西方人之間對偶基因頻率的差異也可能導致亞洲人的親社會性降低。不過，亞洲人的集體主義彌補了親社會性的降低，使亞洲人對群體內成員表現得更加親社會。

　　同時，研究亦發現，與不道德行為有關的對偶基因在東亞人中的分布與西方人中的分布不同。研究發現 COMT rs4680 上的對偶基因 Met 在精神分裂症患者中與較多攻擊性行為有關 (Jiang et al., 2005; Jones et al., 2001; Lachman, Nolan, Mohr,

表 2　與東亞人和西方人的道德表現有關的 SNP 對偶基因的頻率分布

基因 (SNP)	對偶基因	東亞人 CHB	東亞人 CHS	西方人 MXL	西方人 GBR	差異
OXTR (rs53576)	A	.6942	.6571	.4219	.3791	
	G[a]	.3058	.3429	.5781	.6209	√
OXTR (rs2254298)	A	.3252	.3762	.2578	.0879	
	G[a]	.6748	.6238	.7422	.9121	√
OXTR (rs237885)	T	.7136	.7143	.5547	.4890	
	G[a]	.2864	.2857	.4453	.5110	√
OXTR (rs2268498)	T	.6796	.7143	.6563	.5055	
	C[a]	.3204	.2857	.3438	.4945	√
CD38 (rs3796863)	C	.7039	.7238	.6719	.7143	
	A[a]	.2961	.2762	.3281	.2857	
COMT (rs4680)	G (Val)	.6845	.7190	.6016	.4725	
	A[b] (Met)	.3155	.2810	.3984	.5275	√
COMT (rs6267)	G (Ala)	.9563	.9619	.9844	1.0000	
	T[b] (Ser)	.0437	.0381	.0156	.0000	
TPH2 (rs4570625)	G[b]	.5000	.3714	.6094	.7747	√
	T					
AVPR1B (rs28373064)	A					
	G[a]					

註：1. 這些資料來自千人基因組計畫第三階段的資料集（https://www.ncbi.nlm.nih.gov/variation/tools/1000genomes/）。AR 基因的 CAG 重複序列和 5-HTTLR (rs25531) 的對偶基因長度則不在其中，因兩者均與基因的長度有關，而非與對偶基因的類型有關。
2. CHB 指北京的漢人，CHS 指南方的漢人，MXL 指居住美國洛杉磯且有墨西哥血統者，GBR 指英格蘭和蘇格蘭的英國人。√ 表示東亞人與西方人的對偶基因頻率有明顯差異（西方人與東亞人之間的平均對偶基因頻率差異大於 .1）。
[a] 代表研究發現對偶基因在道德表現中有正面效果，[b] 代表研究發現對偶基因在道德表現中有負面效果。

Saito, & Volavka, 1998），其在東亞人中的對偶基因頻率較西方人低。這可能源於基因—文化協同進化和來自氣候的選擇壓力 (Piffer, 2013)。和東方人相比，西方人生活在緯度較高的地區，這些地區的氣候條件更惡劣且帶來更大的生存壓力。因此，與更好的執行功能和智力相關的 Met 等位基因在進化過程中更容易在西方人身上被保留 (Piffer, 2013)。TPH2 rs4570625 上的對偶基因 G 在東亞人中的頻率也比在西方人低（千人基因組計畫第三階段），研究發現該基因與東亞人之中較頻繁的作弊行為 (Shen et al., 2016)，及西方人之中更多攻擊性行為有關 (Laas et al., 2017)。但由於依舊缺乏關於這些對偶基因對不同族群的影響是否相似，以及對偶基因頻率差異是否由天擇、基因飄移或其他因素所導致的直接證據，因此仍然很難判定

不同族群間差異的意義為何。

　　此外，部分預測道德表現的基因僅在亞洲人中表現，而在其他族群中則沒有。例如：COMT rs6267 為東亞人獨有，研究亦發現其與道德行為相關 (M. Wang et al., 2018)。這些特有基因的作用可能對研究發現東亞人和西方人之間具有不同對偶基因頻率的基因有互補作用，而理解這些基因對亞洲人的道德表現之貢獻，讓我們可能可以進一步理解東亞文化的某些特質。例如：華人有較高的可能性將某些「不文明」的行為（如在公共街道上隨地吐痰和亂丟垃圾）評價為「不道德」，而西方人則不然（Buchtel et al., 2015；參見引言章節）。由於這些行為大多數與公共利益有關，此研究結果可能說明華人的道德感與集體利益的關聯性較高。研究東亞人的某些特有基因是否與其文化特殊的道德關注點有關會是十分有趣的主題。

　　綜上所述，筆者得出的結論是基因對道德表現的影響在不同族群間大致相似。

（三）基因對道德表現貢獻的潛在機制

　　到目前為止，研究人員已經多次嘗試解釋基因遺傳影響個體道德表現可能的機制（參閱 Gard, Dotterer, & Hyde, 2019; Knafo-Noam, Vertsberger, & Israel, 2018; Raine, 2008; Sasaki & Kim, 2016）。基於前人的研究成果，筆者提出了「基因—荷爾蒙—大腦—心理學—行為」模式來解釋從基因遺傳變異進而影響道德表現的途徑（圖1）。首先，個體的遺傳變異會影響有關的荷爾蒙濃度與活性。接著，荷爾蒙的各種功能會影響大腦相關區域的功能，而大腦功能進一步影響個體的道德

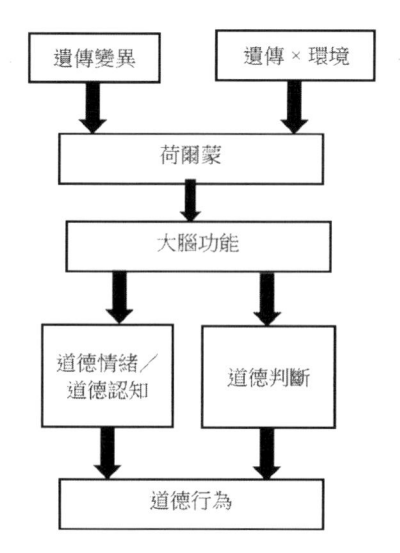

圖 1　從基因到道德表現的途徑

認知、道德情感以及道德判斷。最後，個體的道德行為亦受上述流程所影響。此外，基因還可以與環境交互作用以影響道德表現。

（四）從基因到道德表現途徑的證據

從基因到道德表現的潛在途徑可以解釋在第一部分中回顧的基因效果（請見表3）。

1. OXTR/CD38

OXTR 和 CD38 基因中的幾個 SNP 可以透過 OT 系統功能影響個體的道德表現。例如：rs3796863 上帶有對偶基因 A 者比未帶有該基因者具有更高濃度的 OT (Feldman et al., 2012)。OT 濃度可以影響涉及社會信息處理的大腦區域（杏仁核、中腦、前額葉和顳葉皮質）的功能。較高濃度的 OT 導致對社會刺激的感知顯著性增加 (Mitre et al., 2017)，這可解釋為什麼帶有對偶基因 A 者具有更好的觀點採擇能力和更強的共情。這些能力的增強進一步增加了個體的傷害嫌惡感，降低他們在道德判斷中對傷害的容許性。在道德判斷的引導下，他們表現出更多親社會行為和較少攻擊性行為 (Shang et al., 2017)。綜上解釋了 rs3796863 上對偶基因 A 對道德表現的正面影響。儘管其他 SNP 與 OT 系統功能間的關係尚未明朗，但那些 SNP 很可能亦透過類似途徑影響個體的道德表現。

表 3　從基因到道德表現的潛在途徑

基因	OXTR/CD38 基因	COMT/DRD3/DRD4 基因	TPH2/5-HTTLR 基因	AR 基因
SNP 對偶基因	rs3796863 A、rs53565 G[a]、rs2254298 G[a]、rs2268498 CT[a]、rs237885 G[a]	rs4680 Met、rs3773679 TT[a]、rs11246228 T[a]	rs4570625 G、rs25531 低表達基因型	CAG 重複短
荷爾蒙	↑催產素	↑多巴胺	↓血清素	↑睪固酮
腦部	杏仁核、中腦、前額葉和顳葉皮質	前額葉皮質	大腦皮層、額葉皮層	下視丘
功能	社交刺激的顯著性增加	降低對外界刺激做出攻擊性反應的門檻	減少行為抑制和執行功能	增強攻擊性傾向
道德認知／情感	↑道德認知、↑共情	↓共情	—	—
道德判斷	↓傷害容忍度	↑傷害容忍度	↑傷害容忍度	↑傷害容忍度
道德行為	↑親社會性、↓攻擊性	↑攻擊性	↑攻擊性、↑作弊	↑攻擊性

註：[a] 這些對偶基因與荷爾蒙濃度間的關係仍為假說，沒有直接證據。

2. COMT、DRD3 和 DRD4

COMT、DRD3 和 DRD4 基因中的 SNP 可以透過多巴胺系統的功能影響個體的道德表現。例如：rs4680 上的對偶基因 Met 與較高濃度的多巴胺有關 (Bilder et al., 2004)，而多巴胺可調節前額葉皮質的活化，並降低個體對外界刺激的攻擊性反應門檻。多巴胺濃度升高也與共情降低有關 (Crockett et al., 2015)，可解釋對偶基因 Met 對共情的負面預測效果。根據對偶基因 Met 對個體攻擊性反應和共情門檻的影響，帶有對偶基因 Met 者傾向於表現出較高的傷害容許度和更多具攻擊性的行為。DRD3 中的 rs3773679TT 和 DRD4 中的 rs11246228T 亦可調節多巴胺系統的功能 (Benis & Hobgood, 2011; Oak et al., 2000)，且能以類似的方式解釋它們對道德表現的負面影響。

3. TPH2 和 5-HTTLR

TPH2 和 5-HTTLR 基因中的 SNP 可透過血清素系統影響個體的道德表現。rs4570625 的對偶基因 G 和 rs25531 基因表現較低的基因型均與人體中較低濃度的血清素有關，且可能影響大腦皮層和額葉皮層的功能 (Barnes et al., 2011)。血清素濃度較低的人，其行為抑制和執行功能的程度較低 (Tops et al., 2009)。上述可能會使他們更難抑制傷害他人的衝動，從而產生更高的傷害容許度、更頻繁的攻擊性行為和作弊行為。

4. AR

AR 基因中的 CAG 可透過睪固酮系統影響個體的道德表現。基因裡帶有 CAG 重複短的個體，往往對睪固酮有較高的敏感性 (Irvine et al., 2000)，這會增加他們的攻擊傾向 (Yildirim & Derksen, 2012)。此現象可解釋為什麼帶有 CAG 重複短的基因者對傷害的容許性和攻擊行為會增加。

四、未來的研究方向

行為遺傳學研究讓我們能以全新視角探索東亞社會的道德基礎。先前的研究結果顯示，東亞人的道德表現可以透過基因型來預測，而特定 SNP 的預測方向在東亞人和西方人之間大致相似。未來仍需更多研究以進一步驗證基因在個人道德表現中所扮演的角色，並讓世人得以更全面地理解基因遺傳對東亞人和其他族群道德觀之貢獻。未來的研究可以從以下四個角度出發。

第一，由於方法論問題可能會降低當前基因相關結果的可靠性，因此遺傳學研究需要標準化的程序，且預註冊對於實現該結果非常重要。預註冊需要研究人

員在進行研究之前註冊他們的研究假設、方法和分析計畫。大多數行為遺傳學研究都未曾進行預註冊，這樣的情況會增加偽陽性結果的機率，而且缺乏標準資料分析程序能讓研究人員有更多空間自行選擇和分析其資料 (Simmons, Nelson, & Simonsohn, 2011)。由於統計上顯著的結果更利於發表，因此研究人員可能會以可達到顯著結果的方式對資料進行預先處理和分析，從而誇大基因的預測效果。然而，通過預註冊，上述非標準程序可以大大減少，從而產生更可靠的結果。因此需要預註冊的研究之標準分析程序以檢查當前的資料，並改進未來探究基因遺傳對道德貢獻之相關研究。

第二，可以使用新方法以檢視大量基因對個體道德表現的影響。先前的研究主要著重於幾種 SNP 或候選基因上，並假設該 SNP 或候選基因與個人的道德表現有關。然而，目前的研究結果無疑並未涵蓋所有與道德表現相關的基因，而且即使持續努力，較少受研究人員注意的基因也會被忽略。不過，全基因體關聯分析 (genome-wide association studies, GWAS) 可以解決此問題。該方法可以從人類全基因體序列變異中找到與特定表現型有關的 SNP (Johnson et al., 2010)，而這種方法使研究人員可以透過一次性 DNA 採樣發現與個人道德表現有關的所有遺傳變異。

另外，先前的研究主要將重心放在單一基因的作用，然而，部分基因可能共同作用以影響個體的道德表現（參閱 Chang et al., 2018; M. Wang et al., 2018）。為了解決上述問題，可以使用分類與迴歸樹 (classification and regression trees, CART) 分析，比較多個基因不同的基因型組合之影響（參閱 Chang et al., 2018），並可協助我們進一步理解不同基因在道德表現上的相互作用。

第三，需要進行更多相關研究，以直接比較基因對不同族群之道德行為的影響；上述族群包括但不限於種族。以東亞人和西方人為例，本文中大部分比較基因對兩者影響的推論都是基於間接證據。在針對東亞人和西方人的研究中，樣本的性別和年齡分布皆差異很大，基因對男性和女性的影響也可能不同（參閱 Gong, Fang, et al., 2017; Shang et al., 2017），而基因和行為之間的關聯性可能會隨年齡而改變。例如：隨著年齡的增長，智商的估計遺傳力亦會增加 (Plomin & Petrill, 1997)。任務等情境因素亦可改變基因對道德表現的影響 (Wu & Su, 2018)。因此，在比較基因對不同族群的作用時，使用一致的程序非常重要，而進行大規模的跨群研究是解決此問題的好方法。

第四，未來的研究可以進一步探索正面環境調節基因對道德表現影響的效果。先前的研究已經檢視基因與負面環境間的交互作用（如壓力 [Shao et al., 2018]；學業壓力 [M. Wang et al., 2018]），並證實許多高風險基因對負面環境的影響很敏感。

但是,正面環境如何與基因交互以影響個體的道德表現,我們所知甚少。未來的研究可進一步探索正面環境是如何與基因進行交互進而影響道德表現的。此外,可以設計干預措施以教育帶有高危險基因的個體,以期減少其做出不道德行為的先天傾向。

總結而言,探討遺傳基因對東亞人道德的貢獻仍需更多研究。透過預註冊可以提高基因學研究的可靠性,而研究可以透過 GWAS 或 CART 檢視多個基因對個體道德表現的影響。為能比較基因對不同族群道德觀之貢獻,我們還需更多直接證據,並且可以進一步研究正面環境與基因之間的交互作用,以研發有效的干預措施,改善個體的道德表現。

五、結論

透過回顧遺傳基因對東亞人道德貢獻相關研究,我們得以進一步理解東亞人道德行為的基因遺傳基礎。與催產素 (OXTR、CD38)、多巴胺 (COMT、DRD3、DRD4)、血清素 (TPH2)、睪固酮 (AR) 和血管加壓素 (AVPR1B) 系統有關的基因遺傳皆會影響東亞人的道德表現。透過比較針對東亞和西方樣本的研究成果,筆者發現基因對道德表現的影響在不同族群間大致相似。筆者提出了「基因—荷爾蒙—大腦—心理學—行為」模式來解釋從基因遺傳變異進而影響道德表現的途徑。最後,本章探討了道德相關遺傳學研究未來的四大方向。

參考文獻

Bakermans-Kranenburg, M. J., & Van IJzendoorn, M. H. (2007). Research review: Genetic vulnerability or differential susceptibility in child development: The case of attachment. *Journal of Child Psychology and Psychiatry*, *48*(12), 1160-1173.

Barnes, J. J., Dean, A. J., Nandam, L. S., O'Connell, R. G., & Bellgrove, M. A. (2011). The molecular genetics of executive function: Role of monoamine system genes. *Biological Psychiatry*, *69*(12), e127-e143.

Bašić, J., Milošević, V., Stanković, M., Stoimenov, T. J., Cvetković, T., Despotović, M., & Pavlović, D. (2019). The influence of rs53576 and rs2254298 oxytocin receptor gene polymorphisms on plasma oxytocin levels and measures of empathy. *Archives of Biological Science*, *71*(1), 159-165.

Beitchman, J. H., Zai, C. C., Muir, K., Berall, L., Nowrouzi, B., Choi, E., & Kennedy, J. L. (2012). Childhood aggression, callous-unemotional traits and oxytocin genes. *European Child & Adolescent Psychiatry*, *21*(3), 125-132.

Benis, A. M., & Hobgood, D. K. (2011). Dopamine receptor DRD3 codes for trait aggression as Mendelian recessive. *Medical Hypotheses*, *77*(6), 1108-1110.

Bethlehem, R. A., van Honk, J., Auyeung, B., & Baron-Cohen, S. (2013). Oxytocin, brain physiology, and functional connectivity: A review of intranasal oxytocin fMRI studies. *Psychoneuroendocrinology, 38*(7), 962-974.

Bilder, R. M., Volavka, J., Lachman, H. M., & Grace, A. A. (2004). The catechol-O-methyltransferase polymorphism: Relations to the tonic-phasic dopamine hypothesis and neuropsychiatric phenotypes. *Neuropsychopharmacology, 29*(11), 1943.

Boehm, C. (2008). Purposive social selection and the evolution of human altruism. *Cross-Cultural Research, 42*(4), 319-352.

Buchtel, E. E., Guan, Y., Peng, Q., Su, Y., Sang, B., Chen, S. X., & Bond, M. H. (2015). Immorality east and west: Are immoral behaviors especially harmful, or especially uncivilized? *Personality and Social Psychology Bulletin, 41*(10), 1382-1394.

Caldwell, H. K. (2017). Oxytocin and vasopressin: Powerful regulators of social behavior. *The Neuroscientist, 23*(5), 517-528.

Carney, D. R., & Mason, M. F. (2010). Decision making and testosterone: When the ends justify the means. *Journal of Experimental Social Psychology, 46*(4), 668-671.

Caspi, A., McClay, J., Moffitt, T. E., Mill, J., Martin, J., Craig, I. W., ... Poulton, R. (2002). Role of genotype in the cycle of violence in maltreated children. *Science, 297*(5582), 851-854.

Chang, H., Yan, Q., Tang, L., Huang, J., Ma, Y., Ye, X., ... Yu, Y. (2018). Association of genetic variations in the serotonin and dopamine systems with aggressive behavior in the Chinese adolescent population: Single-and multiple-risk genetic variants. *Journal of Affective Disorders, 225*, 374-380.

Chen, C., Decety, J., Huang, P. C., Chen, C. Y., & Cheng, Y. (2016). Testosterone administration in females modulates moral judgment and patterns of brain activation and functional connectivity. *Human Brain Mapping, 37*(10), 3417-3430.

Chong, A., Malavasi, F., Israel, S., Khor, C. C., Yap, V. B., Monakhov, M., ... Ebstein, R. P. (2017). ADP ribosyl-cyclases (CD38/CD157), social skills and friendship. *Psychoneuroendocrinology, 78*, 185-192.

Christ, C. C., Carlo, G., & Stoltenberg, S. F. (2016). Oxytocin receptor (OXTR) single nucleotide polymorphisms indirectly predict prosocial behavior through perspective taking and empathic concern. *Journal of Personality, 84*(2), 204-213.

Clark, C. L., John, N. S., Pasca, A. M., Hyde, S. A., Hornbeak, K., Abramova, M., ... Penn, A. A. (2013). Neonatal CSF oxytocin levels are associated with parent report of infant soothability and sociability. *Psychoneuroendocrinology, 38*(7), 1208-1212.

Connor, M., Lawrence, A., & Brown, S. (2018). Associations between oxytocin receptor gene polymorphisms, empathy towards animals and implicit associations towards animals. *Animals, 8*(8), 140.

Crockett, M. J. (2009). The neurochemistry of fairness: Clarifying the link between serotonin and prosocial behavior. *Annals of the New York Academy of Sciences, 1167*(1), 76-86.

Crockett, M. J., Apergis-Schoute, A., Herrmann, B., Lieberman, M. D., Müller, U., Robbins,

T. W., & Clark, L. (2013). Serotonin modulates striatal responses to fairness and retaliation in humans. *Journal of Neuroscience, 33*(8), 3505-3513.

Crockett, M. J., Clark, L., Hauser, M. D., & Robbins, T. W. (2010). Serotonin selectively influences moral judgment and behavior through effects on harm aversion. *Proceedings of the National Academy of Sciences, 107*(40), 17433-17438.

Crockett, M. J., Clark, L., Tabibnia, G., Lieberman, M. D., & Robbins, T. W. (2008). Serotonin modulates behavioral reactions to unfairness. *Science, 320*(5884), 1739-1739.

Crockett, M. J., Siegel, J. Z., Kurth-Nelson, Z., Ousdal, O. T., Story, G., Frieband, C., ... Dolan, R. J. (2015). Dissociable effects of serotonin and dopamine on the valuation of harm in moral decision making. *Current Biology, 25*(14), 1852-1859.

Decety, J., & Cowell, J. M. (2018). Interpersonal harm aversion as a necessary foundation for morality: A developmental neuroscience perspective. *Development and Psychopathology, 30*(1), 153-164.

Domes, G., Heinrichs, M., Michel, A., Berger, C., & Herpertz, S. C. (2007). Oxytocin improves "mind-reading" in humans. *Biological Psychiatry, 61*(6), 731-733.

Feldman, R., Gordon, I., & Zagoory-Sharon, O. (2011). Maternal and paternal plasma, salivary, and urinary oxytocin and parent-infant synchrony: Considering stress and affiliation components of human bonding. *Developmental Science, 14*(4), 752-761.

Feldman, R., Zagoory-Sharon, O., Weisman, O., Schneiderman, I., Gordon, I., Maoz, R., ... Ebstein, R. P. (2012). Sensitive parenting is associated with plasma oxytocin and polymorphisms in the OXTR and CD38 genes. *Biological Psychiatry, 72*(3), 175-181.

Frick, P. J., & White, S. F. (2008). Research review: The importance of callous-unemotional traits for developmental models of aggressive and antisocial behavior. *Journal of Child Psychology and Psychiatry, 49*(4), 359-375.

Gard, A. M., Dotterer, H. L., & Hyde, L. W. (2019). Genetic influences on antisocial behavior: Recent advances and future directions. *Current Opinion in Psychology, 27*, 46-55.

Gibbs, J. C. (2019). *Moral development and reality: Beyond the theories of Kohlberg, Hoffman, and Haidt*. Oxford University Press.

Goldstein, D. S., & Kopin, I. J. (2018). Linking stress, catecholamine autotoxicity, and allostatic load with neurodegenerative diseases: A focused review in memory of Richard Kvetnansky. *Cellular and Molecular Neurobiology, 38*(1), 13-24.

Gong, P., Fan, H., Liu, J., Yang, X., Zhang, K., & Zhou, X. (2017). Revisiting the impact of OXTR rs53576 on empathy: A population-based study and a meta-analysis. *Psychoneuroendocrinology, 80*, 131-136.

Gong, P., Fang, P., Yang, X., Ru, W., Wang, B., Gao, X., & Liu, J. (2017). The CAG polymorphism in androgen receptor (AR) gene impacts the moral permissibility of harmful behavior in females. *Psychoneuroendocrinology, 80*, 74-79.

Grace, S. A., Rossell, S. L., Heinrichs, M., Kordsachia, C., & Labuschagne, I. (2018).

Oxytocin and brain activity in humans: A systematic review and coordinate-based meta-analysis of functional MRI studies. *Psychoneuroendocrinology*, *96*, 6-24.

Gray, K., Young, L., & Waytz, A. (2012). Mind perception is the essence of morality. *Psychological Inquiry*, *23*(2), 101-124.

Guastella, A. J., Einfeld, S. L., Gray, K. M., Rinehart, N. J., Tonge, B. J., Lambert, T. J., & Hickie, I. B. (2010). Intranasal oxytocin improves emotion recognition for youth with autism spectrum disorders. *Biological Psychiatry*, *67*(7), 692-694.

Hamlin, J. K., Wynn, K., & Bloom, P. (2007). Social evaluation by preverbal infants. *Nature*, *450*(7169), 557-559.

Hoffman, M. L. (2008). Empathy and prosocial behavior. *Handbook of Emotions*, *3*, 440-455.

Hong, J. P., Lee, J. S., Chung, S., Jung, J., Yoo, H. K., Chang, S. M., & Kim, C. Y. (2008). New functional single nucleotide polymorphism (Ala72Ser) in the COMT gene is associated with aggressive behavior in male schizophrenia. *American Journal of Medical Genetics Part B: Neuropsychiatric Genetics*, *147*(5), 658-660.

Hurlemann, R., Patin, A., Onur, O. A., Cohen, M. X., Baumgartner, T., Metzler, S., ... Kendrick, K. M. (2010). Oxytocin enhances amygdala-dependent, socially reinforced learning and emotional empathy in humans. *Journal of Neuroscience*, *30*(14), 4999-5007.

Irvine, R. A., Ma, H., Yu, M. C., Ross, R. K., Stallcup, M. R., & Coetzee, G. A. (2000). Inhibition of p160-mediated coactivation with increasing androgen receptor polyglutamine length. *Human Molecular Genetics*, *9*(2), 267-274.

Jiang, H., Xu, X., Zhao, X., Cheng, Y., Liu, H., & Yang, J. (2005). Association study between aggression behavior in schizophrenics and catechol-O-methyltransferase gene polymorphism. *Chinese Journal of Nervous and Mental Diseases*, *31*(3), 202-205. [in Chinese]

Jin, D., Liu, H. X., Hirai, H., Torashima, T., Nagai, T., Lopatina, O., ... Fujita, K. (2007). CD38 is critical for social behaviour by regulating oxytocin secretion. *Nature*, *446*(7131), 41.

Johnson, R. C., Nelson, G. W., Troyer, J. L., Lautenberger, J. A., Kessing, B. D., Winkler, C. A., & O'Brien, S. J. (2010). Accounting for multiple comparisons in a genome-wide association study (GWAS). *BMC Genomics*, *11*(1), 724.

Jones, G., Zammit, S., Norton, N., Hamshere, M. L., Jones, S. J., Milham, C., ... Gray, M. (2001). Aggressive behaviour in patients with schizophrenia is associated with catechol-O-methyltransferase genotype. *The British Journal of Psychiatry*, *179*(4), 351-355.

Kim, Y. R., Kim, J. H., Kim, S. J., Lee, D., & Min, S. K. (2008). Catechol-O-methyltransferase Val158Met polymorphism in relation to aggressive schizophrenia in a Korean population. *European Neuropsychopharmacology*, *18*(11), 820-825.

Knafo-Noam, A., Vertsberger, D., & Israel, S. (2018). Genetic and environmental contributions to children's prosocial behavior: Brief review and new evidence from a reanalysis of experimental twin data. *Current Opinion in Psychology, 20*, 60-65.

Kogan, A., Saslow, L. R., Impett, E. A., Oveis, C., Keltner, D., & Saturn, S. R. (2011). Thin-slicing study of the oxytocin receptor (OXTR) gene and the evaluation and expression of the prosocial disposition. *Proceedings of the National Academy of Sciences, 108*(48), 19189-19192.

Kosfeld, M., Heinrichs, M., Zak, P. J., Fischbacher, U., & Fehr, E. (2005). Oxytocin increases trust in humans. *Nature, 435*(7042), 673.

Laas, K., Kiive, E., Mäestu, J., Vaht, M., Veidebaum, T., & Harro, J. (2017). Nice guys: Homozygocity for the TPH2-703G/T (rs4570625) minor allele promotes low aggressiveness and low anxiety. *Journal of Affective Disorders, 215*, 230-236.

Lachman, H. M., Nolan, K. A., Mohr, P., Saito, T., & Volavka, J. (1998). Association between catechol O-methyltransferase genotype and violence in schizophrenia and schizoaffective disorder. *American Journal of Psychiatry, 155*(6), 835-837.

Lee, S. G., Joo, Y., Kim, B., Chung, S., Kim, H. L., Lee, I., ... Song, K. (2005). Association of Ala72Ser polymorphism with COMT enzyme activity and the risk of schizophrenia in Koreans. *Human Genetics, 116*(4), 319-328.

Li, J., Zhao, Y., Li, R., Broster, L. S., Zhou, C., & Yang, S. (2015). Association of oxytocin receptor gene (OXTR) rs53576 polymorphism with sociality: A meta-analysis. *PLoS One, 10*(6), e0131820.

Limosin, F., Romo, L., Batel, P., Ades, J., Boni, C., & Gorwood, P. (2005). Association between dopamine receptor D3 gene BalI polymorphism and cognitive impulsiveness in alcohol-dependent men. *European Psychiatry, 20*(3), 304-306.

Liu, J., Gong, P., Li, H., & Zhou, X. (2017). A field study of the association between CD38 gene and altruistic behavior: Empathic response as a mediator. *Psychoneuroendocrinology, 85*, 165-171.

Lotta, T., Vidgren, J., Tilgmann, C., Ulmanen, I., Melen, K., Julkunen, I., & Taskinen, J. (1995). Kinetics of human soluble and membrane-bound catechol O-methyltransferase: A revised mechanism and description of the thermolabile variant of the enzyme. *Biochemistry, 34*(13), 4202-4210.

Lucht, M. J., Barnow, S., Sonnenfeld, C., Ulrich, I., Grabe, H. J., Schroeder, W., ... Kroemer, H. (2013). Associations between the oxytocin receptor gene (OXTR) and "mind-reading" in humans—An exploratory study. *Nordic Journal of Psychiatry, 67*(1), 15-21.

Marsh, A. A., Crowe, S. L., Henry, H. Y., Gorodetsky, E. K., Goldman, D., & Blair, R. J. R. (2011). Serotonin transporter genotype (5-HTTLPR) predicts utilitarian moral judgments. *PLoS One, 6*(10), e25148.

Massey-Abernathy, A. (2017). From oxytocin to health: Exploring the relationship between oxtr rs53576, emotional stability, social support, and health. *Adaptive Human Behavior and Physiology, 3*(3), 212-220.

McQuaid, R. J., McInnis, O. A., Matheson, K., & Anisman, H. (2016). Oxytocin and social sensitivity: Gene polymorphisms in relation to depressive symptoms and suicidal ideation. *Frontiers in Human Neuroscience, 10*, 358.

Mitre, M., Minder, J., Morina, E. X., Chao, M. V., & Froemke, R. C. (2017). Oxytocin modulation of neural circuits. *Current Topics in Behavioral Neurosciences, 35*, 31-53.

Oak, J. N., Oldenhof, J., & Van Tol, H. H. (2000). The dopamine D4 receptor: One decade of research. *European Journal of Pharmacology, 405*(1-3), 303-327.

Olff, M., Frijling, J. L., Kubzansky, L. D., Bradley, B., Ellenbogen, M. A., Cardoso, C., ... Van Zuiden, M. (2013). The role of oxytocin in social bonding, stress regulation and mental health: An update on the moderating effects of context and interindividual differences. *Psychoneuroendocrinology, 38*(9), 1883-1894.

Ott, T., & Nieder, A. (2019). Dopamine and cognitive control in prefrontal cortex. *Trends in Cognitive Sciences, 23*(3), 213-234. https://doi.org/10.1016/j.tics.2018.12.006

Piffer, D. (2013). Correlation of the COMT Val158Met polymorphism with latitude and a hunter-gather lifestyle suggests culture–gene coevolution and selective pressure on cognition genes due to climate. *Anthropological Science, 121*(3), 161-171.

Plomin, R., & Petrill, S. A. (1997). Genetics and intelligence: What's new? *Intelligence, 24*(1), 53-77.

Pluess, M., & Belsky, J. (2013). Vantage sensitivity: Individual differences in response to positive experiences. *Psychological Bulletin, 139*(4), 901.

Prichard, Z. M., Jorm, A. F., Mackinnon, A., & Easteal, S. (2007). Association analysis of 15 polymorphisms within 10 candidate genes for antisocial behavioural traits. *Psychiatric Genetics, 17*(5), 299-303.

Raine, A. (2008). From genes to brain to antisocial behavior. *Current Directions in Psychological Science, 17*(5), 323-328.

Rajender, S., Pandu, G., Sharma, J. D., Gandhi, K. P. C., Singh, L., & Thangaraj, K. (2008). Reduced CAG repeats length in androgen receptor gene is associated with violent criminal behavior. *International Journal of Legal Medicine, 122*(5), 367-372.

Rodrigues, S. M., Saslow, L. R., Garcia, N., John, O. P., & Keltner, D. (2009). Oxytocin receptor genetic variation relates to empathy and stress reactivity in humans. *Proceedings of the National Academy of Sciences, 106*(50), 21437-21441.

Ru, W., Fang, P., Wang, B., Yang, X., Zhu, X., Xue, M., ... Gong, P. (2017). The impacts of Val158Met in catechol-O-methyltransferase (COMT) gene on moral permissibility and empathic concern. *Personality and Individual Differences, 106*, 52-56.

Sasaki, J. Y., & Kim, H. S. (2016). Nature, nurture, and their interplay: A review of cultural neuroscience. *Journal of Cross-Cultural Psychology, 48*(1), 4-22.

Sasaki, J. Y., Kim, H. S., & Xu, J. (2011). Religion and well-being: The moderating role of culture and the oxytocin receptor (OXTR) gene. *Journal of Cross-Cultural Psychology, 42*(8), 1394-1405.

Shang, S., & Su, Y. (2016). Oxytocin system and social behavior: The function of oxytocin and its receptor gene. *Psychology: Techniques and Applications, 4*, 224-235. [in Chinese]

Shang, S., Wu, N., & Su, Y. (2017). How oxytocin receptor (OXTR) single nucleotide polymorphisms act on prosociality: The mediation role of moral evaluation. *Frontiers in Psychology*, *8*, 396.

Shao, D., Zhang, H. H., Long, Z. T., Li, J., Bai, H. Y., Li, J. J., & Cao, F. L. (2018). Effect of the interaction between oxytocin receptor gene polymorphism (rs53576) and stressful life events on aggression in Chinese Han adolescents. *Psychoneuroendocrinology*, *96*, 35-41.

Shen, Q., Teo, M., Winter, E., Hart, E., Chew, S. H., & Ebstein, R. P. (2016). To cheat or not to cheat: Tryptophan hydroxylase 2 SNP variants contribute to dishonest behavior. *Frontiers in Behavioral Neuroscience*, *10*, 82.

Simmons, J. P., Nelson, L. D., & Simonsohn, U. (2011). False-positive psychology: Undisclosed flexibility in data collection and analysis allows presenting anything as significant. *Psychological Science*, *22*(11), 1359-1366.

Takeyama, K. I., Ito, S., Yamamoto, A., Tanimoto, H., Furutani, T., Kanuka, H., ... Kato, S. (2002). Androgen-dependent neurodegeneration by polyglutamine-expanded human androgen receptor in Drosophila. *Neuron*, *35*(5), 855-864.

Theodoridou, A., Rowe, A. C., & Mohr, C. (2013). Men perform comparably to women in a perspective taking task after administration of intranasal oxytocin but not after placebo. *Frontiers in Human Neuroscience*, *7*, 197.

Tomasello, M. (2016). *A natural history of human morality*. Harvard University Press.

Tompson, S. H., Huff, S. T., Yoon, C., King, A., Liberzon, I., & Kitayama, S. (2018). The dopamine D4 receptor gene (DRD4) modulates cultural variation in emotional experience. *Culture and Brain*, *6*(2), 118-129. https://doi.org/10.1007/s40167-018-0063-5

Tops, M., Russo, S., Boksem, M. A., & Tucker, D. M. (2009). Serotonin: Modulator of a drive to withdraw. *Brain and Cognition*, *71*(3), 427-436.

Volavka, J. A. N., Bilder, R., & Nolan, K. (2004). Catecholamines and aggression: The role of COMT and MAO polymorphisms. *Annals of the New York Academy of Sciences*, *1036*(1), 393-398.

Walter, N. T., Montag, C., Markett, S., Felten, A., Voigt, G., & Reuter, M. (2012). Ignorance is no excuse: Moral judgments are influenced by a genetic variation on the oxytocin receptor gene. *Brain and Cognition*, *78*(3), 268-273.

Walther, D. J., & Bader, M. (2003). A unique central tryptophan hydroxylase isoform. *Biochemical Pharmacology*, *66*(9), 1673-1680.

Wang, M., Li, H., Deater-Deckard, K., & Zhang, W. (2018). Interacting effect of catechol-O-methyltransferase (COMT) and monoamine oxidase A (MAOA) gene polymorphisms, and stressful life events on aggressive behavior in Chinese male adolescents. *Frontiers in Psychology*, *9*, 1079.

Wang, M., & Zhang, W. (2010). Association between aggressive behavior and a functional polymorphism in the COMT gene. *Advances in Psychological Science*, *18*(8), 1256-

1262. [in Chinese]

Wang, Y., Li, Y., Enhebayaer, H. G., & Guan, H. (2018). The association between 5-HTTLPR/rs25531 polymorphisms and behavior problems in Mongolian children. *International Journal of Clinical and Experimental Medicine*, *11*(7), 6863-6874.

Wu, N., Shang, S., & Su, Y. (2015). The arginine vasopressin V 1b receptor gene and prosociality: Mediation role of emotional empathy. *PsyCh Journal*, *4*(3), 160-165.

Wu, N., & Su, Y. (2015). Oxytocin receptor gene relates to theory of mind and prosocial behavior in children. *Journal of Cognition and Development*, *16*(2), 302-313.

Wu, N., & Su, Y. (2018). Variations in the oxytocin receptor gene and prosocial behavior: Moderating effects of situational factors. *Integrative Zoology*, *13*(6), 687-697.

Yang, Y., Tang, Y., Peng, W., Lu, X., Hu, L., & Chen, J. (2017). Empathy: The genetics-environment-endocrine-brain mechanism. *Chinese Science Bulletin*, *62*(32), 3729-3742.

Yildirim, B. O., & Derksen, J. J. (2012). A review on the relationship between testosterone and life-course persistent antisocial behavior. *Psychiatry Research*, *200*(2-3), 984-1010.

Zhang, Y., Wu, C., Chang, H., Yan, Q., Wu, L., Yuan, S., ... Yu, Y. (2018). Genetic variants in oxytocin receptor gene (OXTR) and childhood physical abuse collaborate to modify the risk of aggression in Chinese adolescents. *Journal of Affective Disorders*, *229*, 105-110.

第五章

文化神經科學視角下的道德判斷

韓世輝著
Translated S.r.l. 譯審

摘要

判斷是非善惡的道德觀深深影響著社交互動，但其對個人權利／需求或社會義務／群體目標的影響力會因不同文化而有所差異。對於社會行為的道德判斷與多個大腦神經網絡有關，而這些神經網絡的活動不僅受文化經驗所影響，同時也會塑造一個人的社會認知和情感。本章探討以下兩個部分：道德判斷時神經網絡的腦功能成像結果，以及東亞和西方文化對於社會認知與情感造成不同影響的文化神經科學研究。這些文化神經科學研究針對「認知和神經網絡會影響對於社會行為的道德判斷」提出新見解。本章也會探討文化神經科學與道德觀建構之間的關聯性。

一、引言

道德即關於是非善惡的觀念，而約束個人行為的社會規範則以此為基礎。道德觀和社會規範對於社會組織的運作和社交行為準則至關重要。在人類社會的歷史中，道德和日常生活息息相關，因此也是哲學思辨裡最悠久的主題之一。在心理學中，道德也是經常討論的主題，例如：道德判斷所牽涉到的心理構念，以及兒童的道德發展。在過去 20 年裡，認知神經科學家也研究和發現了與道德判斷和決策有關的心理過程及大腦神經活動基礎。

實證研究結果引起學者更進一步探討道德心理學的基礎。Haidt (2007) 總結出道德心理學的四大原則，這有助於分析參與道德判斷時的心理過程。根據 Haidt 的論點，道德判斷是先由自動化的直覺反應所產生，一開始會先出現負面情緒，接著再透過有意識的推理尋找證據來支持自己的直覺反應。道德的社會功能在於約束個人行為，並將個人與群體連結在一起。道德不僅牽涉到人際互動中的傷害

和公平，也涉及到不同社會群體的關係與互動。

有趣的是，長久以來大家都知道判斷是非善惡的道德觀會因文化有極大不同，而本章旨在從文化神經科學的觀點探討因文化造成的差異。文化神經科學結合了文化心理學和神經科學，將文化視為個體之間持續互動和交流的高度動態過程，並透過腦功能成像技術和行為範式來調查人腦的功能性組織是否受到文化以及不同時間尺度下文化和基因之間的關係所影響 (Chiao & Ambady, 2007; S. Han, 2017; Han & Ma, 2015; Han & Northoff, 2008; Han et al., 2013)。文化神經科學研究的基本假設是「文化對社會行為和互動提供框架，進而形塑出社會價值與規範」，並透過認知與情感的不同角度，探討文化對於認知與情感過程中的神經層面有何影響。重要的是，社會認知神經科學研究發現神經網絡涉及道德判斷，文化神經科學研究則指出神經網絡的狀態是由文化經驗塑造而成。

本章的目的係概述關於文化和道德之間關係的心理學研究，以及社會認知神經科學專家針對道德判斷背後的神經機制提出的研究。然後會介紹文化神經科學就文化對於神經網絡的影響，以及神經網絡和道德判斷之間關聯的研究。最後，則會討論文化神經科學與道德判斷之間的關聯性。

二、文化與道德

雖然不同社會文化環境的人們對於是非善惡的道德觀基本上是一致的，但對於「對誰有益或有害」的看法大相逕庭，而此差異可歸因於宗教和哲學思想 (Hwang, 2015)。例如：當代西方道德體系受到猶太─基督教傳統的影響，認為所有人類都具有平等的道德地位。因此，該體系強調個體自主性。也就是說，個人需求是最重要的，並且優先於群體需求。因此，儘管道德論及個人權利、個人義務和社會目標 (Dworkin, 1977)，但西方道德體系卻以個人的自然權利為中心，並認為其優先於個人義務和社會目標。西方道德體系更進而指出，個人的自由意志和自由權是最基本的，每個人都享有不可剝奪的自然權利。因此，無論對方是陌生人或熟悉／親密的人，我們都應尊重其權利。西方道德體系特別強調，保護個人權利的道德規則不會因社會背景和社會關係而輕易改變。

不同於強調個人權利和自由選擇的西方道德體系，東亞社會的道德體系則主張個人義務和社會目標優先於個人權利。舉例來說，中華文化以儒家思想為中心，其核心概念為「仁」和「義」，提倡仁心（即愛他人）和義務（即社會責任的本質）(Fung, 1948/2007)。此外，儒家認為家庭是社會最基本的結構，而家庭觀念可擴展至社會領域。中華道德體系源自於儒家思想，重視集體主義和倫理，強調對

社會群體（如家庭、當地社區）的義務。例如：在中華文化裡，「孝道」強調無條件服從父母且不得反抗。此概念延伸至定言令式，即個人出於自願而履行義務，以達成群體生活中的特定目標。這些義務是為了確保社會能正常運作，而非保護個人權利。

對於同一事件，不同的道德體系可能會導致相反的道德決策。《論語・子路》第十八節講述了一則故事，內容是關於父親偷羊，兒子向官府告發。這個故事引發了爭論：「兒子是否應舉發父親，謹守道德義務並維持公正；或者兒子應掩護父親的罪行？」依照奉行平等主義的社會所提倡的道德觀，父親和羊的主人都是平等的；父親侵害了他人的財物，因此兒子應該舉發父親。然而，將家庭成員擺在第一位的道德體系便不會支持這種行為，因為這會動搖，甚至是破壞社會最基本的結構（即父子關係）。這個例子中，不同的認知和情感過程造成不同的道德判斷，顯示文化對於道德判斷及其神經機制影響的可能。

三、道德判斷的神經機制

因有意識的推理和自動化的直覺反應在道德判斷中扮演關鍵的角色一直存在爭議 (Greene & Haidt, 2002; Haidt, 2007)，有關道德判斷涉及神經系統的腦功能成像研究也越來越多。這些研究試圖釐清道德判斷是否與在認知或情感過程中扮演關鍵角色的不同神經網絡有關聯。早期的功能性核磁共振成像 (functional Magnetic Resonance Imaging, fMRI) 研究針對成年人面對許多非個人或個人道德困境的反應。比如有軌電車難題：切換開關以阻止即將撞死五個人的電車，但同時會犧牲另外一個人；或者將一個人推到電車前以拯救五個人 (Greene et al., 2001)。研究發現，與非個人困境相比，面臨個人道德困境時大腦在社交或情緒過程中的活動有所增加，包括額內回、後扣帶皮質和顳上溝區域。相反地，面臨非個人困境時，與工作記憶有關的背外側前額葉和頂葉皮質會較活躍。

另一個 fMRI 研究則是讓參加者聆聽簡單的句子，這些句子會涉及與道德有關的內容（如「一位無辜的人被吊死」）和與道德無關的內容（如「石頭是由水做成的」），參加者聽完後要安靜地判斷對錯 (Moll et al., 2001)。掃描後，每位參加者要對每個句子的情緒向性進行評分。在道德判斷過程中，大腦活動的區域包括額葉極皮質、額內回、右前顳葉皮質和小腦。此外，道德判斷過程中，額葉極皮質和額內回的活躍程度大多與參加者的情緒無關。還有研究進一步指出，將對簡單的道德主張做出之判斷與對帶有不愉悅社交內容的非道德主張做出之判斷進行比較，前者的左前額葉基底區活躍程度相對提升 (Moll et al., 2002)。

下列腦功能成像研究設計出不同版本的道德判斷任務，包括合乎法律、道德和中立觀點的閱讀場景 (Schleim et al., 2011)；描述道德錯誤、道德中立的行為和道德模稜兩可的行為 (Schaich et al., 2011)；以及各種傷害、不誠實和憎惡的情況 (Parkinson et al., 2011)。其他研究則要求參加者想像自己處在中立、有罪惡感或羞恥感的情境 (Michl et al., 2012)。根據道德的 fMRI 研究之整合分析，認知和情緒過程中涉及的神經網絡持續活躍，包括內側前額葉皮質（腹側和背內側前額葉皮質）、左右兩側顳部與頂部交界處、杏仁核、楔前葉，以及延伸到鄰近前島葉的左前額葉基底區（Bzdok, et al., 2012; Eres et al., 2018，請參閱 H. Han [2017] 與 Fede & Kiehl [2019] 的綜合分析）。大腦的社交神經網路之關鍵節點是由這些大腦區域所構成，同時也是社會認知和情感的基礎。例如：進行自我反思與推斷他人的看法和意圖會涉及腹側和背內側前額葉皮質 (Amodio & Frith, 2006)；推論看法和觀點取替也會涉及顳部與頂部交界處 (Samson et al., 2004; Young et al., 2010)；結合社會行為中的自我監控和情感認知互動牽涉到前額葉基底區 (Beer et al., 2006; Kringelbach & Rolls, 2004)；前島葉在理解他人的情緒狀態中扮演關鍵角色 (Fan et al., 2011; Lamm et al., 2011; Singer et al., 2004)；恐懼和厭惡等基本情緒會讓杏仁核變得敏感 (Moll et al., 2005; Singer et al., 2004)，而當一個人違背道德準則 (Berthoz et al., 2006)，以及看到傷害他人的圖片時 (Luo et al., 2006)，其社會情緒也會受杏仁核影響。

這些大腦研究都指出，道德認知和道德判斷會牽涉到多種認知、情感過程，以及在社會認知和情感過程中扮演關鍵角色的神經迴路。這些發現提出了道德感的神經基礎之領域特定性問題，同時也促使研究者透過腦功能成像進行調查，重新思考道德判斷獨有的認知和情感過程 (Young & Dungan, 2012)。此外，越來越多證據指出，與道德認知和道德判斷有關的部分神經迴路會受社會文化環境和經驗所影響，因此可以從神經科學的角度進一步探討不同文化道德體系的差別。接下來，在討論道德心理學相關的文化神經科學研究之前，筆者將簡要介紹文化神經科學的研究結果，這些研究結果有利於理解文化對於道德認知和道德判斷以及相關神經迴路的影響。

四、文化對於道德判斷所涉及的大腦活動之影響

文化神經科學探討文化（如共同價值觀、信仰體系和行為準則）與人類大腦功能之間的關係。文化神經科學結合了腦功能成像技術（如 fMRI 和腦電圖）及文化心理學的研究範式，以探索共同信念、價值觀和行為腳本對於執行特定任務

的大腦活動功能之影響。大多數的文化神經科學研究是在當代文化心理學理論框架下進行的，著重於東亞和西方社會在認知和情感上的差異。例如：行為研究的結果表明這兩個文化群體之間存在一系列的差異。東亞社會通常注重廣泛的知覺背景（以及客體間的關係），而西方社會則重視目標客體 (Kitayama et al., 2003; Nisbett & Masuda, 2003)；在分析行為和社會事件的因果歸因時，東亞社會著重於脈絡效應，而西方社會則著重於內部屬性 (Choi et al., 1999; Morris & Peng, 1994)；東亞社會認為自己與重要他人和社會脈絡相互影響，而西方社會則認為自己與他人和社會脈絡是各自獨立的狀態 (Markus & Kitayama, 1991)；東亞社會傾向於低激發正向情感狀態，而西方社會則傾向於高激發正向情感狀態 (Tsai et al., 2006)。

　　文化神經科學研究有兩種途徑。跨文化腦功能成像研究途徑針對兩個以上的文化樣本中取得的 fMRI 或腦電圖數據進行比較。其根本原因是如果文化群體在信念／價值觀和／或行為腳本所涉及的認知和情感過程有所不同，那麼文化群體潛在的神經活動也可能會依特定方式而有所不同。這類研究有大量證據顯示，東亞和西方文化之間的差異會影響多種認知和情感過程，包括視知覺 (Goh et al., 2010; Gutchess et al., 2006)、注意力 (Hedden et al., 2008; Lewis et al., 2008)、因果歸因 (Han et al., 2011)、心算 (Tang et al., 2006)、自我臉孔辨識 (Sui et al., 2009)、對人格特質的自我反思 (Han et al., 2008; Zhu et al., 2007)、心理狀態推理 (Adams et al., 2010) 和特質推斷 (Na & Kitayama, 2011)。

　　另一類的文化神經科學研究（如文化促發）則是記錄大腦得知文化身分或價值觀後，對於特定任務的活動狀態 (Han & Humphreys, 2016; Han et al., 2013)。此途徑將文化視作動態知識和意義系統，以文化價值觀為變數，要求每個人閱讀故事（如 Sui & Han, 2007）或觀看文化符號的圖片（如 Ng et al., 2010），探究文化觀念和價值觀與認知和情感過程背後的特定大腦活動之間的因果關係。這類研究的結果有助於構建因文化價值觀／信念改變而引起大腦功能重組的理論模型，進一步協助研究者預測特定社會文化背景下的行為變化。文化促發研究指出，讓人想起特定的文化信念和價值觀會引起特定認知和情感過程背後的大腦活動之後續變化，包括感覺或知覺過程 (Lin et al., 2008; Wang et al., 2014)、自我臉孔辨識 (Sui & Han, 2007)、對人格特質的自我反思 (Ng et al., 2010)、金錢獎賞的處理過程 (Varnum et al., 2014)、共情 (Wang et al., 2015) 等。

　　一項透過跨文化和文化促發途徑進行的 35 項 fMRI 研究，針對東亞、西方文化對於三種類型任務的不同結果進行了整合分析 (Han & Ma, 2014)。其中包括社會認知任務（如自我反思、心智理論、臉部感知、道德判斷、說服力和自我認知）、

社會情感任務（如同理心、情感識別、情緒辨識和獎勵）和非社交任務（如視覺注意力、視覺空間或物體處理、算數和物理因果歸因）。整合分析結果顯示，在社會認知過程中，東亞人的背內側前額葉皮質、側額葉和顳部與頂部交界處較活躍，而西方人的前扣帶皮質、腹內側前額葉皮質和兩側島葉則會較活躍（圖1、表1）。然而，在社交情感過程中，東亞人的右背外側前額葉皮質較活躍，西方人則是左島葉和右顳葉端較活躍（圖1、表2）。在非社交過程中，東亞人的左下頂葉皮質、左中枕葉皮質和左上頂葉皮質較活躍，而西方人的右舌回、右下頂葉皮質和楔前葉會較活躍（圖2、表3）。針對各種任務中的大腦活動之整合分析結果並未表明某一文化中每個人的特定大腦區域會比另一文化的每個人還要活躍，但結果確實指出，與西方文化相比，東亞文化在推斷他人想法和情緒調節所涉及

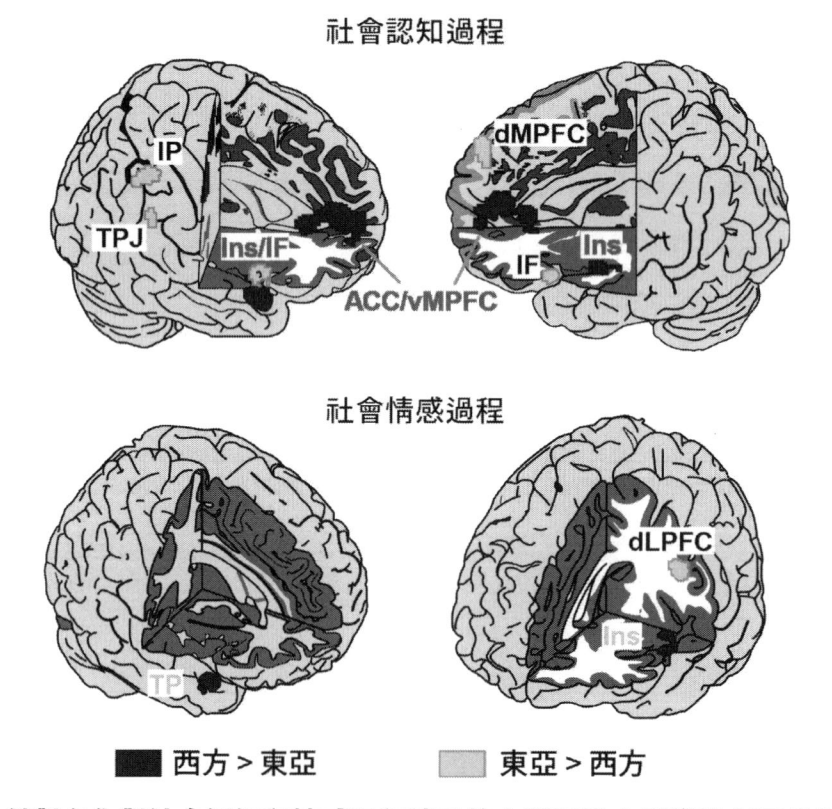

圖1　針對文化對社會認知和情感過程涉及的大腦活動之影響進行元分析結果

註：白色代表東亞文化較為活躍的區域，而黑色則代表西方文化較為活躍的區域。研究使用 $p < 0.05$ 的門檻（偽發現率 [false discovery rate, FDR] 校正）來判斷活躍程度。IP = 下頂葉皮質 (inferior parietal cortex)；TPJ = 顳部與頂部交界處 (temporoparietal junction)；Ins/IF = 島葉／額下皮質 (insula/inferior frontal cortex)；ACC = 前扣帶皮質 (anterior cingulate cortex)；dMPFC = 背內側前額葉皮質 (dorsal medial prefrontal cortex)；vMPFC = 腹內側前額葉皮質 (ventral medial prefrontal cortex)；TP = 顳葉端 (temporal pole)；dLPFC = 背外側前額葉皮質 (dorsolateral prefrontal cortex)。

的大腦神經活動較活躍。相比之下，西方文化在社會認知／情感過程中的自我關聯性編碼和情緒反應涉及的大腦神經活動則較活躍。

有趣的是，東亞和西方樣本之間不同的大腦活動模式與道德判斷所涉及的大腦區域有所重疊。這些大腦區域包括認知過程涉及的內外側前額葉皮質、顳部與頂部交界處、顳葉端，以及在情感過程中扮演關鍵角色的前扣帶皮質和島葉。最重要的是，東亞文化似乎會促進認知過程中的神經活動，而西方文化則傾向於促進情感過程中的神經活動。如下所討論，文化神經科學研究結果有助於瞭解不同文化對於道德心理學的影響。

表1　文化差異對於社會認知任務涉及的大腦活動之影響

大腦區域	Hemi.	BA	加權中心 x	加權中心 y	加權中心 z	MNI 座標 x	MNI 座標 y	MNI 座標 z	容積 (mm³)
東亞＞西方（28個對比）									
島葉／額下皮質	R	13	45.76	14.29	-4.22	46	14	-4	760
背內側前額葉皮質	R	8	11.01	54.57	34.13	12	54	36	560
額下皮質	L		-50.14	18.92	-3.61	-50	18	-4	520
顳部與頂部交界處	R	13	47.45	-43.24	27.57	48	-44	28	376
下頂葉	R	40	42.41	-46.89	46.25	42	-46	46	368
西方＞東亞（28個對比）									
前扣帶皮質	L	32	-1.31	45.25	3.38	-2	48	6	3,136
前扣帶皮質	L	24				-2	32	0	
腹內側前額葉皮質	L	10				-4	56	2	
腹內側前額葉皮質	R	10				8	54	0	
島葉	R	13	51.11	12.99	-12.68	50	12	-12	1,424
屏狀核	R		38.24	-3.22	7.20	38	-4	6	520
額上	R	9	17.42	50.76	28.10	18	50	26	424
島葉	L	13	-40.85	-7.30	-7.67	-42	-16	-6	328
中央前	L	44	-62.21	7.03	1.39	-62	8	2	328

註：Hemi. = 腦半球 (hemisphere)；BA = 腦底動脈 (basilar artery)；MNI = 蒙特利爾神經研究所 (Montreal Neurological Institute)。

表2　文化差異對於社會情感任務涉及的大腦活動之影響

大腦區域	Hemi.	BA	加權中心 x	加權中心 y	加權中心 z	MNI 座標 x	MNI 座標 y	MNI 座標 z	容積 (mm³)
東亞＞西方（8個對比）									
背外側前額葉皮質	L	6	-44.6	-8.6	32.6	-44	-8	32	576
西方＞東亞（11個對比）									
島葉	L	13	-40.07	-1.93	-7.54	-40	-2	-8	512
顳葉端	R	38	55.27	17.05	-18.00	54	16	-18	448

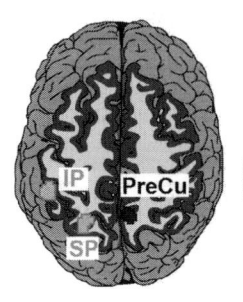

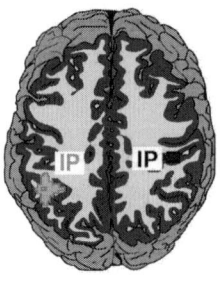

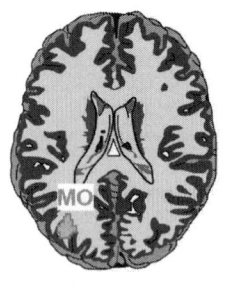

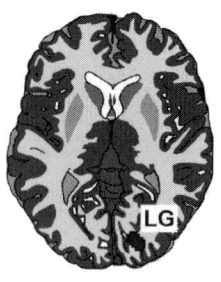

非社交過程

■ 西方 > 東亞　　■ 東亞 > 西方

圖 2　針對文化對非社交過程涉及的大腦活動之影響進行元分析結果

註： 白色代表東亞文化較為活躍的區域，而黑色則代表西方文化較為活躍的區域。研究使用 $p < 0.05$ 的門檻（FDR 校正）來判斷活躍程度。SP = 上頂葉皮質 (superior parietal cortex)；MO = 中枕葉皮質 (middle occipital cortex)；LG = 舌回 (lingual gyrus)；PrecCu = 楔前葉 (precuneus)。

表 3　文化差異對於非社交任務涉及的大腦活動之影響

大腦區域	Hemi.	BA	加權中心 x	y	z	MNI 座標 x	y	z	容積 (mm³)
東亞 > 西方（13 個對比）									
下頂葉皮質	L	40	-46.57	-44.79	47.56	-50	-42	52	1,664
緣上	L					-44	-44	42	
中枕葉皮質	L	19	-33.21	-76.71	17.78	-34	-78	18	920
上頂葉皮質	L	7	-24.68	-62.66	52.19	24	-62	52	672
西方 > 東亞（11 個對比）									
舌回	R	17	17.58	-85.58	3.77	18	-86	4	720
楔前葉	R	7	6.21	-58.07	55.21	6	-58	56	416
下頂葉皮質	R	40	43.00	-28.00	42.00	42	-28	42	304

　　文化神經科學研究結果促成新框架，著重於文化、行為和大腦之間互動的動態本質。我們提出了「文化—行為—大腦」(culture-behavior-brain, CBB) 迴路模型，主張文化和大腦之間存在雙向的交互影響：文化會情境化行為以形塑大腦，而大腦會影響行為並改變文化 (S. Han, 2017; Han & Ma, 2015)。CBB 迴路模型區分出文化情境性行為和文化自主性行為，並闡明以行為當中介及文化與大腦的直接互動。根據 CBB 迴路模型，個人提出新觀念，接著會透過社會學習和互動散播到社會中。部分想法會變成主要的共同信念和行為腳本，提供脈絡並影響人類行為。大腦本身具有可塑性，比方說，細胞之間及腦區之間的連結會隨著各種環境變化和經歷（如行為訓練）而有顯著差異 (Shaw & McEachern, 2001)，因此大腦的功能和／或

結構組織也會因接受文化信念和文化行為模式而改變。經調整後的大腦會引導個人行為，使其融入特定的文化情境，且其行為結果可以改變並存的社會文化環境。從個人和群體層面分析文化、行為和大腦之間的互動時，此模型也將基因納入考量，並為大腦的功能性組織未來可能產生變化之相關假設提供了基礎概念。

五、文化神經科學研究結果與道德心理學之間的關聯性

（一）個人主義與集體主義的道德觀

如上所述，道德觀的重點會因東亞和西方文化而有所不同。西方道德體系強調個人的權利和選擇自由，而東亞道德體系則優先考量社會目標，並強調個人的職責／義務，以及群體在社會中的重要性。關於為什麼道德觀會因西方和東亞文化而有所不同，研究者透過生態學（見第三章）、基因學（見第四章）、歷史學（見第六章）、語言學（見第七章）、法學（見第八章）、人類學（見第十二章）等角度，提供兼具許多面向的解釋。對於大腦判斷一個人的行為好壞時，文化神經科學解釋會從受文化影響的道德觀角度來探討，並且著重在文化差異對於大腦活動的影響。

正如腦功能成像研究結果的整合分析所述，與西方人相比，東方人的背內側前額葉皮質、側額葉和顳部與頂部交界處會較活躍 (Han & Ma, 2014)。許多腦功能成像研究都指出，這些大腦區域參與了社會認知和情感過程，例如：推斷他人的信念和意圖 (Amodio & Frith, 2006; Samson et al., 2004; Young et al., 2010)，以及情緒調節 (Ochsner & Gross, 2005)。這些增強的腦神經活動是東亞社會文化環境中個體的特徵，並且可能有助於面對各種任務時促進自發性觀點取捨。即使在反思自己的社會角色時也是如此；中國受試者的顳部與頂部交界處比丹麥受試者更加活躍 (Ma et al., 2014)，其為推斷他人信念時大腦的主要活躍區域 (Saxe & Kanwisher, 2003)；外側額葉則是認知控制和情緒調節的神經網絡之關鍵節點 (Ochsner & Gross, 2005)。這些大腦區域活動性的增加，一方面可能是作為在道德判斷中考慮他人想法或集體目標的神經驅動，另一方面，可能是驅使東亞文化中的個體在決定個人行為時能更加規範或控制優先考量自己的動機。

相較之下，西方人在進行以下過程時大腦區域會較活躍，例如：自我反思涉及腹內側前額葉皮質 (Kelley et al., 2002; Ma & Han, 2010)、衝突監控涉及前扣帶皮質 (Botvinick et al., 2004) 和厭惡情緒涉及島葉 (Straube & Miltner, 2011)。西方文化中個體的大腦模式可作為主要道德觀的基礎，即為強調個人權利，以及將自己與

他人和社會區分開來。依照大腦活動和道德觀之間的關聯，在西方文化中判斷一個人的行為好壞時，會直接以道德規範作為判斷依據；然而，在東亞文化中，一個人在進行道德判斷時，可能會在遵守道德規範前，先考量背景和關係等資訊。以《論語‧子路》的偷羊故事來看，如果不考慮相關背景，西方文化會認為偷羊的人應該受到懲罰，因為此行為侵犯他人的權利。而對於東亞文化來說，進行道德判斷時必須先考慮自己與他人之間的關係，以及保護家庭成員的個人義務。文化神經科學研究發現東亞和西方文化有不同的大腦活動模式，這可能可以解釋為什麼東亞和西方社會對於道德觀的重點不同。

（二）道德判斷中的認知與情感過程

在道德心理學方面，文化神經科學研究結果的另一個影響是瞭解東亞和西方文化在道德判斷所涉及的認知和情感過程之程度差異。如上一節前面所述，道德推理和判斷涉及社會腦網絡的關鍵節點。其中包括推斷他人信念和意圖的認知過程涉及的內側前額葉皮質和顳部與頂部交界處 (Amodio & Frith, 2006; Samson et al., 2004; Young et al., 2010)，以及情緒反應和自我監控涉及的前額葉基底區／前島葉 (Beer et al., 2006; Fan et al., 2011; Kringelbach & Rolls, 2004; Lamm et al., 2011; Moll et al., 2005; Singer et al., 2004)。先前的研究進一步指出，道德審議（評估道德適當性的事件或行為之過程）和道德直覺（在實際或假設情境下，針對道德適當性的快速／自動評估、判斷或採取反應）涉及不同的神經網絡。西方文化樣本的腦功能成像研究顯示，觀看道德圖片時，腹內側前額葉皮質和顳部與頂部交界處的活動性會增加 (Harenski et al., 2010)。相比之下，道德直覺的神經基礎包括前島葉、扣帶皮質、眶額葉皮質和皮質下結構（如杏仁核）(Woodward & Allman, 2007)。這些結果指出，道德審議中認知過程會增強，而道德直覺則是會提升情緒反應。文化神經科學研究推斷，在東亞文化中，控制和規範所涉及的側額葉較活躍 (Han & Ma, 2014)，且在道德判斷中將社會目標和他人的想法列為優先考量，此舉可能會更常涉及道德審議，較少涉及道德直覺。在東亞文化環境中，側額葉的活動性增加可能會調節或控制對於道德適當性的事件或行為之情緒反應。對於轉換到另一個社會文化環境的人（如國際學生和移民），其進行道德判斷時大腦活動可能會有所改變。這樣的變化可幫助新來者瞭解並適應新環境中的社會道德體系，並且文化神經科學研究的最新發現指出，大腦功能組織對於社會文化經歷具有敏感度。然而，仍須讓兩種文化樣本針對道德或不道德的事件和行為進行道德判斷，並比較兩者差異，以便透過實證方法來支持推論。

六、影響道德規範與受其影響

　　CBB 迴路模型 (S. Han, 2017; Han & Ma, 2015) 假設文化信念和行為之間的互動會形塑大腦，而大腦也會修改當代文化信念並建立新的行為腳本（圖3）。這套文化信念與大腦之間相互作用的模型可應用在不同社會文化環境中，大腦與道德相互作用的假設。道德觀是社會群體的共識，強力規範社會行為和互動。道德觀和規範規定一個人在社會環境中的行為，這對於引導孩童和成人的行為來說十分重要。根據 CBB 迴路模型，道德觀和規範會主導社會行為，而社會行為可能會形塑大腦功能的組織。此觀點有助於我們重新思考社會中的道德判斷與神經網絡的關聯性。例如：東亞文化中的道德強調社會群體的需求 (Hwang, 2015)，這類道德觀會促使大腦在道德決策過程中，優先考量集體目標並採納他人的觀點。相比之下，西方道德觀的重點在於個人權利、利益和選擇自由，這可能會進一步促使大腦在不受環境因素的影響下進行判斷並自我反思。文化神經科學研究結果發現，道德觀可能會影響大腦功能組織的發展。

　　另一方面，大腦可能會因應新的社會需求而建立並散播新的道德觀。當社會的生活方式改變時，就會依照「大腦—道德—信念」的模式產生新互動。假設現

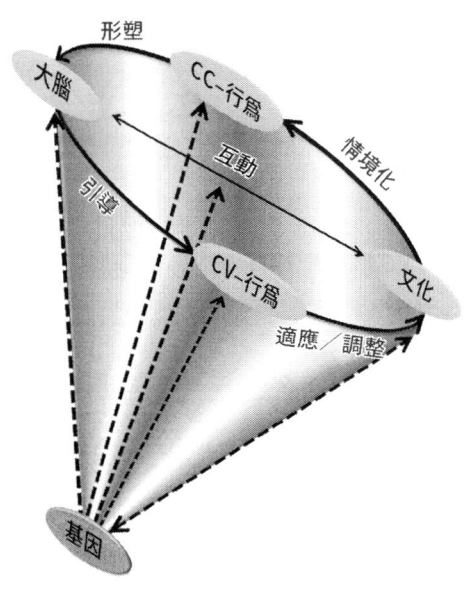

圖3　人類發展的 CBB 迴路模型

註：文化環境會為人類行為提供情境。學習新的文化信仰和不同行為腳本的實踐反而會改變大腦的功能組織。經修正的大腦會引導個人行為，自發性適應文化環境，並修正目前的文化環境。在沒有明顯行為的情況下，文化與大腦之間也會直接相互影響。CC-行為：文化情境性行為；CV-行為：文化自願性行為。

代人不再自己開車,而開始使用自動駕駛汽車。他們(即他們的大腦)不僅得制定新的交通規則,還要針對自動駕駛會碰到的緊急情況擬定新策略。制定自動駕駛的相關規範之目的是讓利益極大化並將成本降至最低,這也表示新的道德觀與新的社會互動有關。由此可見,大腦會制定新的道德規範,而該規範之後可能會改變大腦思維。

七、針對內團體和外團體成員行為的道德觀／規範

人類社會中多數人的道德觀都是建立在黃金法則上,其原則是以希望被對待的方式去對待別人。部分研究者 (Hoffman, 1994; Railton, 2014) 提出道德的黃金法則之情感基礎,即道德直覺或道德判斷是建立在與他人情感狀態的連結和同理心之上。然而,長久以來大家都知道人類已進化成能與擁有相同群體身分的他人進行互動 (Haidt, 2001; Henrich, 2015),這也代表大多數的道德觀和規範是為了讓內團體成員之間相互配合,且其深受群體身分影響 (Greene, 2017; Railton, 2014)。此論點與一般道德觀不受社會背景影響相抵觸,並針對遵守規定社會行為的道德觀／規範時大腦是否會受社會背景影響提出問題。

文化神經科學研究結果發現對於已知群體身分產生認同感能解釋此問題,因為對他人情緒狀態產生認同感可為道德規範提供可能的情感基礎 (Hoffman, 1994; Railton, 2014)。過去十年間,腦功能成像研究已充分說明內團體偏私與對他人痛苦會產生同理心的神經反應之關聯性 (S. Han, 2017)。共情是指理解和分享他人的情緒狀態,並引發幫助他人的動機。看到別人承受身體疼痛 (Lamm et al., 2011) 或社會痛苦 (Meyer et al., 2013) 會激發類似的神經網絡,包括前扣帶皮質和島葉。然而,有證據指出,面對敵隊足球迷 (Hein et al., 2010) 或其他宗教成員 (Huang & Han, 2014),共情神經反應會減弱。在進化過程中,聯盟之間的跨種族關係也會強烈影響對他人痛苦的共感神經反應,但可透過誘發來操控此反應 (Kurzban et al., 2001)。fMRI 研究首次指出,人們在針對其他種族感受到的疼痛刺激做出反應時,扣帶皮質的神經活動會明顯地降低 (Xu et al., 2009)。隨後也有研究表明,針對各種測試樣本,包括在亞洲 (X. Han et al., 2016; Li et al., 2015; Sheng & Han, 2012; Sheng et al., 2013, 2016)、歐洲 (Avenanti et al., 2010; Azevedo et al., 2013)、北美 (Mathur et al., 2010)、澳大利亞 (Contreras-Huerta et al., 2013) 和南非 (Fourie et al., 2017) 的亞洲人、白種人和黑人參加者,種族內團體偏私會影響共感神經反應。

研究結果發現內團體偏私之普遍性與對他人痛苦的同感之關聯性,因此可從腦神經方面解釋為什麼某些道德觀和規範適用於內團體成員的社交互動,而不適

用於外團體成員的互動。如果共情提供道德直覺的情感基礎，在與內團體成員進行社交互動時，道德直覺便能讓人快速瞭解該採取哪些行為；然而因對外團體的情感狀態缺乏同感，在與不同種族或社會團體互動時，可能不會自動產生道德直覺。該分析有兩種含義。首先，道德觀和規範可能會受到其他認知和情感過程影響，例如：大腦會自動分類社會和種族，因此可能會缺乏同理心和利社會動機 (Zhou et al., 2020)。換句話說，除了大腦進行道德判斷所涉及的神經網絡之外，可能還有其他神經系統會判斷社會線索以遵守適用的道德規範。再者，如果共情和厭惡情緒在道德直覺和判斷中扮演關鍵角色，當一個人接受普遍的道德觀／規範時，則必須考慮到情感的局限性。因為如上所述，對於同一個事件或行為的同感或其他情緒反應，會因為已知的社會背景和社會關係而有顯著差異。因此，某一社會的道德觀和規範不一定適用於另一個社會，人們應謹慎處理道德觀和規範的適用性。此外，某些道德規範適用於具有親密關係的個體間之社會互動，但不適用於與陌生人之間的互動，即便這些人屬於同個文化或種族群體。這對於集體主義文化來說是特別有可能的，因為集體社會中的個人與親密的人（非陌生人）具有相似的大腦神經特徵 (Han et al., 2016; Zhu et al., 2007)。

參考文獻

Adams, Jr., R. B., Rule, N. O., Franklin, Jr., R. G., Wang, E., Stevenson, M. T., Yoshikawa, S., ... Ambady, N. (2010). Cross-cultural reading the mind in the eyes: An fMRI investigation. *Journal of Cognitive Neuroscience, 22*(1), 97-108.

Amodio, D. M., & Frith, C. D. (2006). Meeting of minds: The medial frontal cortex and social cognition. *Nature Reviews Neuroscience, 7*, 268-277.

Avenanti, A., Sirigu, A., & Aglioti, S. M. (2010). Racial bias reduces empathic sensorimotor resonance with other-race pain. *Current Biology, 20*(11), 1018-1022.

Azevedo, R. T., Macaluso, E., Avenanti, A., Santangelo, V., Cazzato, V., & Aglioti, S. M. (2013). Their pain is not our pain: Brain and autonomic correlates of empathic resonance with the pain of same and different race individuals. *Human Brain Mapping, 34*(12), 3168-3181.

Beer, J. S., John, O. P., Scabini, D., & Knight, R. T. (2006). Orbitofrontal cortex and social behavior: Integrating self-monitoring and emotion-cognition interactions. *Journal of Cognitive Neuroscience, 18*(6), 871-879.

Berthoz, S., Grèzes, J., Armony, J. L., Passingham, R. E., & Dolan, R. J. (2006). Affective response to one's own moral violations. *NeuroImage, 31*(2), 945-950.

Botvinick, M. M., Cohen, J. D., & Carter, C. S. (2004). Conflict monitoring and anterior cingulate cortex: An update. *Trends in Cognitive Sciences, 8*(12), 539-546.

Bzdok, D., Schilbach, L., Vogeley, K., Schneider, K., Laird, A. R., Langner, R., & Eickhoff,

S. B. (2012). Parsing the neural correlates of moral cognition: ALE meta-analysis on morality, theory of mind, and empathy. *Brain Structure and Function, 217*(4), 783-796.

Chiao, J. Y., & Ambady, N. (2007). Cultural neuroscience: Parsing universality and diversity across levels of analysis. In *Handbook of Cultural Psychology*, S. Kitayama & D. Cohen (Eds.) (pp. 237-254). New York, NY: Guilford.

Choi, I., Nisbett, R. E., & Norenzayan, A. (1999). Causal attribution across cultures: Variation and universality. *Psychological Bulletin, 125*, 47-63.

Contreras-Huerta, L. S., Baker, K. S., Reynolds, K. J., Batalha, L., & Cunnington, R. (2013). Racial bias in neural empathic responses to pain. *PLOS ONE, 8*(12), e84001.

Dworkin, R. (1977). *Taking Rights Seriously*. Cambridge, MA: Harvard University Press.

Eres, R., Louis, W. R., & Molenberghs, P. (2018). Common and distinct neural networks involved in fMRI studies investigating morality: An ALE meta-analysis. *Social Neuroscience, 13*(4), 384-398.

Fan, Y., Duncan, N. W., de Greck, M., & Northoff, G. (2011). Is there a core neural network in empathy? An fMRI based quantitative meta-analysis. *Neuroscience & Biobehavioral Reviews, 35*(3), 903-911.

Fede, S. J., & Kiehl, K. A. (2019). Meta-analysis of the moral brain: Patterns of neural engagement assessed using multilevel kernel density analysis. *Brain Imaging and Behavior, 14*, 534-547.

Fourie, M. M., Stein, D. J., Solms, M., Gobodo-Madikizela, P., & Decety, J. (2017). Empathy and moral emotions in post-apartheid South Africa: An fMRI investigation. *Social Cognitive and Affective Neuroscience, 12*(6), 881-892.

Fung, Y. (1948/2007). *A Short History of Chinese Philosophy*. Tianjin, China: Tianjin Social Sciences Academy Press.

Goh, J. O., Leshikar, E. D., Sutton, B. P., Tan, J. C., Sim, S. K., Hebrank, A. C., & Park, D. C. (2010). Culture differences in neural processing of faces and houses in the ventral visual cortex. *Social Cognitive and Affective Neuroscience, 5*(2-3), 227-235.

Greene, J. D. (2017). The rat-a-gorical imperative: Moral intuition and the limits of affective learning. *Cognition, 167*, 66-77.

Greene, J. D., & Haidt, J. (2002). How (and where) does moral judgment work? *Trends in Cognitive Sciences, 6*(12), 517-523.

Greene, J. D., Sommerville, R. B., Nystrom, L. E., Darley, J. M., & Cohen, J. D. (2001). An fMRI investigation of emotional engagement in moral judgment. *Science, 293*(5537), 2105-2108.

Gutchess, A. H., Welsh, R. C., Boduroǧlu, A., & Park, D. C. (2006). Cultural differences in neural function associated with object processing. *Cognitive, Affective, & Behavioral Neuroscience, 6*(2), 102-109.

Haidt, J. (2001). The emotional dog and its rational tail: A social intuitionist approach to moral judgment. *Psychological Review, 108*(4), 814-834.

Haidt, J. (2007). The new synthesis in moral psychology. *Science, 316*(5827), 998-1002.

Han, H. (2017). Neural correlates of moral sensitivity and moral judgment associated with brain circuitries of selfhood: A meta-analysis. *Journal of Moral Education, 46*(2), 97-113.

Han, S. (2017). *The Sociocultural Brain: A Cultural Neuroscience Approach to Human Nature.* Oxford, UK: Oxford University Press.

Han, S., & Humphreys, G. (2016). Self-construal: A cultural framework for brain function. *Current Opinion in Psychology, 8*, 10-14.

Han, S., & Ma, Y. (2014). Cultural differences in human brain activity: A quantitative meta-analysis. *NeuroImage, 99*, 293-300.

Han, S., & Ma, Y. (2015). A culture-behavior-brain loop model of human development. *Trends in Cognitive Sciences, 9*, 666-676.

Han, S., Ma, Y., & Wang, G. (2016). Shared neural representations of self and conjugal family members in Chinese brain. *Culture and Brain, 2*, 72-86.

Han, S., Mao, L., Gu, X., Zhu, Y., Ge, J., & Ma, Y. (2008). Neural consequences of religious belief on self-referential processing. *Social Neuroscience, 3*(1), 1-15.

Han, S., Mao, L., Qin, J., Friederici, A. D., & Ge, J. (2011). Functional roles and cultural modulations of the medial prefrontal and parietal activity associated with causal attribution. *Neuropsychologia, 49*(1), 83-91.

Han, S., & Northoff, G. (2008). Culture-sensitive neural substrates of human cognition: A transcultural neuroimaging approach. *Nature Reviews Neuroscience, 9*, 646-654.

Han, S., Northoff, G., Vogeley, K., Wexler, B. E., Kitayama, S., & Varnum, M. E. W. (2013). A cultural neuroscience approach to the biosocial nature of the human brain. *Annual Review of Psychology, 64*, 335-359.

Han, X., Luo, S., & Han, S. (2016). Embodied neural responses to others' suffering. *Cognitive Neuroscience, 7*, 114-127.

Harenski, C. L., Antonenko, O., Shane, M. S., & Kiehl, K. A. (2010). A functional imaging investigation of moral deliberation and moral intuition. *NeuroImage, 49*(3), 2707-2716.

Hedden, T., Ketay, S., Aron, A., Markus, H. R., & Gabrieli, J. D. (2008). Cultural influences on neural substrates of attentional control. *Psychological Science, 19*(1), 12-17.

Hein, G., Silani, G., Preuschoff, K., Batson, C. D., & Singer, T. (2010). Neural responses to ingroup and outgroup members' suffering predict individual differences in costly helping. *Neuron, 68*(1), 149-160.

Henrich, J. (2015). *The Secret of Our Success: How Culture Is Driving Human Evolution, Domesticating Our Species, and Making Us Smarter.* Princeton, NJ: Princeton University Press.

Hoffman, M. L. (1994). The contribution of empathy to justice and moral judgment. *Reaching Out: Caring, Altruism, and Prosocial Behavior, 7*, 161-194.

Huang, S., & Han, S. (2014). Shared beliefs enhance shared feelings: Religious/irreligious identifications modulate empathic neural responses. *Social Neuroscience, 9*(6), 639-649.

Hwang, K. K. (2015). Morality 'East' and 'West': Cultural concerns. In *International Encyclopedia of the Social & Behavioral Sciences*, J. D. Wright (Ed.) (Vol. 15, 2nd ed., pp. 806-810). Oxford, UK: Elsevier.

Kelley, W. M., Macrae, C. N., Wyland, C. L., Caglar, S., Inati, S., & Heatherton, T. F. (2002). Finding the self? An event-related fMRI study. *Journal of Cognitive Neuroscience*, *14*(5), 785-794.

Kitayama, S., Duffy, S., Kawamura, T., & Larsen, J. T. (2003). Perceiving an object and its context in different cultures: A cultural look at new look. *Psychological Science*, *14*, 201-206.

Kringelbach, M. L., & Rolls, E. T. (2004). The functional neuroanatomy of the human orbitofrontal cortex: Evidence from neuroimaging and neuropsychology. *Progress in Neurobiology*, *72*(5), 341-372.

Kurzban, R., Tooby, J., & Cosmides, L. (2001). Can race be erased? Coalitional computation and social categorization. *Proceedings of the National Academy of Sciences*, *98*(26), 15387-15392.

Lamm, C., Decety, J., & Singer, T. (2011). Meta-analytic evidence for common and distinct neural networks associated with directly experienced pain and empathy for pain. *NeuroImage*, *54*(3), 2492-2502.

Lewis, R. S., Goto, S. G., & Kong, L. L. (2008). Culture and context: East Asian American and European American differences in P3 event-related potentials and self-construal. *Personality and Social Psychology Bulletin*, *34*(5), 623-634.

Li, X., Liu, Y., Luo, S., Wu, B., Wu, X., & Han, S. (2015). Mortality salience enhances racial in-group bias in empathic neural responses to others' suffering. *NeuroImage*, *116*, 376-385.

Lin, Z., Lin, Y., & Han, S. (2008). Self-construal priming modulates visual activity underlying global/local perception. *Biological Psychology*, *77*, 93-97.

Luo, Q., Nakic, M., Wheatley, T., Richell, R., Martin, A., & Blair, R. J. (2006). The neural basis of implicit moral attitude—An IAT study using event-related fMRI. *NeuroImage*, *30*(4), 1449-1457.

Ma, Y., Bang, D., Wang, C., Allen, M., Frith, C., Roepstorff, A., & Han, S. (2014). Sociocultural patterning of neural activity during self-reflection. *Social Cognitive and Affective Neuroscience*, *9*, 73-80.

Ma, Y., & Han, S. (2010). Neural representation of self-concept in sighted and congenitally blind adults. *Brain*, *134*(1), 235-246.

Markus, H. R., & Kitayama, S. (1991). Culture and the self: Implication for cognition, emotion and motivation. *Psychological Review*, *98*, 224-253.

Mathur, V. A., Harada, T., Lipke, T., & Chiao, J. Y. (2010). Neural basis of extraordinary empathy and altruistic motivation. *NeuroImage*, *51*(4), 1468-1475.

Meyer, M. L., Masten, C. L., Ma, Y., Wang, C., Shi, Z., Eisenberger, N. I., & Han, S. (2013). Empathy for the social suffering of friends and strangers recruits distinct patterns of brain activation. *Social Cognitive and Affective Neuroscience, 8*(4), 446-454.

Michl, P., Meindl, T., Meister, F., Born, C., Engel, R. R., Reiser, M., & Hennig-Fast, K. (2012). Neurobiological underpinnings of shame and guilt: A pilot fMRI study. *Social Cognitive and Affective Neuroscience, 9*(2), 150-157.

Moll, J., de Oliveira-Souza, R., Bramati, I. E., & Grafman, J. (2002). Functional networks in emotional moral and nonmoral social judgments. *NeuroImage, 16*(3), 696-703.

Moll, J., Eslinger, P. J., & Oliveira-Souza, R. D. (2001). Frontopolar and anterior temporal cortex activation in a moral judgment task: Preliminary functional MRI results in normal subjects. *Arquivos de Neuro-Psiquiatria, 59*(3B), 657-664.

Moll, J., Zahn, R., de Oliveira-Souza, R., Krueger, F., & Grafman, J. (2005). Opinion: The neural basis of human moral cognition. *Nature Reviews Neuroscience, 6*(10), 799-809.

Morris, M., & Peng, K. (1994). Culture and cause: American and Chinese attributions for social and physical events. *Journal of Personality and Social Psychology, 67*, 949-971.

Na, J., & Kitayama, S. (2011). Spontaneous trait inference is culture-specific: Behavioral and neural evidence. *Psychological Science, 22*(8), 1025-1032.

Ng, S. H., Han, S., Mao, L., & Lai, J. C. (2010). Dynamic bicultural brains: fMRI study of their flexible neural representation of self and significant others in response to culture primes. *Asian Journal of Social Psychology, 13*, 83-91.

Nisbett, R. E., & Masuda, T. (2003). Culture and point of view. *Proceedings of the National Academy of Sciences, 100*(19), 11163-11170.

Ochsner, K. N., & Gross, J. J. (2005). The cognitive control of emotion. *Trends in Cognitive Sciences, 9*(5), 242-249.

Parkinson, C., Sinnott-Armstrong, W., Koralus, P. E., Mendelovici, A., McGeer, V., & Wheatley, T. (2011). Is morality unified? Evidence that distinct neural systems underlie moral judgments of harm, dishonesty, and disgust. *Journal of Cognitive Neuroscience, 23*(10), 3162-3180.

Railton, P. (2014). The affective dog and its rational tale: Intuition and attunement. *Ethics, 124*(4), 813-859.

Samson, D., Apperly, I. A., Chiavarino, C., & Humphreys, G. W. (2004). Left temporoparietal junction is necessary for representing someone else's belief. *Nature Neuroscience, 7*(5), 499-500.

Saxe, R., & Kanwisher, N. (2003). People thinking about thinking people: The role of the temporo-parietal junction in "theory of mind." *NeuroImage, 19*(4), 1835-1842.

Schaich, B. J., Sinnott-Armstrong, W., Calhoun, V. D., & Kiehl, K. A. (2011). Neural basis of moral verdict and moral deliberation. *Social Neuroscience, 6*(4), 398-413.

Schleim, S., Spranger, T. M., Erk, S., & Walter, H. (2011). From moral to legal judgment: The influence of normative context in lawyers and other academics. *Social Cognitive and Affective Neuroscience, 6*(1), 48-57.

Shaw, C., & McEachern, J. (2001). *Toward a Theory of Neuroplasticity.* London, UK: Psychol Press.

Sheng, F., & Han, S. (2012). Manipulations of cognitive strategies and intergroup relationships reduce the racial bias in empathic neural responses. *NeuroImage, 61*, 786-797.

Sheng, F., Han, X., & Han, S. (2016). Dissociated neural representations of pain expressions of different races. *Cerebral Cortex, 26*, 1221-1233.

Sheng, F., Liu, Y., Zhou, B., Zhou, W., & Han, S. (2013). Oxytocin modulates the racial bias in neural responses to others' suffering. *Biological Psychology, 92*, 380-386.

Singer, T., Seymour, B., O'doherty, J., Kaube, H., Dolan, R. J., & Frith, C. D. (2004). Empathy for pain involves the affective but not sensory components of pain. *Science, 303*(5661), 1157-1162.

Straube, T., & Miltner, W. H. (2011). Attention to aversive emotion and specific activation of the right insula and right somatosensory cortex. *NeuroImage, 54*(3), 2534-2538.

Sui, J., & Han, S. (2007). Self-construal priming modulates neural substrates of self-awareness. *Psychological Science, 18*, 861-866.

Sui, J., Liu, C. H., & Han, S. (2009). Cultural difference in neural mechanisms of self-recognition. *Social Neuroscience, 4*(5), 402-411.

Tang, Y., Zhang, W., Chen, K., Feng, S., Ji, Y., Shen, J., ... Liu, Y. (2006). Arithmetic processing in the brain shaped by cultures. *Proceedings of the National Academy of Sciences, 103*(28), 10775-10780.

Tsai, J. L., Knutson, B., & Fung, H. H. (2006). Cultural variation in affect valuation. *Journal of Personality and Social Psychology, 90*, 288-307.

Varnum, M. E., Shi, Z., Chen, A., Qiu, J., & Han, S. (2014). When "your" reward is the same as "my" reward: Self-construal priming shifts neural responses to own vs. friends' rewards. *NeuroImage, 87*, 164-169.

Wang, C., Ma, Y., & Han, S. (2014). Self-construal priming modulates pain perception: Event-related potential evidence. *Cognitive Neuroscience, 5*, 3-9.

Wang, C., Wu, B., Liu, Y., Wu, X., & Han, S. (2015). Challenging emotional prejudice by changing self-concept: Priming independent self-construal reduces racial in-group bias in neural responses to other's pain. *Social Cognitive and Affective Neuroscience, 10*, 1195-1201.

Woodward, J., & Allman, J. (2007). Moral intuition: Its neural substrates and normative significance. *Journal of Physiology-Paris, 101*(4-6), 179-202.

Xu, X., Zuo, X., Wang, X., & Han, S. (2009). Do you feel my pain? Racial group membership modulates empathic neural responses. *Journal of Neuroscience, 29*, 8525-8529.

Young, L., Camprodon, J. A., Hauser, M., Pascual-Leone, A., & Saxe, R. (2010). Disruption of the right temporoparietal junction with transcranial magnetic stimulation reduces the role of beliefs in moral judgments. *Proceedings of the National Academy of Sciences, 107*(15), 6753-6758.

Young, L., & Dungan, J. (2012). Where in the brain is morality? Everywhere and maybe nowhere. *Social Neuroscience, 7*(1), 1-10.

Zhou, Y., Gao, T., Zhang, T., Li, W., Wu, T., Han, X., & Han, S. (2020). Neural dynamics of racial categorization predicts racial bias in face recognition and altruism. *Nature Human Behaviour*, *4*(1), 69-87.

Zhu, Y., Zhang, L., Fan, J., & Han, S. (2007). Neural basis of cultural influence on self-representation. *NeuroImage*, *34*(3), 1310-1316.

第六章

認知科學與早期儒家德性倫理學：
論習慣之必要[1]

森舸瀾 (*Edward Slingerland*) 著
Translated S.r.l. 譯審

摘要

本章認為，早期儒學作者為中國歷史播下了一系列德性的種子，而這些德性的基礎是以合理且符合過去經驗的方式，描述對於個人道德環境的認知控制及規範。以下討論內容，是在回顧體現認知 (embodied cognition) 與雙系統（冷／熱）認知觀點文獻的基礎上撰寫而成。由於熱認知在人類社會互動中占主導地位，並且違反常規的行為通常是由熱認知所引起，培養執行控制的認知與行為習慣已是提升自我效能和遵守常規越來越重要的手段。早期的儒家學者為後來的中國歷史提供了異常強大的道德教育和行為模式，並逐漸形塑出良好的習慣。這樣的說法，在 Jonathan Haidt 的道德模組化模型「道德基礎理論」之中有詳細的描述。早期儒家學者對於德性倫理描述的各個面向符合本章對於道德認知科學的討論，包括孟子主張同理心情緒的「擴充」形成由小而大的關懷範圍、對於由外在社會常規與內在心理訓練構成的社會角色之扮演、早期儒家的儀式（亦即控制一系列行為的文化腳本），以及道德自發性。

一、前言

Kant (1785/1964) 有個著名的論點：他認為出於愛好 (aus Neigung) 而做出的慣性行為實際上不符合真正道德行為的標準，真正的道德行為必須是出於義務 (aus

---

[1] 本章以先前發表的兩篇作品 Slingerland (2011a)、Slingerland (2011b) 為基礎，進行補充、修改及更新。在此感謝主編提供實質的回饋，讓我得以大幅改善章節內容。

Pflict) 有意識而為。作為「他律」非道德領域的一部分，這種習慣和情感的消除是西方啟蒙運動後倫理學的典型特徵。

本章將援引近期的認知科學和社會心理學研究，論證說明這種在現代義務倫理學與功利主義中扮演核心角色的「認知控制」實際上過於薄弱，不足以作為建立道德教育體系的基礎。實際上，人的理性在日常情境下並不特別可靠，也就是說以習慣和自發情緒為重點的道德類型，而非推理，應更有望促使人們貫徹道德的行事方式。筆者將早期儒家的德性倫理學（以及廣義的德性倫理學）描繪為涉及「延時認知控制」，藉此論證說明早期儒家學者強調道德自發性、道德情感與德性習慣的養成，是較符合經驗的人類認知模型。

德性倫理學會涉及一種倫理訓練系統，該系統（不論明示與否）承認個體當下認知控制的局限性，並因此設計了一種訓練制度和道德準則系統（兩者本身就是認知控制的產物），以內化和自動化的方式規範個體。因此，我們可以把德性倫理學這種將較高層次的慾望與目標，嵌入較低層次的情感和感覺動作系統之作法，視為一種規避人類認知控制能力限制的明智選擇。

筆者得出的結論是，儒家德性倫理學的特定特徵（尤其是對情境敏感訓練的強調）成功避開了傳統西方德性倫理學模型的部分弱點。本章的論證將有助於德性倫理學整體的弘揚，並對相關理論批評，如情境主義者「缺乏品格」的論點(Doris 2002)。儒家德性倫理學也可以為對於道德行為或道德價值觀的養成感興趣的當代倫理學家、教育人士和政策制定者提供寶貴資源，並且與目前有關人類認知的最佳經驗和知識搭配運用。

二、體現認知與快思慢想

Kant (1785/1964) 在《道德形上學基礎》(*Groundwork of the Metaphysic of Morals*) 中描述了天性善良、樂於助人的人：「有些生性富有同情心的人，並不需要虛榮或自利的其他動機，他們也因散布快樂於周遭而感到內在的愉快，並且會對別人的滿足感到喜悅」。他得出的結論是，這類人的行為雖然確實「友善」，但仍「無真正的道德價值」(p. 66)，並非真正的道德主體。

Kant (1785/1964) 為什麼對天生善良且慷慨之人「友善精神」的道德價值如此悲觀？因為在他看來，習慣和情感的天性都不可靠。原因是這些東西與任何他律（不屬於真實理性的自我）的事物一樣，是主觀、隨意且可變動的。這當然是基礎哲學入門課程的主要內容，不過我們還是可以稍微暫停一下，思考以下的狀況：

對於自我形象的描繪，本質上是根植於理性和感性之間清晰且明確的劃分。

諸如這種理性／感性二分法，或有意識的選擇與盲目的習慣之間的區別，在民間心理學和當代認知科學中都找到了基礎。每個人一定曾在現象學上體驗到某種程度的分裂。我們常常覺得自己是不得不下床、必須強迫自己繼續撰寫著作的章節，或是抗拒拿第二份甜點的衝動。這種對立脫離了我們認知的「雙系統」性質（見表1）。

表1　人類認知的雙系統本質

熱 (hot)（系統1）	冷 (cold)（系統2）
感性 (emotional)	非感性 (non-emotional)
快 (fast)、廉價 (frugal)	慢 (slow)、昂貴 (expensive)
自發性 (automatic)	執行控制 (under executive control)
大部分無意識 (mostly unconscious)	大部分有意識 (mostly conscious)

這兩個系統又稱為系統1與系統2，快與慢、熱與冷、由下而上與由上而下 (Cohen 2005; Kahneman 2011)，彼此相容，但在功能和剖析上具有一定的自主性。冷認知是我們自我感覺意識、推理和認知控制的基礎，對應到一般的說法就是「大腦」，且有時必須控制「肉體」（熱認知）。當冷認知中斷熱過程，或壓制了占主導地位的熱過程，使另一種過程得以取而代之，這種過程就稱為執行控制或認知控制。正如 Cohen (2005) 所說，認知控制「是根據抽象的目標或意圖引導思想與行動的能力，尤其是當需要克服相反的習慣或直覺反應時」(p. 10)。

因此，看待 Kant 倫理學的一種方法，是將其視為完全基於認知控制或冷認知之上。然而，這個視角的問題在於，以人類的建構方式來說，要在物理世界和社會之中生存，並不能全然依靠冷認知的引導，其中有幾個原因。

首先，冷熱系統必須相互配合，即使冷認知「最冷」的境界，在某種程度上仍依賴熱系統。舉例來說，神經科學家 Damasio (1994) 最為人所知的論點，就是理性在完全不受情感或身體反應束縛的情況下，並無法正常發揮作用，而他也在特定神經系統損傷或障礙的患者身上證實了這項推論。有一位他稱為 "Elliott" 的病患，因為腹內側前額葉皮質受傷而無法感受到情緒，正是 Kant 道德主體的概念薄弱不足的明證。Elliott 在一般智商測試和其他抽象認知能力測驗，以及由康德主義道德心理學家 Lawrence Kohlberg 所開發的「標準問題道德判斷訪談」（Standard Issue Moral Judgment Interview，旨在衡量一個人透過抽象推理解決道德困境和其他假設性問題的能力）中的得分都很高。從他的研究看來，這種處理

假設性困境的推理能力並不能轉化為做出實際合理道德決定的能力。「該次治療結束時，Elliott 已經提出了大量、有效且可行的行動方案。他微笑著，顯然對自己豐富的想像力感到滿意，但仍補充說：『到頭來，我還是不知道該怎麼做！』」(p. 49)。Damasio 令人信服地指出，理性運作的一大關鍵為「軀體標記」(somatic markers)，也就是對於重要性或價值的體現和情緒性感受，且如果沒有具體化體驗的基礎，理性將會失去控制。

冷對熱依賴的另一個例子，是人類觀念的虛幻本質。無形的人類理性模型所受到的最根本挑戰之一，來自神經科學和認知科學領域逐漸明朗的共識，認為人類的思想主要為圖像導向且具模組化特性，也就是說，其結構是從感覺動作模式衍伸而出 (Barsalou 2008; Kosslyn, Thompson, & Ganis 2006)。人類的分類方法同樣也依賴範本的模式配對，而不是基於抽象的必要和充分特徵進行；這表示人類大腦中一般使用的類別，本質上為徑向 (radial)，而非亞里斯多德式 (Lakoff 1987; Rosch 1973)。

最後，我們施行認知控制的能力（允許相對較冷的過程控制相對較熱的過程）似乎是有限的。許多人對「自我耗損」(ego depletion) 的概念都不陌生，Baumeister et al. (1998)、Gailliot et al. (2007)、Schmeichel & Baumeister (2010) 有最密切相關的研究。Baumeister et al. 認為，執行控制是一種有限的資源，容易耗盡且恢復速度很慢；也有人認為，認知控制的局限性，與自我動機和外在動機之間、安排任務優先順序的張力有關 (Inzlicht, Schmeichel, & Macrae 2014)。當前，由於社會心理學的複製危機，自我耗損的文獻目前處於劇變狀態。近期的整合分析與多實驗室複製研究，都認為自我耗損效應不存在或效果極小 (Hagger et al. 2016; Vohs et al. 2021)，且可能僅限於類似的任務。然而，有一些現實生活中的證據表明，在一個領域中付出的努力，可能會導致另一個領域努力的成效受損。舉例來說，Dai et al. (2015) 的大規模縱向研究發現，在一般的 12 小時制輪班中，醫護人員對手部衛生清潔程序的遵守程度顯著下降，而且隨著工作人員的工作強度增加，下降幅度也會加大。也有證據顯示，長時間的休息對於人員的守法能力有「充電」的效果，特別是對於那些在上一輪值班中遵守規則程度下降幅度最大的人。總之，雖然其中涉及的精確認知機制仍有待探索，但是僅憑個案經驗就可以明顯看出，人不可能無限期地維持在有意識的專注狀態。[2]

---

[2] Baumeister (2019) 最近主張，儘管我們目前對其機制仍不瞭解，自我耗損明顯是一種真實存在的現象；這樣的說法在 Twitter 上招來許多嘲笑，認為這是一位資深學者因為無法接受作為自己畢生心血的複製研究失敗，而發表的胡言亂語。然而，自我耗損的基本輪廓與個人的自我報告和體

而且，熱認知明顯支配著日常生活。John Bargh 認為，人類認知有 99.9% 屬於熱認知的說法很可能過於誇張，但自發性 (Wheatley & Wegner 2001) 和情境效果 (Mischel, Shoda, & Mendoza-Denton 2002) 的相關研究都明確指出，我們的意識不可能完全掌控一切，且對於意識主宰程度的宣稱多是言過於實 (Gazzaniga 1995; Wilson 2002)。Haidt (2001) 已經證明道德判斷通常取決於情感反應，即便我們的意識能夠為該情境建立合理的事後論據。正如 Haidt 所說：「因應社會對口頭辯護的要求，人們會成為試圖為當事人脫罪的律師，而不是尋求真相的法官」(p. 814)。Greene (2007) 呼應了 Nietzsche (1886/2002) 對 Kant 的批評，[3] 認為義務倫理學的道德原則純屬虛談，是「對 Kant 靈魂的嘲諷」。此外，道德判斷不是統一的認知現象，而是以個體具有各自專屬輸入和輸出的獨特、模組化的情感系統為基礎 (Flanagan & Williams 2010)。

尚須注意的是，在現實生活中，習慣和內隱認知在道德推理和行為中的作用，幾乎肯定比在有控制條件的實驗室實驗中所產生的作用要大得多。這類實驗中使用的道德困境情境，都經過誇張的人為簡化（例如：有軌電車與天橋難題。試想：在現實生活中，一個人可以百分之百肯定胖子的身體足以讓列車停下嗎？我們有能力即時把胖子丟到鐵軌上嗎？）、缺乏動機（部分受試者說自己會把胖子推下天橋，但這不表示他們在現實生活中、面對活生生的人時真的會這麼做），且將注意力集中在有意識選擇的戲劇性時刻；但實際上，在現實生活中，大多數被視為道德判斷的決定，可能是自發或者至多是半意識的。正如 Casebeer (2003) 指出，「將紙上談兵的『乾』道德與實際生活實踐的『濕』道德一分為二的實驗方法」會出現的問題，在於這種方法「可能會對啟動的神經機制加予不必要的限制」(p. 846)，進而扭曲真實世界道德推理的型態。[4]

如果我們能對人類的認知採取以經驗證實合理的立場，就可以看出 Kant 似乎採取了完全相反的錯誤解釋。實際上，理性並不是特別可靠，甚至對自身而言也絕非透明。考慮到人類思維的結構和我們所生活的社會與世界之複雜性，習慣可

驗到的現象相吻合仍然是事實，且相關資料仍有待解釋。

[3] 「我逐漸看清至今所有偉大哲學的真面目：亦即，作者個人的自白與一種非自願且無意識的回憶錄；而且每一種哲學之中的道德（或不道德）意圖，構成了整株植物生長所仰賴的真正生命之芽」(Nietzsche 1886/2002, p. 13)。

[4] Casebeer & Churchland (2003) 主張，更為「生態上有效的實驗制度」應考量真實道德推理的下列特性：「熱」（情感狀態是很重要的部分）；社會（決定受社會線索影響，不應置於社會真空中討論）；分散（融入巨大刺激網絡中）；生物性（對情境敏感）；真實（親身參與而非抽象）；針對性（關於實際存在世界上的事物）(pp. 187-188)。

能是引導現實世界中人類行為的唯一真正可靠的機制。也就是說，著重於習慣而不是推理方式的道德類型，更能有效使人們貫徹道德規範。儘管德性倫理學家經常貶低「單純的習慣」，但這可以說正是德性倫理學的貢獻。[5]

下文將簡要說明早期儒家的德性倫理學如何提供筆者認為是一種異常強大的道德教育和行為模型，[6] 只要對人類大腦運作有所瞭解，這樣的模型在心理學上的合理性便不言而喻。儘管有人擔心「是」與「應該」會被混為一談，但很明顯，對於任何認為人類認知結構應與實際完全不同的倫理學，我們均應抱持懷疑的態度 (Casebeer 2003; Flanagan 1991)。

三、道德情感與模組化

根據我們目前從認知科學中獲得的最佳理解，人類認知雖然具有極大的可塑性和跨模態性，但仍是高度模組化的。Flanagan (1991) 是第一位提出下列論點的認知科學領域哲學家：「道德」或「道德推理」不是指人類腦部單一或一體化系統，而是多個模組化系統的集合，其中每個系統都經過發展，以應對在人類社會生活中存在特定的適應性問題（比較參閱 Flanagan & Williams 2010）。那麼，當談到道德心理學時，我們指的是與人類合作或缺乏人類合作有關的一組獨特的認知和行為系統。[7]

也許，最著名的道德模組化模型是 Graham et al. (2018) 提出的「道德基礎理論」。該理論將道德分為五至六個領域：傷害／照顧、公平／互惠、內團體／忠誠、權威／尊重、純潔／神聖，以及最近提出的自由／壓迫。Graham et al. 認為，儘管所有文化與個人都能接觸到所有道德基礎，但不管是跨文化還是在特定文化之中，最為突出的道德基礎都會有所不同。例如：在美國，保守派非常重視忠誠／尊重／神聖三者的組合，而自由派則傾向全心專注於關懷及互惠。Parkinson et al. (2011) 證明，對傷害、不誠實和厭惡的判斷，會啟動不同的神經系統，這表示

---

[5] 我同意 Pollard (2003) 的觀點：「習慣是德性行為的必要條件，但非充分條件」(p. 416 或 417)。習慣對德性的重要性之相關論述，參見 Pollard (2003) 與 Peters (2014)，以及 Snow (2006) 對習慣之批評。

[6] 雖然 Ames (2011)、Ames & Rosemont (2011) 等學者提出了相反意見，但早期儒家的思想家是德性倫理學家這點（即使他們顯然不完全符合亞里斯多德等西方思想家的樣態），應是無庸置疑。參見 Angle (2009)、Angle & Slote (2013)、Hutton (2015)、Ivanhoe (1993/2000)、Sim (2015)、Slingerland (2001)、Van Norden (2007)、Yu (2011)。

[7] 必須注意的是，並非所有的道德心理學家都接受模組化學派的解釋；比較參閱 Cameron, Lindquist, & Gray (2015) 對於道德模組化的「建構主義」角度批判。

道德判斷並不是人腦中一個完全整合的型態，而是在可分離的多個神經系統中實現，並會根據判斷對象的類型由不同系統主導 (p. 3162)。

在普遍、甚至可能是跨物種的道德情感中，最突出的兩種是同理心和公平性。

（一）同理心／避害

近年來，人們對人類和其他靈長類動物同理心背後的神經系統機制又有了更多的瞭解，且認為這個機制與「鏡像神經元」系統及感覺動作模擬有關。至少對於靈長類而言，當「觀察的行為造成觀察者的運動系統產生『共鳴』」，觀察者就能理解同伴的行為；換句話說，「我們之所以會理解一個動作，是因為該動作的運動表徵在我們的大腦中活化」(Rizzolatti, Fogassi, & Gallese 2001, p. 661)。即使在沒有實際視覺刺激的情況下，這種透過行為獲得的理解也可能出現。例如：當我們想像動作或理解隱射動作的模糊圖像時，就會發生這種情況 (Umiltà et al. 2001)。因為在某種意義上說，人們是透過親身執行來理解他人的行為，所以由此建立的感覺動作「共鳴」，也會導致行為本身或其相關情感的傳遞，而我們會透過親自模擬來無意識地感知面部表情。

行動知覺引起的共鳴，常會激發同理心與利他的行為。Preston & de Waal (2002) 在他們的文獻回顧中解釋道，一項對哺乳動物（包括老鼠及人類）進行的大型實驗與行為觀察顯示，「許多物種的個體都會對同種的痛苦感到痛苦，並會採取行動終止客體的痛苦，甚至不惜因此造成自身的風險」(p. 1)。他們注意到，這種利他的驅動力展現出熟悉效應的特性（當客體是已知的個體時，利他行為更可能發生）、受過去的經驗影響（如該動物是否遭受過類似的麻煩），並且在某種程度上取決於「線索凸顯性」（cue salience，感知信號的強度）。這些都再再表明了「對於（客體的痛苦）有意識的感知，會自動活化主體對狀態、狀況與客體的表徵，而這些表徵的活化若未受到抑制，便會自動引發或產生相關的自主和軀體反應」(p. 4)。有大量證據顯示，人類精神疾病與這種圖像導向的同理與利他主義系統的崩潰有關，包括鏡像神經元和大腦情感區域的明顯缺陷 (Blair 2001)。

（二）公平／互惠

許多研究發現，即使是在匿名、非重複性的遊戲中，人與人之間也會出現利社會行為 (Gintis et al. 2003)。也就是說，至少有一部分的人口普遍傾向選擇合作。然而，操作經濟遊戲參數的實驗結果顯示，當玩家能夠監控或預測其他人的合作程度，並因此能夠懲罰不合作的「搭便車者」時，合作關係通常可以維持得更好

（例如 Fehr & Gächter 2000）。實際上，從理論模型來看，非親屬之間的合作只能在防止搭便車機制的情況下發展，否則搭便車者必然會在犧牲合作者的代價下獲利，並將合作者趕出基因庫。[8]

這些防範搭便車的機制之中，有一種似乎是大腦中專門的「作弊者偵測」模組（專門識別違反社會契約行為的子系統）。這個模組似乎對意圖與利益的累積很敏感，並跨越文化存在，且受腦損傷的影響程度是有選擇性的 (Cosmides & Tooby 2005)。經觀察，「作弊者偵測」模組會與強烈的「作弊者懲罰」情緒相結合；這種情緒會激勵個人懲罰作弊者，即使自己會因此付出巨大代價也在所不惜（所謂的「利他懲罰」）(Price, Cosmides, & Tooby 2002)。研究受試者在「最後通牒賽局」等經濟模擬中的行為後，學者發現當受試者面對明顯不公正的情況時，很容易被激起理性上不合理的懲罰行為。在典型的最後通牒賽局情境中，1 號受試者會獲得一筆錢，並被要求分配一部分給 2 號受試者。他可以自行決定分配比例，唯一的條件是 2 號受試者可以選擇拒絕分配，而且要是被拒絕，兩位受試者都得不到錢。從古典經濟學理論來看，合理的策略只有一種：假設總金額是 100 美元，1 號受試者應會提議分配 0.01 美元給 2 號受試者，自己保留 99.99 美元，而 2 號受試者應會接受這個提議，畢竟兩人在分配後該筆金額後，都會比之前擁有得多。但是並非全部的人都會如此反應，最後通牒賽局之中的反應者，會憤怒地拒絕他們認為非常不公平的提議，而拒絕的門檻通常落在20%至30%之間 (Henrich et al. 2006)。[9]

Sanfey et al. (2003) 一項針對最後通牒賽局的功能性磁振造影研究顯示，由人類夥伴提出低的金額分配比例，遭到拒絕的機率明顯高於由電腦夥伴提出的情況（表示這種情緒對於其他人類施加的不公平待遇尤其敏感），且受試者接受或拒絕不公平提議的行為，取決於前腦島（與憤怒、厭惡等負面情緒狀態相關）與背外側前額葉皮質和前扣帶皮質（與抽象推理和由上而下的認知控制相關）相較的活化程度。[10] 換句話說，受試者對不公平的提議（尤其是來自其他人類）會出現明顯的負面情緒反應，但在部分受試者身上，這種反應會由較為「理性」的大腦系統所抑制，以追求金錢積累的總體目標。受試者在最後通牒賽局等情境中的行為，

---

[8] 參見 Henrich & Boyd (2001) 的討論與文獻回顧。
[9] 參見 Henrich et al. (2006) 的研究，其受試者來自五大洲，代表了人類生產模式的全部範圍；研究結果顯示，懲罰不公平提議的傾向普遍存在，但實際情況會根據文化校正，而最後通牒賽局提議的拒絕門檻在不同文化之間差異極大。
[10] 利用功能性磁振造影分析東亞與西方受試者道德決策過程的研究，參見第五章。

與 Kahneman, Schkade, & Sunstein (1998) 的「報復性懲罰」研究中探討真實和模擬陪審團的行為相呼應：他們發現無論違法行為造成的實際損害為何，陪審團情緒的憤怒程度，均與施加在真實或虛構違法者身上的平均懲罰幾乎完全成正比。

這種不惜代價懲罰違規者的慾望，背後顯然是由強大的正面情緒所驅動：de Quervain et al. (2004) 的研究顯示，在最後通牒賽局這樣的情況中，人們會在懲罰違規者時獲得享樂主義的滿足。這種情感似乎也與其他利他主義情感不同，具有更多的絕對主義、更少情境敏感的特性。Wallace et al. (2007) 的研究認為，人們在最後通牒賽局的反應模式，與內向或保守等其他人格特徵一樣具有遺傳成分，因此非常有可能是進化後人類認知結構的一部分。[11]

四、道德模組化與善端

正如 Slingerland (2011a) 和 Flanagan & Williams (2010) 所提出的，「道德」似乎是不同情感的總稱，每個情感都有自己的觸發性刺激和行為特徵，這一事實與孟子認為人類道德源於離散的「善端」觀點相呼應。Seok (2008) 也指出，至少在這方面，孟子深度模組化的認知模型，在經驗上似乎比荀子的思維通用模型更加合理。

情緒是孟子學派的道德推理和決策之基礎，而且顯然是模組化的。孟子學派所謂的「端」是情感或「心的運動」，代表對世界價值感知的情感（但也是有智慧）的反應。孟子對善端的具體分類，似乎是合理分類人類固有道德情感的良好初步嘗試。「不忍之心」的感覺，也就是仁慈或同理心（「仁」）的德性之端，如上所述，顯然是一種基本的哺乳動物道德情感。[12]《孟子・告子上》第十節中，利用憤慨拒絕以羞辱方式給予的簞食豆羹之假設情境，揭示人類天生傾向拒絕接受實際有益但不義的行為，也就是德性之端「義」的存在。這與文獻中人類（或許其他靈長類動物亦同）在最後通牒賽局中，對低到侮辱人的提議之反應並無太大的不同。不過，比起放棄得到一點小錢的機會，放棄生命當然是對個人正義感更加

---

[11] Wallace et al. (2007) 之研究僅確定了遺傳因素在最後通牒賽局中可能的貢獻，並未指出與賽局活動有關的特定基因。本書第四章，王一伊、蘇彥捷則描述了東亞和高加索人之間的道德相關遺傳差異；或可從中推斷，該研究發現的基因，作用之一是推動最後通牒賽局中的替代性跨文化行為，而目前已有證據顯示血清素等荷爾蒙的操縱在經濟遊戲中扮演重要角色（參見 Siegel & Crockett [2013] 的文獻回顧），更是支持了這個論點。

[12] 同理心的感受往往局限於頗為狹隘的情境，或者無法充分轉換為實際行動的問題，是早期儒家道德哲學家基本關注的重點，且在孔子對「恕」（同情的理解）重要性的強調之中有所展現。

嚴格的考驗。

最後，孟子主張人類有與生俱來的共同道德「品味」（〈告子上〉第七節），這點與道德可以建立在由經驗歸納出的人性主張之觀點相呼應。孟子對這種共同品味的描繪可能過於樂觀，如果想要以更廣泛、全面的方式描述人類固有的情感，勢必要同時納入我們對於恐怖的外團體暴力之癖好，以及對財富、權力、性的強烈渴望，加上機會主義的自私與自我欺騙解套的盛行。[13]

五、文化訓練與延伸

當然，孟子的善端只是道德的潛能。孟子學派的道德教育注重的是如何逐步強化、擴充（「推」）這些美德的幼苗。[14] 想像力顯然是這個過程的核心，不論是回想並沉浸在先前的軀體情緒狀態，如〈梁惠王上〉第七節中，孟子請齊宣王回憶自己要人把祭祀用牛放走的行為，還是召喚純粹虛構的情境，如〈公孫丑上〉第六節著名的「乍見孺子將入於井」，都包含在內。想像出或以想像力重新創造出適當的情感後，孟子認為下一步是在隱喻和類比的指引下，透過同情心投射的過程來推恩：

> 老吾老以及人之老，幼吾幼以及人之幼，天下可運於掌……言舉斯心加諸彼而已。（〈梁惠王上〉第七節）

儘管有許多學者將孟子這個推恩的過程描述為邏輯相近情況的理性方程式，[15] 但是若能將其理解為一個牽涉「情感共鳴而非認知相似性」的「類比共鳴」過程（Ivanhoe 2002, p. 226），似乎更為準確。除了具備道德精神分析師的技能之外，孟子還能運用儒家道德修養的標準工具，也就是禮樂以及聖王之道的典範，而其中顯然有一定程度的類比和軀體情緒的原型建模。而正是因為有這種思想和行為的文化模板，我們才能期待生物在習慣和自發性的引導下，確實展現合宜的行為，如果有禮儀與習俗作為後盾，是否有全能全知的認知統帥就不是那麼重要了。

有新近出現且數量不斷增加的經驗證據顯示，這種性情教育實際上是有效的。其中一個例子是 Mischel (2009) 對於「主體、主動自我」的研究，他認為這種自我

---

[13] 感謝 Owen Flanagan（私人書信）提供這個論點。
[14] 這個對於孟子學說之中自我修養的論述，來自 Ivanhoe (1993/2000)，讀者可參考該著作以瞭解更詳盡的說明。
[15] 參見例如 Hutton (2002) 的主張：孟子的「基本方法是對一實體 A 或實體集合做出主張 P，然後討論相同的主張是否適用於另一實體 X」(p. 169)。

可以透過概念啟動和其他行為修正方法來訓練，以抵抗情境效應的力量。另一個例子是 Cohen (2005) 對情緒與人類行為的前額葉皮質中介認知控制之間的關係討論。舉例來說，Cohen 指出：

> 醫生和士兵接受的專門訓練，涉及培養避免或克服可能干擾專業功能的強烈情感反應之機制。這些機制可能並非直接依賴前額葉皮質，其牽涉到的反而可能是針對相關特定情況所做的其他較低層次機制之訓練。然而，重要的是，設計和支持訓練程序的社會結構，幾乎都會依賴前額葉皮質。(p. 19)

醫生和士兵接受的訓練，旨在於壓力下灌輸特定形式的勇氣、鎮定等穩定的性格特質。這類訓練採用前額葉皮質設計的一套策略，以克服自身於線上「熱」認知情況中的局限性；換句話說，就是延時認知控制。而且，至少在與專業相關情況的各個方面，這種醫學和軍事訓練似乎真的有用。關於更多的概念美德，Snow (2013) 觀察到，近期關於刻板印象修正的研究，讓我們有理由相信，即使是相當自發性、無意識的概念習慣，也可以由逐步訓練引起有意識的注意，從而朝著社會期望的方向修正。類似的研究還有 Hill & Lapsley (2009) 針對一系列與早期儒家策略似曾相似的當代道德人格發展方法之調查。

對於孟子描述的性情擴充或重新訓練這些德性倫理學的核心，Snow (2013) 也針對其經驗上的合理性證據進行探討。她以不良的種族刻板印象，如「根深蒂固的心理結構……其活化常是自動的、且發生在主體意識察覺的範圍之外」(p. 34) 等負面局部特徵為例，討論主張自我調整過程能啟動一定程度的意識控制，調節原本會自動活化的社會刻板印象之研究 (Devine & Monteith 1999)。同理，應可推定相同現象也會發生在正面的行為傾向上。Snow 指出，這些研究認為「只要付出努力，是有可能抑制和控制負面特徵，並培養及擴展理想的特徵」(p. 38)。也就是說，「雖然我們的美德一開始可能是局部的，但不表示往後皆是如此」(p. 37)。

有趣的是，Snow (2013) 還推測了個人會如何延伸限制在客觀觸發條件極小領域的正面行為傾向，例如對可愛的小動物展現同情心，擴展到更大範圍的有情眾生，包括像是親友甚至是不相關的陌生人。這種在專家的指導下修正或推展各種天生，但過分局部的特徵之過程，實際上恰恰是早期儒家道德教育的中心策略。Snow 設想的同情心推展過程，令人聯想到《孟子》中的段落，如〈梁惠王上〉第七節同樣也描述了對這種可取但過於局部的特徵之識別，以及透過反思與想像力的練習來擴展這種特徵的策略。

早期儒家提倡的傳統文化形式之中，最重要的就是禮。在戰國儒家的語境中，

禮指的是一套掌管各式各樣行為的文化腳本，規範範圍從祭祀祖先、外交儀式到個人行為細節（例如：一個人穿衣、用餐、進入房間或入坐的方式）都涵蓋在內。孔子本人首先提出，有志成為君子的人可以藉由服從和內化這些儀式，抑制不當的先天傾向，獲得在社會其他成年人之中立身的方法，並且從而獲得完整的德性與上天的青睞。

禮的訓練必須與其他形式的行為修正並行，包括樂（音樂的欣賞與演奏）、射（射箭）、御（駕馭車馬）、書（書寫識字）等訓練。這種文化形式沉浸的產物，便是完美的文人君子，其身體舉止的各個方面都會反映出過去黃金時代的審美道德理想。[16]

正如（儀式或藝術等提供的）行為訓練能改變熱行為模式，改變情況的敘述框架也可以顯著改變一個人的概念世界，從而間接影響其行為。舉例來說，如果想要在經濟遊戲中達到更高層次的慷慨，只要將活動定位為「社區遊戲」而非「華爾街遊戲」即可 (Ross & Ward 1996)。儒家所謂「學」的實踐，即是密集研讀及背誦詳細描述古代聖人思想和行事典範的經典文本；而看待學的一種方式，是將其視為永存之概念式觸發的一種形式。一位學成的儒者，最先考慮到的永遠會是古代賢人的言行典範，而我們應該能合理地將這樣的行為，視作確保自身行為更能符合榜樣的保險機制。在《論語・為政》第二節中，孔子對記錄古人情懷與古代聖王事蹟的《詩經》有這樣的評語：「詩三百，一言以蔽之，曰：『思無邪』」。

而早期儒家也非常關注語言使用的規範，雖然學術界對於儒家「正名」作法的本質看法仍有些分歧，[17] 但正名的目的顯然是為行為提供符合常規之框架。在《論語・子路》第三節之中，一位弟子問孔子，如果讓他治理國家，他會從哪一項工作開始？孔子回答：「必也正名乎」。這個答案頗為出乎弟子的意料，而孔子解釋道：

> 名不正，則言不順；言不順，則事不成；事不成，則禮樂不興；禮樂不興，則刑罰不中；刑罰不中，則民無所措手足。故君子名之必可言也，言之必可行也。

在另一個相關的段落，〈顏淵〉第十一節中，齊景公向孔子請教治理國家最好的方式。孔子言簡意賅地答道：「君君，臣臣，父父，子子」。他的建議似乎

---

[16] 有關對於早期儒家「風格」的道德意義，詳見 Gier (2001)、Kupperman (2002)、Olberding (2007, 2016)。

[17] 關於「正名」的討論，詳見 Loy (2003)。

有兩層含意。首先，詞語只能用於相稱的對象，例如不真是兒子的人，就不應被稱為「子」。許多評論家認為這則訊息專指齊景公，因為他並未立最年長的兒子為太子，造成了公子之間的不睦。同時，諸如「父」、「君」這樣的詞，本身就帶有正面的社會規範，援引這些詞語應會激發特定類型的模範效仿。因此，這些詞語的力量會與文本研究提供的、更廣泛的概念訓練連結，經典中記錄古人的模範行為，為「子」與「父」的定義設下標準，進而提供了可以透過適當用語活化的理想文化模範。

六、道德自發性：由冷生熱

儒家道德心理學最與眾不同的特性，或許是對於自發的重要性之強調 (Slingerland etc.)。《論語·為政》第四節提供了孔子的精神／道德自述：

吾十有五而志於學，三十而立，四十而不惑，五十而知天命，六十而耳順，七十而從心所欲，不踰矩。

孔子在七十歲時，已經澈底將儒道內化，以至於他能夠隨心所欲地遵循自己的自發傾向，而絲毫不違反道德約束。《論語》中許多看似令人費解或瑣碎的段落，如果能對照儒家對道德自發性的重視來解釋，將會更有意義。例如《論語·述而》第四節：「子之燕居，申申如也，夭夭如也」。這一節的重點為孔子的舉止無懈可擊，即使在他閒暇的時候，也毋須刻意努力或監控自己。我們在《孟子》中也能看到類似的主題。以下這段內容，便是以舞蹈自發性和諧的特徵，來形容道德臻至完善的狀態：「生則惡可已也？惡可已，則不知足之蹈之、手之舞之。」（〈離婁上〉第二十七節）。就本章論理而言，最明顯的例子便是荀子曾經提出的三種道德主體境界，也就是所謂的三種「人倫」。他的說法與 Kant 的評價完全相反，認為最有意識、最努力行動的主體屬於最下等，而無意識自發修身的聖人才是最上等 (Knoblock 1990, p. 83)。

當然，這並不表示這些思想家主張人們應依賴未經指導的固有反應。孔子經歷了七十年的密集訓練，才能夠光憑熱認知反應處事。就連以「性善說」聞名的孟子，也認為這種善良只是潛在的特質，必須悉心呵護、培養及擴展。

早期儒家學者甚不認同當代認知科學家所謂的線上認知控制的力量，認為瞬間意志力與理性決策在道德行為中的作用無足輕重。他們更重視發展穩定且逐漸擴展的性情、適當的知覺習慣，以及文化建構的情緒，而這些都必須在嚴格控制的物理、概念、社會環境中加以訓練和維持。我們可以將儒家德性倫理學視為一

種將較高層次的慾望與目標，嵌入較低層次的情感和感覺動作系統之「延時」認知控制。這種看法的優點，以及相對於道義論、功利主義這類倫理學模型的巨大優勢，在於它避免了線上認知控制在近期社會心理學與認知科學研究中顯示出的嚴重局限性。

透過不斷的練習將冷認知轉化為熱認知，是把高層次的慾望與目標嵌入低層次的情感和感覺動作系統，進而規避人類認知控制能力限制的巧妙作法，也是任何類型的複雜文化訓練（不論是學習划橡皮艇還是籌備雞尾酒會）之普遍特徵。

七、結論

有則故事非常值得一提：人工智慧研究人員一開始嘗試為人工的系統建立某種道德準則時，使用的是熱認知、道義論或功利主義方法，以及由上而下的決策方式。事實證明，這些方法都沒有用，因為它們完全無法應付現實世界的速度和複雜性。因此，程式設計師改為嘗試由下而上的系統，利用經過編碼的經典道德決策故事或範例來訓練深度學習系統，逐步建立本質上屬「直覺式」的情緒反應系統。

換句話說，這些系統不約而同地朝早期儒家德性倫理學的方向發展。如此看來，道德教育體系若以訓練情緒和想像力以及傳授明確知識為基礎，並借力音樂、文學等文化形式，或許會比完全抽象的道德推理「冷」模型還能更成功培養出真正的道德主體。

本章論點根植於早期儒家道德倫理模型和我們目前對人類思維方式的最佳瞭解，並未主張儒家思想對於中國日常道德生活或教育起任何歷史之作用。重點在於，上述這種完全內化、自發且誠摯的德性，確實呼應了《論語》、《孟子》、《荀子》等早期儒家典籍中所宣揚的倫理理想。要將這些理想與後來的儒家倫理學（或東亞倫理學）連結，會面臨幾項挑戰。[18]

首先，雖然自漢代以來儒家倫理學多淪為空談，但是中國政治文化內部一致性相對較高的特性，是否與真摯、內化的德性培養有關，仍是一個未決的問題。最明顯的例子是，官方對儒家德行倫理學的宣揚，始終伴隨著韓非子等早期思想家所提倡明確與外部性的制裁、規則和獎懲，而這些主張原本是用來取代「以德治國」的冷認知方法。歷代中國政府在民眾日常生活中設下的法律約束和普遍的

---

[18] 非常感激主編提醒我以下幾個論點，敦促我闡明早期儒家美德倫理學與後世中國文化歷史的相關性。

社會監督，程度不可小覷，在實踐上或許比德性範本或道德勸說的力量，更有創造社會穩定與持續性的作用。

同樣地，就算是孔子或孟子會認可的社會控制價值與方法，其規範個人的效果也可能主要來自羞恥等外在情緒。當我拒絕於禮不合的第二份甜點時，是因為我已經內化且自發性地厭惡不合禮的行為嗎？還是因為旁邊有人在看，想到自己會被人發現耽溺於不合禮的行為，令我感到羞恥？

這種理想化的內在動機美德願景，有多少程度受到早期儒家文本中呈現的有利情境控制所支持，甚至是否曾真實反映中國的道德教育？這是我留給歷史學家和社會學家的一個問題。無論如何，這樣的願景本身都值得保留，在任何時期對任何文化來說，都是十分實用的資源與策略。

參考文獻

Ames, Roger. (2011). *Confucian role ethics: A vocabulary*. Hong Kong: Chinese University of Hong Kong Press.

Ames, Roger, & Rosemont, Henry. (2011). Were the early Confucians virtuous? In Chris Fraser, Dan Robins, & Timothy O'Leary (Eds.), *Ethics in early China: An anthology*. Hong Kong: Hong Kong University Press.

Angle, Stephen. (2009). Defining "virtue ethics" and exploring virtues in a comparative context. *Dao*, *8*(3), 297-304.

Angle, Stephen, & Slote, Michael (Eds.). (2013). *Virtue ethics and Confucianism*. New York: Routledge.

Barsalou, Lawrence W. (2008). Grounded cognition. *Annual Review of Psychology*, *59*, 617-645. doi:10.1146/annurev.psych.59.103006.093639

Baumeister, Roy. (2019). Self-control, ego depletion, and social psychology's replication crisis. In Alfred R. Mele (Ed.), *Surrounding self-control*. New York: Oxford. doi:10.31234/osf.io/uf3cn

Baumeister, Roy, Bratslavsky, Ellen, Muraven, Mark, & Tice, Dianne. (1998). Ego depletion: Is the active self a limited resource? *Journal of Personality and Social Psychology*, *74*, 1252-1265.

Blair, James. (2001). Neurocognitive models of aggression, the antisocial personality disorders, and psychopathy. *Journal of Neurology, Neurosurgery, and Psychiatry*, *71*, 727-731.

Cameron, C. Daryl, Lindquist, Kristen A., & Gray, Kurt. (2015). A constructionist review of morality and emotions: No evidence for specific links between moral content and discrete emotions. *Personality and Social Psychology Review*, *19*(4), 371-394. doi:10.1177/1088868314566683

Casebeer, William. (2003). *Natural ethical facts: Evolution, connectionism, and moral cognition*. Cambridge: MIT Press.

Casebeer, William, & Churchland, Patricia. (2003). The neural mechanisms of moral cognition: A multi-aspect approach to moral judgment and decision-making. *Biology and Philosophy*, *18*, 169-194.

Cohen, Jonathan D. (2005). The vulcanization of the human brain: A neural perspective on interactions between cognition and emotion. *Journal of Economic Perspectives*, *19*(4), 3-24.

Cosmides, Leda, & Tooby, John (Eds.). (2005). *Neurocognitive adaptations designed for social exchange*. Hoboken: John Wiley & Sons.

Dai, Hengchen, Milkman, Katherine L., Hofmann, David A., & Staats, Bradley R. (2015). The impact of time at work and time off from work on rule compliance: The case of hand hygiene in health care. *Journal of Applied Psychology*, *100*(3), 846-862. doi:10.1037/a0038067

Damasio, Antonio. (1994). *Descartes' error: Emotion, reason, and the human brain*. New York: G.P. Putnam's Sons.

de Quervain, Dominique J., Fischbacher, Urs, Treyer, Valerie, Schellhammer, Melanie, Schnyder, Ulrich, Buck, Alfred, & Fehr, Ernst. (2004). The neural basis of altruistic punishment. *Science*, *305*, 1254-1258.

Devine, Patricia, & Monteith, Margo. (1999). Automaticity and control in stereotyping. In Shelly Chaiken & Yaacov Trope (Eds.), *Dual-process models and themes in social and cognitive psychology*. New York: Guilford Press.

Doris, John. (2002). *Lack of character: Personality and moral behavior*. New York: Cambridge University Press.

Fehr, Ernst, & Gächter, Simon. (2000). Cooperation and punishment in public goods experiments. *American Economic Review*, *90*(4), 980-995.

Flanagan, Owen. (1991). *Varieties of moral personality: Ethics and psychological realism*. Cambridge: Harvard University Press.

Flanagan, Owen, & Williams, Robert Anthony. (2010). What does the modularity of morals have to do with ethics? Four moral sprouts plus or minus a few. *Topics in Cognitive Science*, *2*(3), 430-453.

Gailliot, Matthew, Baumeister, Roy, DeWall, C. Nathan, Maner, Jon, Plant, E. Ashby, Tice, Dianne, ... Schmeichel, Brandon. (2007). Self-control relies on glucose as a limited energy source: Willpower is more than a metaphor. *Journal of Personality and Social Psychology*, *92*(2), 325-336.

Gazzaniga, Michael S. (1995). Principles of human brain organization derived from split-brain studies. *Neuron*, *14*(2), 217-228.

Gier, Nicholas. (2001). The dancing Ru: A Confucian aesthetics of virtue. *Philosophy East & West*, *51*(2), 280-305.

Gintis, Herbert, Bowles, Samuel, Boyd, Robert, & Fehr, Ernst. (2003). Explaining altruistic behavior in humans. *Evolution and Human Behavior*, *24*, 153-172.

Graham, Jesse, Haidt, Jonathan, Motyl, Matt, Meindl, Peter, Iskiwitch, Carol, & Mooijman, Marlon. (2018). Moral foundations theory: On the advantages of moral pluralism over moral monism. In Kurt Gray & Jesse Graham (Eds.), *Atlas of moral psychology*. New York: Guilford Press.

Greene, Joshua. (2007). The secret joke of Kant's soul. In Walter Sinnott-Armstrong (Ed.), *Moral psychology: The neuroscience of morality: Emotion, disease, and development* (Vol. 3). Cambridge: MIT Press.

Hagger, Martin S., Chatzisarantis, Nikos L. D., Alberts, Hugo, Anggono, Calvin O., Batailler, Cécile, Birt, Author R., ... Zwienenberg, Marike. (2016). A multilab preregistered replication of the ego-depletion effect. *Perspectives on Psychological Science, 11*(4), 546-573. doi:10.1177/1745691616652873

Haidt, Jonathan. (2001). The emotional dog and its rational tail: A social intuitionist approach to moral judgment. *Psychological Review, 108*(4), 814-834.

Henrich, Joseph, & Boyd, Robert. (2001). Why people punish defectors: Weak conformist transmission can stabilize costly enforcement of norms in cooperative dilemmas. *Journal of Theoretical Biology, 208*, 79-89.

Henrich, Joseph, McElreath, Richard, Barr, Abigail, Ensminger, Jean, Barrett, Clark, Bolyanatz, Alexander, ... Ziker, John. (2006). Costly punishment across human societies. *Science, 312*, 1767-1770.

Hill, Patrick L., & Lapsley, Daniel K. (2009). Persons and situations in the moral domain. *Journal of Research in Personality, 43*(2), 245-246.

Hutton, Eric L. (2002). Moral connoisseurship in Mengzi. In Xiusheng Liu & Philip Ivanhoe (Eds.), *Essays on the moral philosophy of Mengzi*. Cambridge: Hackett Publishing Company.

Hutton, Eric L. (2015). On the "virtue turn" and the problem of categorizing Chinese thought. *Dao, 14*(3), 331-353. doi:10.1007/s11712-015-9445-y

Inzlicht, Michael, Schmeichel, Brandon, & Macrae, C. Neil. (2014). Why self-control seems (but may not be) limited. *Trends Cogn Sci, 18*(3), 127-133. doi:10.1016/j.tics.2013.12.009

Ivanhoe, Philip J. (1993/2000). *Confucian moral self-cultivation* (2nd ed.). Indianapolis/Cambridge: Hackett Publishing Company.

Ivanhoe, Philip J. (2002). Confucian self-cultivation and Mengzi's notion of extension. In Xiusheng Liu & Philip Ivanhoe (Eds.), *Essays on the moral philosophy of Mengzi*. Cambridge: Hackett Publishing Company.

Kahneman, Daniel. (2011). *Thinking, fast and slow*. New York: Farrar, Straus, Giroux.

Kahneman, Daniel, Schkade, David, & Sunstein, Cass. (1998). Shared outrage and erratic awards: The psychology of punitive damages. *Journal of Risk and Uncertainty, 16*, 49-86.

Kant, Immanuel. (1785/1964). *Groundwork of the metaphysic of morals* (H. J. Paton, Trans.). New York: Harper Torchbooks.

Knoblock, John. (1990). *Xunzi: A translation and study of the complete works* (Vol. 2). Stanford: Stanford University Press.

Kosslyn, Stephen, Thompson, William, & Ganis, Giorgia. (2006). *The case for mental imagery*. New York: Oxford University Press.

Kupperman, Joel. (2002). Naturalness revisited. In Bryan Van Norden (Ed.), *Confucius and the Analects*. New York: Oxford University Press.

Lakoff, George. (1987). *Women, fire and dangerous things: What categories reveal about the mind*. Chicago: University of Chicago Press.

Loy, Hui Chieh. (2003). Analects 13.3 and the Doctrine of "correcting names." *Monumenta Serica, 51*(1), 19-36.

Mischel, Walter. (2009). From personality and assessment (1968) to personality science, 2009. *Journal of Research in Personality, 43*(2), 282-290.

Mischel, Walter, Shoda, Yuichi, & Mendoza-Denton, Rodolfo. (2002). Situation-behavior profiles as a locus of consistency in personality. *Current Directions in Psychological Science, 11*(2), 50-54.

Nietzsche, Friedrich Wilhelm. (1886/2002). *Beyond good and evil: Prelude to a philosophy of the future* (R.-P. Horstmann & J. Norman, Trans.). Cambridge: Cambridge University Press.

Olberding, Amy. (2007). The educative function of personal style in the Analects. *Philosophy East & West, 57*(3), 357-374.

Olberding, Amy. (2016). Etiquette: A Confucian contribution to moral philosophy. *Ethics, 126*, 422-446.

Parkinson, Carolyn, Sinnott-Armstrong, Walter, Koralus, Philipp E., Mendelovici, Angela, McGeer, Victoria, & Wheatley, Thalia. (2011). Is morality unified? Evidence that distinct neural systems underlie moral judgments of harm, dishonesty, and disgust. *Journal of Cognitive Neuroscience, 23*(10), 3162-3180. doi:10.1162/jocn_a_00017

Peters, Julia. (2014). On automaticity as a constituent of virtue. *Ethical Theory and Moral Practice, 18*(1), 165-175. doi:10.1007/s10677-014-9516-x

Pollard, Bill. (2003). Can virtuous actions be both habitual and rational? *Ethical Theory and Moral Practice, 6*, 411-425.

Preston, Stephanie, & de Waal, Frans. (2002). Empathy: Its ultimate and proximate bases. *Behavioral and Brain Sciences, 25*, 1-72.

Price, Michael E., Cosmides, Leda, & Tooby, John. (2002). Punitive sentiment as an anti-free rider psychological device. *Evolution & Human Behavior, 23*(3), 203-231.

Rizzolatti, Giacomo, Fogassi, Leonardo, & Gallese, Vittorio. (2001). Neurophysiological mechanisms underlying the understanding and imitation of action. *Nature Reviews Neuroscience, 2*, 661-670.

Rosch, Eleanor. (1973). Natural categories. *Cognitive Psychology, 4*, 328-350.

Ross, Less, & Ward, Andrew. (1996). Naive realism: Implications for social conflict and misunderstanding. In Edward Reed, Elliot Turiel, & Terrance Brown (Eds.), *Values and knowledge*. Hillsdale: Lawrence Erlbaum Associates.

Sanfey, Alan G., Rilling, James K., Aronson, Jessica A., Nystrom, Leigh E., & Cohen, Jonathan D. (2003). The neural basis of economic decision-making in the ultimatum game. *Science, 300*, 1755-1758.

Schmeichel, Brandon, & Baumeister, Roy. (2010). Effortful attention control. In Brian Bruya (Ed.), *Effortless attention: A new perspective in the cognitive science of attention and action*. Cambridge: MIT Press.

Seok, Bongrae. (2008). Mencius's vertical faculties and moral nativism. *Asian Philosophy, 18*(1), 51-68.

Siegel, Jenifer, & Crockett, Molly. (2013). How serotonin shapes moral judgment and behavior. *Annals of the New York Academy of Sciences, 1299*, 42-51.

Sim, May. (2015). Why Confucius' ethics is a virtue ethics. In Lorraine Besser-Jones & Michael Slote (Eds.), *The Routledge companion to virtue ethics*. New York: Routledge.

Slingerland, Edward. (2001). Virtue ethics, the Analects, and the problem of commensurability. *Journal of Religious Ethics, 29*(1), 97-125.

Slingerland, Edward. (2011a). 'Of what use are the Odes?' Cognitive science, virtue ethics, and early Confucian ethics. *Philosophy East & West, 61*(1), 80-109.

Slingerland, Edward. (2011b). The situationist critique and early Confucian virtue ethics. *Ethics, 121*(2), 390-419.

Snow, Nancy E. (2006). Habitual virtuous actions and automaticity. *Ethical Theory and Moral Practice, 9*, 545-561.

Snow, Nancy E. (2013). "May you live in interesting times": Moral philosophy and empirical psychology. *Journal of Moral Philosophy, 10*(3), 339-353. doi:10.1163/17455243-01003001

Umiltà, Alessandra, Kohler, Evelyne, Gallese, Vittorio, Fogassi, Leonardo, Fadiga, Luciano, Keysers, Christian, & Rizzolatti, Giacomo. (2001). I know what you are doing: A neurophysiological study. *Neuron, 31*, 155-165.

Van Norden, Bryan. (2007). *Virtue ethics and Consequentialism in early Chinese philosophy*. New York: Cambridge University Press.

Vohs, Kathleen D., Schmeichel, Brandon J., Lohmann, Sophie, Gronau, Quentin F., Finley, Anna J., Ainsworth, Sarah E. ... Albarracín, Dolores. (2021). A multisite preregistered paradigmatic test of the ego-depletion effect. *Psychological Science, 32*(10), 1566-1581. doi:10.1177/0956797621989733

Wallace, Björn, Cesarini, David, Lichtenstein, Paul, & Johannesson, Magnus. (2007). Heritability of ultimatum game responder behavior. *Proceedings of the National Academy of Science, 104*, 15631-15634.

Wheatley, Thalia, & Wegner, Daniel. (2001). Psychology of automaticity in action. In Neil J. Smelser & Paul B. Baltes (Eds.), *International encyclopedia of the social and behavioral sciences*. New York: Elsevier Science.

Wilson, Timothy. (2002). *Strangers to ourselves: Discovering the adaptive unconscious*.

Cambridge: Harvard University Press.
Yu, Jiyuan. (2011). The practicality of ancient virtue ethics: Greece and China. *Dao*, *9*(3), 289-302. doi:10.1007/s11712-010-9175-0

第七章

中國文化中的語言與道德

林培瑞 (*Perry Link*)
Translated S.r.l. 譯審

摘要

在中國文化裡，語言與道德息息相關，而中文並不是唯一有此情況的語言。但是，在中國文化裡，這種根植的影響可能比其他文化更深。語言與道德之間的聯繫是如此深入，以至於在日常生活中人們很少意識到這點。本章會提出取自戰國至現代時期中國文學的證據，力證該陳述的合理性。相對於概括法而言，本章更傾向於使用細化法，讓讀者能更深入理解深植於中文裡的道德性。因此，本文首先會分析幾個關鍵詞語和片語，包括**當**（其含義不明確）、**正名**（改正名稱的習俗）、**不像樣**（沒有照樣子來，調皮！）。然後檢視一些中文語言習俗，包括使用筆名，其次會探討《大學》之內容。本文最後會對一系列中文慣用法進行反思，包括評估斷言、表述行為的言論 (performative utterance)，以及關於正確語言表現和正確思維之間關係的假設。

一、前言

在中國文化裡，語言與道德息息相關。其相關性很複雜，並會衍生重要後果。筆者並非主張中國在這方面獨一無二，這些相關性在其他文化中也有跡可循。但我敢說，比起其他文化，這種影響在中國文化裡多很多，並且深植其中，以至於在日常生活中，人們很少會意識到。

我們從一些例子開始看起。這些例子看起來可能似乎不相關，但希望讀者閱讀完這篇章節後，將會明白筆者認為的關聯性。

（一）在評論倫理判斷時，荀子（約公元前310年至公元前220年）寫道：

> 非我而當者，吾師也；是我而當者，吾友也；諂諛我者，吾賊也。（《荀子·修身》）

意思是：「批評我而且批評得恰當的人，是我的老師；讚揚我而且讚揚得恰當的人，是我的朋友；阿諛奉承我的人，是害我的敵人。」

在這裡的**當**是什麼意思呢？詞典提供的對應英語單詞為 fitting（恰當）和 appropriate（適合），這是一個好的開始。而 true（真實）就不合適，這太接近真值函數邏輯，太「希臘」了。**當**不只是「真實」之義，而且具有倫理成分。被形容為**當**的老師或朋友，其行為舉止恰是一個老師或朋友所該表現出的行為。

（二）在現代中文中，當孩子行為不端時，父母可能會責備說道**不像樣**（沒有照樣子來，調皮！）。這裡的**樣**（樣子），具有明顯的道德內涵：孩子所違反的是「正確」的樣子，而不只是任一樣子。同樣地，父母可能會使用**不像話**（沒有照說的話來）這個詞來責罵孩子。我們可能會問，為什麼未按照正確的樣子和正確的「言詞」行事會是同一件事呢？硬要說的話，**不像話**比起**不像樣**更為強烈。**話**（言詞）何以成為檢舉行為的工具，而且還是衡量良好行為的標準？

（三）在中國共產文化中，口號有固定的言詞順序和節奏。儘管在大多數地方，大部分的口號都是如此，但在毛澤東時代，背離標準被視為嚴重的**倫理**違規行為。偉大光榮正確的共產黨是「偉大的、光榮的、正確的共產黨」，這三個形容詞必須按該順序排列。如果有人說「光榮的、正確的、偉大的」共產黨或「正確的、偉大的、光榮的」共產黨，不僅是這些話語，而且這個人本身都會被認為是有缺陷的。無論該缺陷是否故意而為，負面的判斷結果都將留存紀錄。如此細微的語言差異何以帶有如此沉重的道德內涵？

（四）當我的雙胞胎兒子年幼時，他們必須學習如何在上廁所後不讓尿液弄髒內褲。我試圖教他們一些方法。然後，為了好玩，我教了他們很多年前學到的小曲：「無論你如何擺動搖曳，最後三滴都會滴到褲子裡」。我親愛的妻子是中文母語人士，聽我說了這句話，大聲喊道：「不！」她除此也沒說什麼，只是大喊了「不！」那個單音節話語代表的意義讓我感到困惑。她是否認小曲的主張：最後三滴總是滴進褲子裡是**不正確的**？還是說，這是道義上的聲明：最後三滴**不應該**滴進褲子裡？或者是針對她丈夫的道德評論：他**不應該**對男孩重複這樣的小曲？還是說（而我相信情況確實如此），「不」同時是事實和道義上的主張，以至於兩者之間的區別實際上並不重要？

（五）我有兩個好朋友，他們是流亡的中國異議人士，在寫政治文章或召開政治

會議時，會使用筆名以保護自己以及在中國境內的家人，以免因他們批評政權而受懲罰。但是，這其中有個難題。他們都是非常著名的異議人士，勤奮且高效率的中國國家安全人員有可能不知道其真實姓名嗎？當我提出這個問題時，兩個人都回答：「他們當然知道」。所以我繼續問：「那使用筆名有什麼用？」兩人（在沒有相互講好的情況下）分別給出了如下的答案：

> 這意味著，我知道您在看著我，而我給您些臉面。我們知道我們不喜歡彼此，使用筆名是承認您掌控著我和我家人的權力。這是我對您展現的小禮貌，為此我希望您至少在現在不會騷擾我的家人。

我想知道的是，當政府迫使異議人士僅僅只是「假裝」躲藏，為什麼政府就將其視為一次小小的勝利？

二、言詞是行為舉止的指南

筆者認為，多層文化假設是方才勾勒出五個例子的深層原因。也許最基本的假設是，言詞是行為舉止的指南。最早的中文書寫語言範例：刻在牛肩胛骨和龜甲上的字符（我們稱之為「甲骨文」），通常是關於未來行動的建議，無論是否為自己的（何時才是開戰的最佳時機？何時要執行儀式？何時要種植農作物？）或者其他事項（身為皇帝，我要如何控制其他人？）。Ames 和 Rosemont (1998) 對先秦文獻進行了概括歸納，並評論道：「語言既具有表演性又具有規範性，其對世界有益，且也建議了世界應該運作的方式」(p. 31)。他們指出（甚至在現代中文裡），**道 (speak) 與道（guide，引導）同義** (Ames & Rosemont 1998, pp. 33-54, attributing the insight to Hansen 1992)。這並不代表，中國古代對語言的**每一種**用法都有規範性，但是這種傾向非常強烈。

「是」與「應該」之間的區別，是否是對古中國文化的現代應用，這樣問很公平。意思為「說」的道，與意思為「引導」的道，只是同音異義詞嗎？就像英語單詞 right 有右（左的相反詞）與正確（錯誤的相反詞）兩種意義一樣嗎？或者，道是個單一概念卻涵義廣泛，同時涵蓋「說話」和「引導」？

我還記得 2000 年代初，在普林斯頓的一場研討會上觀察到的一次輕度爭執。人們為《論語·顏淵》上的名言爭論不休，在那句名言裡孔子說：「君君臣臣父父子子」，字面意思是「統治者為統治者，大臣為大臣，父親為父親，兒子為兒子」。孔子說的是社會等級制度中的禮節，而每個人都同意這一點。但是，應如

何翻譯該句呢？人們一致認為，應該將第一、第三、第五和第七個字符作為主詞，而將第二、第四、第六和第八個字符作為謂詞。但是，四個主詞和四個謂詞之間的隱含動詞是什麼？是「是」還是「應該」呢？孔子是在說：「父親是父親，兒子是兒子」，還是「父親應該表現為父親，兒子應該表現為兒子」？在研討會廳的辯論持續了一段時間，光與熱夾雜，但沒有結論。有人建議詢問著名的歷史學家余英時，他坐在後座但尚未講話。

所以，余教授，該是哪一個：**是**還是**應該**？

余英時想了一會兒，然後說：「兩者皆是」。他的意思不是說，它們可以交替解釋，而是兩個英語單詞都說得通。孔子對動詞的概念是比區分是和應該更早之前就有的產物。

三、道德指南和審慎指南

不過，說言詞是行為的指南，並不意味著這指南是**有道德的**。可能有，也可能沒有。首先，引導必須導向「良好」的行為，而非不良行為。此外，還須提出「對誰有利？」這樣的問題。在中國和西方（我猜其他地方也應如此？），能使自己或所屬群體（家庭、國家等）受益的計畫或策略可能就是非常好的。但如果它們只是自利傾向，我們不會稱之為**有道德的**。Kant 稱自利的策略是「審慎的」，而非道德的；要稱之為道德，必須普遍適用。J. S. Mill 和英國功利主義者不同意 Kant 定義的道德行為標準，但是在訂定自己的標準時（即要稱之為**道德**，此行為必須「為最多的人帶來最大利益」），他們也沿用這樣的規則：如果要將某種行為稱為道德行為，那麼必須是涉及整體人類的利益，而不僅僅是部分人類的利益。在中國顯然也有類似的區別。當孔子和孟子談到**做人**（做一個好人）時，他們關心的是如何為整個世界做個好人，而不是如何促進任何人的私人利益。諸葛亮在中國因其絕妙的策略而備受推崇，但這些策略是讓一個團體擊敗另一團體的有用手段，因此不被視為「有道德的」，因為它們與**做人**的美德不同。

這種區別不僅僅是哲學家的辯論，它存在於東、西方普通百姓的日常生活中。大家都知道，玩麻將或橋牌時懂得出好牌不代表這玩家是有道德的，因為如果發生地震，幫助房內所有其他玩家逃生才是有道德的。Rawls (1971) 指出，一名出色的刺客就比一名好的技師，如果擅長於自身的特殊技能，就該使用「好」這個詞來形容。但這與形容他是位好人是不同的概念，因為「好人」（無論是儒家、Immanuel Kant、David Hume 主義還是任何人）意味著對整體人類有益之人，而一名好的刺客不一定是個好人。

筆者迂迴提到審慎和道德的「好」之間的區別，因為本章提出在中國文化裡（可能比在其他文化中更明顯），語言使用被視為一種表演，而表演的目的是為了達到某種好結果。我不是說「好結果」總是道德上好的，有時是審慎上的好，而語言使用能適用兩個目的。

四、《大學》思維

在許多文章以及社會習俗中，中國倫理思想有很強的典範。最早且也許也是最簡潔的陳述之一是在《大學》（偉大的學習）中。在裡面我們讀到：格物（對事物的研究）而後致知（知識的完成），而後誠意（淨化意志）、正心（矯正思想）、修身（修養自身）。接著，在此因果關係鏈中產生的道德力量就可以向外延伸，成為人們可以齊家（管理家庭）、治國（安定國家）、明明德於天下（把美好德性彰顯於天下）的基礎（《禮記·大學》）。

這種源自文章的學習道德價值觀念廣泛出現在中國的社會典範中。幾個世紀以來，**科舉**考試體系假設道德力量來自對古典語言的吸收，從而提高品格修養，讓人有資格管理他人。小男孩甚至不必理解他們所記住的文字，死記硬背是撒下其內化道德種子的第一步。[1] 一旦道德修養扎根，人們就可以通過文學考試證明自己有資格在各地（地方、省，甚至朝廷級別）執政；至於在哪執政，則取決於他們所表現出的修養。那些達到殿試等級的人（天子），表示其已能與自然宇宙和諧連結。

充分融合了經典學習的學者，應能展現對生活狀況的技能和適當的道德反應，例如：在為朋友送行時，創作詩歌來反映出酸楚時刻的情緒。農民叛亂分子即使勉強識字，也經常擁有某種**天書**（自然、公正的文書），作為改變王朝訴求的道德文學寶庫。甚至是毛澤東（試圖成為所有「舊習慣、舊文化、舊風俗和舊思想」的「粉碎者」），也鼓勵採用一種制度，且在 1960 年代後期的文化大革命中，可以用稱之為「《大學》思維」的原則準確重現：年輕的紅衛兵背誦經文（內容是《毛語錄》，而非孔子或其他古人的話），內化經文不容置疑的正義，展現由此產生的「修養」，作為在更大的社會中把事情做好的資格，並由此與天堂下的最高權威（此指毛澤東，而非皇帝）建立了連結。

從理論上講（如非實踐角度），《大學》思維是道德思想，而不是審慎思想。「管理家庭」似乎是一個審慎的目標，因為指的是自己的家庭，但這誤解了《大學》

---

[1] 小女孩並不被允許，這當然是不公平的。

理論。這個想法並不是說，一個好的儒家家庭管理者與他人相比，管理**他的**家庭會帶來私人利益；而是說，他遵循的原則正是扮演家庭管理者角色的人應做的事。這些都是普遍原則，有助於為全體建立良好社會。

有些反對人士認為，王朝時代的儒家官員、農民叛軍或紅衛兵並不總是遵循自己的道德準則。此觀察結果當然是正確的，但沒有抓住重點。當腐敗的官員或犯下竊盜的紅衛兵為自己尋求「審慎的」待遇時，即是沉溺於違反道德準則的行為，而不是宣稱拒絕遵守道德準則。

必須牢記的是，在《大學》思維中，道德是根植於**語言**的。道德的種子源自言詞，無論是孔子還是毛澤東之語。充滿道德的言詞在文章中等待人們「研究」。在這裡我用引號標示**研究**，因為該詞具有兩種重要的不同含義。當微生物學家研究變形蟲時，會瞭解其相關資料。她會從外部開始探究：中文常稱為**研究**，這與**學**在許多其他情況下的含義大不相同。在《大學》思維中，學習者不是從無到有地研究文章，而是深入其中、吸收道德，並在獲得新的啟發後面對世界。**學**的本意是「模仿」。當父母鼓勵一個小男孩**學哥哥**時，他們的意思是「模仿他的良好行為」，而非**研究**（調查）他；換個角度說，微生物學家正試圖模仿變形蟲的優點。當孔子在《論語·學而》中建議「學而時習之」時，他說的是將學習吸收內化，而不是在談論**研究**事情的真假。

我曾看過許多誤解實例，皆源於**學**和**研究**與英語單詞 study（學習）的不同含義造成之混淆。在 1970 年代，我的博士學位論文是關於二十世紀初期的通俗小說，當時小說被貶低為「鴛鴦蝴蝶派」(Link 1981)。這是篇與歷史相關的論文，我想用通俗小說作為理解當時中國一般讀者的態度和價值觀的方式。當我去香港和臺灣進行採訪時，蝴蝶派的年長作家和編輯看到來自哈佛的年輕人終於給予他們尊重時，高興極了。他們想：我是來向他們**學習**的！我並未說出實際上是要去**研究**他們的。這份掩飾可能不合乎倫理，但絕對是審慎的做法。

五、適當性作為評估斷言的標準

評估中文話語（或書寫字符系列）價值的標準可以廣泛稱為**適當性**。在研究古代文獻時，中文的這一特徵常常使現代西方學者感到困惑，他們可能先以真與假為標準來研究，後來又發現事實並非如此。Graham (1978) 寫道：「墨家不使用相似於英語 true 的單一詞彙。」相反地，語言結構「要麼合適（當），要麼錯誤（過）」(p. 39)。同樣地，Hansen (1985) 寫道，古代中國哲學「對語言具有務實而非語義的興趣」，針對言語的評價是根據它們是否**可**（可行的、適當的）來

進行，而非如同在古希臘非常關注的重點「根據其意義上的對與錯」來進行 (pp. 492, 504)。[2]

諸如此類的評論有時會被誤解，而聲稱中國傳統對真理和虛假無動於衷。但是，這個結論（表面上很荒謬）並不是西方學者所主張的。當人們在《紅樓夢》中讀到假作真時真亦假（當假的假裝為真時，真的也似乎是假的）時，便會看到一個敏銳的真理概念在發酵。當古代中國人評價陳述時，Graham (1978) 和 Hansen (1985) 在其中看到的**當**或**可**，並未否認真理標準，而是超越了真理標準：它們呈現比真理價值本身更多的價值。

六、表現的重要性

當以 Austin (1962) 為開端的西方哲學家開始撰寫關於「言語行為」的文章時，他們在描述一種特別適合中國語言的狀態：話語不僅帶出了真理與虛假，而且是在世界上把事情做好的工具。適當地說話就是語言**表現**的問題。如果 Austin 當時是從研究中文實例開始，他可能會再更早就發現了這點。

在 1980 年冬天，當我在廣州中山大學研究中國文學時，就清楚地意識到了這一點。我製作了一份有關閱讀習慣和偏好的問卷調查表，分發給中文系的 74 名學生。有個問題是：「你最喜歡的中國小說是哪本？」大多數學生回答「《紅樓夢》」。後來的問題詢問學生，在過去的一個月、一年、高中時期或上高中之前讀過哪些小說。將答案並列，我可以看到《紅樓夢》是許多學生最喜歡的小說，但並未被列為他們曾經讀過的小說。我想知道為什麼會這樣？所以問了其中一些人，並瞭解到即使沒有讀過《紅樓夢》，也會將其列為最愛，因為它是「哪本是你的最愛？」的**正確答案**。學生們對我的問卷調查並未虛偽應答。從某種意義上來說，他們特別真誠，希望我對問題獲得正確的答案，因此而為。後來有個學生在填寫申請美國研究所的表格時，對裡頭的所有問題和空白感到困惑。他認真地尋找了每個正確答案，並來找我幫忙。他應該寫什麼呢？我是外國學者，我應該要知道的。

我開始更深入地思考，在中文裡正確使用語言和適當表現息息相關。這是為什麼中文裡的不當行為被稱為**不像話**（沒有照說的話）嗎？中文語文教師稱之為「謂語結構」的表現內涵更為普遍（並且更深植於中文裡，不過人們通常不會注意到）。如果用中文說「他說的（得）很好」，這可能是「她說的很好」(What she said is good) 或「她說得好」(She said it well) 的意思，區別在於**的（得）**後面

---

[2] 我在引文中的「可行的」一詞中增加了「適當的」字眼，作為對可的註釋。

的隱含名詞是「話語」還是「方式」。每當須要區分時，中文母語人士能輕鬆地憑藉其他文法和詞彙來區分這兩種想法。但是，筆者認為第二種情況（謂語結構）在中文裡的普遍性非常值得注意。可以使用誇飾翻譯來強調這一點：「她說得好」在中文裡感覺像「她的語言表現很好」。謂語結構還可以用在許多其他動詞和形容詞，而不僅僅是「說」和「好」。玩得開心就是「玩（表演）得很快樂」（玩得很高興）；在高爾夫球場上打得好是「打球表現（結果）很遠」（打得很遠）等等。在中文裡，要糾正錯誤的觀點或見解時可以說**不是那麼說的**（這不是你說的那樣），即使要更正的是聲明的內容，而不是其傳遞方式也是如此。如果有人說「海象有四顆牙」，便可以說「這不是你說的那樣，他們實際上只有兩顆牙」來糾正對方。

我不是在說，中文裡每個句子的動詞都暗示著表現，我只是想表明，與大多數其他語言相比，「表現」的概念更普遍深植於中文裡。

七、顯示出的外在正確語言表現，意味著內在正確思考的假設

上述已經指出，中國漫長的歷代王朝裡，公職考試制度是基於以下假設：精通特定的文章能得以修身養性，而正是由於修身養性，才能讓人足以治理他人。一個有修養的人，可以寫出意境深遠的詩詞，或寫出展現良好品格的書法來表現其內在品格。在這些語言展示中，語言不僅是符號，不僅是指向其他方面之道德訊息的工具，**語言本身**即以其形式承載著道德。在為公職考試學習時，並不總是要求小男孩瞭解內文含義，只要他們牢記並能夠背誦出來即可；道德自會在日後內化其中。同樣地，書法觀賞者可以從精美的作品中，看到書法家的特質：力量、正直、想像力等等。有時，甚至在觀賞者研究文字內容之前，或在確切認出所有字符之前，那些特質就已經很明顯。紙上墨水有自己的生命，這是道德生命，而詩歌和書法是最高的藝術。

余英時回憶說，在安徽的農村少年時代早期，他就被教導要敬惜字紙（敬重有文字的紙）。從道德層次來看，沒有人比毛澤東更遠離余英時，但是在毛主義強盛時期，**語言本身**就是道德工具這樣的文化假設也很明顯。在1960年代後期，將一張帶有《毛語錄》的報紙隨意使用（如塞鞋或包裹魚），會被視為是一種政治罪。

與其他語言中的類似錯誤相比，在中華文化裡，對漢字的誤用（錯寫或誤讀）

更為嚴重。在 2019 年春季，網路上充斥著大量的例子顯示習近平在公開場合對漢字誤讀。批評者為此歡呼，好像發現了極具說服力的證據，證明習近平沒有資格擔任高官職務一樣（萬維讀者「《萬維博評》20190508」）。美國諷刺作家對 George W. Bush 的失誤也頗有興趣，例如「錯誤低估」，但基本的道德或政治資格因此受到威脅的暗示並不那麼強烈。我們也可以反思，為什麼徐冰 1988 年藝術裝置《天書》影響如此強大。徐冰介紹了成千上萬個中文假字，這些假字由真實的漢字部分組成，但本身並非真實存在的字。乍看之下，它們似乎說：「我對中華文明來說，是一項極重要道德工具」，再一看，它們說：「我是假的」。很難想像在英語文化中，類似的英語書寫語言變形會帶來同樣強大的挑戰。

八、語言水平的分歧

在表面上講的話應與內在的道德相對應的文化中，當不如此而為會發生什麼事，存在著明顯的問題。在中國的許多日常話語中，將內外兩個層面看作是在不同的軌道上運作，是很常見且普遍接受的。人們會在某層次上操縱語言，以追求另一層次的目標。由於兩個層次之間的距離而產生的倫理問題有助於解釋，為什麼所謂**誠**（真誠）的道德價值在中國如此長壽。**誠**是保持內在和外在一致的特殊美德，但**誠**的問題是，它也可以偽裝。

中國偉大的現代作家魯迅將兩個層次之間的錯位所產生的不誠實，視為中國的「民族特色」，並在自己的眾多故事中描繪出栩栩如生的角色，比如《孔乙己》中的孔乙己、《肥皂》中的四銘先生，以及最明顯的《阿 Q 正傳》中的阿 Q。[3] 阿 Q 因為要假裝優越，他打了自己耳光以識別掌摑者。最近，當代作家胡發雲 (2006) 在小說《如焉 @sars.come》中提出了相反的觀點。他創造了角色「如焉」，她是如此美好，如此自然**真誠**，以至於偽善的可能性根本不可能發生在她身上。總體而言，如焉是一個平淡無奇的人物，但卻是這部小說在 2004 年出現在網路上後，造成流行的主要原因：讀者強烈渴望她所表現出的那種真誠。

如果中國文化允許不合乎內心感受的文字表現，那我們該如何形容這種掩飾呢？說話者說出自身認為是虛假的誤導性句子是「說謊」嗎？我覺得不是。就像我們對古代中文裡的**可**（合適）或**當**（適當）的討論一樣，這裡的真假概念過於簡單。習慣於大多數人的兩種思維方式之人，不會被表面上的語言表現所欺騙，

---

[3] 《孔乙己》和《阿 Q 正傳》都出現在魯迅的著名故事集《吶喊》中。《吶喊》於 1923 年首次出版，並有許多再版。《肥皂》出現在 1926 年出版的《徬徨》系列中，並且之後也有許多再版。

他們視其為跡象；如果有人對此進行反思，就可以從中推斷出更深層次的動機。表面層次的語言表演執行者也曉得，聽者知道這些是表演，並可能會加以分析來瞭解其背後意涵。這種語言遊戲比所謂的「謊言」更加微妙，道德上較少受到譴責。

九、當獨裁統治加劇語言分歧

1949 年之後，毛澤東的權力到達中國大陸國家政權巔峰時，他試圖擴大對中國人民的思想控制（不僅是官員，還有普通百姓），比以前的任何皇帝更加嚴峻。秦始皇和隋煬帝也曾殘暴對待普通百姓，但他們並沒有試圖改變其思想。毛澤東想要影響的不僅廣而深。1960 年代後期，在最狂熱的時候，他命令紅衛兵追隨者「靈魂深處幹革命」。表面的服從並不足夠，他想要的是全面服從。

不過，他的方法很傳統。試想，一個人如何能控制另一人的內心想法？人們會要求這個人重複某種語言（說出，甚至記住），直到重複出現的字詞逐漸喚起內在「道德」（此種情況直指毛主義），並深植於心，讓該語言的接受者在世上舉止適當。在城市的「工作單位」（政府辦公室、學校、工廠、醫院等）以及部分農村集體或公社中，每週有半天或一整天須留給「政治學習」。這項學習包括聆聽單位主管閱讀《毛語錄》、《人民日報》文章或其他「指導性的」政治文件，之後會要求該小組每位成員分享自己的想法。在此情況下，何謂**正確的**想法很明確，而背離這些想法可能會付出沉重代價。人一生中的一切事項，包括薪水、住房、飲食配給、旅行、結婚或購買腳踏車等之權利，都由單位上級控制。在政治學習場合中保持沉默根本行不通。當被要求回答時，拒絕回答可能會被視為想掩蓋不正確想法之作為。「收集」每個人的觀點之目的，並不是收集意見本身，而是統一大家的意見。

在這些會議中（漸漸地也涉及到日常生活），每個人會因自身的**政治表現**被加以衡量。「表現」可能是指某人在某些特定時間和地點所做的事情，但也可能是指某人的一般態度。隨著時間流逝，一個人的一般**表現**可能會改善或惡化。稍作停頓瞭解「表現」一詞的詞源是值得的。它概括了我們在中國前現代注意到的「外在語言」和「內在修養」之間的區別。**表**是「表面」，**現**是「樣子」。毛澤東規定「表面樣子」是為了塑造內心想法。這就是《大學》思維。

隨著毛澤東的熱忱增長，其政權對表面樣子的控制變得越來越入微。正如本章開頭所指出的，在文化大革命最高峰時，提及「偉大、光榮、正確的」共產黨是**必需**的；僅能使用這三個形容詞，並且一定得按照該順序。當然還有許多其他

例子。我們可能會想,為什麼毛澤東政權堅持這樣的等距遵從?如果共產黨是「正確、光榮、偉大」,又有什麼關係呢?畢竟內容是相同的。是否是因為記住生硬的概念可以減少記憶者獨立思考的可能性?還是說,標準化所有個別使用者的語句能讓異議聲浪(無論多微小)不至於浮現?無論如何,表面樣子和內心想法之間的對應原理是不變的,只有嚴重程度不同。

到了1970年,文化大革命崩潰了;不久後,毛澤東意識到必須嘗試其他方法,而且必須緊急行動(他想要和時任美國總統Richard Nixon接觸的意願與他對自己困境的看法有很大關係,而不是因為Nixon或Henry Kissinger是「天才」)。但是毛澤東不能放棄他的官方政治語言,因為他的威信(及其權力)對此已投入甚深。1976年去世後,他的繼任者鄧小平面臨到一個難題:[4]因為要執行與他理念不同的政策,針對毛澤東的語言,我應該拋棄多少?但我繼承的政權根植於此,又應該維持多少?

結果不是找到一個令人滿意的方法(可能在任何情況下都找不到),而是分流中文。鄧小平呼籲人們「解放思想」,「毫無畏懼地向前看」,但同時也堅持四個基本原則:馬克思列寧主義與毛澤東思想、社會主義道路、共產黨的領導和無產階級專政。「四項原則」是份多餘的命令清單,本質上說的是相反之意:解放思想很危險,只有心懷恐懼才是理智的。對於普通中文使用者來說,其結果是該語言被分為兩個級別。一種是非正式的生活日常語言,用來借腳踏車、在市場上買胡椒粉,或告訴晚輩進來避雨。另一種是正式的政治體系語言,不僅在主題和詞彙上與前者不同,甚至在文法上也有差異。

前者語言的陳述價值,取決於它們是否與現實世界相對應;後者語言的價值,取決於陳述是否與指定國家語言中的其他陳述相符。傑出的記者劉賓雁在著名的演講中分析了「兩種真理」:一種出現於日常生活中的磕磕絆絆,另一種以黨語言之姿層層流傳,從黨中央到各省,再到地方 (Liu 2006, p. 31)。劉賓雁在東歐讀過書,回憶起古老的蘇聯笑話:比沒有真理更糟糕的是真理有兩個。

但是兩種語言和其各自的「真理」都是非常真實的,兩者都不容忽視,人們必須學會與兩者打交道。結果是,如果Ludwig Wittgenstein觀察到的話,即會認可係「語言遊戲」絕佳範例的廣泛發展。在某種程度上,它確實類似於西洋棋。玩家將一種官方語言移到這裡,而另一方則將另一種語言移到那裡。雙方都知道,不加修飾的語言吸引力在於背景,但是棋盤上的棋子決定了結果。

---

[4] 在這裡,我忽略了華國鋒短暫的過渡期。

以這個例子為例：當我於 1979-1980 年間住在廣州中山大學校園時，我與中文系的一位助理教授相處融洽，並得知他與妻子和兩個兒子在文化大革命期間遭受嚴重痛苦折磨。1980 年，他們住在一個很小的兩房公寓裡：一間四人睡的臥室和一間萬能房間。他們在那裡吃飯，然後在晚餐結束後擦擦桌子，好讓孩子們可以做學校功課，接著，小孩上床睡覺後，再清理同一張桌子，父母便能執行他們的大學工作。1980 年代初，北京政府下達了總命令（但措辭模糊）：應改善知識分子的狀況。我的助理教授朋友想藉此機會向他的黨委書記要求一間更大的公寓。但要如何說呢？他能解釋他的實際情況，正如上述文字所描繪的一樣嗎？不能。他必須說（我的說法是二手資料，並不是一字不差地敘述）：「因為與我在中山大學的情況有關，我們是否可以考慮將黨中央某日期關於知識分子的某指示之精神具體化？」黨委書記回答說：「黨中央的精神是完全正確的，一定會進行具體化，但必須從黨和中山大學全體人民的利益出發考量。我們會調查您所提的問題。」

另一個例子：Mark Salzman，1980 年代初從耶魯大學畢業的年輕美國人，隨後便去湖南教英語。有一天，他工作的地方（長沙醫學院）當局宣布要進行滅絕校園老鼠的清潔活動，帶來死老鼠的人將受到獎勵。Salzman 視自己為校園公民，殺了一隻老鼠，排隊等候領取獎勵。不過，這其中有個問題，因為就名義上來說，外國人不應該知道中國有老鼠。這些訊息是「內部的」，意思是機密的。外國人殺死老鼠這事實在現實世界中是真確的，但在語言遊戲的平行世界中卻並非如此。面對這一困境，校園官員決定拒絕獎賞 Salzman，因為留下獎勵的紀錄等於承認外國人知道有老鼠。Salzman 後來問他的一位學生，這一切是不是有點愚蠢。他記得學生如此回道：「哦，當然，這很愚蠢。但是辦公室裡的同志們和其他人一樣，寧願做些愚蠢的事情，也不願做惹麻煩的事情」(Salzman 1986, p. 201)。以常識的名義侵犯語言遊戲會很危險，因此會惹麻煩。

儘管在過去的三十年裡，中國社會發生了變化（經濟飛速增長和城市中閃亮的現代表面外觀），語言遊戲仍持續存在其中。共產主義制度的術語（黨中央、「群眾」、社會主義道路等等）仍然很普遍，在官方語境仍是**必需的**。習近平強調要遵循「馬克思主義」。若馬克思 (Karl Marx) 今天造訪中國，看到他的名字被用來作為他曾觀察社會的標籤，將會感到震驚。說當今共產黨統治者講話中的馬克思主義語言是多麼不合時宜、多麼荒謬可笑也不算誇大其詞。與政治相關的富有精英人士手拿 Gucci 手提袋、在巴厘島度假，並在洛杉磯和溫哥華購買房地產（中國全國人民代表大會的 153 名成員身價 6,500 億美元，僅略低於瑞士的年度 gross domestic product [GDP]）(Lee 2018)，同時板著自以為是的嚴肅面孔，提倡「堅

決嚴守馬克思主義」。

所以問題出現了：為什麼要保留虛假的語言？當權者顯然認為，繼續使用該語言對他們自身維持權力很重要。而他們可能是正確的，因為放棄這種語言可能會削弱共產黨重要的一個權力支柱。這等於承認（無論現在還是過去）共產黨曾經犯錯，而這樣的承認絲毫都不能被允許。下臺的領導人可被視為犯了錯誤，但是共產黨本身呢？不可以。共產黨聲稱其合法性的**基礎**是它完全沒有錯誤（如果共產黨得到真誠強勁的民眾支持，那麼這種支持就可以成為其基礎，就可以承認錯誤）。此外，放棄官方語言等於承認公民的政治思想可以偏離單一且固定的規範。多樣化的政治語言可能導致非標準行為，這是該政權持續努力淡化的事情。這就是為什麼在當今的語言遊戲中，「跟隨馬克思主義」或多或少意味著「服從」。

但是，在這方面習近平已經從毛澤東路線做了顯著變更。儘管毛澤東希望人民「打從靈魂深處」服從，但習近平意識到，在當今的中國人們擁有網路，對「權利」的意識日益抬頭，可以在社會中自由活動，他不可能追求毛式的思想控制。他最多所能要求的，是表面上的默許。表面上假裝忠誠很難成為權力的堅實基礎，但總比沒有好。總之，在高壓手段（邀請「喝茶」、威脅、監視、拘留和監禁）的支持下，它確實有效。之所以起作用，部分原因在於，在表面服從的茫茫人海中，每個人都知道，任何破壞形式站出來問「我們為什麼要這樣做？」的人都有可能受到懲罰。簡而言之，為謀取自身利益，共產主義國家政權利用了中國文化雙層語言的模式。在極端的情況下，就像本章開頭所提到，我的兩位異議分子朋友一樣：人們表達忠誠，政府也接受，即使雙方都知道該忠誠是偽裝的。之所以會出現這種奇怪情況，是因為該政權知道它無法擁有異議人士的思想，而異議人士也知道，該政權具有使其生活變得極為悲慘的權力。雙方妥協：我使用筆名假裝尊重您的權力；您會接受該榮譽，因為它支持您的權力，並且會假裝不知道我在假裝。

十、展望

當我公開演講時，聽眾幾乎都會問：「您如何看待中國的發展？未來該何去何從？」我總是很想不快地回答：「中國的過去已經夠困難了，我還在忙著弄清楚那部分。」但我掩飾了我的不快，畢竟這是一個公平的問題。

細節無法預料，但筆者確實認為，在本章中探討的中華文化之兩個根深蒂固的特徵，將在中國社會發展中起到重要作用。

一種是文化對道德表現的著重。一個人應該按照道德標準行事。這個想法不僅是精英中的思潮，不僅是學者對**做人**（表現得像〔適當的〕人）的觀念，還一直延伸到不服管束孩童**不像樣**（不符合〔適當的〕榜樣）的紀律處分。本章也論述了，中國人舉止端正的概念甚至在中文文法中也已根深蒂固。在1960年代後期，毛澤東要求破除「四舊」：舊思想、舊文化、舊風俗、舊習慣。但是，即使毛澤東發起了中國文化有史以來最嚴峻的挑戰，也無法在其基礎上掘出倫理假設。在這裡，筆者再次強調，我並不是說中國人的行為舉止一直是、或甚至在大多數情況下都是有道德的。我只是預測，人們**應該**是恰當的，**應該**「照榜樣」這樣的文化標準將持續流傳下去。

我們期望會持續延續、與前者密切相關的另一個中國文化重要特徵，是能夠獨立於人們所崇尚的理想而行事之能力。只要中國持續生活在一個幾乎需要它的政治體制下，就會加深這種趨勢。隨著該政權使用空中攝影機、人臉辨識技術等對表面的監視不斷增加，促使中國人正確展現表面樣子（無論他們內心有什麼感覺）的動機只會增加。

最後，我對中國未來的倫理持謹慎樂觀的態度。我寧願既理想又虛偽地生活，而不是兩者都沒有（兩者都沒有的生活是前人類的生活）。在中國後毛澤東時代，種種土生土長和由國外傳入宗教的復興，顯示中國人對道德行為標準的持續渴望。

參考文獻

胡發雲，《如焉@sars.come》（北京：中國國際廣播出版社，2006）

萬維讀者，「《萬維博評》20190508」，https://video.creaders.net/2019/05/09/2088066.html

魯迅，《吶喊》（北京：北京新潮社，1923）

＿＿＿，《傍徨》（北京：北新書局，1926）

Ames, Roger T. and Henry Rosemont, Jr. *The Analects of Confucius: A Philosophical Translation* (New York: Ballantine Books, 1998)

Austin, J. L. *How to Do Things with Words* (Cambridge: Harvard University Press, 1962)

Graham, A. C. *Later Mohist Logic, Ethics, and Science* (Hong Kong: Chinese University Press, 1978)

Hansen, Chad. *A Daoist Theory of Chinese Thought* (New York: Oxford University Press, 1992)

_____. "Chinese language, Chinese philosophy and 'Truth,'" *Journal of Asian Studies* 44: 491-519 (1985)

Lee, Sui-wee. "China's parliament is a growing billionaires' club," *The New York Times*, March 1 (2018)

Link, Perry. *Mandarin Ducks and Butterflies: Popular Fiction in Early Twentieth-Century Chinese Cities* (Berkeley and Los Angeles: University of California Press, 1981)

Liu, Binyan. "Listen carefully to the voices of the people," translated by Kyna Rubin and Perry Link. In *Two Kinds of Truth: Stories and Reportage from China*, edited by Perry Link (Bloomington: Indiana University Press, 2006), 29-42.

Rawls, John. *Theory of Justice* (Cambridge: Harvard University Press, 1971)

Salzman, Mark. *Iron and Silk* (New York: Vintage Books, 1986)

第八章

中國法律傳統框架下的中國道德心理：從歷史觀點探討正式與非正式法律形態之間的分歧如何塑造中國的「法律靈魂」

John W. Head 著
Translated S.r.l. 譯審

摘要

中國的道德心理反映了這個社會對於法律的特殊見解，此現象在中國各朝代與近代史中處處可見。有別於世界上其他社會，中國對於法律的主流見解源於兩種相對立的哲學流派或思維模式之間的競爭，亦即正式與非正式法律之間的競爭，而這種現象很具體地體現在法家與儒家之間明確的界定。隨著歷史的演變，正式與非正式法律之間的分歧逐漸演變，並塑造了中國的「法律靈魂」。聚焦在此中國法律傳統的演化過程，可以為研究者與讀者們提供可用框架來理解中國法律如何影響當代中國人的道德認知、行為和情感。

一、引言

本章將從法律和法律史的角度來呈現中國的法律靈魂，及其發展的關鍵概念、輪廓和特徵，而上文提到「中國的法律靈魂」的涵義會在下文中逐漸呈現。在這裡，筆者先以一個段落概略地介紹此概念，及其在更廣泛的中國道德心理之研究中的重要性：

> 從古代開始說起，尤其是自周朝直到清朝的滅亡，再到今日，中國的道德心理（即中國人對道德行為和社會禮儀的主流觀點）反映了這個社會對於法的獨有見解。有別於世界上其他社會，中國人對於法律的見解來自於兩種互相競爭的哲學流派或思維模式。正是在中國第一個真正的「王朝」——即秦始皇在公元前221年建立的擁護法家、擯棄儒家的秦朝——創立之前和之後，

這兩個流派各自最明顯、也最明確的「標記」分別出現了。然而，正式和非正式法律形態之間格格不入的分歧（成文與不成文、官方與非官方、陰與陽、公與私、法與禮）都在歷朝歷代的中國文化裡留下了烙印。因此，我們看到了法律發展在中國的家庭等級、和諧與秩序、抵抗外來影響，以及法律編纂等中的特殊作用。當然，這些特徵的影響和強度不但會隨著時間而改變，而且幾乎可以肯定的是，在中國不同地區也有所差異。然而，整體來說，我認為這些特徵，尤其是產生這些特徵的「正式與非正式法律形態之間的分歧」，塑造了中國的「法律靈魂」，即便時至今日也是如此。

當然，這篇簡短的章節不足以對上述段落中的概括性觀點提供全面的解釋或辯護。但筆者也確信，從歷代和近代中國歷史中擷取的一些「片段」可以說明為什麼正式與非正式法律形態之間的分歧應被強調，以及為什麼這種分歧能夠解釋中國的道德和倫理觀念（與林培瑞 [Perry Link] 及本書其他作者的用法相同，「道德」和「倫理」二詞在本章中具有相同涵義）。總之，筆者希望對「中國法律傳統歷史發展」的分析能夠讓同行和讀者瞭解中國法律的過去（和現在）如何對當代中國人的道德認知、行為和情感產生影響提供可用架構。

前述段落使用了「法律傳統」一詞。Merryman (1985) 對該詞的如下定義被廣泛引用：

> 法律傳統……不是一套關於合約、公司或罪刑的規範，儘管這樣的規範幾乎總是在某種意義上反映了這一傳統；相反地，它是一整套根深蒂固、受歷史制約的態度：對法的態度，對法的本質的態度，對法在社會和政體中作用的態度，對法律體系適當架構和運行的態度，以及對法律實際和應該如何被制定、運用、研究、完善和教育的態度。(p. ii)

為何我如此強調 Merryman (1985) 在定義法律傳統時所使用的態度一詞？原因有三。第一，非法律學者傾向於假設法律或法律體系最重要的屬性是其具體的規則、制度和程序；而大多數的法律學者（尤其是從事比較法研究的學者們）會主張：事實上，一個社會對於法律的態度，對於理解這個社會的法律及將之區別於其他社會的法律才更為重要。第二，Merryman 對態度的強調，在中國議題上具有特殊的相關性，因為在儒家和法家之間的對比中，包括在這兩個流派的先哲和繼承者們之間，最重要的是一種態度上的競爭、摩擦和衝突。第三，Merryman 的定義突出了社會法律態度所處的「歷史條件」。筆者認為「歷史條件的影響力」是 Merryman 定義的核心。

我們就從歷史來開始探討。表 1 是以中國法律史上重要的里程碑事件為線索

第八章 中國法律傳統框架下的中國道德心理：
從歷史觀點探討正式與非正式法律形態之間的分歧如何塑造中國的「法律靈魂」

表 1 中國法律史的亮點

朝代	政治與法律發展	法律與道德的意義
西周（公元前 1100–771 年）	1. 周公將「禮」的概念作為貴族階級內關係發展的核心要素 2. 呂侯發展《呂刑》（刑法）	為（不成文）倫理（禮義、道德）與刑罰和成文法的關鍵區分奠定了基礎
東周		
春秋時期（公元前 770–476 年）	1.《刑書》（鑄刑書）鑄在青銅和鐵鼎或刻在竹片上（公元前 536–501 年） 2. 孔子的著作，從「禮」的概念擴展出來，倡議政府以德立政（約公元前 500 年）	深化了（不成文）倫理規範（孔子學說）與頒布的（成文）刑罰之間的鴻溝
戰國時期（公元前 475–221 年）	1. 孟子與荀子的著作（約公元前 325–250 年） 2. 法家主要代表人物的著作（約公元前 430–230 年） 3. 據考李悝所著之《法經》出版（公元前 400 年）	孔子觀點的修正，但也加強了法家的觀點；支持成文法律和懲罰
秦朝（公元前 221–207 年）	1. 集中控制，進入第一個真正的皇朝 2. 頒布《秦法典》	政府採用法家哲學；儒家思想「非法化」
漢朝（公元前 220–206 年）	1. 推翻秦朝，建立漢朝 2. 頒布《漢典》（約公元前 200 年） 3. 董仲舒為武帝的政治利益服務	部分回歸儒家道德；法律「儒家化」
隋朝（公元 581–617 年）	頒布《開皇律》（隋法典）（公元 581 年）	恢復成文法，並融合儒家與法家
唐朝（公元 618–907 年）	頒布《唐律疏議》（公元 653、737 年）	最複雜（並且完全可用）的法律，同樣融合儒家與法家
宋朝（公元 960–1279 年）	頒布《宋律》（公元 963 年）（以《唐律疏議》為基礎），並彙編了法官與書記官的指引	逐漸縮小正式法律的「管轄範圍」；儒家思想邊緣化
元朝（公元 1279–1368 年）	第一個「外來政權」所建立的皇朝；頒布若干「法典」，包括 1291 年和 1331 年頒布的「條約」	嘗試「外來」法律體制
明朝（公元 1368–1644 年）	1. 頒布《大明律》（全名：《大明律集解附例》；公元 1389 年） 2. 頒布《問刑條例》（公元 1500 年）	回歸漢唐的法律和編纂模式；儒家倫理內外道德規範
清朝（公元 1644–1911 年）	頒布《大清律》（公元 1646 年），以及之後的《大清律例》（包含法律與例，公元 1740 年）	
中華民國（公元 1911–1940 年代）	頒布擬議的《中華人民共和國憲法》和法典，致力於建立一個類似現代西方法律的體系	憲政主義以及一部分的西化風潮；但引起法律昆亂
中華人民共和國（公元 1949 年至今）	進一步的法律改革，然後文化大革命發生（公元 1966–1976 年），接著是戲劇性的立法活動	法律與儒家倫理的崩潰和反彈；法治的修辭

的簡明時間表。當然，這條法律史的時間線與中國朝代史是平行發展的，但它突出了若干極其重要的法律發展標誌性事件。從這條時間線中，筆者擷取了四個具體事件，作為前文提及的「歷史片段」，以舉例說明一些與中華道德心理這一跨學科領域有直接關聯的法律問題。

表 1 中的「時間表」本質上是極其粗略的。它省略了中國法律史上無數重要元素，也使用了幾個可能存在爭議的日期。某些時期其實是非常複雜多元的，但在這個時間表中被籠統地以一個朝代概括呈現。對於這些問題，筆者已經注意到了。同樣地，筆者也料知，以下論述會不可避免地存在不完整、有曲解、過於簡化，或不夠精確的情況。筆者此前撰寫了多部關於中國法律傳統的著作和文章 (Head 2009, 2010, 2011, 2014, 2017a, 2017b; Head & Wang 2005; Head & Xing 2013)，[1] 並在此章中數度引用。對於希望瞭解與本章觀點相關的更細緻論述和分析的讀者，請參閱這些早期著作，這些著作可以提供大量權威論述和更多被引用的參考文獻。在這本關於中華道德心理的書中，所有這些引用幾乎都已省去。在本書編輯的善意許可下，此篇文章註腳較為簡潔。

二、《周禮》、孔子與社會和諧——家庭；非正式規則；抑「刑」

雖然中國法律史可能更為久遠，但為了契合本小節主題之分析，本文的探討將從西周開始，追溯至公元前十二或十一世紀。為什麼呢？因為孔子所論述的道德行為和良善治理的哲學是依據在這一時期所開創的先例而形成的。[2] 孔子視西周時期為黃金時代，認為從中汲取的養分可供借鏡。他生活在公元前 500 年左右，正值東周時期中混亂的春秋時代，並即將進入同樣混亂的戰國時代（參見表 1）。孔子擔心他正在目睹周朝的解體，於是致力於將中國回復至他在那個朝代最早期曾親歷的國家統一與穩定。他特別強調國家必須由賢人領導，以開明的榜樣來治理人民，遵行嚴格的道德行為準則，而其中心思想即為：遵守禮節和尊重某些基礎社會關係，例如父子之間以及君臣之間的關係。

在制定這些嚴格的行為準則時，孔子取其典範於周朝初期的一位領袖：周公。周公在公元前 1000 年左右提出，政治領袖的最高目標是為天地與社會帶來和諧，

---

[1] 這些著作均大量參考了其他英文以及中文文獻。
[2] 本段及其後各段中關於此點論述，請參閱 Head（2011, pp. 463-468；該書引用了大量中英文文獻，也包括 Roberts [1999]、Leys [1997]、Pye [1991]）。

即不負上天所授予之「天命」,而「天命」即為其統治權的根基。根據周公的說法,要實現這樣的目標,須經常且不斷地注重禮儀和禮節。

為此目的,「禮」的概念被納入義務範疇中。雖然「禮」在最初主要是指與喪葬和祈求祖先祝福的祭祖相關的儀式,但它的概念範疇在數個世紀的演化中逐漸擴大。根據普遍接受的觀點,周公對這一過程的貢獻是將「禮」擴大成為道德行為的準則,雖是一套「不成文」的準則(由於其複雜性和各種情況特殊性而導致「不成文」),但它實際規範了中國貴族階級成員之間——包括各層級的政治領袖(宗)之間——的關係。事實上,周公也被認為是設計和建立「宗法制度」這一政治架構之人。在此架構中,統治階級透過政治和家庭關係的結合來行使對國家的控制 (Head 2011, p. 464; Head & Wang 2005, pp. 20-22)。

以下是摘錄自關於中國法律哲學的一段文字,針對(大部分未成文的)《周禮》之實際內容提供了一些見解,特別闡述了禮與道德(和道德觀)之間的關係:

《周禮》的基本原則可一語概括:「親親也,尊尊也,長長也,男女有別。」

「親親」是謂:一個人必須愛他的親人(親字可謂「愛」,亦謂「親人」),尤其是父親家族裡的長輩;兒子必須對父親、弟弟必須對哥哥忠誠、忠實和服從;小宗(族長)必須服從大宗(王)

「尊尊」是謂:下級必須尊重與服從上級(尊字可謂「尊重」,亦謂「上級」),尤其是尊重和服從周人之「天子」(上天之子),亦及於周朝諸侯國之君王(即小宗服從大宗)。上下層階級之間的區別不容忽視

「長長」是謂:晚輩必須尊重長輩(長字可謂「年長之人」)

「男女有別」是謂:男尊女卑

這些原則之中,核心為「親親」與「尊尊」……「親親」的核心要素是認定父親為家庭中最具權威之人,而「尊尊」的核心要素是認定王為一個政治架構中最具權威之人。

在「親親」與「尊尊」之間,「親親」優先。這是因為周朝的政治架構是建立在宗法之上,而「親親」的內容包含「尊尊」。因此,在周朝,「不孝」是最嚴重的罪行。(Head & Wang 2005, p. 30)[3]

周公並不是唯一對中國法律最早期發展有顯著影響之人。如表 1 所示,另一

---

[3] 本段文字摘錄自一部關於法律哲學的重要中文文獻,由 Yanping Wang 翻譯。

位西周人物呂侯在中國傳統法律史上被認為專注於研究刑法，尤其是刑罰。具體而言，據說呂侯以法官的身分編纂了一套成文規則（現已失傳），稱為《呂刑》。據稱其中制定了審理案件和適用刑罰的重要原則 (Head & Wang 2005, pp. 30-31)。

在周公立下《周禮》約五個世紀後，孔子對《周禮》產生了深刻的敬佩，並且，隨著時間的推移，將其發展成更為廣泛的個人和政治道德行為之規範（大部分仍未成文）。具體而言，孔子的教義立基於一組根本原則：人們可以被教育；人們可以被教導美德；人們可以從賢王身上學習美德；因此，君王應以德治國，以行為樹立道德榜樣；且這種行為應該建立在以《周禮》為基礎的準則和關係上。

孔子在某些重要方面又發展了《周禮》。其中有三個方面特別值得提及：（一）孔子擴大了「禮」的概念，它不再僅僅適用於貴族的家族關係，而是延伸至普遍的社會關係；（二）孔子強調「禮」在政府行為中的主導作用，並幾乎完全摒棄了前文提及的如呂侯所編纂之《呂刑》之類的成文法；以及（三）孔子建立了從教育到倫理、從倫理到政治的直接連結，在這種連結下，治理的權力由沒有道德瑕疵的知識精英來行使。

那麼，孔子所信奉或強調的「禮」之具體規範是什麼，而這些規範記載在哪裡？這些問題或許會讓孔子沮喪地嘆息，因為這透露了對「禮」本質的誤解。在孔子之前，也就是周朝的大部分時間裡，禮的規範「僅以不成文的形式傳播」(Bodde & Morris 1967, p. 19)。在孔子強調並擴展了這些規範之後，據說「儒家學者……編纂了數部「禮」的成文（但僅部分）記載」(Bodde & Morris 1967, p. 19)，其中一部就是《禮記》。然而，即使如此龐大的彙編也不能視為是對「禮」相關規範的完整陳述，部分原因是：不同的人依自身在家庭和社會中的地位之不同，也因其他因素（如時間和地點）之不同，適用不同的（倫理道德）禮節標準；而這也正是「禮」的基本原則 (Head & Wang 2005, p. 36)（正如林培瑞在第七章裡所強調的漢語之高度語境關聯性，「禮」的規範內容也有類似的高度語境關聯性）。

那麼「禮」又與各朝代中法律的制定和實施有什麼具體的關係呢？事實上，關係非常密切。孔子將法律（至少是規範刑罰的正式法律）貶至一個在社會管理中無足輕重的地位。他認為，一個社會的凝聚與福祉並不能透過法律規範和制裁來維護，而是必須透過適當的「禮節」；此概念反映了內化道德行為的觀點。縱使，在某些情況之下，懲罰（刑）是必要的，品德仍是治理國家的主要手段，然而品德卻無法以正式的立法來規範，或以刑罰來施行。以下取自於孔子哲學經典著作《論語》，其闡述了孔子在這一方面的思想：

第八章　中國法律傳統框架下的中國道德心理：
從歷史觀點探討正式與非正式法律形態之間的分歧如何塑造中國的「法律靈魂」

子曰：「道之以政，齊之以刑，民免而無恥；道之以德，齊之以禮，有恥且格……」

季康子問政於孔子曰：「如殺無道，以就有道，何如？」孔子對曰：「子為政，焉用殺？子欲善，而民善矣！君子之德風，小人之德草。草上之風，必偃。」（《論語》2.3、12.17 和 12.19，參見 Leys 1997）

在研究孔子對法律的輕視時，一位學者從解釋孔子所堅定信奉的「禮儀」和「禮節」著手：

> 孔子將「禮儀」置於其思想的核心地位，可能會使一些西方讀者在初時對此感到困惑（甚至在腦海中出現一個有些奇怪的畫面：面帶微笑的東方紳士們頻頻地互相鞠躬敬禮）；其實，這只是源於語義上的誤解。只要將「禮儀」這個詞替換成「品行」(moeurs)、「文明」、「道德規範」，或「公德」，馬上就能領會到，孔子學說的價值觀其實與西方世界從啟蒙時代所流傳下來的政治哲學非常接近。孟德斯鳩尤其如此……他所設定的概念不經意契合了孔子的觀點，即禮政優於法治。孟德斯鳩認為立法活動的增加並不是文明進步的表現，相反，它預示了社會道德的崩塌。他有一句名言："Quand un people a de bonne moeurs, les lois deviennent simples."，意為：人有德，法則簡；這種觀點極有可能是受到了《論語》的啟發。(Leys 1997, pp. xxv-xxvi)

關於孔子，在此做個總結：孔子從周公汲取靈感，擴大了「禮」的適用範圍至政治與社會關係，覆蓋的層面比《周禮》更加廣大；相關理念主張家庭裡的權威應落在父親的身上，（相應地）政府的權威應落在正人君子之手中，而這些君子必須具備強大的道德人格，幫助人們建立內在的倫理感知，讓人們有想要透過禮節追求和諧的慾望。[4] 因為這些精英君子們致力遵循禮節與儀式，而（在孔子看來）這些禮節與儀式代表著過往時代的榮耀，則正式的法律與刑罰機制也只能發揮微不足道的作用。

在此透過強調「正式」與「非正式」之間的區別對上述「歷史片段」進行總結。孔子（以及周公）在中國法律發展伊始將其貼上了「非正式」的標籤；這種法律觀點與一個半世紀後開始發展的西方理論對比鮮明。公元前 450 年，羅馬頒布了《十二銅表法》，目的是消除貴族在統治平民時不受約束的權力 (Head 2011,

---

[4] 正如第十一章作者蒲安梅 (Emma E. Buchtel) 所言，中文裡「道德」的概念是一種力量或磁力，使人們在行為中遵循榜樣。也許在這個概念中，統治者可以透過準形而上的力量，如道德典範所釋放出來的力量，在人民身上注入非法律、非強制性的影響，以促進和諧。

pp. 51-53)。正如我在其他著作中所闡明，《十二銅表法》被視為歐陸法律傳統的奠基，幾乎等同於憲法，它是由一整套規範，即「成文法」組成。這套規範涵蓋了「羅馬人民在法律上的權利與義務，以及在民事糾紛中主張權利所須遵循的程序」(Head 2011, p. 52)。[5]《十二銅表法》亦規範了嚴厲的罰則，其中包括對某些罪行（如：作偽證或身為法官受賄）處以死刑。[6]

我們可以假設孔子會認為：一個需要以如此粗糙的方法來維持或推動合宜行為的社會是低等的；而一個高級的社會是由內在道德感所治理的，而這個道德感是由以「禮」立身之賢士以身作則教導人民。若從這個論點出發，孔子應會省思關於成文法及具體刑罰的古老起源。Bodde & Morris (1967) 針對一個關於其起源的傳說做了如下解釋：

> 〔中國法律發展史中可能〕著實令人著迷〔的一點〕——尤其是對比於法律在其他文明中享有的崇高地位——就是它的出現在中國遭受到的是公開的敵意；最初，法不僅被視為是對人類道德的違背，甚至被視為是對整個宇宙秩序的違背……有一則故事可以清楚闡釋這種態度……這可能是最早的對於「法」之起源（也就是成文法）的闡釋……〔這個故事〕沒有將「法」的發明歸功於任何一位古代中國明君，甚至任何一位中國古人，而是歸功於一個「蠻夷」民族：苗族。據說〔他們〕在……公元前二十三世紀興盛……〔由於他們使用法律對無辜的人施加酷刑〕，看到了人世間混亂狀態的上帝（即「至高之主」，中國古代至高之神）……對無辜者〔感到〕憐憫，遂滅苗，使他們無後嗣。(p. 14)

所以對於孔子和周公來說：一個真正優越的社會能夠在非正式規範中找到有序的治理，此種規範需由受過高等教育的精英以賢德榜樣進行傳播。我們可以假設羅馬早期的貴族們也持有同樣的想法：他們更傾向於選擇由有勢力的精英階層所控制的治理形式，以非正式的方式行使他們的自由裁量權，且不公布明確的成文規則和罰則。但是，那些早期的羅馬貴族最終並沒有壓倒平民。那麼，儒家做到了嗎？下一個小節將討論這個問題。

---

[5] 另參閱 Head & Xing（2013, pp. 67-72；比較研究了《十二銅表法》誕生的政治和哲學發展背景與中國早期的政治和哲學發展背景）。

[6] 關於《十二銅表法》的文獻很多，參見如耶魯法學院提供的網站：https://avalon.law.yale.edu/ancient/twelve_tables.asp。

三、法家、秦朝統一和法律「儒家化」——擁躉「法」和「刑」；火之力量；董仲舒的「魔法」

我選取的與此項研究相關的第二個「歷史片段」是令人矚目的法家與儒家之間的妥協，它的高潮是法律「儒家化」。

孔子的教義在他去世後的 200 多年裡經歷了重大修正（當然，在後世也有陸續修正）。孟子（公元前 372-289 年）和荀子（公元前 313-238 年）做出的修正涉及刑罰在社會治理中的作用。[7] 如上所述，孔子對刑罰的使用抱持著非常負面的看法：他認為，刑罰在引導人們遵行良好行為中的作用遠不如仁慈和良好的道德榜樣。這些都是烏托邦式的觀點，因此後來的儒家學者們會重新鍛造這些理論，也不足為奇，特別是在政治和社會動盪的時期。比起孔子，孟子和荀子都更加重視刑罰在社會治理中的作用。如下文所述，因孟子與荀子所做的修正非常重要，法律文獻經常將「孔子」的觀點（即孔子本人所持觀點）與孟子和荀子的「儒家」觀點做出區分。

孔子的這些繼任者們給予刑罰更高的重要性，這也反映出在社會運行中另一股強大的影響力：法家的興起。在東周後半期，對土地的控制權是可以出售的，亦即將土地轉讓給家庭以外的人。結果，新的地主階級出現了。在「禮」所支撐的社會規則和關係制度下，這些新地主的地位低於（基於血緣關係的）統治家族中的貴族（亦即上文提及的宗法制度）。不出所料，新的地主階級被這個舊制度激怒了，他們要尋求新的制度。

新地主階級尋獲了數位支持者。此處篇幅有限，我無法一一討論所有那些重要的理論家和政治家（如李悝、商鞅和韓非），[8] 但是歷史賦予了他們一個統一的標籤，即「法家」。概括來說，法家的觀點在三個相互關聯的重要領域與儒家的觀點截然相反。第一，他們主張政府不應依循「禮」而做出社會地位的區別，而應依據「法」給予具有相同社會角色的人平等之規範，例如：父親的角色。第二，他們主張，人性的現實面決定了引導人們主要還是靠刑罰，而非領袖人物的道德榜樣力量。第三，從第一和第二點推論，以法治國優於以人治國。

一位學者詳細論述了以上三點，尤其是第三點：

---

[7] 與孟子和荀子相關的討論，請參閱 Head (2011, pp. 468-470)。該著作中提及，有學者認為孟子（即孟軻）的生卒年是公元前 390-305 年。

[8] 關於這些人物及其著作，請參閱 Head & Wang (2005, pp. 45-46, 63-73)。

> 法家的立場……與儒家截然相反。〔法家〕否定僅靠道德影響就可以決定社會秩序的論點，或者僅靠一兩人就可以有足夠的力量來改變地方習慣，抑或在國家內建立秩序或引發混亂。他們強烈反對人治的原則……相反地，他們尋求一種治理原則來確保長期、甚至永久性的社會和平秩序，而不是一種因其本身不確定性而導致秩序和混亂交替出現的某種制度……〔因此，法家〕主張「賢能的統治者依法而治，並非智慧」。(Ch'ü 1961, pp. 242-250)

法家哲學的核心是「法」的概念。在此背景下，「法」可被定義為向社會公布的制定法，用於設立效力相對平等的規範，並公布違法行為的遏制手段。事實上，至少對法家來說，「法」意味著嚴厲的刑罰，（用今天的話說）即足以引起「震驚」和喚起「敬畏」的刑罰，從而確保社會上所有人都守法。

儒家與法家，兩種看似不兼容的意識形態在大約公元前 550–230 年的約三百年間，充斥了法律與政治話語及實踐體系。為了簡潔起見，這裡無法詳細討論這個時期前述二者數不盡的發展與相互摩擦，其中包括公元前 536 年鑄在青銅鼎上頒布的《刑書》以及據稱在公元前 400 年左右頒布的《法經》，兩者均被視為法家的代表性文獻 (Head & Wang 2005, pp. 48-70)。而本章關注的是儒法大辯論中一個非常重要的方面，即其令人驚異的結果。簡而言之，它們兩者之間達成了一種妥協；或者，用一個筆者較為喜歡的比喻來說，兩種相互競爭的意識形態「熔解」後鍛造在一起，形成了一種堅固的新「合金」。

生產這種合金的大釜就是大約從公元前 224–124 年約一百年的社會動盪。選擇這兩個年分是因為：前者緊鄰中國統一的時間，而後者是太學成立的年分。這段時期見證了具有深遠法律和政治意義的七個重要發展歷程：

（一）曠日持久的戰國時代進入了血腥高潮，秦國逐一摧毀了舊周朝分裂出來的國家。

（二）秦國皇帝嬴政在公元前 221 年統一中國，自封秦始皇帝（意即秦朝的第一位皇帝）。

（三）《秦律》嚴格推行法家意識形態。據記載，嚴格的刑罰引起了民眾對秦朝統治者沸騰的民怨；另一方面，官方驅逐儒學，秦始皇和丞相李斯下令放火燒毀儒家經典文獻。[9]

（四）僅僅十五年後（公元前 206 年）秦國滅亡，漢朝取而代之。

---

[9] 李斯在大約公元前 213 年給皇帝的上書中說：「臣請史官非秦記皆燒之……有敢偶語詩書者棄市。」(Smith & Weng 1973, p. 60)

（五）儒家價值觀作為皇家政府的基石得以回歸，但被限定於成文法典（《漢律》）的框架內。

（六）相互競爭的哲學和宗教教義融合，並合理化為一套我們現在稱為「皇家儒學」的學說。

（七）儒家學者在皇家官僚體制中的作用和地位得以鞏固，自此肩負起皇家立法和治理的責任。

以上每一個發展歷程都值得單獨分析，但現在讓我們聚焦於最後三個；這三段發展都始於漢代榮耀的興起之時，被後世敬仰為「黃金時代」。

漢朝的開國皇帝是劉邦（公元前 247-195 年），在推翻秦政權後不久即位，史稱「高祖」。[10] 儘管他以輕視學者聞名，但他的歷史功績之一就是重新振興「儒家價值觀作為皇家政府的基石」(Roberts 1999, p. 28)。

高祖的統治一直持續到公元前 195 年。在隨後的歲月中，該王朝達到了更為穩定和繁榮的盛況。該盛況在武帝統治的公元前 141–87 年間到達巔峰。在他的統治下，王朝的疆界擴展甚廣 (Smith & Weng 1973, pp. 68-69)，文化成就豐富多彩：第一本字典編纂完成；漆器和繪畫達到了很高的水準；天文學得到了極大的發展；算術和醫學的教科書相繼出版 (Gelber 2007, p. 24)。

然而，對本章來說，比漢朝統治者所取得的軍事、領土和文化成就更為重要的是他們的「法制」建設，特別是重新振興儒家思想，並將之作為法律制度的指導倫理。在以下的段落中，歷史學家 Gelber (2007) 強調了這一變化：

> 漢朝統治者，尤其是武帝，所沒有堅持的就是〔秦始〕皇帝的法家思想。相反地，**漢朝統治者復興、認可並在治理系統中嵌入了儒家原則。**自此，武帝廢除了秦（焚書）的命令，並重振了皇家權威是來自上天、而不僅僅是來自所頒布之法令的思想。他進一步加強了官僚機構，並重視官員遴選機制。考生經培訓獲得官職委任的模式開創了中國著名的科舉制度；這種考試遴選制度為現代西方世界公務員選任制度提供了模板。漢朝後期的皇帝們也都接受了適切的儒家教育，大多數的高級官員也受到相同教育傳統之洗禮。(p. 23)

上文曾提及孟子和荀子（「儒家」）在孔子逝世後約兩個世紀左右如何修正了他的教義（「孔學」，如上），其實在漢朝，孔學經歷了更多的修正。事實上，

---

[10] 中國皇帝通常使用「廟號」或「封號」，並且其後世也經常對其加以不同諡號。請參閱 Pye (1991, p. 64)。

在某些情況下，這些修正已經顯著到可以被視為對孔學的背離，甚或是打擊，這主要源自於一系列儒學自身所必需的調整，使其可以承受來自其他影響力的挑戰。最終，這些修正促進了所謂「皇家儒學」早期觀點的進一步發展。Fairbank (1992) 指出：「皇家儒學」一詞「將其自身與孔孟等人的原始教義區分開來，並使其區別於興於宋朝的世俗化和個人化儒家哲學，後者至今仍影響著許多受中國傳統文化輻射的東亞國家的人民——包括中國、韓國、越南和日本。」(p. 62)。

一位權威學者生動（但非常簡化地）描繪了在這個演變過程中的一個關鍵階段，它出現在上文提及的武帝統治時期：

> 儒家思想在漢代取得盛名，是因為一位君主和一位學者在思想上的相互契合；這位君主尋找的是明確的天命授權，而這位學者懷揣著掌控當時不同意識流派（包括早期的法家、道家和儒家理論）的抱負。他們的方法很簡單：以適應當下需求為目標來詮釋過去。武帝在他即位不久後（公元前141年），從科考中欽點了學者董仲舒，並宣稱從儒家理想社會秩序以及代表宇宙理論的《易經》和陰陽五行學說中獲得天命授權，從而進一步支持了其自身提出的「天人合一」理念。(Smith & Weng 1973, p. 79)

武帝與漢朝的首位皇帝高祖不同，前者接受了儒家傳統之教育，這也推進了上述變革過程 (Roberts 1999, pp. 28, 30)。基於此背景，武帝為他的官僚體系招募了「受過儒家經典教育的才子」(Roberts 1999, p. 31)。在公元前141–124年之間，數項改革措施的推動進一步加強了儒學教育與政府施政之間的連結，其中包含為想要專精研究儒學經典的學者設立官方職位，以及建立太學；太學的學生學習儒家經典、參加科考，通過者即被委以正式官職 (Roberts 1999, p. 31)。

不過，那個時期除了儒家思想之外，還存在其他具有影響力的流派，道家就是其中之一。一位學者對中國早期歷史背景中的道家思想概括如下：

> 道是謂「道路」、「通道」。它表達了普通百姓的自然主義宇宙觀和對大自然中看不見的靈所抱持的信仰，並被許多精英學者追隨。道家是一個巨大的民間傳說寶庫。
>
> 傳統道家思想起源於老子……他的追隨者聲稱他是與孔子同時期的一位長者。[11] 不過歸於「老子」思想的流派成為了各種被儒家拒於門外的信仰與實

---

[11] 雖然拓印文字記載了孔子對老子表達敬意，但兩人會面的故事「是道家的傳說」，儘管如此，「儒學家們經常敘述這個故事，以證明他們的創始人對崇高教義的接受」(Smith & Weng 1973, p. 81)。

踐之統合，包括早期流行的萬物有靈論、煉金術、古代魔法、對長生不老藥的尋求⋯⋯以及源於中國和印度的早期中醫和神祕主義。

早期道家學者認為，人類的道德觀是人類墮落的映射；孝道的觀念來自於不孝的事實，儒家對禮節的論述事實上反映了世界道德的混亂。順著這個思維，典型的道家思想蘊含在一種被動哲學之下；即無為，該詞意謂「無為而為」或「不動無為」。(Fairbank 1992, pp. 53-54)[12]

傳統儒家思想之外的另一股影響力，就是經過演化的「陰陽」力量之概念。在這個概念之下，自然界中有兩種原始力量互相作用：陰（消極）和陽（積極）。陰陽相輔相成；但在這兩者中，陽的天性較為崇高。「陽是實體，永遠在前；陰是影子，永遠在後」(Smith & Weng 1973, p. 79)。

漢代早期的另一個具有外部影響力的流派是五行的概念：金、木、水、火、土 (Roberts 1999, p. 31; Smith & Weng 1973, p. 79)。數字「三」也具有特殊意義，部分原因是它反映了三種主要的社會人際關係（見下文）以及統治者的三重義務：以獻祭來祭天、以象徵性行為（如耕犁）來祭地，以及以教育開啟民智 (Smith & Weng 1973, p. 79)。

將這些不同的概念和影響力調和成一個統合的理論似乎是不可能的任務，但能直達武帝的學者董仲舒卻做到了。

他從早期的儒家學說中汲取了一個觀點：社會的穩定取決於三類主要社會人際關係：君與臣、父與子、夫與妻；並且個人的道德取決於五種不變的美德：仁、義、禮、智、信。

從《易經》和陰陽學派中，他採用了基本的三元理論，也就是宇宙由天、地、人所組成，而這三元是由五個元素所組成：金、木、水、火、土。所有元素受兩種原始力量所控制：陰（消極），陽（積極）⋯⋯若天地之氣合併，即為「合一」；若分離，即為「陰陽」⋯⋯人具有天性；因此，也承繼了陰陽五行的特質，並能感應上天。當人類的作為與上天和諧時，和平就降臨了；當人類作為與上天背道而馳時，巨大的動盪就會發生。(Smith & Weng 1973, p. 79)[13]

---

[12] 其他關於道教在中國的興起和影響之論述，請參閱 Roberts 1999, p. 78; Pye 1991, pp. 37, 53-54; Mote 1999, pp. 497-498。除老子外，道教早期發展的另一位主要人物是莊子，公元前四世紀的哲學家 (Mote 1999, p. 497)。

[13] Bodde & Morris (1967) 寫道：「在漢代取得勝利的儒家思想是一種高度兼容並蓄的思想體系⋯⋯大量借鑑了其哲學對手的觀點」，包括陰陽、中國五行元素和其他「宇宙學說」或「自然學說」(pp. 27, 43-44)。

對現代西方人來說，這聽起來像是場騙局；或者，正如一位作者所言：「這是任何哲學家都可以玩的把戲」(Fairbank 1992, p. 64)。然而，該位作者也進一步解釋到，對道家、陰陽、五行等等不同思想的操縱和整合，成為儒家顧問們可以用來影響皇帝行為的手段：

> 基於〔他們對經典的熟稔〕，〔儒家學者們〕自稱，也事實上成為了皇帝身邊不可或缺的顧問。〔可以說〕……有學問的精英……已經與君主實現結盟。君主提供了權力的象徵與力量……文人提供了使權力合法化、並使國家正常運轉的先哲智慧和治國之道。(Fairbank 1992, p. 64)

沿上述邏輯發展的「皇家儒學」一經採納，便順理成章地出現了科舉制度和為之提供支持的教育學院之建立。正如一位權威人士所解釋：「公元前 124 年，太學成立之時，漢朝儒家便自成一體」(Fairbank 1992, p. 67)。[14]

公元前 124 年，是筆者選取的標誌此階段完結的時間；在這短短一百年的時間裡，前述七個主要發展歷程相繼出現。這段百年時期始於秦朝興起以及儒家被法家重重壓制。其結束於儒家再次振興，與其他哲學流派融合在一起，並以皇家儒學的形式上升至權威地位，這反映出儒家法學者與皇室統治者之間的聯盟。

此處，筆者將對本章的核心問題——正式和非正式法律之間的區別——進行更為詳細的論述。筆者提出以下假設，並認為值得進一步研究（也許在此跨學科中華道德心理研究的後期階段）：中國法律體系反映了正式和非正式法律之間關係的特殊演進，或者說（更明確地表述為）（一）正式實施的國家制裁，與（二）非正式的系統化社會道德之間關係的演進。此章論述將使用以下的詞語定義，這些詞語構成了「正式實施的國家制裁」和「非正式的系統化社會道德」（兩者在下文中將簡稱為「正式法律」和「非正式法律」）：

（一）實施 (posited)：由主權機構正式頒布的、從外部強加的一套規則，與以 Austin (1832) 為代表的「實證主義」(positivism) 學派的提法相近。[15]

（二）國家的 (political)：與國家內部的個人行為相關。

（三）制裁 (sanctions)：違反禁令的最低標準和後果（刑罰）。

（四）系統性 (organic)：一個不成文規範的複雜脈絡，在社會內部被廣泛地接受

---

[14] 太學的學生（人數在漢代曾一度達到三萬人）須學習五部儒家經典：《易經》（占卜）、《書經》（歷史）、《詩經》（詩詞以及古代民歌）、《春秋》（孔子故鄉山東魯國的附註編年史）以及《禮記》（儀式和禮儀的記錄）。

[15] Austin 有關此主題的最重要著作之一是 *The Province of Jurisprudence Determined*。

（如 Hart [1961] 所解釋[16]）。

（五）社會 (social)：與社會和家庭系統內的個人行為相關。

（六）道德 (morality)：志向高遠的目標和達到目標的獎勵（包括「本身就被視為獎勵」的美德）。

圖 1 以非常簡化的方式呈現這兩種法律「形態」——正式法律與非正式法律——在中國的演變。

圖 1 說明了在上述兩個「歷史片段」討論中筆者所提出的觀點。例如，筆者在第二個「歷史片段」中強調了法家熾熱但短暫的成功，緊隨其後的便是透過董仲舒的創造力將法律儒家化。如同圖 1 之表述，這是正式法律的暫時成功，隨之而來的是非正式法律的回歸。

此外，在法家和儒家哲學之間的激烈衝突中（尤其在晚周、秦朝和漢初時期），筆者認為兩種觀點均獲「淬煉」。透過相互競爭，以及法家在秦朝短暫的「勝利」，在如何實現社會秩序（「正式實施的國家制裁」和「非正式的系統化社會道德」）這個議題上，兩種觀點的立場都變得更加明確而堅定，如同當今某些國家的政黨一樣。筆者認為，在上面提到的一百年期間，即大約從公元前 224-124 年，我們看到的是一個「交替式」變遷：社會主導思想從儒家轉換至法家，然後透過這兩種意識形態的「融合」，又重新確立了儒家的影響力。儒家影響力得以恢復這一事實不僅證明了董仲舒的創造力（以及他與武帝互動良好的正向巧合），也揭示出當時儒家道德已經深深植根於中國社會的土壤。在筆者看來，這樣的發展令人更加好奇，因為在接下來的幾個世紀裡，法律的發展逐漸傾向於擠開道德。這使社會中的個人越來越依賴於處於正式（頒布）法律之外的傳統的非正式價值觀。筆者在下文對此詳細闡述。

---

[16] Hart (1961) 在他的名作 *The Concept of Law* 中解釋：為了讓一個社會制定一套堪稱為法律制度的規則（他稱之為「主要和次要規則的結合」），社會中大多數成員必須承認該規則的「內化性」，即反映出對其有效性的「內化接受」。

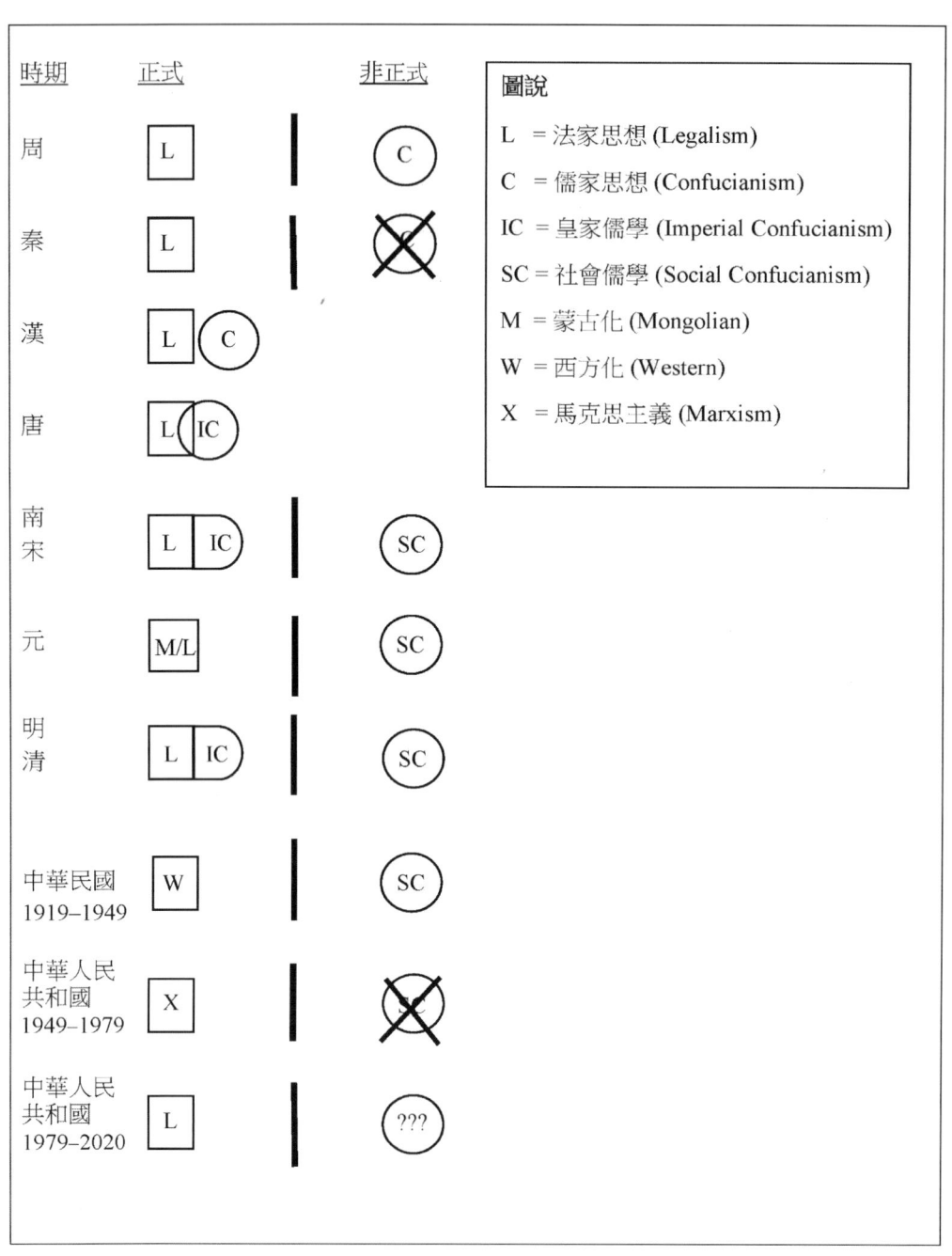

190　中國人道德體系的文化演進

時期	正式	非正式
周	L	C
秦	L	⊗
漢	L　C	
唐	L(IC	
南宋	L│IC	SC
元	M/L	SC
明清	L│IC	SC
中華民國 1919–1949	W	SC
中華人民共和國 1949–1979	X	⊗
中華人民共和國 1979–2020	L	???

圖說
L = 法家思想 (Legalism)
C = 儒家思想 (Confucianism)
IC = 皇家儒學 (Imperial Confucianism)
SC = 社會儒學 (Social Confucianism)
M = 蒙古化 (Mongolian)
W = 西方化 (Western)
X = 馬克思主義 (Marxism)

圖 1　中國正式與非正式法律的演變

四、將個人道德置於法律之外——從漢到清的法律編纂；縮小正式法的適用範圍

　　現在，本文將進入第三個「歷史片段」，並聚焦於與此跨學科中華道德心理研究最相關的一些法律主題。此「歷史片段」可能比第一和第二個更為簡明，主要是因為筆者將只強調其兩個關鍵特徵。第一個是「連續性」。除少數例外，漢代所建立的模式，也就是儒家（「非正式的系統性社會道德」）和法家（「正式實施的國家制裁」）之間的顯著「融合」，持續了大約二十個世紀，使中國具備了能反映傳統倫理價值的各種刑罰規範法典。第二個關鍵特徵是筆者稱之為的「局限性」。從各朝代中國法典中保持發展的皇家儒學格外專注於維持皇室對國家的控制，以至於它傾向於將「非正式的系統化社會道德」（即適用不受皇室政府運作直接影響的數百萬人的道德行為規範）排除在正式法律的適用範圍之外。

　　第一，關於「連續性」：首先必須檢視從漢朝到清朝漫長的朝代法律史。畢竟，從漢朝建國（公元前 206 年）之初出現的《漢律》，一直到二十世紀初期《大清律例》被摒棄之時，這段時期延續了兩千多年。此若干世紀中，王朝官僚體系的權力在一連串令人眼花繚亂的王朝和帝國交替間得以近乎完整的延續；其成功的關鍵在於儒家思想與法家形式的融合，特別是正式法律的頒布。

　　此處將特別提及三部法典，其與其他各部重要性略低的法典，一起為中國法律和政治的連續性做出了貢獻。[17] 首先是《唐律疏議》，就在幾十年前，筆者在堪薩斯大學的同事 Johnson (1979, 1997) 精確地將這部法典譯成英文。《唐律疏議》最初於公元 617 年頒布，之後在公元 653 年修訂為最著名的版本。《唐律疏議》將陰陽的概念和看似無所不在的「五行」納入法典中，以反映皇家儒學思想，其著眼於通過謹慎地維持平衡和維護「天人合一」思想，為王朝提供良善的治理方針 (Roberts 1999, p. 50; Smith & Weng 1973, p. 79)。

　　《唐律疏議》以多種方式體現了對和諧的關注。例如：《唐律疏議》本身被視為代表陰（社會控制的陰暗面），是陽（禮制、道德以及教育的影響）之對立。更具體地說，死刑的定義和實施也體現了陰陽的區分。死亡被視為是陰或負面的力量，因此死刑有兩種形式：絞刑和斬刑，實為對應「二」這一「陰」性數字 (Bodde & Morris 1967, pp. 46-48; Johnson 1979, p. 14)。

　　同樣地，《唐律疏議》被「五」這個數字充斥。它的開篇章節即列出了五種

---

[17] 以下段落大量摘自 Head (2009, pp. 28-50)。

刑罰：笞（輕棍鞭打）、杖（重棍毆打）、徒（奴役）、流（流放）、死（死亡），釋義明確指出，其意在「對應」五行元素。

在宋代建國之初（公元960年左右）頒布的《宋律》也體現了這種融合的特徵，即正式法典融合非正式的儒家禮儀規範。宋朝的開國皇帝在初期幾乎完全沿用《唐律疏議》，他的繼任者逐步頒布新的詔令和法規對《唐律疏議》進行補充，但仍使用相同的結構，並且在許多情況下保留對違法行為的原定刑罰。

筆者在前文中指出，王朝官僚體系的權力在一連串令人眼花繚亂的王朝和帝國交替間得以「近乎完整」的延續。其最顯著的例外發生在由忽必烈於1279年左右創建的元朝。起初，元朝的統治者採用了一個新的法律體系，以蒙古族習慣法中的規則暫時取代了傳統法規。然而，不久之後，元朝統治者制定了「法典」，而這些「法典」為迎合中華文化和制度而逐漸失去了蒙古族特色。[18] 因此，中國法律編纂的傳統貫穿了宋朝和元朝，儘管後者代表了外族勢力對漢族的第一次完全征服。

在漢人奪回政權，建立明朝（1368年左右）之後，人們對法典的編纂重燃熱情，因此明朝頒布了多個版本的《大明律》，其中最重要的版本於1389年問世。《大明律》有了一些重要的結構性改變，但仍保留了七百多年前《唐律疏議》的主要特徵。也就是說，這部法典的根本任務是制定刑罰，其對威脅中央集權專制統治的政治秩序——即基於皇家儒學建立的政治秩序——的罪行進行準確定義，並針對這些罪行規定具體的、分級的刑罰。

儘管在十七世紀初，明朝到清朝的過渡代表了又一次的「外族政權」統治——正如元朝是由蒙古族人建立的，清朝是由滿族人建立的——明朝至清朝卻實現了幾近無隙的法律傳承。在清朝推翻明朝的短短兩年後（即1646年）頒布的《大清律》（參用《大明律》）確已承繼延用數百年的法典整體結構。

明清交迭之際，法典在結構上與實質內容上均呈現延續性，實質內容指的是《大清律》在法條數目甚至具體內容上。《大清律》的第一個版本「很大程度上複製了《大明律》」(Bodde & Morris 1967, pp. 46-48)。直到大約八十年之後，《大清律》才有了些許實質性修改；即使如此，《大清律》中的條款數量也僅減少了5%，即從460條（承繼自1389年《大明律》）減至436條 (Bodde & Morris 1967, pp. 46-48)。

---

[18] 元朝的立法缺乏唐宋法典所具有的結構完整性和邏輯組織性。因此，「法典」一詞使用了引號。相關細節，請參閱 Head & Wang (2005, pp. 155-173)。

第八章　中國法律傳統框架下的中國道德心理：
從歷史觀點探討正式與非正式法律形態之間的分歧如何塑造中國的「法律靈魂」

筆者從以上細節中提煉出了第一個特徵，即中國法典在漫長的世紀交替中所表現的延續性。接下來討論的是此「歷史片段」的第二個特徵：正式法典之內容和適用「範圍」的局限性。如我在其他文獻所述，各王朝的法典看起來更像是刑法體系，至少在西方看來是如此。這些法典中大部分條款都採用了「當……則……」的表述模式：當特定類別的犯罪者實施了某種行為，從而損害了特定類別受害者（通常是皇帝或與皇帝關係密切的人）的利益，則會招致法律後果，而這種法律後果幾乎是上述五種刑罰之一（笞、杖、徒、流、死）的形式呈現。

當然，表面現象可能具有欺騙性，所以我們必須充分認識到一種可能性的存在，即從中國的角度來看，各朝代法典涵蓋的內容要比看上去廣泛得多。事實上，作風嚴謹的從事中國研究的學者們堅持認為，西方法律概念是無法適用於中國情境的。Jones (1994) 教授在介紹他的《大清律》翻譯著作時強調：試圖以西方術語，或是以「在西方法律觀點下所形成之期待」來理解中國法律，是不恰當的。他特別告誡人們，不要以為中國各朝代的法典像西方法律那樣意圖反映以下概念：「一個法律體系體現的是一種社會制度，在其中，『個人』——即私人，或由個人組成的團體，甚至國家——可以對其他人提起訴訟，並由一位中立的事實和法律裁判者來解決爭端」(p. 4)。Jones 繼續解釋到：「中國的情況〔與西方法律〕有根本性的不同。中國的政體由一個高度集權的政府組成，並由一個絕對的統治者透過官僚制度領導，而每個臣民的主要義務是履行皇帝賦予他的責任」(pp. 4-8)。[19]

有一些學者對於此論點持相反看法。例如：基於1991年「中國民法史研討會」出版的論文集探討了《大清律》對私有財產、繼承、婚姻關係、合約和債務等問題的規定。論文中指出：該法典（或至少其後來的版本）確實可以作為保護廣泛私人利益的基礎，或者說，作為處理「民事」（即「人民的事務」或「民間事務」）的基礎 (Head 2011, pp. 487-488)。[20]

因此，近期的研究可以提供這樣一個結論：《大清律》具有「多層次」的特質。最顯著的兩個層次反映了上文提及的古代儒法之辯。這部法典一方面強調刑罰，是法家思想的體現，而另一方面強調各種禮儀及社會不同角色之區分等，是儒家思想的體現。在這兩個顯著的層次之下即是此部法典的第三個層次，體現於處理民事的規定。或許正是這最低、且尚未得以發展的第三層次標誌著中國王朝法律開始因適應社會變化而自我調整，特別是在清末時期。

---

[19] 更多分析和釋例，請參見 Head (2011, pp. 495-499)。
[20] 原文中的討論來自 Kathryn Bernhardt 與 Philip CC Huang 數部關於清朝和民國時期民法的著作。

但是，它適應得夠快嗎？或者說，這一近期研究結果——即《大清律》（至少在清朝臨近消亡的幾十年中）確實透過關注民事問題的第三（或更深）層次條款來應對不斷變化的社會現實和社會需求——對本章研究方向的影響能到何種程度？

筆者認為，這些發現都很令人著迷，但不足以影響我們對中國皇朝法典根本特徵的整體看法：因其規範對象和規範目的是有限的，這些法典的實質覆蓋範圍從本質上看也是有限的。Bodde & Morris (1967) 曾指出：「中國傳統社會……絕不是一個以法律為導向的社會，儘管這個社會締造了一個體系龐大且內容精巧的法典體系」(pp. 3-4)。相反地，與大多數其他文明相比，一個普通中國人的道德觀念和行為舉止：

> 所受到無所不在的社會習慣以及禮節要求之影響要遠遠高於任何正式法律之影響。一個人出身的宗族、其可能加入的社會團體，或是在農村社區中掌握非正式權勢的士紳長老們——這些和其他法外群體，可以透過對其成員灌輸道德觀念、調解糾紛，或在需要時施加制裁和處罰，助力於紓解中國社會中無法避免的矛盾。(Bodde & Morris 1967, pp. 3-4)

正如另一位作者所說：「中國社會建立了強大的自我管束力量」，其中包括「在家庭和宗族以及其他團體和行業協會內部所形成的傳統」；因此，在大多數的情況下，「糾紛是透過非正式方式處理的，一般透過中間人和村中長老來解決，而訴諸法庭的情況則是越少越好」(Pye 1991, p. 72)。

以清朝為例：對於大多數民眾而言，《大清律》不會對他們的道德和個人行為有最直接和最重要的影響；相反地，最大的影響來自家庭和社會成員之間的傳統道德和倫理行為規範。而這些傳統規範的內容，就像法典的內容一樣，深受儒家價值觀的影響。儒家價值觀在孔子時期後的二十多個世紀裡，已經成熟並深入滲透到中國文化中。但這些道德規範的載體與其說是法典本身，不如說是其他「法外」機制所形成的脈絡。

隨著中國社會的變化，尤其是與西方社會的各種交往日益密切，法律規範所面臨的壓力也在增大；規範「對象」已不僅僅是王朝政府的官僚組織，規範「目標」也不再僅僅是為了維護社會免於混亂和保護皇帝免受挑戰。簡而言之，在中國，即便是極能代表中國王朝法律傳統的法典——哪怕是立法技術最為高超的《大

清律》——也無法在決定人們行為的所有規則中占據最重要地位。[21]

五、當今正式與非正式法律：禮與法和現代中國的法律靈魂

如前所述，儒家思想的核心是禮的概念，法家思想的核心是法的概念。前者的特徵是非正式，而後者則相當正式。探究當代中國的法律制度，其如何體現出法家和儒家，即法和禮？更具體地說，其如何體現出上文提及的「非正式的系統性社會道德」和「正式實施的國家制裁」？這些概念在現代中國仍被沿用嗎？

後者（即法，正式法律）的沿用毋庸置疑。事實上，中國自 1979 年以來，法律體系的快速發展產生了大量立法，即「正式實施的國家制裁」(Head 2011, pp. 520-527)。[22] 但是，在筆者看來，卻很難找到另一套能夠與在各朝代發揮壓倒性影響力的儒家思想相提並論的「非正式的系統化社會道德」規範。

筆者已在其他文獻中探討這個話題，[23] 在此只簡要地重申結論觀點，並突出強調這些觀點為何有助於我們進一步理解中國法律傳統對當代中國與道德有關的自我認知、行為和情感的影響。

首先，在 1911 年清朝滅亡之後的大約半個世紀中，儒家的影響就從官方領域中被割離了。例如：Fairbank (1992) 曾解釋到：1919 年五四運動的一個訴求就是「廢除過時的舊中國邪惡思想，為新中國樹立新的價值觀」，這其中包括聲討儒家思想 (p. 374)。在文化大革命（1960 年代中期至 1970 年代中期）中，類似的態度盛行。當時，毛澤東鼓動紅衛兵「破四舊」，即舊思想、舊文化、舊風俗和舊習慣 (Fairbank 1992, p. 393)。有人將毛澤東本人描述為「被五四運動聲討之儒家思想的反叛者」(Fairbank 1992, p. 374)。

然而，毛澤東似乎也是正式法律的反對者。他幾乎廢除了國家的法律機制，包括司法部、法學院，甚至反對新成文法的頒布。因此，在毛澤東領導時期，法

---

[21] 關於這點的進一步討論，請參閱 Johnson (1997, p. 5)，其指出《唐律疏議》被認為是在所有其他促進個人或家庭良好行為的嘗試都失敗之後，才用來保護社會的最後手段。另見 Kim (1981, p. 20) 提出中國傳統法更多是基於「禮」的習慣法，而不是制定的成文法。這一觀點也貫穿 Ch'ü (1961) 的著作 *Law and Society in Traditional China*。

[22] 1979 年後的三十年中所頒布的成文法令列表長達四頁，這證明了在建設中國法律體系時所謂的「爆發式努力」(paroxysm of effort)，請參閱 Head (2011, pp. 522-552)。

[23] 在 Head (2009) 中，筆者對「中國的法律靈魂」進行了重點闡述。更多論述和觀點可見於 Head (2011, pp. 619, 622, 636, 643-644)。

律（不論以正式還是非正式形式）沒能為中國人民提供道德上的指引。在早期，這種道德指引來自儒家。毛澤東去世後，中國政府恢復了法律的正式形式，而此前數十年對儒家思想的聲討使其未能再次振興。

其次，儒家在現代社會中可能蘊含的真正意義是不確定的。誠然，早期傳統儒學和皇家儒學已經被在宋代（公元 960–1279 年）形成的所謂「理學」（宋明理學）繼續發展，並變得更為複雜化。理學試圖將儒家、道家、佛教思想中的某些元素融合在一起。同樣地，在二十世紀出現的所謂「新儒學」主張：在中國須從西方引入現代科學和民主觀念的同時，西方也應該向中國學習（尤其是學習儒家思想）。然而，在二十一世紀的背景下，任何類型的儒家思想，無論傳統的、皇家的、「理學」或「新儒」，似乎都難以定義，與中國的整體法律體系幾無關聯 (Head 2009, pp. 166-178)。[24] 因此，儒學在當今的中國似乎不太可能成為「非正式的系統化社會道德」之淵源。

最後，在中國共產黨所宣布的意識形態「政黨路線」上，我們幾乎找不到能為現代中國奠定「非正式的系統化社會道德」的基礎。這種「政黨路線」最顯著的法律表現形式出現在 1982 年的《中華人民共和國憲法》及其若干修正案中。其中一些修正案反映了自 1949 年以來，席捲中國的巨大政治和意識形態風潮。當今《中華人民共和國憲法》在「序言」中表明：「國家的根本任務是，沿著中國特色社會主義道路，集中力量進行社會主義現代化建設」。為此目的，國家的運行要在「馬克思列寧主義、毛澤東思想、鄧小平理論、『三個代表』重要思想」的指導下（上述引用來自於江澤民執政時代的《中華人民共和國憲法》）。

但這很大程度上並無實際意義。不論有沒有毛澤東的革命式殘酷行為，馬克思列寧主義的意識形態都認為法律是獨斷的，而且其效用總是低於武力。此外，社會主義，作為「政黨路線」的核心，主要是一種經濟意識形態或制度，這使它無法強大到能被視為法律或道德標準。此外，似乎毛澤東思想與鄧小平自 1978 年開始實施的經濟和法律改革之間的相互矛盾極為巨大，以至於無法找到實現上述引用的所有憲法指導思想的合理手段。因此，「政黨路線」在當今社會，無法像儒家思想在中國皇朝時代那樣，成為「非正式的系統性社會道德」的基礎 (Head 2009, pp. 182-187)。[25] 所以說，前文提及的正式法律與非正式法律之間的平衡——

---

[24] 此處的討論基於 Fairbank (1992, pp. 97-98)、Peerenboom (2003, pp. 54, 90-92) 和其他資料。

[25] 這裡的討論基於 Xin Ren (1997, pp. 50-53)、Peerenboom (2003, p. 53)、Lubman (1999, p. 121) 評論「在馬克思列寧主義毛澤東意識形態下，許多中國人丟失的信仰」，以及其他資料包括 1978 年鄧小平在一次講話中談及的毛澤東所犯錯誤。

第八章　中國法律傳統框架下的中國道德心理：
從歷史觀點探討正式與非正式法律形態之間的分歧如何塑造中國的「法律靈魂」

一種雖為中國社會帶來敏感摩擦，但也為其提供堅韌行為指引的平衡——在當代中國很難找到。

在其他文獻裡，筆者也曾探討過其他幾種可能與儒家思想對應的當代「候選者」，即在當代中國發揮著如同儒家思想在中國皇朝時期所發揮的作用。這些其他「候選者」的舉例包括：（一）社會中對憲政的強烈信仰；（二）堅持法治或類似制度；（三）對宗教觀點的廣泛共識 (Head 2009, chapter III, 2010, 2017b)。所得出的結論是，任何以上「候選者」都無法媲美在幾千年中國歷史中作為非正式法律淵源（即「非正式的系統化社會道德」）的儒家思想。

這重要嗎？倘若已存在兩千多年的中國社會法律體系的兩大支柱之一現已「缺席」，這又意味著什麼？是的，筆者認為這將是一個令人深感憂慮的境況。貫穿中國長期發展歷程的儒家思想，雖非正式但已根深蒂固，正是中國極度複雜的法律體系之「靈魂」。筆者認為，中國法律中非正式元素的消散將是對整個法律體系的危害（讀者可能會在社會變革中察覺到這一結果；例如：社會變革中，人們的社會取向變得越來越不以集體為中心，而是越來越以個人為中心。閻雲翔在本書第十二章及其中引用的文獻將對此深入探討）。

如果中國真的缺乏「非正式的系統性社會道德」的強大淵源（即儒家思想的繼任者，用以平衡和補充以法家思想為根基的正式法律），這是否會使中國在世界上獨樹一幟？當然不會。國際社會上有許多國家的法律制度，因各種原因、在不同方面，都存在某種程度的不完整、不成熟或低效率。許多國家也與中國一樣，曾因外來勢力（主要是西方勢力）經歷過退化和恥辱；直到今日，有些國家仍然承受著種種沉重的負擔，包括戰爭、資源缺乏、疾病等等。也有些國家，包括一些從前蘇聯帝國分解出來的國家，都在努力克服令人生畏的政治和經濟動盪。這些情況使得世界上許多國家無法創立和維持一個可行的法律系統，也無法將之建立於對該系統核心價值觀所達成的社會共識之上。[26]

但是，本文並不關注其他國家，而只關注中國——當今世界上最重要的國家

---

[26] 事實上，我們可以推測：當今那些強調他們「確實有」可行的法律制度的國家（部分基於非正式的國家法律倫理）也可能很快就會發現這種情況會隨著時間推移而改變，因為新一代的人對這種國家法律倫理的認同感會淡化。如果是這樣，那麼缺乏法律核心道德觀（非正式法律）的國家數量將會隨著時間推進而增加。一些觀察家認為，世界上大部分國家「已經」缺乏任何法律道德。幾年前，前捷克總統及偉大的劇作家 Vaclav Havel 對他當今在人類社會中看到的「猖獗的消費主義」和「反精神主義」表示深切擔憂：「我覺得我們是人類歷史上的第一個文明……［因為］人類的存在……沒有遵循任何形而上的道德行為準則——一種我們可以據以制定法律的準則」(Stefan Wagstyl 2008, p. 3)。

之一，且其重要性正日益增強。因此，筆者認為，如果中國確實缺乏法律的核心道德思想來為其人民提供非正式的系統性社會道德，那將會令人格外擔憂。如果一個社會中，對於賦予其法律系統活力和合法性的核心價值沒有達成廣泛共識，那麼這個法律系統就會被能言善辯的專政獨裁所劫持。當然，在所有國家中，中國應該無需這種風險提示。

確實，這種情況為中國帶去的風險可能要比為其他國家帶去的風險更大；這不僅是因為中國的地緣政治影響力，還因為這會對人民和法律制度產生較大負擔。回想一下，許多世紀以前，法家和儒家所追求的最終目標是「社會和諧，天地和諧」。正如1982年《中華人民共和國憲法》明確表述的，這些目標仍為當代中國法律所繼承。[27] 中國的集體主義特徵使其對人民約束較多，這也常被宣揚為與現代西方制度的區別。

六、結論

這篇短文試圖解釋在中國歷代皇朝和近代史上，中國的道德心理如何反映出其對法律的特殊見解。如前文討論：中國有別於世界上其他社會，其法律的（主要）形態來自於兩種互相競爭且截然不同的哲學流派或思維模式，即所謂的「正式實施的國家制裁」和「非正式的系統化社會道德」，簡稱正式法律和非正式法律。這些看似相悖的法律形態鮮明地體現於法家和儒家之間的區別。

這兩個相互競爭的哲學體系間令人驚異的妥協或「融合」締造了一個單一的法律體系，而且從中誕生了立法技術高超的（漢、唐、宋、明、清）法典；這是本章中前三個「歷史片段」的描繪重點。筆者在第三個「歷史片段」的小結處指出：隨著時間的流逝，在正式與非正式法律之間的摩擦下，是家庭和社會成員之間的傳統道德和倫理行為，而非各朝代的成文法典，對社會道德和個人行為產生了直接而深遠的影響。在第四個「歷史片段」中，筆者思考了以下問題：儒家思想的消失（至少是在官方層面上的消失）對當代中國的「法律靈魂」有何影響？

這只是本章即將完結時提及的問題之一。在本書創作中，筆者和各位作者共同提出了其他一些與本研究項目——即各朝代和當代中國法律及其對中國道德中

---

[27] 正如筆者的研究助手 Adeline Tolle 所指出：1982年《中華人民共和國憲法》聲明：「中華人民共和國公民在行使自由和權利的時候，不得損害國家、社會、集體的利益和其他公民的合法自由與權利。」美國憲法中沒有相應的規定，其前十項修正案中的《權利法案》反映了美國對個人權利的堅持，尤其是所謂的「消極」權利，即不受政府干預公民生活的權利。

自我認知、行為和情感的影響——相關的問題。簡而言之，以下是其中部分問題，它們應該都值得繼續深入研究：

（一）本文所強調的「正式實施的國家制裁」與「非正式的系統化社會道德」之區別，作為研究中國道德心理的有效工具，是否能經得起進一步檢視？雖迄今為止對這種區別的研究似乎很有價值，但仍須進一步的探討。

（二）與西方法律傳統的進一步比較，是否能對「中國法律與道德之間的關係」探討帶來新啟迪？以集體刑罰為例，中國皇朝法律通常包含連坐刑罰，即對某人施加懲罰僅僅是因為此人的親屬（如父親或兒子）犯下罪行。這是否暗示（或確認）正式法律，尤其是依法施加的刑罰，將社會控制——而不是個人正義等——作為其首要目的？從比較法角度探討這個話題應該很有意義。畢竟，即使是在近代，西方社會也出現過連坐法的例子。[28]

（三）中國法律傳統的演變是否可以對「瞭解中國法律對當代中國道德之影響」這個議題，從其他角度提供可用框架呢？例如：設想有這樣三個人：第一個人，希望避免受到刑罰，所以遵守正式的成文法律（本文中稱其為法律系統中「正式實施的國家制裁」的那一部分），並做了 B 行為；不同的是，第二個人希望遵循社會「非正式的系統性社會道德」規範，（也）做了 B 行為；與前兩者不同，第三個人不為正式法律的刑罰所威嚇，（其本人）也不受非正式的系統性社會道德所影響，但也做了 B 行為。我們可以推測，第一個人的行為是出於維護個人利益（即免受刑罰），第二個人的行為是對外部社會壓力的回應（即遵守特定的社會規範）。但是第三個人呢？也許第三個人的行為可以用 Hart (1961) 提出的規則的「內化」性來解釋。其意為，社會大部分成員必須已把規則「內化接受」。或者，對於第三個人來說，他並不是在遵守某個貌似「恰當」的具體規範，他只是在意某種行

---

[28] 筆者的研究助理 Adeline Tolle 發現：這種情況可以追溯到英格蘭盎格魯撒克遜人（透過「十家區」制度，當地社區的治安由十人一組的單位負責，如果在其管轄範圍內發生犯罪，這十人就會被懲罰）；大英帝國在其巴勒斯坦的統治（包括 1926 年和 1929 年的《連坐法條例》[*Collective Punishments Ordinances*]）；納粹德國（例如：在捷克斯洛伐克的利迪策，因據稱殺害納粹高級官員的兇手來自利迪策，173 名男子被屠殺）；珍珠港事件（羅斯福總統簽署 9066 號行政命令，對日本血統的美國人實行監禁）。事實上，在美國內戰期間，筆者的出生地密蘇里州東北部也出現過集體刑罰；發生於 1862 年 10 月的帕爾米拉大屠殺 (Palmyra massacre) 在當時被大量報導並譴責，其發生於密蘇里州帕爾米拉郊外（筆者從小生活的農場即在該地區）。十名被關押在當地監獄中的邦聯支持者被迫坐在他們自己的棺材前，一個小隊對其開槍掃射，只因據稱一名聯邦間諜被從來自帕爾米拉的人綁架了。

為是構成「我們這個社會規範體系」的一部分，而（不論他是否喜歡 B 行為）這個規範體系作為一個整體應該受到尊重和執行。筆者這些初步假設或許值得進一步探索。

（四）有關道德心理學的另一個問題：林培瑞在本書第七章中探討了中國人對法律的態度如何反映在權力的行使上。特別是，他在文中展開了關於「隨和的虛偽」所昭示對真相的冷漠態度之討論。這是否也呼應了類似的中國歷史中對法律的輕視，並由此進一步推動了對所謂的「非正式的系統性社會道德」如此強烈的依賴？針對此話題的進一步研究可能會聚焦在中國共產黨的虛化行為，一方面其在近年宣傳以儒家美德建設和諧社會，但另一方面卻透過政治高壓、軍事強權、嚴密監控等手段奉行極端的法家主義。[29]

（五）中國兩種不同法律形式（正式和非正式）的長期並存（一直延續到上個世紀左右）如何（若有）影響現代中國以國家身分參與國際關係，特別是與具有不同價值觀的西方國家的關係？前文提及的現代中國是否缺乏「非正式的系統化社會道德」淵源的不確定狀況對中國如何處理其國際關係是否有所影響？

儘管以上問題都超出了本章的討論範圍，但筆者希望本章內容能為後續研究奠定基礎。希望這些內容可以為「法律如何影響當代中國人的道德認知、行為和情感」的深入研究做出貢獻。

參考文獻

Austin, John (1832). *The Province of Jurisprudence Determined*. London, UK: John Murray.

Bodde, Derk & Morris, Clarence (1967). *Law in Imperial China*. Cambridge, MA: Harvard University Press.

Ch'ü, T'ung Tsu (1961). *Law and Society in Traditional China*. Paris, France: Mouton & Co.

Fairbank, John King (1992). *China—A New History*. Cambridge, MA: Belknap Press of Harvard University Press.

Gelber, Harry G. (2007). *The Dragon and the Foreign Devils: China and the World, 1100 BC to the Present*. London, UK: Bloomsbury Publishing.

Hart, Herbert Lionel Adolphus (1961). *The Concept of Law*. Oxford, UK: Oxford University Press.

Head, John W. (2009). *China's Legal Soul: The Chinese Legal Identity in Historical Context*. Durham, NC: Carolina Academic Press.

---

[29] 關於中國共產黨近期對儒家價值觀的強調，請參閱 Wang & Madsen (2013, chapter I)。

Head, John W. (2010). Feeling the Stones when Crossing the River: The Rule of Law in China. *Santa Clara Journal of International Law*, 7(2), 2.

Head, John W. (2011). *Great Legal Traditions: Civil Law, Common Law, and Chinese Law in Historical and Operational Perspective*. Durham, NC: Carolina Academic Press.

Head, John W. (2014). "Opposing Legal Transparency in Dynastic China: The Persuasive Logic of Confucianist Views on Legal Opaqueness," in *Legal Transparency: A Multicultural Reader* (Padideh Ala'i & Robert Vaughn, editors). Northahmpton, MA: Edward Elgar.

Head, John W. (2017a). "Foreign Influence and Constitutionalism in the PRC: A Western Perspective on Change and Uncertainty in Contemporary Chinese Legal Culture," in *Regional Self-Government, Cultural Identity and Multinational Integration: Comparative Experiences for Tibet* (Roberto Toniatti & Jens Woelk, editors). New York, NY: Routledge.

Head, John W. (2017b). "The Rule of Law in China: Fundamental Uncertainties about 'Decoding' a Fundamental Concept," in *Regional Self-Government, Cultural Identity and Multinational Integration: Comparative Experiences for Tibet* (Roberto Toniatti & Jens Woelk, editors). New York, NY: Routledge.

Head, John W. & Wang, Yanping (2005). *Law Codes in Dynastic China: A Synopsis of Chinese Legal History in the Thirty Centuries from Zhou to Qing*. Durham, NC: Carolina Academic Press.

Head, John W. & Xing, Lijuan (2013). *Legal Transparency in Dynastic China: The Legalist-Confucianist Debate and Good Governance in Chinese Tradition*. Durham, NC: Carolina Academic Press.

Johnson, Wallace (1979). *The T'ang Code—Vol. I*. Princeton, NJ: Princeton University Press.

Johnson, Wallace (1997). *The T'ang Code—Vol. II*. Princeton, NJ: Princeton University Press.

Jones, William C. (1994). *The Great Qing Code*. Oxford, UK: Oxford University Press.

Kim, Hyung I. (1981). *Fundamental Concepts of China and the West: A Comparative Study*. London, UK: Kennikat Press.

Leys, Simon (1997). *The Analects of Confucius* (trans.). New York, NY: W.W. Norton & Company.

Lubman, Stanley B. (1999). *Bird in a Cage: Legal Reform in China after Mao*. Stanford, CA: Stanford University Press.

Merryman, John Henry (1985). *The Civil Law Tradition* (2nd ed.). Stanford, CA: Stanford University Press.

Mote, Frederick W. (1999). *Imperial China—900–1800*. Cambridge, MA: Harvard University Press.

Peerenboom, Randall (2003). The X-Files: Past and Present Portrayals of China's Alien "Legal Systems." *Washington University Global Studies Law Review*, 2(1), 37-95.

Pye, Lucian W. (1991). *China—An Introduction* (4th ed.). New York, NY: Harper Collins.

Ren, Xin (1997). *Tradition of the Law and Law of the Tradition: Law, State, and Social Control in China.* Westport, CT: Greenwood Press.

Roberts, J. A. G. (1999). *A Concise History of China.* Cambridge, MA: Harvard University Press.

Smith, Bradley & Weng, Wan-go (1973). *China—A History in Art.* [no city of publication]: Doubleday.

Wagstyl, Stefan (2008). The Playwright Who Became President. *Financial Times*. Retrieved from https://xinkaishi.typepad.com/a_new_start/2008/07/ft-the-playwright-who-became-president.html

第九章

由發展心理學角度理解中國人的道德觀

朱莉琪、萬縈佳著
Translated S.r.l. 譯審

摘要

道德是中國價值觀與教育體系的核心概念，從幼年起即深刻影響兒童成長。多年來，發展心理學家致力研究中國兒童的道德發展如何受年齡、教育、社會變革與文化背景影響，並進行跨文化、跨地區及跨世代間的比較。本章將針對研究中國兒童道德認知與行為發展之文獻進行全面性回顧，共有四個部分：一、兒童道德發展理論在中國的檢驗，回顧早期道德推理與發展方面複製經典研究之結果；二、道德問題與道德教育，著重中國社會道德發展重要的新議題，如兒童對公有與私有財產、集體主義、責任感與勞動的道德判斷；三、道德發展與文化影響，以跨文化研究探討不同文化背景下，兒童之道德推理、行為及發展軌跡；四、社會變革與道德發展，回顧經濟改革、獨生子女政策及城鄉差異等社會變革影響下之道德發展研究。

一、引言

中國具有重視道德的悠久歷史。在古代，人們被劃分為兩類。一類為君子、仕紳或品格高尚之人，此為儒家說法，意指品格與行為符合道德原則之理想人士；另一類則為小人。孔子認為，君子喻於義，小人喻於利（《論語》4.16；Slingerland, 2003, p. 35）。若小人欲成為君子，須透過「修身、齊家、治國、平天下」之步驟，將自己修煉成為道德高尚之人，並遵循君子之政治抱負。此概念被解釋為：第一步是教育自己成為有道德的人，第二步是確保家庭和諧與繁榮，後始有資格治理國家，並使世界成為和平之地。儒家道德教育觀在中國已延續數千年，深刻地影響社會各層面，從教育、家庭、社會關係到經濟之發展及現代化。即使時至今日，中國的學校、家庭及社會仍將道德教育作為兒童成長之首要任務。

有效的道德教育有賴於道德發展心理學研究提供之理論基礎。儘管發展心理學在中國出現時間相對較晚，但道德發展一直是極受關注的領域。

發展心理學家通常由三個角度研究道德發展：道德認知、道德情感及道德行為。大多數中國發展心理學家集中於探討兒童道德認知與行為，卻少有針對兒童道德情感之研究。上述研究也期能顯示道德教育在實踐中產生的影響。

二、兒童道德發展理論在中國的檢驗

中國對道德發展的研究可以追溯至二十世紀初，陳鶴琴與黃翼等心理學家從海外留學歸國，開始關注兒童的道德發展。他們不僅向中國學者介紹了發展心理學理論，且進行了一系列探討兒童道德發展之研究。例如：陳鶴琴透過觀察記錄兒子從出生到三歲的過程，於 1925 年出版《家庭教育：怎樣教小孩》一書。透過引用 Jean Piaget 向兒童呈現道德困境的方法，黃翼發現小學生的道德判斷更注重後果而非意圖，他認為這是由於家庭教育不當而造成兒童認為要關注的是結果而非動機 (Huang, 1942)。針對青少年於兩難情況下的道德判斷發展特徵研究發現，道德判斷與智力水平密切相關 (Xie, 1964)。此後中國的發展研究為數不多。直到 1980 年代，道德研究得以恢復並迅速發展。

早期的發展研究主要為複製西方進行過的研究，並於中國背景下檢驗其理論，其中，最具影響力的兩個理論是 Piaget (1932/1965) 與 Kohlberg (1984) 的理論。依據 Piaget 的理論，兒童的道德發展分為三個階段，即無律期、他律期及自律階段。在第一階段，孩童不關心道德問題；在第二個階段，孩童對規則與權威表現出無條件的服從；第三階段，兒童將道德規則內在化。隨後，Kohlberg 擴展了 Piaget 的發展階段理論，將道德推理的多個階段延伸到成年。對於 Kohlberg 而言，個人從早期以自我為中心，基於對懲罰的恐懼與對回報之渴望發展出道德觀（第一、二階段，道德成規前期），逐漸向基於社會規範的成熟道德發展（第三、四階段，道德成規期），最終理解獨立於社會慣例而存在的普遍道德原則（第五、六階段，道德成規後期）。此外，Colby、Kohlberg、Gibbs 與 Lieberman (1983) 認為，若面臨涉及道德衝突的社會互動，可能會引導個人的道德推理從一個階段發展到下一階段（有關上述理論對中國兒童童年時期人類學理解之影響討論，請參見第十章）。

Kohlberg (1984) 的道德發展理論獲得縱向研究（如 Colby et al., 1983; Page, 1981; Walker, 1989）與跨文化研究 (Boyes & Walker, 1988; Rest, 1986; Snarey, 1985) 的廣泛支持。然而，一些研究學者對不同文化背景下傳統道德思維的有效性提出

了爭議（如 Keller, Eckensberger, & von Rosen, 1989）。值得注意的是，Ma (1988, 1992) 透過整合 Piaget (1932/1965) 與 Kohlberg 所提之模型，於其中加入儒家與道家的中國道德發展觀點，使用定義問題測試 (Defining Issues Test; Rest, 1975) 構建了一個道德判斷的發展模型。Ma 認為，雖然道德發展的前三階段屬於普遍性質，但後三階段卻受文化背景的影響。

中國的實證研究支持了上述觀點。在一項研究中，研究員向兒童講述了 Piaget (1932/1965) 與 Kohlberg (1984) 研究中使用的道德故事改編版本，並要求他們對故事中行為的原因與後果做出判斷 (Gu, Cen, & Li, 1991)。此系列研究從中國各地選取了大量的樣本。上述成果整體上應證了西方研究學者的研究，但同時亦揭示中國兒童特有的一些特徵。儘管中西方兒童之道德推理發展皆遵循類似的階段軌跡，但中國兒童似乎更早達到每個階段。另一項關於兒童懲罰概念的研究亦證實 Piaget 的理論，即隨著年齡增長，兒童從因為權威人物的影響而做正確的事情過渡到因理想互惠而做出正確的選擇 (Piaget, 1932/1965)。然而，中國兒童的過渡點發生於八至九歲之間，而非 Piaget 理論中所提之十二歲 (B. S. Li, Lu, Cheng, Zhang, & The Collaboration Group of the Moral Development, 1984)。依據 Piaget 的觀點，在道德判斷中，年齡較小的兒童更看重後果而非意圖，此趨勢一直穩定保持至十歲。然而，在中國的研究發現，八至九歲的兒童已能夠依據其意圖做出道德判斷 (Gu et al., 1991)。一般而言，中國的早期研究支持 Piaget 的道德認知發展理論。不過，中國兒童於責任、公平及懲罰概念等道德推理方面似乎比 Piaget 研究中的兒童早一至三年達到成熟狀態。

最近關於道德發展的研究開始有分支，探索各類主題。除複製關於道德推理與判斷的經典實驗外 (Geng, 2018; Z. F. Yu, 2005)，研究學者還探究其他與道德相關之行為，尤其是反社會行為；反社會行為是指損害他人身心健康之行為 (Malti & Krettenauer, 2013)。中國的研究發現，身體攻擊在學齡前兒童中最常見，而言語攻擊與間接攻擊則相對罕見。隨著兒童們進入學校，言語攻擊越來越普遍，身體攻擊則較不常見，間接攻擊之比率仍然很低 (W. X. Zhang, 2002; W. X. Zhang et al., 2003)。研究亦發現，隨著兒童年齡增長，欺凌行為越不常見，儘管此現象仍然存在，且女孩比男孩更反對欺凌行為、更同情遭受欺凌的受害者。此與其他國家研究報告的結果一致，同時亦發現跨文化上的差異，惟結果並未系統化。例如：與義大利、英國及日本相較之下，欺凌行為在中國較不常見 (Genta, Menesini, Fonz, Costabile, & Smith, 1996; Ji, Zhang, Jones, & Smith, 2003; Whitney & Smith, 1993; W. X. Zhang, 2002)。

依據家長與老師提供的報告顯示，與德國及柬埔寨兒童相較之下，中國兒童更容易表現出違反規則之行為，如未經允許四處走動、退縮、撒謊以及破壞物品等，而德國兒童於攻擊性方面得分較高 (Meng, Haffner, Parzer, & Wu, 2009)。另一項研究發現，中國十一歲兒童於攻擊性方面之得分高於加拿大同齡者 (Cao, Chen, Chen, & Liang, 2017)。一些早期研究顯示，中國兒童的反社會與利社會行為係由類似的潛在價值觀預測的，尤其是社會和諧與順從性 (Bond & Chi, 1997)。需有進一步研究以調查中國兒童之反社會行為、其心理與社會後果以及潛在動機。

三、道德問題與道德教育

除複製西方研究外，中國心理學研究亦探索了許多對中國社會而言非常重要的道德發展新議題，如兒童對公共與私人財產之道德判斷、集體主義、責任及勞動。整體而言，中國的道德教育遵循自上而下的方式，其教育目標係由國家教育部制定，後由全國公共教育系統實施，從而影響機構、學生和家庭。1950–1980 年代，中國的道德教育強調紀律與「五愛」，包含愛祖國、愛人民、愛勞動、愛科學及愛護公共財物。學校老師呼籲學生努力成為「三好學生」：身體好、學習好、思想品德好。因此，「道德」被視為兒童教育與成長的基本重要目標。每間教室都會公開頒布學生守則（即「關心社區」、「熱愛工作」、「遵守紀律」及「樂於助人」等）。中國發展心理學家認為，道德教育應建立於對兒童道德發展理解的基礎上，因此特別在一些被認為是中國社會道德教育重要內容之課題上對兒童道德發展進行了探討。

在 Piaget (1932/1965) 與 Kohlberg (1984) 理論影響下，中國心理學家設計了多個針對學校道德教育的研究。例如：研究人員調查了兒童如何理解愛國概念，包括對國家的愛、對國家風景與領土的感受、為國家服務的渴望、國家尊嚴及愛國主義與狹隘的民族主義之間的區別 (H. C. Chen, 1987)。結果顯示，隨著年齡增長，兒童對國家的愛與日俱增。

道德心理學家還把對科學的熱愛作為一種道德特質進行研究，認為對科學的熱愛應包含以下四方面：（一）尊敬偉大的科學家，尊重他們與科學相關之特質、思想及行為；（二）熱愛知識，熱愛學習，重視知識的價值；（三）崇尚科學，反對迷信，信奉無神論；（四）瞭解科學對人類社會與國民經濟發展之重要性 (H. C. Chen, Zhang, & Pei, 1991)。結果顯示，兒童越來越理解科學的價值，並相信科學可使人們破除迷信。

另一項研究調查了兒童對公共財之態度，包含區分私有與公共財產。結果顯

示，中國兒童從小就對公共財有所瞭解，並採取社會認可的優先考慮集體利益之價值觀。當聽見某人破壞財物的虛擬故事時，五歲的兒童判斷認為破壞公共財物比破壞私人財物更糟糕 (H. C. Chen & Li, 1982)，而十一歲的兒童可依據集體主義價值觀為其判斷做出抽象解釋。一位兒童解釋道：「公共財屬於所有人，而且每個人都在使用；私有財產只屬於一個人，因此是比較不重要的」。另一位兒童則說：「個人損失沒有集體損失來得重要。當個人利益與集體利益間發生衝突時，我們應該優先考量集體利益」。

　　研究學者還探究了集體責任發展，其中包含學習、參加集體任務、參加公共服務活動、勞動等責任 (H. C. Chen & Li, 1982)。Cen, Liu, Sheng, & Xu (1992) 發現，當兒童處於群體情境時，傾向於與他人在道德判斷上保持一致，而當群體由成人權威人物組成時，一致效應最強。八至十二歲的兒童也為他們的合規性提出解釋，最多人提到的原因包含「多數一定是正確的」、「我想融入其中」、「我想展現友好」、「我想避免被批評」及「這是比較簡單的選擇」，推理的整體趨勢隨年齡與情況而異。研究學者亦發現短期訓練對兒童道德推理有所影響，此外，鼓勵獎勵與鼓勵推理對改善道德判斷也會產生影響 (Cen et al., 1992)。因此，中國的道德教育與訓練可能確實能有效地實現其預期目標。

　　在另一項研究中，當兒童被要求評估其同伴的利社會行為時，四至六年級的學生傾向於將討論重點著重於集體利益上（例如：「這是有用的」、「我們應該為他人著想」、「這麼做是正確的行為」），而非著重於個人利益（例如：「炫耀能力」、「獲得讚美」）(Kou & Zhao, 2004)。這些結果顯示，在該年齡層感知到的社會價值，即集體利益應始終置於個人利益之上 (Yan, 2010)，對兒童從小的道德推理有深遠影響。此外，由於上述實驗多由具權威的成年人執行，因此兒童可能感到不得不提供一般社會上可接受的滿意回應。換句話說，兒童在這些實驗中的行為更有可能反映其道德知識（即理論上他們應該做什麼），而非道德行為（即現實中他們會怎麼做）。事實上，針對公平性的研究顯示，兒童所接受的公平原則可能與他們的實際行為不相符 (Blake, 2018; Blake, McAuliffe, & Warneken, 2014)。同樣地，在面對真實世界道德決策和假設的道德推理與判斷時，兒童會認為應該為後者提供「正確」答案，所以可能會採取不同於真實世界的行為。研究教育對中國兒童道德知識與行為的影響，並探討兩者間差異，將是未來研究的啟發。

　　研究表明，道德教育還可提高小學生的紀律意識與責任感 (He, Du, Yu, & Cha, 1962; Z. G. Zhang & Zhu, 1964)。W. N. Wang (1980) 研究了學齡前兒童對工作責任的

理解，結果顯示，兒童在學齡前最後一年才能開始區分工作與遊戲之差異，或理解工作的社會含義。Y. Li (1959) 發現，兒童於工作中的責任、紀律、主動性及同伴關係方面的表現，受到他們對任務準則理解的強烈影響。因此，心理學家認為，將任務分配給孩子前，須清楚解釋任務之要求與後果，因為這將有助於兒童對工作產生積極態度 (M. J. Wang & Chen, 1962)。

上述研究主題明確反映了該年紀之社會價值。「熱愛科學」或「熱愛學習或工作」被視為道德教育的要素，因為這是教育兒童長大後為國家或人民服務的方式。H. C. Chen (1992) 發現，年齡較大的兒童傾向於將熱愛工作（尤其是沒有報酬或自我利益的勞動）視為美德與優良的歷史傳統。基於西方道德之發展理論，中國研究學者選擇了關注道德教育實際需求的主題。此類研究內容雖各不相同，整體上仍支持道德發展的階段理論，但如上所述，中西方兒童的道德表現與理解出現了一些差異。

四、道德發展與文化影響

1980 年代改革開放後，中國研究學者開始與西方研究人員合作。研究人員發現，兒童的道德認知不僅取決於其認知發展，亦取決於所成長的社會環境。道德發展可能受文化差異而有巨大影響，意即，受社會傳播規則之影響，此規則可能因文化差異而有所不同。因此，透過跨文化研究瞭解道德發展尤為重要。目前已有大量文獻針對中西方兒童道德發展之跨文化比較做研究。

（一）道德推理之跨文化比較

道德認知植根於文化之中。不同文化對道德的概念有不同理解，惟某些道德價值得到了普遍認可。例如：Joseph 與 Haidt (2006) 提出直觀倫理的五個基礎：危害、互惠、內團體、階層和純淨，而與上述基礎相對應的美德為：善良、公平、忠誠、順從和潔淨。同樣地，Baillargeon 等人 (2015) 提出四個社會道德原則：公平、避免傷害、團體內支持和權威。在上述概念中，權威受到發展心理學家的廣泛關注。

實證研究調查了中西方兒童與青少年於親子關係中對於權威與道德決定之概念。與西方同齡者相似，中國兒童與青少年會在社交領域服從權威的命令，但在處理個人問題時更可能拒絕權威 (Smetana, Wong, Ball, & Yau, 2014; Yau, Smetana, & Metzger, 2009)。當與父母在個人問題上發生衝突時，西方青少年更傾向透過協商一致的決策程序以解決家庭衝突 (Helwig, Arnold, Tan, & Boyd, 2003)，而中國青

少年在很大程度上仍遵從其父母的權威 (Yau & Smetana, 1996, 2003)。研究發現，當母親禁止小孩從事一項個人重要活動時，四至十歲的中國兒童會服從母親的決定 (Smetana et al., 2014)。一般而言，中國兒童較西方兒童更容易服從父母的權威 (Laupa & Tse, 2005; Smetana et al., 2014)，但中國孩子的服從性於五至十三歲之間會有所下降 (W. Zhang, 1996)。研究亦發現，來自澳門與香港的中國兒童及青少年較西方同齡者更有可能於社會環境中概括父母親命令的合法性 (Laupa & Tse, 2005; Yau et al., 2009)。

G. Fang 等人 (2003) 發現，與 Kohlberg (1984) 研究中的兒童相較之下，中國兒童的道德決定強調尊重權威、幫助他人及關心其兄弟姐妹之道德正確性。此研究使用了 Kohlberg 手冊中的朱蒂困境 (Judy dilemma) 改編版本，其中涉及權威與契約間之權衡。主要問題是女兒是否應該幫助母親維持權威，或應為了姊妹的財產權而支持契約。研究發現，大多數中國兒童傾向於選擇權威而非契約。此結果意味著多數中國受試者傾向於作一個忠誠的女兒，而非忠誠的姐妹，甚至在青少年（十五歲青少年）身上，服從權威仍具主導作用。

關於友誼中的責任與義務道德推理之跨文化研究也提出了特定文化模式。許多研究顯示，來自亞洲文化的參與者被問及道德論點時，其傾向於提到人際和諧、關注他人福利、相互仁愛和愛的概念 (Boyes & Walker, 1988; Eckensberger & Zimba, 1997; Miller & Bersoff, 1995; Snarey, 1985)。在一個合作計畫中，Fang 等人發現冰島與中國兒童於不同道德關注優先順序上存在顯著差異。冰島兒童傾向於關注自我利益與遵守契約承諾，而中國兒童則更加注重利社會價值觀與關係問題 (F. X. Fang, Fang, & Keller, 1994; F. X. Fang, Fang, & Wang, 1996; Keller, Edelstein, Schmid, Fang, & Fang, 1998)。

針對中國兒童道德推理與決策的研究顯示，雖然兒童普遍遵循由膚淺至深刻理解道德的階段性進展 (Gibbs, 1992)，但兒童的道德推理存在著重要的文化差異。與西方文化中的兒童相比，中國兒童更在意父母權威、人際關係和諧及互惠互利，而較少關心契約承諾與個人利益。中國兒童對父母權威與人際和諧的強烈關注，及對自我與他人之道德正確性的關注，可能與中國傳統價值觀和道德教育有關。

傳統上，中國是一個集體主義社會，並被公認為是集體主義文化 (Oyserman, Coon, & Kemmelmeier, 2002)。傳統的中國社會強調家庭的終身階層結構，尤其是親子關係、服從權威，以及與之密切連結的孝道 (Bond, 1986, 1996; X. Chen, 2000)；然而在西方社會，親子關係於二十世紀以來越顯平等 (Pollock, 1983; J. Zhang & Thomas, 1994)。此外，中國人深受儒家重視人際和諧與和解觀點的影響，

而西方文化則強調個人選擇與承諾的重要性 (Dien, 1982)。教育也可能在塑造兒童的道德推理中起到重要作用。與西方國家相比，中國的學校與家長更加重視道德教育。例如：中國父母經常提醒孩子過去的過失，以喚起其道德意識，他們鼓勵孩子服從權威，按照社會規範行事 (Miller, 1997)。

（二）道德行為之跨文化比較

「道德行為」與「利社會行為」兩詞常於文獻中交替使用（如 Capraro & Perc, 2018; Eisenberg, 2000）。一般來說，跨文化研究顯示，亞洲兒童比西方高加索兒童更有可能從事利社會行為。Stewart 與 McBride-Chang (2000) 發現，在香港，二年級亞洲學生（來自多個種族群體）較西方兒童更有可能將參與研究獲得的禮物捐贈給教室裡其他無法參加研究的兒童。同樣地，Rao 與 Stewart (1999) 發現，亞洲（中國內地、中國香港及印度）幼兒園的孩童較美國同齡者更願意與同伴分享食物，且亞洲兒童更可能自發性地分享，並允許同伴拿走一些食物。Chen 與 Stevenson (1989) 觀察到，於臺灣、日本及美國幼兒園班級中分享、安慰及幫助的發生率，以美國為最低。Stevenson、Stigler、Lee、Lucker 與 Hsu (1985) 認為，中國和日本社會一般非常強調讓兒童對其群體中的其他人展現責任心與利社會行為（如：家庭、課堂和社會；亦可參見 Hieshima & Schneider [1994]）。

最近於中國大陸進行的研究也支持上述結論。一項跨文化研究觀察了中國與德國兒童在獨裁者賽局與最後通牒賽局中的分享行為 (Zhu, Gigerenzer, & Huangfu, 2013)。最後通牒賽局與獨裁者賽局為兩個簡單的實驗性遊戲，參與者可用較自私或較平等的方式分配資源。結果顯示，中國小學生比德國學生更願意主動分享，儘管此差異在青少年時期逐漸減少。中國兒童比西方兒童更具利社會性，可能是由於中國兒童更加注重與團體成員保持良好的關係，及父母對利社會行為的重視 (Hieshima & Schneider, 1994; Markus & Kitayama, 1991)。另值得注意的是，由於大多數實驗中都有成年人在場，中國兒童可能比西方兒童更有動力以社會認可的方式行事，這是他們被教育要尊重與服從權威和長輩的結果 (Xu, 2017)。依據與成年人進行的跨文化經濟遊戲研究，有利社會行為的見證者在場，或權威人士見證某人的利社會行為，提高了中國利社會行為的可能性。在一項同樣以德國與中國為樣本使用公共財遊戲的實驗經濟學研究中發現 (Vu, 2016)，當玩家在完全匿名的條件下進行遊戲時（贈送者與接受者彼此完全不認識），德國成年人的利社會行為發生之機率約為中國成年人的兩倍。尚須進行進一步的研究來調查跨文化示例中道德認知與利社會行為間的差距，並對有系統地操縱社交距離的兒童進行利社會

行為研究。

在利社會發展中，文化亦對不同性別產生了差異影響。大多數中國研究報告指出利社會行為沒有明顯的性別差異（如 D. Li & Li, 1989; Niu, Chen, Wang, & Zhang, 2004），不過一些研究則發現男孩更慷慨、更合作，而女孩則更具競爭力 (Y. S. Li, Zhang, & Dai, 2000; Y. Wan & Fu, 2019; Y. Wan, Fu, & Tanenhaus, 2019)。然而，大量文獻顯示，女性比男性更友善、更樂於助人、更合作且更慷慨（如 Eisenberg & Fabes, 1998; 或參考 Eagly & Crowley, 1986 的不同看法），無論成年人或兒童皆是如此 (Eckel & Grossman, 1998; Maccoby, 2002)。此外，跨文化研究已證實，利社會反應中的性別差異不僅限於少數文化 (Carlo, Roesch, Knight, & Koller, 2001; Whiting & Edwards, 1973)。

社會化在塑造兒童的利社會行為方面發揮重要作用 (Benenson, Pascoe, & Radmore, 2007; Rizzolatti & Craighero, 2004)，對此，可能有一種文化相關的解釋，能讓我們理解為什麼在西方文化中觀察到的性別模式在中國文化裡較不明顯甚至逆轉。例如：在中國文化中，對男性比女性更強調有關資源慷慨的重要性 (Hou, Huang, & Fang, 2017)，這可能會使男性在某些情況下表現出更慷慨與樂於助人的行為。另一個可能的解釋是，現代中國社會中強調性別平等，使女性與男性一樣具有競爭力及獨立性；而此趨勢也可能使中國男孩與女孩間的利社會性差異減少。

五、中國兒童道德行為之發展趨勢

利社會行為在生命早期即出現，並於嬰兒期、兒童期及青少年期持續發展。整體而言，大多數綜合分析文獻顯示年齡較大的兒童比年齡較小的兒童更為慷慨、合作及樂於助人 (Côté, Tremblay, Nagin, Zoccolillo, & Vitaro, 2002; Eisenberg & Fabes, 1998)。在捐贈方面，青少年比小學生展現更多的利社會行為，且其慷慨程度似乎隨著年齡的增長與日俱增。

中國的研究雖顯示學齡前兒童具有類似趨勢 (Lai, Yang, & Guo, 2012; Y. S. Li & Zhao, 2008; H. M. Wang, Chen, & Zhang, 2005; J. Yu, Zhu, & Leslie, 2016)，惟針對更大年齡範圍的研究卻呈現混合結果。例如：一項關於學齡兒童分享行為的研究發現，分享行為隨著年齡增長而減少 (H. C. Chen, Geng, Qin, & Lin, 2004)。中國兒童的公平行為於三至八歲間有所增加 (J. Yu et al., 2016)，但八至十八歲時又有所下降 (Zhu, Huangfu, Keller, Mou, & Chen, 2008)。Liu 等人 (2016) 發現，六至十一歲的兒童在最後通牒賽局任務中使用一致的決策傾向來懲罰不公平行為，顯示年齡並不影響學齡兒童的公平傾向。一項在中國與德國進行的跨文化研究透過獨裁者賽局與最後

通牒賽局檢驗兒童的公平發展 (Zhu, Keller, Gummerum, & Takezawa, 2010)。結果發現，中國與德國兒童遵循不同的發展軌跡。具體而言，隨著年齡的增長，中國兒童主動共享行為可能會降低，而德國兒童則呈 U 形（先下降後上升）。

針對中國兒童的研究結果與先前發展心理學的研究發現不一致，後者顯示兒童的分享行為隨著年齡的增長而增加 (Eisenberg & Fabes, 1998; Hoffman, 1988; Zahn-Waxler, Radke-Yarrow, Wagner, & Chapman, 1992)。其他研究則發現，九至十六歲兒童的合作關係會隨著年齡增長而逐步下降 (Pang & Cheng, 2001)。可能的原因是，隨著兒童開始上學，並在學校課業上相互競爭，產生更強的競爭意識，從而減弱利社會傾向 (Pang & Cheng, 2001)；也有可能是當兒童長大後，道德教育對其行為影響較小。道德認知與道德行為間也可能存在差距。儘管一些研究顯示，中國兒童於道德認知任務上的得分高於西方兒童，但許多社會事件或例子表明，此並非一定意味著中國兒童於現實中的道德行為總是優於西方同齡者。

大多數關於利社會行為的研究皆使用假設情境或現實生活情境，其研究結果在文獻中經常被一併討論。然而，Damon (1977) 指出，分配正義的推理在假設情況下（在心理學研究中通常為真實情況）比在真實生活中的分享行為更為進階，但兒童於真實分享情況下比在假設分享情況下會為自己保留更多。中國的研究指出，中國兒童亦表現出類似傾向。在一項研究中，使用修改後的分解遊戲衡量九、十一與十四歲兒童以及作為成人群體的大學生之社會價值取向；該詞係指「參與者在為自我與虛構人物提供觀點的選項中進行選擇」的遊戲 (J. Li, Zhu, Gummerum, & Sun, 2013, p. 470)。其中約有一半的人被分配到「同等報酬組」的假設情境中，該組為組內參與者提供同等報酬，其餘人士則被分配到「實際報酬組」，依據參與者於遊戲中的選擇支付報酬。結果顯示，九歲與十一歲兒童的選擇在這兩種情境下有所不同：他們在假設情境中做出了更多的利社會選擇，而在「實際報酬」情境中做出了更具競爭性的選擇。於上述兩種情境下，十四歲與成人的選擇則未有顯著差異：在這兩種情境下，他們皆表現出競爭力。此結果可能意味著，雖然年幼的兒童可能對道德有良好理解，但他們在現實中不一定遵循道德教義。有關公平性的文獻顯示，知識與行為的差距可用多種因素來解釋，包含自我調節與心智理論發展、社會距離、獎勵的獲得方式等 (Blake, 2018; Blake et al., 2014)。上述因素如何與文化效應相互作用，形成並縮小道德知識與行為間之差距，是一個值得在未來研究中探索的課題。

六、社會變革與道德發展

社會變革被定義為「社會典型特徵的變化，如社會結構與制度、規範、價值觀、文化產品及符號」(Silbereisen, 2005)。大多數社會會經歷漸進式社會變革，而中國在改革開放後的社會變革則相對迅速。社會歷史與社會經濟的轉變會影響人們的道德判斷及道德行為（如 Turiel, 2002）。

過去的數十年，中國的改革開放使經濟快速增長與社會變遷，從而讓人們的價值觀體系與道德行為產生根本性的變化，社會上也一直存在著道德危機的廣泛關注。以南京彭宇案為例。2006 年，彭宇協助一位跌倒並摔斷股骨的老婦人到當地醫院。老婦人後來指責彭宇致使她跌倒，並要求支付醫療費用 (H. M. Li, 2011; Minter, 2012; Young, 2013)。法院判決原告勝訴，並要求彭某應承擔賠償責任，理由是儘管缺乏具體證據，但「沒有人會憑良心幫助他人，除非自身感到內疚」。此判決引起民眾強烈抗議，因其暗示中國民眾基於緊急情況下提供他人協助須承擔民事責任（關於類似案例的進一步討論，閻雲翔將其稱之為「好撒瑪利亞人」[Good Samaritan] 問題，請參見第十二章）。另一個例子為 2008 年中國牛奶醜聞，這是一起引起廣泛關注的食品安全事件，有牛奶、嬰兒配方奶粉及其他食品的材料中被摻入三聚氰胺。中國估計共三十萬嬰兒受害，其中六人死亡，約五萬四千人住院治療 (Branigan, 2008; Macartney, 2008; McDonald, 2008)。上述事件似乎顯示，一些人正變得不那麼利社會與具有社會責任感，而是更關注自身利益。研究者針對該問題探索了不同世代、城鄉兒童之間及不同社會政策下出生的兒童之道德行為差異。

（一）世代差異

在一項研究中，研究學者針對來自同一社會的人做研究；這些人的成長環境在資源分配與利社會行為方面有截然不同的價值觀。為此，中國提供了一個獨特的天然準實驗場所。具體而言，1949-1956 年，中國實施了一項名為「計畫經濟」的特殊經濟策略，以因應國家資源短缺的問題。該策略強調平等分配所有資源，儘量縮小貧富差距。該研究測試了最後通牒賽局與獨裁者賽局中出價的大小是否隨著中國公民經歷「計畫經濟」年數增長而增加。結果顯示，生活於「計畫經濟」時代的人，在此二項賽局中的平均出價高於兩個年輕世代的中國人群。一般而言，在「計畫經濟」下生活時間越短，出價的金額會隨之減少，這顯示為人民服務的平均主義理論（強調無私、平等分享及人與人之間微小差異）對生活於不同社會

歷史時期的中國公民行為有著不同的影響。此研究顯示社會變革對中國人民道德行為的影響 (Zhu et al., 2013)。

跨文化研究亦指出，道德認知隨著社會環境變遷而變化，從而導致不同世代間的差異。例如：一項研究比較了 1990 年與 2009 年兩組中國兒童及青少年，以探討中國於二十世紀末與二十一世紀初的社會和經濟轉型如何影響兒童與青少年在家庭環境裡的道德決策與推理。此外，也將中國參與者的道德決策和推理與 1990 年於東德評估的同齡人士進行了比較。研究人員向參與者敘述在親子環境中出現的道德困境，並就其於此類家庭背景下之道德決定與推理進行個別訪談。在此道德困境中發生衝突的兩個主因為權威與契約。兒童們在接受採訪時被問到一個問題：主角是應該服從母親的權威要求，還是遵守對姊妹的承諾？

結果顯示，1990 年的中國兒童更傾向於選擇支持父母權威，而非支持兄弟姐妹的財產權（違反契約）。因此，中國兒童經常透過強調權威而非契約來為其道德選擇辯護。2009 年接受採訪的中國參與者與 1990 年東德參與者的表現極為相似，而上述兩樣本與 1990 年評估的中國參與者所得結果不相同。與 1990 年的中國參與者相較之下，2009 中國參與者與 1990 年東德參與者在其道德推理中參考一般道德與權威的理由可能性較低。結果意味著，儘管中國傳統社會強調家庭、孝順及服從權威的階級結構 (Bond, 1986, 1996; X. Chen, 2000)，但如今這種趨勢正在發生變化。

自經濟改革以來，中國社會經歷了快速的現代化與全球化，深深地改變了中國人的價值體系及道德行為 (Egri & Ralston, 2004)。儘管集體主義利益仍受重視，惟全球市場經濟、廣泛傳播的消費主義意識形態及競爭激烈的就業市場驅使年輕一代變得更加自我負責與自力更生 (Yan, 2010)。具體而言，人們正從僅強調共享與合作等傳統集體主義道德行為，轉向採取個人主義文化中更常強調的價值觀，如個人成長、進步和競爭力。此種價值變化可能造成的後果是，與前幾個世代相較，如今中國兒童所做之選擇已不太受父母威權的影響。相反地，現今的中國兒童更注重建立自身人脈關係與聲譽，從而更傾向遵守與兄弟姐妹及同伴間之承諾。依據 Bronfenbrenner (1986, 2005) 的生態系統理論，家庭對兒童與青少年來說是最重要的微觀系統之一，因此，一個社會的變化會反映於此種情況下之親子關係與道德決策中。

（二）城鄉兒童之差異

過去幾十年中，中國的重大經濟與社會變化多發生在城市地區。社會經濟發

展與社會政策變化（如獨生子女政策）導致中國的家庭結構發生變化（詳情可參中國國家統計局網站 2000 年的資料）。自中國向西方開放以來，西方理想與價值觀之影響力日益增長 (Egri & Ralston, 2004; Sun & Wang, 2010)。與較不發達的農村地區相比，許多變化在較發達的城市地區更為明顯（如 Hannum, 1999）。實際上，研究發現中國城鄉兒童於權威與道德推理之間存有差異，農村青少年表現出的觀點更符合中國傳統的孝道價值觀 (Lahat, Helwig, Yang, Tan, & Liu, 2009)。例如：Helwig 等人 (2003) 指出，中國農村地區的青少年比城市青少年更有可能支持成年威權人士之決策。

Lahat 等人 (2009) 針對農村與城市的十三歲及十七歲中國青少年調查其是否贊同自決權（即一個人對自己生活的重要領域做出決定之權利，如言論自由權）與養育權（即他人有義務為某人之情感、心理或身體福利提供保障）。結果是：年紀較大的青少年比年紀較輕的青少年更有可能主張自決權。然而，農村青少年與城市參與者相較，贊同自決權的可能性較小，尤其是當權利與當權者對主角的最佳利益之看法相衝突時（即養育權）。因此，儘管差異不大，但中國城鄉青少年的權威與道德推理確實存在差異，農村青少年表現出的觀點更符合中國傳統孝道價值觀。

城鄉差異亦可歸因於社會經濟地位之差異。大量研究顯示，社會經濟地位與利社會行為成正比。例如：Benenson 等人 (2007) 指出，與來自較低社經地位環境之兒童相比，來自較高社經地位環境之兒童於獨裁者賽局中捐出更多貼紙，且不捐贈任何東西的可能性較小。然而，上述模式在中國似乎已被逆轉。在一項中國研究中，使用類似獨裁者賽局研究農村地區四歲兒童之分享行為，來自低收入家庭的兒童比來自高收入家庭的兒童捐贈了更多的貼紙 (Y. Chen, Zhu, & Chen, 2013)。對此一結果的可能解釋為，在中國，社經地位較低的人往往教育程度亦較低，而受傳統價值觀影響較大；亦有可能是社經地位較低的人更加相互依賴、流動性較低，因此有更強烈的動機相互支持度過難關，並與社區保持相互對等的關係。此解釋於多項研究中得到驗證，研究發現個人主義於中國與日本發達地區更為普遍 (Cochrane, Deng, Singh, Rogers, & Merollo, 2019; Kashima et al., 2004; Yamagishi et al., 2012)。事實上，證據顯示，個人主義與社會現代化密切相關（另參見第十二章與第十四章），因為現代化使人們從簡單的地方社區進入複雜的社會，比起小團體內的緊密聯繫，大家更注重個人的自主性與獨立性 (Greenfield, 2009)。

(三) 獨生子女政策之影響

1979 年，中國實施了「獨生子女政策」，規定每對夫婦只能生一個孩子。在過去三十多年，此政策造成大量兒童於成長過程中沒有兄弟姐妹陪伴。這些孩子得到父母與祖父母過度關注，且毋需與兄弟姐妹分享任何資源。研究顯示，兄弟姐妹於兒童利社會發展中發揮作用。例如：沒有手足的三至八歲兒童比有手足的兒童表現出更少的分享行為；而在有手足的兒童中，最小的孩子比有弟妹的大孩子更不願意分享 (Fehr, Bernhard, & Rockenbach, 2008)。這使許多人擔心，與有手足的兒童相比，中國「獨生子女世代」的利社會傾向會更低，而此問題已引起發展心理學家的關注。

此觀點於早期的實證研究中並未獲得太多支持，因在多數研究中，獨生兒童表現出與有手足之兒童相同的合作精神、樂於助人、慷慨大方等特質 (C. W. Wan, Fan, & Lin, 1984)，且人們認為此差異的缺乏係由於幼兒園與小學時期不斷社會化所致。然而，近期對青少年與大學生利社會性之研究發現，有手足的孩子一般比獨生子女更具利社會特質 (Song et al., 2019; H. P. Zhang & Li, 2006)，這顯示該政策對利社會性之影響可能隨著時間推移而加大。同樣，另一項針對北京市實行獨生子女政策前後出生的 421 名成年人之研究發現，與對照組相比，獨生子女的信任度、信賴感、自覺性及風險規避度皆大幅降低 (Cameron, Erkal, Gangadharan, & Meng, 2013)。顯然，進一步研究獨生子女政策之長期性影響是有必要的。

七、結論與未來影響

並非所有道德概念都是普遍性的，發展軌跡亦是如此。研究顯示，道德認知與行為發展為文化表達提供重要途徑。然而，儘管中國與西方社會於文化上存有差異，但中國兒童與青少年越來越受全球化之影響，他們較老年人更加遵循市場經濟原則行事。此發展可能造成更多社會及經濟變革，但從傳統美德角度來看，有可能表現出負面影響。因此許多人認為，中國的道德教育應於促進兒童道德認知與利社會行為方面發揮更有效的作用。

雖然來自不同領域的研究學者曾對中國兒童道德發展進行廣泛的研究，但仍須進一步研究心理動機、影響及後果。首先，雖然道德情感於塑造道德認知與行為方面具有重要作用，惟中國兒童之道德情感仍相對研究不足，值得更深入探討。其次，在此章節裡回顧的多數心理學研究主要集中於兒童行為，至於其行為之潛在心理動機仍尚未被深入探索。未來仍須進一步探索於實驗環境中激發兒童行為

之心理與認知狀態。最後，未來研究可調查嬰兒早期道德發展，從而更全面地瞭解道德觀如何隨年齡變化，並有助於釐清兒童進入成人社會後之社會化影響。

參考文獻

Baillargeon, R., Scott, R. M., He, Z., Sloane, S., Setoh, P., Jin, K., et al. (2015). Psychological and sociomoral reasoning in infancy. In M. Mikulincer & P. R. Shaver (Eds.), E. Borgida & J. A. Bargh (Assoc. Eds.), *APA handbook of personality and social psychology: Vol. 1. Attitudes and social cognition* (pp. 79-150). Washington, DC: American Psychological Association.

Benenson, J. F., Pascoe, J., & Radmore, N. (2007). Children's altruistic behavior in the dictator game. *Evolution and Human Behavior, 28*(3), 168-175.

Blake, P. R. (2018). Giving what one should: Explanations for the knowledge-behavior gap for altruistic giving. *Current Opinion in Psychology, 20*, 1-5.

Blake, P. R., McAuliffe, K., & Warneken, F. (2014). The developmental origins of fairness: The knowledge-behavior gap. *Trends in Cognitive Sciences, 18*(11), 559-561.

Bond, M. H. (Ed.). (1986). *The psychology of the Chinese people*. Hong Kong: Oxford University Press.

Bond, M. H. (1996). Chinese values. In M. H. Bond (Ed.), *The handbook of Chinese psychology* (pp. 208-226). Hong Kong: Oxford University Press.

Bond, M. H., & Chi, V. M.-Y. (1997). Values and moral behavior in mainland China. *Psychologia: An International Journal of Psychology in the Orient, 40*(4), 251-264.

Boyes, M. C., & Walker, L. J. (1988). Implications of cultural diversity for the universality claims of Kohlberg's theory of moral reasoning. *Human Development, 31*(1), 44-59.

Branigan, T. (2 December 2008). "Chinese figures show fivefold rise in babies sick from contaminated milk." *The Guardian*. Retrieved 2 April 2010.

Bronfenbrenner, U. (1986). Ecology of the family as a context for human development: Research perspectives. *Developmental Psychology, 22*(6), 723-742.

Bronfenbrenner, U. (2005). Beyond the deficit model in child and family policy. *Teachers College Record, 81*(1), 95-104.

Cameron, L., Erkal, N., Gangadharan, L., & Meng, X. (2013). Little emperors: Behavioral impacts of China's one-child policy. *Science, 339*(6122), 953-957.

Cao, R. X., Chen, H. C., Chen, X. Y., & Liang, Z. B. (2017). Ertong ziyuan huoqu xingwei dui xuexiao shiying de yingxiang: Yige lishi 5 nian de kuawenhua zhuizong [The school adaptation meaning of children's resource acquisition behaviors: A 5-year longitudinal and cross-cultural study]. *Xinli Fazhan yu Jiaoyu, 33*(6), 641-648.

Capraro, V., & Perc, M. (2018). Grand challenges in social physics: In pursuit of moral behavior. *Frontiers in Physics, 6,* 107. doi:10.3389/fphy.2018.00107

Carlo, G., Roesch, S. C., Knight, G. P., & Koller, S. H. (2001). Between or within-culture variation: Culture group as a moderator of the relations between individual differences and resource allocation preferences. *Journal of Applied Developmental Psychology, 22*(6), 559-579.

Cen, G. Z., Liu, J. H., Sheng, Y. M., & Xu, S. Q. (1992). 8-12 sui ertong daode panduan de congzhong xianxiang [On the conformity of moral judgment among children aged from 8 to 12]. *Xinli Xuebao, 24*(3), 267-275.

Chen, C. S. & Stevenson, H. W. (1989). Homework: A cross-cultural examination. *Child Development, 60*(3), 551-561. doi:10.1111/j.1467-8624.1989.tb02736.x

Chen, H. C. (1987). Zhongxiao xuesheng ai zuguo guannian de fazhan [The development of motherland-loving concepts among primary and secondary school students]. *Xinli Fazhan yu Jiaoyu, 3*(1), 10-18.

Chen, H. C. (1992). Zhongxiao xuesheng ai laodong guannian de fazhan [The development of labor-loving concepts among primary and secondary school students]. In B. S. Li (Ed.), *Pinde xinli yanjiu* [*Psychological research on moral character*] (pp. 292-304). Shanghai, China: East China Institute of Chemical Technology Press.

Chen, H. C., Geng, X. F., Qin, L. L., & Lin, S. N. (2004). 7~11 sui ertong fenxiang xingwei de fazhan [Development of sharing behaviors among children aged 7 to 11 years]. *Xinli Kexue, 27*(3), 571-574.

Chen, H. C., & Li, B. S. (1982). Guanyu ertong dui gongsi caiwu sunhuai de daode panduan de yanjiu [A study on children's moral judgment on the damage of public and private property]. *Xinli Xuebao, 14*(3), 318-325.

Chen, H. C., Zhang, D., & Pei, X. F. (1991). Zhongxiao xuesheng ai kexue guannian de fazhan [The Development of science-loving concepts among primary and secondary school students]. *Jiaoyu Lilun yu Shijian, 11*(6), 26-31.

Chen, X. (2000). Social and emotional development in Chinese children and adolescents: A contextual cross-cultural perspective. In F. Columbus (Ed.), *Advances in psychology research* (Vol. 1, pp. 229-251). New York, NY: Nova Science Publishers.

Chen, Y., Zhu, L., & Chen, Z. (2013). Family income affects children's altruistic behavior in the dictator game. *PLOS ONE, 8*(11), e80419. doi:10.1371/journal.pone.0080419

Cochrane, S. G., Deng, S., Singh, A., Rogers, J., & Merollo, B. (2019). *China's provincial economies: Growing together or pulling apart?* Moody's Analytics.

Colby, A., Kohlberg, L., Gibbs, J., & Lieberman, M. (1983). A longitudinal study of moral judgment. *Monographs of the Society for Research in Child Development, 48*(1-2), 1-124.

Côté, S., Tremblay, R. E., Nagin, D., Zoccolillo, M., & Vitaro, F. (2002). The development of impulsivity, fearfulness, and helpfulness during childhood: Patterns of consistency and change in the trajectories of boys and girls. *Journal of Child Psychology and Psychiatry, 43*(5), 609-618.

Damon, W. (1977). *The social world of the child*. San Francisco, CA: Jossey-Bass.

Dien, S. F. (1982). A Chinese perspective on Kohlberg's theory of moral development. *Developmental Review*, *2*(4), 331-341.

Eagly, A. H., & Crowley, M. (1986). Gender and helping: A meta-analytic review of the social psychological literature. *Psychological Bulletin*, *100*, 283-308.

Eckel, C. C., & Grossman, P. J. (1998). Are women less selfish than men?: Evidence from dictator experiments. *The Economic Journal*, *108*(448), 726-735.

Eckensberger, L. H., & Zimba, R. F. (1997). The development of moral judgment. In J. W. Berry, P. R. Dasen, & T. S. Saraswathi (Eds.), *Handbook of cross-cultural psychology, volume 2: Basic processes and human development* (pp. 299-338). Boston, MA: Allyn & Bacon.

Egri, C. P., & Ralston, D. A. (2004). Generation cohorts and personal values: A comparison of China and the United States. *Organization Science*, *15*(2), 210-220.

Eisenberg, N. (2000). Emotion, regulation, and moral development. *Annual Review of Psychology*, *51*(1), 665-697.

Eisenberg, N., & Fabes, R. A. (1998). Prosocial development. In W. Damon (Series Ed.), N. Eisenberg (Vol. Ed.), *Handbook of child psychology: Vol. 3. Social, emotional, and personality development* (5th ed., pp. 701-778). New York, NY: Wiley.

Fang, F. X., Fang, G., & Keller, M. (1994). Dui youyi guanxi shehui renzhi fazhan de kuawenhua bijiao yanjiu [A cross-cultural comparative study of the social cognitive development of friendship]. *Xinli Xuebao*, *26*(1), 44-50.

Fang, F. X., Fang, G., & Wang, W. Z. (1996). 7-15 sui ertong dui youyi guanxi de renzhi jiqi fazhan [The development of social cognition on understanding friendship in 7–15-year-old children]. *Xinli Xuebao*, *28*(1), 1-8.

Fang, G., Fang, F. X., Keller, M., Edelstein, W., Kehle, T. J., & Bray, M. A. (2003). Social moral reasoning in Chinese children: A developmental study. *Psychology in the Schools*, *40*(1), 125-138.

Fehr, E., Bernhard, H., & Rockenbach, B. (2008). Egalitarianism in young children. *Nature*, *454*(7208), 1079-1083.

Geng, S. P. (2018). Duoyuanhua, gonglihua: Renzhi jiegou yu dongji gongtong yingxiangxia daode xuanze yiju—Zhongguo ertong daode panduan shuiping fazhan jieduan tezheng fenxi baogao [Diversification and utilitarianism: The basis of moral choice under the co-influence of cognitive structure and motivation: An analysis report on the development stage characteristics of Chinese children's moral judgment level]. *Jiaoyu Kexue Yanjiu*, *275*(2), 28-36.

Genta, M. L., Menesini, E., Fonzi, A., & Smith, C. P. K. (1996). Bullies and victims in schools in central and southern Italy. *European Journal of Psychology of Education*, *11*(1), 97-110.

Gibbs, J. C. (1992). Moral-cognitive development and the motivation of moral behavior. In W. M. Kurtines, M. Azmitia, & J. L. Gewirtz (Eds.), *The role of values in psychology and human development* (pp. 222-238). Oxford, England: John Wiley & Sons.

Greenfield, P. M. (2009). Linking social change and developmental change: Shifting pathways of human development. *Developmental Psychology, 45*(2), 401-418.

Gu, H. G., Cen, G. Z., & Li, B. S. (1991). Xingwei zeren panduan de kuawenhua bijiao yanjiu [A cross-cultural comparative study of behavioral responsibility judgment]. *Xinli Fazhan yu Jiaoyu, 7*(2), 1-6.

Hannum, E. (1999). Political change and the urban-rural gap in basic education in china, 1949–1990. *Comparative Education Review, 43*(2),193-211.

He, Z. D., Du, W. X., Yu, B. Y., & Cha, Z. X. (1962). Dinianji xuesheng zijue jilvxing xingcheng guocheng de chubu tantao [A preliminary study concerning the formation of conscious discipline in lower grade pupils]. *Xinli Xuebao, 6*(1), 59-67.

Helwig, C. C., Arnold, M. L., Tan, D., & Boyd, A. D. (2003). Chinese adolescents' reasoning about democratic and authority-based decision making in peer, family, and school contexts. *Child Development, 74*(3), 783-800.

Hieshima, J. A., & Schneider, B. (1994). Intergenerational effects on the cultural and cognitive socialization of third- and fourth-generation Japanese Americans. *Journal of Applied Developmental Psychology, 15*(3), 319-327.

Hoffman, M. L. (1988). Moral development. In M. H. Bornestein & M. E. Lamb (Eds.), *Development psychology: An advanced textbook* (2nd ed., pp. 495-548). Hillsdale, NJ: Erlbaum.

Hou, J., Huang, J., & Fang, X. (2017). Geti lixiang banlv pianhao de neiyin-waixianxing chayi yanjiu [The difference between the implicit and explicit preferences for ideal partner]. *Xinli yu Xingwei Yanjiu, 15*(4), 551-561.

Huang, Y. (1942). *Ertong xinlixue [Child psychology]*. Nanjing, China: Zhengzhong Shuju.

Ji, L. Q., Zhang, W. X., Jones, K., & Smith, N. (2003). Zhongguo yu yingguo ertong duidai qifu wenti taidu de bijiao yanjiu [A comparison of children's attitudes towards bullying between Chinese and British children]. *Xinli yu Xingwei Yanjiu, 1*(2), 122-127.

Joseph, C., & Haidt, J. (2006). The moral mind: How 5 sets of innate moral intuitions guide the development of many culture-specific virtues, and perhaps even modules. In P. Carruthers, S. Laurence, & S. Stich (Eds.), *The innate mind Vol. 3. Foundations and the future*. New York, NY: Oxford University Press.

Kashima, Y., Kokubo, T., Kashima, E. S., Boxall, D., Yamaguchi, S., & Macrae, K. (2004). Culture and self: Are there within-culture differences in self between metropolitan areas and regional cities? *Personality and Social Psychology Bulletin, 30*(7), 816-823.

Keller, M., Eckensberger, L. H., & Von Rosen, K. (1989). A critical note on the conception of preconventional morality: The case of stage 2 in Kohlberg's theory. *International Journal of Behavioral Development, 12*(1), 57-69.

Keller, M., Edelstein, W., Schmid, C., Fang, F., & Fang, G. (1998). Reasoning about responsibilities and obligations in close relationships: A comparison across two cultures. *Developmental Psychology, 34*(4), 731-741.

Kohlberg, L. (1984). *Essays on moral development: The psychology of moral development* (Vol. 2). San Francisco, CA: Harper & Row.

Kou, Y., & Zhao, Z. L. (2004). Xiaoxue 4 ~ 6 nianji ertong dui tongban qinshehui xingwei dongji de pingjia [The evaluation of peers' prosocial behavioral motives in grade 4–6 students]. *Xinlixue Tanxin, 24*(2), 48-52.

Lahat, A., Helwig, C. C., Yang, S., Tan, D., & Liu, C. (2009). Mainland Chinese adolescents' judgments and reasoning about self-determination and nurturance rights. *Social Development, 18*(3), 690-710.

Lai, J. X., Yang, H., & Guo, L. P. (2012). Xueqian ertong fenxiang xingwei de chayixing [Differences in preschool children's sharing behavior]. *Xueqian Jiaoyu Yanjiu, 2012*(2), 20-26.

Laupa, M., & Tse, P. (2005). Authority concepts among children and adolescents in the island of Macao. *Social Development, 14*(4), 652-663.

Li, B. S., Lu, J. M., Cheng, X. C., Zhang, C. F., & The Collaboration Group of the Moral Development. (1984). Ertong xinmuzhong de chengfa yanjiu [A study of children's punishments as seen by themselves]. *Xinli Kexue, 1984*(5), 3-7.

Li, D., & Li, B. S. (1989). Duanqi xunlian dui ertong zhuren xingwei dongji dingxiang yingxiang de shiyan yanjiu [An experimental study of the impact of short-term training on children's motivational motivational behaviors]. *Xinli Fazhan yu Jiaoyu, 5*(4), 6-10.

Li, H. M. (20 September 2011). "'Good people and good deeds' should never be tarnished." *Xinhua*. Retrieved 23 October 2015.

Li, J., Zhu, L., Gummerum, M., & Sun, Y. (2013). The development of social value orientation across different contexts. *International Journal of Psychology, 48*(4), 469-480. doi:10.1080/00207594.2012.673725

Li, Y. (1959). Xiaoxue gaonianji xuesheng canjia nongye laodong zhong suobiaoxian de yixie xinli tedian de chubu fenxi [An analysis of the psychological characteristics of primary school 5–6th grade students participating in agricultural work]. *Xinli Xuebao, 3*(5), 293-302.

Li, Y. S., Zhang, L. L., & Dai, B. R. (2000). Ertong hezuo celue shuiping fazhan de shiyan yanjiu [An experimental study on the development of children's cooperative strategy level]. *Xinli Kexue, 23*(4), 42-46.

Li, Y. S., & Zhao, Y. (2008). 4 ~ 6 sui ertong fenxiang xingwei de tedian ji peiyang celue [Characteristics of 4 to 6 years old children's sharing behavior and fostering strategies]. *Xueqian Jiaoyu Yanjiu, 2008*(2), 40-42.

Liu, B. Y., Jing, J., Li, X. H., Yang, W. H., Liang, J. J., Dai, M. X., et al. (2016). Xuelingqi ertong zai zuihou tongdie youxizhong de lita chengfa xingwei biaoxian [School-age children's altruistic punishment behavior in the ultimatum games]. *Zhongguo Xinli Weisheng Zazhi, 30*(10), 728-731.

Ma, H. K. (1988). The Chinese perspectives on moral judgment development. *International Journal of Psychology, 23*(1-6), 201-227.

Ma, H. K. (1992). The relation of altruistic orientation to human relationships and moral judgment in Chinese people. *International Journal of Psychology*, *27*(6), 377-400.

Macartney, J. (22 September 2008). "China baby milk scandal spreads as sick toll rises to 13,000." *The Times*. Retrieved 2 April 2010.

Maccoby, E. E. (2002). Gender and social exchange: A developmental perspective. *Current Directions in Psychological Science: A Journal of the American Psychological Society*, *11*(2), 54-58.

Malti, T., & Krettenauer, T. (2013). The relation of moral emotion attributions to prosocial and antisocial behavior: A meta-analysis. *Child Development*, *84*(2), 397-412.

Markus, H. R., & Kitayama, S. (1991). Culture and the self: Implications for cognition, emotion, and motivation. *Psychological Review*, *98*(2), 224-253.

McDonald, S. (22 September 2008). "Nearly 53,000 Chinese children sick from milk." *Associated Press*. Retrieved 10 February 2014.

Meng, H., Haffner, J., Parzer, P., & Wu, H. R. (2009). Zhongde ertong qingxu wenti qingkuang bijiao [Comparison on emotional and behavioral problems of children in China and Germany]. *Zhongguo Xuexiao Weisheng*, *30*(12), 1092-1094.

Miller, J. G. (1997). Understanding the role of worldviews in morality. *Human Development*, *40*(6), 350-354.

Miller, J. G., & Bersoff, D. M. (1995). Development in the context of everyday family relationships: Culture, interpersonal morality, and adaptation. In M. Killen, D. Hart, M. Killen, & D. Hart (Eds.), *Morality in everyday life: Developmental perspectives* (pp. 259-282). New York, NY: Cambridge University Press.

Minter, A. (8 January 2012). "China's infamous 'good samaritan' case gets a new ending." *Bloomberg View*. Retrieved 23 October 2015.

Niu, Z., Chen, H. C., Wang, L., & Zhang, H. X. (2004). 7 sui ertong zai zhuren qingjingzhong de xingwei biaoxian jiqi yu fumu jiaoyang fangshi de guanxi [7-year-old children's behavior in helping situations and its relationship with parental rearing styles]. *Xinli Fazhan yu Jiaoyu*, *20*(2), 17-21.

Oyserman, D., Coon, H. M., & Kemmelmeier, M. (2002). Rethinking individualism and collectivism: Evaluation of theoretical assumptions and meta-analyses. *Psychological Bulletin*, *128*(1), 3-72.

Page, R. A. (1981). Longitudinal evidence for the sequentially of Kohlberg's stages of moral judgment in adolescent males. *Journal of Genetic Psychology*, *139*(1), 3-9.

Pang, W. G., & Cheng, X. C. (2001). 9～16 sui ertong de hezuo qingxiang yu hezuo yitu de fazhan yanjiu [Development of cooperative preference and cooperative intention of 9–16 year old children]. *Xinli Fazhan yu Jiaoyu*, *17*(1), 31-35.

Piaget, J. (1965). *The moral judgment of the child*. London, England: Kegan, Paul, Trench, Trubner, & Co. (Original work published 1932)

Pollock, L. A. (1983). *Forgotten children: Parent-child relations from 1500 to 1900*. New York, NY: Cambridge University Press.

Rao, N., & Stewart, S. M. (1999). Cultural influences on sharer and recipient behavior: Sharing in Chinese and Indian preschool children. *Journal of Cross-Cultural Psychology*, *30*(2), 219-241.

Rest, J. R. (1975). Longitudinal study of the Defining Issues Test of moral judgment: A strategy for analyzing developmental change. *Developmental Psychology*, *11*(6), 738.

Rest, J. R. (1986). *Moral development: Advances in research and theory*. New York, NY: Praeger.

Rizzolatti, G., & Craighero, L. (2004). The mirror-neuron system. *Annual Review of Neuroscience*, *27*(1), 169-192.

Silbereisen, R. K. (2005). Presidential address: Social change and human development: Experiences from German unification. *International Journal of Behavioral Development*, *29*(1), 2-13.

Slingerland, E. (2003). Zhu xi's reading of the "analects": Canon, commentary, and the classical tradition. *Journal of the American Oriental Society*, *123*(3), 677-679.

Smetana, J. G., Wong, M., Ball, C., & Yau, J. (2014). American and Chinese children's evaluations of personal domain events and resistance to parental authority. *Child Development*, *85*(2), 626-642.

Snarey, J. R. (1985). Cross-cultural universality of social-moral development: A critical review of Kohlbergian research. *Psychological Bulletin*, *97*(2), 202.

Song, D., Tian, Y., Li, W., Wang, C. F., Fu, P., Liu, Z., et al. (2019). Zhongxuesheng qinshehui xingwei chayi fenxi yanjiu [Analysis and research on the differences of pro-social behavior of middle school students]. *Shijie Zuixin Yixue Xinxi Wenzhai*, *19*(18), 185-196.

Stevenson, H. W., Stigler, J. W., Lee, S. Y., Lucker, G. W., & Hsu, C. C. (1985). Cognitive performance and academic achievement of Japanese, Chinese, and American children. *Child Development*, *56*(3), 718-734.

Stewart, S. M., & McBride-Chang, C. (2000). Influences on children's sharing in a multicultural setting. *Journal of Cross Cultural Psychology*, *31*(3), 333-348.

Sun, J., & Wang, X. (2010). Value differences between generations in China: A study in Shanghai. *Journal of Youth Studies*, *13*(1), 65-81. doi:10.1080/13676260903173462

Turiel, E. (2002). *The culture of morality: Social development, context, and conflict*. New York, NY: Cambridge University Press.

Vu, D. V. (2016). Germany versus China: How does social distance influence public good behavior? *Mind & Society*, *15*(1), 33-52.

Walker, L. J. (1989). A longitudinal study of moral reasoning. *Child Development*, *60*(1), 157-166.

Wan, C. W., Fan, C. R., & Lin, G. B. (1984). Wusui zhi qisui dusheng he feidusheng zinv mouxie gexing tezheng de bijiao ji xingbie chayi de yanjiu [A comparative study on certain differences in individuality and sex-based differences between 5 to 7-year-old onlies and non-onlies]. *Xinli Xuebao*, *16*(4), 383-391.

Wan, Y., & Fu, H. (2019). Temporal predictability promotes prosocial behavior in 5-year-old children. *PLOS ONE*, *14*(5), e0217470. doi:10.1371/journal.pone.0217470

Wan, Y., Fu, H., & Tanenhaus, M. K. (2019). Effects of coordination and gender on prosocial behavior in 4-year-old Chinese children. *Psychonomic Bulletin & Review*, *26*(2), 685-692.

Wang, H. M., Chen, H. C., & Zhang, G. Z. (2005). 4～6 sui ertong dui "oude wupin" yu "yongyou wupin" de fenxiang xingwei [Shearing behaviors on occasionally gained and possessive object in old children aged 4–6 years]. *Xinli Fazhan yu Jiaoyu*, *21*(3), 37-43.

Wang, M. J., & Chen, H. M. (1962). Xiaoxue ernianji ertong xingcheng laodong dongji de xinli fenxi [Psychological analysis of the formation of labor motivation by second grade primary school children]. In Educational Psychology Committee of the Chinese Psychological Society (Ed.), *Jiaoyu xinli lunwen xuan* [*Selected papers on educational psychology*]. Beijing, China: Renmin Jiaoyu Chubanshe.

Wang, W. N. (1980). Xueqian ertong dui ziji laodong zeren yishi de tedian [The characteristics of preschool children's awareness of their labor responsibility]. In Z. X. Zhu (Ed.), *Ertong xinlixue* [*Child psychology*]. Beijing, China: Renmin Jiaoyu Chubanshe.

Whiting, B., & Edwards, C. P. (1973). A cross-cultural analysis of sex differences in the behavior of children aged three through 11. *The Journal of Social Psychology*, *91*(2), 171-188.

Whitney, I., & Smith, P. K. (1993). A survey of the nature and extent of bullying in junior/middle and secondary schools. *Educational Research*, *35*(1), 3-25.

Xie, Q. Q. (1964). Qingshaonian daode pingjia nengli de yixie yanjiu [Studies on the ability of moral judgement in adolescents]. *Xinli Xuebao*, *8*(3), 258-265.

Xu, J. (2017). *The good child: Moral development in a Chinese preschool*. Stanford, CA: Stanford University Press.

Yamagishi, T., Hashimoto, H., Cook, K. S., Kiyonari, T., Shinada, M., Mifune, N., et al. (2012). Modesty in self-presentation: A comparison between the USA and Japan. *Asian Journal of Social Psychology*, *15*(1), 60-68.

Yan, Y. (2010). The Chinese path to individualization. *The British Journal of Sociology*, *61*(3), 489-512.

Yau, J., & Smetana, J. G. (1996). Adolescent-parent conflict among Chinese adolescents in Hong Kong. *Child Development*, *67*(3), 1262-1275.

Yau, J., & Smetana, J. G. (2003). Adolescent-parent conflict in Hong Kong and Shenzhen: A comparison of youth in two cultural contexts. *International Journal of Behavioral Development*, *27*(3), 201-211.

Yau, J., Smetana, J. G., & Metzger, A. (2009). Young Chinese children's authority concepts. *Social Development*, *18*(1), 210-229.

Young, M. W. (2013). The aftermath of Peng Yu: Restoring helping behavior in China. *Pacific Rim Law & Policy Journal*, *22*(3), 691-711.

Yu, J., Zhu, L., & Leslie, A. M. (2016). Children's sharing behavior in mini-dictator games: The role of in-group favoritism and theory of mind. *Child Development*, *87*(6), 1747-1757. doi:10.1111/cdev.12635

Yu, Z. F. (2005). Xiaoxuesheng qinshehui daode tuili fazhan shuiping de yanjiu [Research on the development level of prosocial moral reasoning of primary school students]. *Dangdai Jiaoyu Luntan*, *2005*(16), 72-74.

Zahn-Waxler, Radke-Yarrow, M., Wagner, E., & Chapman, M. (1992). Development of concern for others. *Development Psychology*, *28*, 26-136.

Zhang, H. P., & Li, H. (2006). Da xuesheng lita dongji de diaocha yanjiu. [Investigation on altruistic motivation of college students]. *Xinli Xingwei yu Yanjiu*, *4*(4), 285-289.

Zhang, J., & Thomas, D. L. (1994). Modernization theory revisited: A cross-cultural study of adolescent conformity to significant others in mainland China, Taiwan, and the USA. *Adolescence*, *29*(116), 885-903.

Zhang, W. (1996). 5～13 sui ertong fumu quanwei renzhi de fazhan yanjiu [A study of the development of parental authority cognition in 5–13-year-old children]. *Xinli Kexue*, *19*(2), 101-128.

Zhang, W. X. (2002). Zhong xiao xuesheng qifu/shouqifu de pubianxing yu jiben tedian [Prevalence and major characteristics of bullying/victimization among primary and junior middle school children]. *Xinli Xuebao*, *34*(4), 57-64.

Zhang, W. X., Ji, L. Q., Gong, X. L., Zhang, Q., Wang, Y. W., & Chen, X. Y. (2003). 3～4 sui ertong gongji xingwei fazhan de zhuizong yanjiu [A longitudinal study on the development of 3-to-4-year-old children's aggressive behavior]. *Xinli Kexue*, *26*(1), 49-52.

Zhang, Z. G., & Zhu, W. B. (1964). Xiaoxue keye zerenxin xingcheng de shiyan yanjiu [An experimental study in the formation of children's sense of duty in school work]. *Xinli Xuebao*, *8*(2), 84-92.

Zhu, L., Gigerenzer, G., & Huangfu, G. (2013). Psychological traces of China's socio-economic reforms in the ultimatum and dictator games. *PLOS ONE*, *8*(8), e70769. doi:10.1371/journal.pone.0070769

Zhu, L., Huangfu, G., Keller, M., Mou, Y., & Chen, D. (2008). Cong boyi youxi kan ertong jingji juece xingwei de fazhan [The development of Chinese children's decision-making in ultimatum and dictator games]. *Xinli Xuebao*, *40*(4), 26-32.

Zhu, L., Keller, M., Gummerum, M., & Takezawa, M. (2010). A cross-cultural perspective on the development of sharing behavior. In R. Schwarzer & P. A. Frensch (Eds.), *Personality, human development, and culture: International perspectives on psychological science* (Vol. 2, pp. 141-153). Hove, England: Psychology Press.

第十章

「好孩子」：中國兒童道德發展的人類學視角

許晶著譯
謝安怡編修

摘要

兒童道德發展在中國文化中發揮著意義重大且不斷演進的角色：它是各種中國哲學思想中的重要意象 (Cline 2015; Hsiung 2005)，與教育慾望和政治治理緊密相聯 (Bakken 2000; Kipnis 2011)，在近代中國 (Jones 2011)、社會主義時期 (Tillman 2018) 和改革開放時期 (Anagnost 1997; Fong 2004a) 等多個時期的民族國家現代化思潮運動中都占據核心地位。雖然對道德發展的重視在中國文化中源遠流長，但在中國崛起為全球超級大國的今天，隨著人們對道德轉型問題的焦慮以及對計畫生育政策後果的擔憂，中國社會見證著圍繞兒童道德生活的激烈論爭 (Xu 2017)。本章將以人類學文獻為基礎，在整體論視野下通過深入的民族誌田野調查提供理論見解。同時借鑑其他學科的相關著作，例如中國兒童史研究和關於中國道德社會化的文化心理學研究，以更為全面地理解中國文化中的「好孩子」意象與現實。第一部分旨在介紹中國道德發展觀的歷史根源。第二部分是本章的重點，旨在回顧有關中國道德發展的人類學研究和辯論。第三部分立足人類學、展望未來、提出重要的開放性問題，例如：擴大研究範圍，比較社會不同人群的狀況；加深與認知科學的理論和方法論對話，以參與更廣闊的理論探討；以及分析道德發展與兒童生活其他方面（譬如性別社會化）之間複雜的相互作用。綜上所述，本章力求為彌合研究中國道德的人文主義視角和認知／演進視角做出獨特的貢獻。

一、導論

人之初，性本善。性相近，習相遠。苟不教，性乃遷。（《三字經》）

2011 年的秋天，我在上海一所幼兒園裡聽到兩歲小兒排成一條直線、齊聲唸

誦這句傳統箴言時，不禁好奇：當我們在談論「中國倫理道德」時，我們在談論什麼？「中國倫理道德」如何隨著時間演進變遷？它如何受到「性」（天賦）與「習」（養育）的交互影響與形塑？最重要的是，兒童與之有何關係？通過回顧人類學關於中國道德發展的研究文獻，本章希望為解答這些疑問提供一些初步線索，進而提出更新的研究問題。

兒童發展處於連結「自然」與「文化」的限閾地位，是家庭、教育和社會的紐帶，在社會轉型的關鍵時刻，為理解中國道德提供獨特的視角。我們可以將「好孩子」理解為中國文化的某種「文化吸引子」(Sperber 1996, pp. 98-118)。這個「文化吸引子」是人類認知與社會環境相互作用的產物，屬於在傳播演變過程中易於出現或者不斷再現的某類文化表徵，尤其是在秩序過渡轉折時期。西方歷史上「兒童的發現」（童年是近代之建構）這一觀點備受爭議 (Aries 1965)。與之相對，中國史家早已闡明關於童年的文化表徵與傳統在中國歷史悠久 (Kinney 1995a)。在中國社會，「孩子」在道德話語中被賦予了獨特的意義，例如：儘管在其他一些文化中，人們不相信育兒實踐會對孩子的品性產生顯著影響 (Riesman 1992)，但中國的文化傳統不僅將道德教化、修身養性視為教育的終極目標，我們對童年期道德學習的強調甚至可以追溯到先秦時期 (Cline 2015)。

首先，修身養性／教化是中國道德和教育傳統的基礎理念，是中國思想的核心主題，這使得「好孩子」在中國社會中尤為重要。而且，教育孩子、道德教化被視為實現和改良社會秩序的關鍵一環，個體道德、兒童教育與更大的政治秩序相耦合 (Bakken 2000)。因此，「好孩子」為理解過去、現在和未來的中國道德提供了一個關鍵意象和定位點（另見 Xu 2020b）。中國文化中一個反覆出現的主題是，道德教育為秩序轉折時期的社會問題提供了潛在的解決方案，例如：漢 (Kinney 1995b)、宋 (Lee 2000) 和清末至民國初期 (Bai 2005; Saari 1990)。

改革開放是一個新的秩序轉折時期，倫理道德觀念的變遷伴隨著深刻而迅速的社會轉型，這種變遷的軌跡呈現出如下特點：價值體系的深刻變化，道德判斷、推理和實踐的多樣化，以及公德的重要性不斷提高（參見第八章）。在這種快速向前發展的環境中，「好孩子」再次成為中國社會的核心議題，無論是在文化表徵層面上（成人對兒童道德生活的敘述、焦慮和願景），還是在個體發生學層面（兒童成長發展的現實），學習如何「做人」的動態過程 (Xu 2017)。從人類學的視角來看，這兩個層面相互影響：童年是文化和道德學習的關鍵時期；童年對於個體心靈的發展也至關重要；這兩個過程構成了一個反饋迴路（請參閱第五章，culture-behavior-brain [CBB] 迴路模型）。總之，「好孩子」為探討當下中國的道

德生活提供了一個獨特的窗口。

本章回顧人類學關於中國道德發展的研究文獻，重點在於道德、文化和學習在日常生活中的交集。我格外強調兒童發展的視角，該視角將兒童的學習過程理解為對道德進行積極地習得而不是被動吸收 (Miller 2006)。這種視角是心理與認知人類學的一大特徵，旨在修正人類學中被忽視的「學習」問題，即「關於我們如何習得概念的大多數人類學解釋在心理上層面上其實站不住腳……人類學家幾乎很少去理解人們實際上如何學習（相對於社會如何組織學習）」(Stafford 1995, p. 11)。在下文中，我將首先對這些研究進行歷史回顧，並根據人類學中的重大論爭來闡明這些研究的理論意圖和貢獻。我將對這些研究進行述評，以總結中國道德發展的一些關鍵特徵，然後探討歷史連續性和變化性。儘管我的述評主要側重於改革開放時期的中國，我也會探討針對更早時期的研究以提供歷史背景，或者針對臺灣／香港等地的研究以闡述某些重要發現。本章最後一節將提出我對本領域未來研究方向的一些思考。總而言之，本章旨在傳達這一信息：中國道德發展的人類學研究有助於將中國研究與認知科學聯繫起來，因為童年是連結人類自然史和社會史的重要陣地。

二、中國道德發展的人類學研究：理論框架、歷史軌跡、主要發現

因其整體論視野——從生物演化起源到跨時空多樣性最全面地探索人類，人類學是研究中國社會情境下文化、道德和兒童發展如何相交的理想學科。然而由於人類學與心理學之間複雜曲折的關係，兒童發展研究在人類學裡地位曖昧、時有爭議 (LeVine 2007)。兒童道德發展曾經是人類學理論核心議題，如今在人類學話語體系中被邊緣化，這與心理學對道德發展的濃厚興趣形成鮮明比照（Turiel 2018；見第九章）。漢學人類學卻一直有研究兒童和育兒的傳統，為理解中國倫理道德提供了寶貴觀點；近期研究也強調了兒童發展對於推動「倫理道德」的人類學與認知科學對話具有顯著意義 (Xu 2019)。重訪這一段曲折的學科歷史、梳理近期復興的研究興趣有助於我們理解人類學中國道德發展研究的理論意圖和主要發現。

（一）文化情境下的道德發展：心理與認知人類學觀點

兒童的道德生活曾經在人類學和發展心理學的奠基之作中佔有一席之地。

例如：Durkheim (1973) 將道德理解為「社會事實」，對道德教育的理解偏重社會性和集體維度。相比之下，Piaget (2007) 旨在解釋人類認知的表觀遺傳學系統 (epigenetic system)，其理論關注個體如何在與環境交互過程中建立知識（因此在心理學理論範式上仍屬於「建構主義」流派）；與 Durkheim 相反，Piaget 的研究強調發展中的兒童在理解和建構道德知識方面的認知能力。從人類學、心理學學科創立初期開始，兒童發展為探討，甚至是解決道德理論某些長期爭論，例如心理普遍性與文化多樣性、道德現實主義與道德相對主義、群體與個體，以及結構與能動性提供了獨特視角。

有關兒童發展的人類學研究主要源於兩大傳統，即美國心理人類學和歐洲認知人類學。在美國人類學的脈絡裡，兒童發展是「可塑性原則」(LeVine 2007) 和「人類心理普同性原則」(Quinn 2005) 的核心。兒童社會化在曾經極具影響力的「文化與人格學派」(Levine 2001) 是一個突出的主題。雖然這種範式在 1950 年代後已在文化人類學中黯然失色，對社會化過程如何傳播多樣文化價值觀這一研究問題的興趣卻在此後稱為心理人類學的子領域得以復興。具體而言，在道德社會化的文獻中，Vygotsky (1980) 的理論是一個重要的影響力來源，該理論優先考慮人類思維的「社會發生學」，並為發展心理學中的 Piaget (2007) 範式提供了另類理論資源 (Lourenço 2012; Tappan 1997; Vygotsky 1980)。這些文獻側重道德社會化的文化情境性質，語言和符號工具對學習過程的中介作用，以及兒童在積極構建自己的道德世界的能動性（有關評論，請參閱 Fung and Smith 2010）。

某種程度上說，歐洲認知人類學傳統是一種批判性繼承推廣 Claude Lévi-Strauss 式自然主義和心智主義的努力嘗試，但更廣泛地採納結合認知科學（參見 Sperber 2008）。與美國心理人類學相比，這種認知人類學取向帶有更強的普遍主義色彩：哪些（人類共同的）認知和學習機制使得人類文化的習得和傳承成為可能，並且引導這些文化習得與傳承過程？這種方法以人類思維心智的運作特徵和制約條件作為解釋文化的基礎，包括解釋文化的差異性和演進過程 (Astuti and Bloch 2012; Bloch 2012; Sperber 1985, 1996, 2004)。因此，它突出兒童認知發展對於形塑文化的作用 (Bloch 2005; Boyer 1998; Hirschfeld 2002; Toren 1999)。在道德發展領域，認知人類學家運用心理學的新興理論和方法——超越經典 Piaget-Kohlberg 範式，並將嬰幼兒時期確立為社會道德認知的萌芽 (Bloom 2013)。認知人類學現已成為跨越行為科學新研究議程的組成部分，該研究議程將倫理道德置於更高尺度的自然歷史中進行考量，尤其是人類合作的演進起源 (Curry, Mullins, and Whitehouse 2019; Tomasello 2019)。

（二）兒童、道德與中國文化：歷史概覽

對於中國兒童研究的問題意識和理論取向都受到心理與認知人類學傳統的影響，其中某些研究甚至是心理與認知人類學的典範。該領域的早期作品主要以鄉村民族誌的形式呈現，受到心理人類學傳統的影響，通過社會化來考察文化情境下的自我（見 Hsu 1961）。

值得注意的是，早期關於中國兒童養育的研究並不關注道德本身，因為在當時的人類學思潮下，對道德的興趣更為隱含而非明確（有關道德倫理人類學的歷史概述，參見 Laidlaw 2017）。這批研究旨在更為廣泛地解釋中國人的自我和人格特徵，譬如孝順 (Hsu 1971a) 和「父子軸」(Hsu 1971b)，重男輕女和母子關係 (Wolf 1971) 以及教養方式，例如「管」(Wu 1981, 1996b)。這些文化價值、象徵結構和社會關係卻仍然反映了根深蒂固的道德思想和情感。例如儘管中國社會發生了劇烈變遷，在情感層面甚至存在論意義上，家庭在中國道德想像中的中心地位以及代際之間相互依存的關係卻延續至今、重新浮現 (Yan 2016)。

有關中國文化情境下的兒童發展與養育，最早的、系統的人類學研究是 Arthur P. Wolf 於 1958 到 1960 年在臺北附近一個漢人村落進行的研究。「六文化研究」（全稱「六個文化的兒童社會化研究」）是五十年代美國心理人類學具有里程碑意義的項目（請參閱 LeVine 2007），Wolf 把這個研究範式拓展到中國文化，心理學人類學中一個具有里程碑意義的項目，將觀察、訪談和心理測量結合在一起，並且留下了大量未發表的田野資料。儘管這個研究受到當時流行的刺激—反應行為主義範式影響，但我正運用新的理論框架下研究這些材料（參見 Xu 2020a），強調兒童的豐富認知能力：我對這批田野資料的初步分析已經揭示出 3–11 歲兒童豐富精準、「以牙還牙」的攻擊行為，兒童對攻擊行為及其動機的理解敘述與他們父母強調維持和諧人際關係的教養理念大相逕庭，儘管會受到父母嚴懲，這類行為卻屢禁不絕。正如先前有關中國家庭的研究強調親子關係一樣，重新審視這批歷史資料的初步結果表明，有必要深入研究兒童的同伴互動，並認真對待兒童構建自己道德世界的能動性。

社會主義時期，人類學家沒有進入中國大陸做長期田野調查的機會，但中國文化、道德和兒童養育之間的關係引起了其他學科的研究興趣。政治學家通過研究兒童社會化理解中國的政治文化。他們主要運用問卷調查和訪談的方法考察毛澤東時期 (Chan 1985; Solomon 1971; Unger 1982) 和臺灣國民黨統治下 (Wilson 1974, 1981a) 的學生和教育，包括從眾行為和越軌行為、權威和依賴性焦慮，以及民族

主義式的親社會行為。一些美國心理學家和社會學家團體被允許以官方身分訪問中國。這種短暫的、官方導遊帶領的學校和家庭訪問方法不無弱點，因為中國學校有一套完整的流程規則安排接待外賓的演出 (Tobin, Wu, and Davidson 1989, pp. 83-84)。儘管如此，來自這些旅行團體的報導研究還是為理解社會主義時期的兒童發展提供了寶貴的洞見，例如集體主義的學校倫理和童年的政治色彩 (Baum and Baum 1979; Ho 1986; Kessen 1975; Sidel 1974, 1976)。

心理人類學的近期發展側重於和語言人類學，文化心理學以及教育學的交叉結合。1990 年代，對臺北幼童「恥感」社會化的研究即為優秀案例 (Fung 1999; Fung and Chen 2001)。Fung (1999)、Fung and Chen (2001) 的研究在民族誌的基礎上結合影音記錄在家庭環境中自然發生的親子談話，以調查「恥感」在中產階級家庭中如何既是道德情感社會化的手段、也是目標。另一項重要的研究是「三種文化下的幼兒園」系列 (Tobin, Hsueh, and Karasawa 2009; Tobin et al. 1989)：研究人員根據 1985 年、1999 年的兩次探訪比較了中國、日本和美國城市的幼兒園教育。受到人類學和教育學之間理論對話的啟發，這些研究人員針對不同研究地點教育者進行「視頻引發式訪談」的方法代替人類學家長期浸入式田野調查。這個「多重聲音民族誌」系列為理解中國道德發展提供了歷史縱深見解 (Tobin et al. 2009, pp. 22-94; Tobin et al. 1989, pp. 72-125)，例如從眾性與個性化之間的關係，以及所謂的「被溺愛的獨生子女」問題，我隨後會進行分析。

歐洲認知人類學傳統的代表作是 Charles Stafford 的《中國童年之路》(*The Roads of Chinese Childhood by Charles Stafford*, Stafford 1995)。這本民族誌取材於 1980 年代後期在臺灣一個漢人漁鎮的田野調查。這個社區的兒童道德發展呈現出有關「學習」的一個關鍵悖論，它反映了認知人類學家對「何為所教」與「何為所學」的區分 (Boyer 1993)：學校教育側重對道德價值的顯在教導灌輸（另見 Stafford 1992），與家庭生活中這類明確道德教導的缺乏形成鮮明對比；或者更確切地說，這個社區的日常道德實為無處不在的「尋常知識」(Stafford 1995, p. 11)。為了解釋這一點，Stafford 借鑑了認知人類學中的核心概念，例如「明示」機制意為「引導認知注意力」(Sperber and Wilson 1996)。具體而言，學校教育的特點是外顯的公開的道德化，意在傳授「孝」和「忠」（忠誠／愛國主義）等傳統價值觀。相比之下，社區生活則以實用為導向，主要特點是教導兒童通過學校教育競爭而達致成功，而這種成功最終與孝道掛鉤。社區生活將兒童的認知注意力吸引至這種無處不在的、務實的道德面向，這種吸引機制並非通過明確的學校教導，而是通過食物和金錢的分享交換，以及通過儀式參與等 (Stafford 1995, pp. 4-6)。

（三）邁向新的理論構建：將兒童（重新）視作理解中國道德的核心問題

的確如此，面對本質上複雜且異質的信息環境（家庭、學校和更大的社會），孩子們實際上學習到了什麼、如何學習？他們被教導了什麼，所教導的與他們所言說的以及與他們實際所行之間有什麼關係？兒童發展的這些基礎問題對於理解中國的道德至關重要，因為在中國文化中，語言和行為表現 (performance) 深深交織在一起（請參閱第七章，將行為不當稱為「不像話」的概念）。而且，正如前人研究所表明的，中國兒童的道德理念和情感（例如羞恥和服從）受到人際關係和人倫等級的深刻影響。中國道德之錯綜複雜、彌散流動的特點（另見第十一章）指出了當前新興「道德人類學」的局限性：這一新興領域的一大理論意圖是超越 Durkheim (1973) 範式，他們認為 Durkheim 理論將「道德」化約為「社會」(Laidlaw 2002)。

我的研究試圖探討這些問題，並將兒童視為理解中國道德的中心問題。我的研究結合人類學和心理學理論，結合民族誌和對照實驗，以上海某幼兒園社區為田野調查點（2011–2012 年），考察了獨生子女政策下、中國「道德危機」討論最盛行之時的幼兒道德發展狀況 (Xu 2014, 2017, 2019)。當代中國提供了一個獨特的試驗場，可以超越西方中心的道德理論（見第十一章；例如聚焦於關懷／傷害和公平問題），而考察多重道德性情的早期發展，例如對等級的順從和對互惠的期待；這些多樣的道德性情根植於人類合作的自然演進史，在個體發生學層面上、隨著兒童理解體驗複雜的社會關係和象徵結構而萌芽。中國也是一個充滿矛盾反諷的環境：社會輿論糾結於解決自私「小皇帝」問題、培養純真好孩子，但社會生活卻充斥著各樣的操縱和虛偽 (Xu 2020b)。

我的研究就早期道德學習發現以下現象：1. 儘管老師和父母直接對幼兒園孩子灌輸「平等式分享」的理念，孩子們也學會了在合適的場合運用「平等分享」的語言，這些孩子實際上是出於互惠和聲譽的考量，以特殊主義的方式進行分享，類似於成人世界的「關係」規則；2.「按績效分配」是衡量公平的核心原則之一，孩子們對「按績效分配」的理解與在等級情境下很早習得對權威評價的敏感性交織在一起；他們對績效公平與等級權威的融合理解過程與學習和熟練使用「表現好」這一教育話語密切相關；3. 在關於道德危機的廣泛討論和省察之時，孩子們在學校被鼓勵和培養對他人的同理心和利他主義；但是在現實世界中，他們又被提醒同理心要有限度：要謹慎，不要信任或幫助不熟悉的人；4. 年幼的獨生子女

孩子們，一開始以「什麼都是我的」開始，在物品分配和交換實踐經歷中習得對所有權較為實際的理解，例如「先占者規則」；他們還學到精明的協商策略，例如通過謙讓的方式以取悅權威並獲得他們想要的東西。一言以蔽之，年幼的孩子既有愛心，能關懷和與人分享，又會在維護自身和管理聲譽上運用策略才智。這些主題將於下文得到更詳細地探討。

這些結論回應了道德發展研究的核心理論問題：1. 兒童所接受的顯在、明確式教導與他們內隱式觀察學習之間的張力（例如平等主義式分享話語與特殊主義式分享實踐）；2. 兒童從哪裡學習：橫向關係（同齡人，例如學習識別所有權的「先占者規則」）和縱向關係（父母和老師，例如觀察成人世界中的關係實踐）混合而成；3. 經由童年早期對地方性道德話語的習得過程——這些道德話語銘刻著歷史積澱（例如「表現」），某些基礎的道德傾向稟賦在文化語境中得到調節；4. 情感（例如同理心）和推理（例如風險感知、社交距離）如何共同驅動道德決策與行為。

綜上所述，我的研究對道德發展人類學提出了綜合式的新進展，將心理學人類學視角（可以稱作為「心理—文化道德社會化」研究）和歐洲認知人類學視角（可以稱作為「人類合作起源」研究）融為一體。我既側重文化話語、社會化策略和社會關係（橫向和縱向）在兒童發展中的中介作用；同時我也強調了兒童早期的道德直覺是我們人類合作本性不可或缺的一部分。我認為道德發展同時具有普遍性和多元性，其中自然和文化基礎並非對立互斥、而是相輔相成 (Xu 2017, pp. 3-7; 2019, pp. 656-657)。

三、當代中國的道德發展：關鍵特點

文化差異性和人類普遍性「經常是同一謎題的兩面」(Quinn 2005, p. 447)，這個二分法本身也有問題 (Astuti and Bloch 2010)。道德教化是眾多社會的重要任務，但也表現出極大的多樣性 (Fung and Smith 2010, p. 263)。接下來，我總結近期的民族誌研究，以突出當代中國道德發展的一些關鍵特徵。我按以下四個維度來介紹研究案例：理念、制度、技術策略以及結果。需要說明的是，這些例子集中於對城市漢族人群的研究，因此不能代表整個中國社會。不過我會把每個案例置於跨文化比較的框架下，以闡述這些特徵與超越中國、更為廣泛的趨勢走向之間有何關聯。

（一）純真與虛偽：道德焦慮和中國「人觀」

跨越人類時空，「兒童」一詞蘊含著豐富的文化意義，反映了成年人的道德想像、焦慮和願景。「兒童」在中國歷史上是個道德化的主題，與中國思想對「兒童」賦予的道德潛力有關 (Cline 2015; Kinney 1995b)。「童真」就是一種重要的道德話語。誠然，近現代西方的兒童觀（參見 Jenkins 1998）確實曾經影響了中國關於「兒童」之「天然」的觀念，這種影響至今仍在 (Anagnost 2008)。

然而，中國思想裡的「童真」觀念，遠在西方近現代之前就已經萌生、發展。有這樣一個文化主題至今仍在中國社會占據主導地位，並塑造著道德發展的話語：如果說現代西方的兒童觀傾向於將「純真」與性的危險／誘惑 (Aries 1965)、與暴力 (Gilligan 2009) 以及與商業化 (Spigel 1998) 相對立；在中國語境中，這種「純真」或自然稟賦則指代了社會互動和社會關係場域的「真偽」對立：誠意／真實性／真誠與虛偽／虛假／詭詐的對比。這種獨特的對比體現了中國「人觀」的關鍵特徵，即道德主義的自我和關係式的人 (Yan 2017)；對真誠的執著，或者反過來說容易流於虛偽這一弱點，也可能與漢語語言有關，即道德的「展演」維度（參見第七章）。

我最近有個研究案例探討兒童告狀行為，尤其是作為第三方的告狀，即向權威人士報告其他兒童的「劣行」，儘管告狀者並不是「劣行」的當事者或受害人：

> 一個名叫成成的三歲小孩真的很喜歡監視其他孩子的活動，並給老師打報告，即使老師並沒有要求他這樣做。有時他連課間遊樂時間都錯過了，儘管幾乎所有小孩都重視這個遊樂時間，可以在嚴格遵守課堂紀律之外釋放精力，但成成寧願在整個課間只是看著其他孩子玩樂，他自己則跑到茹老師那裡報告所有的衝突事件或者不遵守規範的行為，比如玩具糾紛。茹老師自成成入園以來就觀察他的告狀行為和其他小動作，經常對我感慨說成成不復童真。(Xu 2020b, pp. 38-39)

在這個上海幼兒園，教育者將這樣的行為視作一種類似成人世界心機和虛偽的表現，即童真的消逝。大人們將兒童告狀行為與社會主義時期社會運動的黑暗記憶聯繫起來，那個年代人與人為敵、互相揭發譴責越軌行為：告狀這樣看似高尚的、利他的行動，實際上背後動機可能是為了取悅權威、增進自身利益 (Xu 2020b)。將「兒童純真」與「成人虛偽」對照的道德框架不僅體現在告狀行為，更是廣泛運用於成年人對兒童生活經驗與意圖的評價和闡釋中：比如兒童關愛與同情他人的表現，他們的分享行為以及物品協商和爭端問題 (Xu 2017, pp. 84-95,

99-119, 120-121)。這些投射於「兒童」意象的闡釋反映出成年人對這個變遷社會中人際關係日益增加的道德焦慮。

（二）「素質教育」：道德教化與國家

　　研究表明，全球化的世界，不同社會中參與著道德社會化進程的社會行動者和制度機構有一些共同模式：例如學校的建立和傳播，是塑造理想個體的一種變革性制度（例如 Whiting 1996）；國家是指導道德教育進程以及將道德發展與政治社會化互相交織的重要力量 (Wilson 1981b)。教育與國家在塑造兒童道德舉止上的結合在中國文化尤其突出、根深蒂固 (Bakken 2000)。從近代早期到當下，兒童和教育問題一直處在中國民族主義現代化工程的中心地位 (Anagnost 2008; Fernsebner 2003; Jones 2002; Thøgersen 2002)。社會主義時期，這項民族主義工程在培養「社會主義新人」的框架下發生轉變 (Chen 1969)。改革開放時期，民族主義教育採取多種形式，從學校的日常愛國主義表演實踐 (Woronov 2007) 到針對青少年的新媒體宣傳 (Naftali 2014b)。同樣，由國家發起的道德教化項目一個重要例子是九十年代的「素質教育」運動，是政策、話語和實踐的混合體。

　　教育人類學家從歷史譜系 (Kipnis 2006, 2007)，生命政治治理 (Anagnost 2004; Kuan 2011; Woronov 2009) 和「道德經驗」(Kuan 2015, p. 15) 等視角研究了這一運動。儘管這些理論取向並不以兒童自身的心理文化發展為中心，但人類學研究確實對理解德育（道德修養）如何成為素質教育運動的主要目標之一，如何滲透到各個生活領域、如何與國家議程緊密聯繫的深刻見解。例如 Woronov (2009) 於 1999–2001 年在北京做田野調查，他在一所勞工階層小學裡觀察了一堂「德育」課 (pp. 573-574)：雖然這堂課的主題是體育鍛鍊，不僅教科書上教導的榜樣是毛主席，課堂討論中也明確地指出了個人身體素質與良好道德品質之間的聯繫，例如「勤奮、努力和毅力」。

　　Woronov (2009) 的敏銳觀察也揭示了這種教學法的局限性。老師問一個男孩是否會以毛主席為榜樣、開始戶外鍛鍊時，男孩說不會，說他的父母忙於工作，沒法帶他出去鍛鍊。老師對研究者說：「但這在德育課上經常發生，孩子及其父母的生活行事並不總是教課書中所期望的那樣」(p. 575)。Woronov 認為，這種理論與實踐不匹配的事件反映出改革時期中國的一個關鍵困境：從倫理的角度來看，集體主義和個人主義價值觀之間的張力；從政治經濟學的角度來看，「國家和市場都在採取互相矛盾的方式來將兒童培育為適合國家未來的道德主體」(p. 570)。

(三) 說教式講故事：語言社會化與道德教育

兒童與教導者之間的日常互動裡充斥著道德話語 (Ochs and Kremer-Sadlik 2007)。語言社會化，即「兒童和其他新手透過語言和其他符號模式習得社會文化能力的過程」(Ochs and Shohet 2006, p. 36)，是各個社會道德教育的重要場所。比較研究表明，說教式敘述在華人群體尤為突出。例如1990年代的一項著名研究調查了家庭如何給牙牙學語、剛踏入敘事文化的兩歲小孩講個人故事，並比較了臺北的華人中產家庭和芝加哥的白人中產家庭 (Miller, Fung, and Mintz 1996; Miller et al. 1997)。儘管兩個樣本人群的家庭裡都有個人故事講述這一育兒習慣，但從視頻對話的語言學分析展現出華人家庭的幾個特徵：中國家庭更有可能講述小孩子的過犯故事，並且是在孩子犯錯之後立即講述。而且，華人家庭這種敘事更有可能以說教來結尾，以表達孩子過去犯的錯之於當下或未來的教訓意義。這些敘事模式與華人的「育兒民俗理論」有關 (Harkness et al. 2015)，這種理論認為從小教給孩子正確行為是育兒者的義務 (Fung 1994)。

這種說教式敘事實踐持續至今，例如進餐時間講故事。我的研究記錄了上海一家幼兒園教室裡的慣例，午餐發到餐桌前，小孩子們一起聽故事，故事教導道德理念：

> 方琳老師宣布：「現在我們要用錄音機聽一個故事：《冬冬和蘭蘭》。請坐好，認真聽，然後我會提問。」這個故事講了兩個孩子之間的差別：冬冬認真喫飯不剩飯，而蘭蘭三心二意地喫，還浪費了很多飯菜。故事講完了，方琳問：「你們更希望自己像冬冬一樣不剩飯，還是像蘭蘭一樣浪費很多糧食？」孩子們大聲回答：「冬冬！」方琳評價道：「很好！你們都是好寶寶。是這樣的，我們不能浪費糧食。」(Xu 2017, pp. 24-25)

這場午餐談話傳達的核心訓誨是節儉的重要性，節儉是中國幼兒教育歷史上反覆出現的主題，將中國傳統文化觀念和社會主義信條交織在一起（見 Tobin et al. 1989, p. 124）。獨生子女政策下由於家長和教育者普遍擔心兒童會養成自我中心、一切視作理所當然的毛病，節儉這一「美德」在新的社會情境下再次被強調。除了講述兒童故事，老師還使用其他敘事工具教導這種美德，例如讓孩子們在午餐時間背誦經典古詩《憫農》(Xu 2017, p. 204)。在很多社會，用餐時間是「透過交流實踐而建構社會知識和道德觀念」的重要場所 (Ochs and Shohet 2006, p. 36)；通過用餐時間交談，兒童「進入了與飲食相關、體現出文化差異的象徵、道德和情感意義裡」(p. 46)。在中國這個帶有顯在說教性質和明確道德基調的案例中，帶

有普遍色彩的道德維度，與具體的、於文化情境下確立的教育技術在語言社會化過程中的相互影響得以彰顯。

（四）關係：中國式互惠的個體發生學

考慮到道德社會化過程方方面面的差異性，我們可以合理認為道德發展的結果受到兒童的具體「文化結構化」經歷所影響，「發展生態位」也是在這個經歷中得以構建 (Super and Harkness 1986)。例如童年早期的合作起源最近已成為連結行為科學和社會科學的活躍研究領域 (Slocombe and Seed 2019)。選擇性資源共享中的互惠是這些早期合作形式中的關鍵機制，並引導兒童的親社會發展（參見 Leimgruber 2018 的綜述）。雖然童年期互惠式的資源共享在很多文化都有發現 (House et al. 2013)，但中國兒童的互惠分享行為帶有「關係」的印記，表現出細微的社會敏感性，例如精心計算、道德義務、人情好感，還有靈活、以未來為導向的創造力 (Xu 2014, p. 236)。下面這個小故事是我在上海幼兒園教室裡觀察到的情景，三歲男孩的生日聚會 (Xu 2014, p. 222)，這個故事展現出幼童對互惠的新生觀念受到中國式教育的影響，比如禮物流的等級性 (Yan 2002)。

> 在用中英文演唱了《生日快樂》歌之後，老師們把孩子父母帶來的蛋糕切開，首先給（小壽星）成成一大塊兒，然後把剩下的平均分配給其他孩子。經過多次觀察幼兒園生日聚會，我已經熟悉這種場合的流程，學校是想要通過這種分享實踐來培養兒童利他主義的道德品質，因為家長和老師都擔心成長在獨生子女政策下的這些孩子過於自私和物質化。具體而言，他們強調的是「平等分享」的理念，即應該與整個班級所有孩子平均分享。一切都按預期進行，直到成成看到幼兒園園長從教室外面經過。成成走近班級老師問：「嘿，茹老師，你沒看到園長嗎？你為什麼不給她也分一塊蛋糕？你知道吧，你應該跟領導上司套近乎啊。」(Xu 2014, p. 222)

田野實驗也揭示了這種意識形態和生活實踐的對比：「平等式分享」的明確教導以期在獨生子女中間培養一種普遍性的利他主義意識，而兒童實際上的分享行為則與成年人世界的「關係」文化異曲同工：兒童並非成年人擔憂、懷疑的那樣完全自私。他們願意分享，只是不願意隨隨便便、全無差別地分享。他們按照互惠和聲譽等考量，有選擇性地分享 (Xu 2017, pp. 134-143)。這不僅反映出當代中國社會生活的矛盾反諷，也體現了童年早期個體發展過程中心理傾向和文化體驗的相互影響 (Xu 2014, pp. 237-238)。

四、當代中國道德發展：歷史延續性與變遷

伴隨著如此大規模的社會變革，包括人口變遷以及計畫生育政策在內，改革開放時期的中國童年可以用三個詞語概括（複雜性、混合性和矛盾性）：全球思潮大勢所趨，中國兒童養育、塑造理想公民的話語中也出現了一種新的個人主義範式 (Greenhalgh 2010; Naftali 2014a；另請參閱本書關於中國個人主義道德興起的第十二章)；另一方面，這些個人主義話語與儒家倫理和社會主義道德觀念在育兒領域的重塑再造過程交織在一起 (Anagnost 1997; Fong 2004a, 2004b; Hansen 2013, 2014; Kipnis 2011)。在本節中，我將採用幾個關鍵主題來論證中國道德發展的歷史延續與變遷之間的複雜關係。

（一）獨生子女道德缺陷的迷思

自 1970 年代末 1980 年代初在中國城市實施獨生子女政策以來，「溺愛」問題引起了學者、教育者和公眾的高度關注，中間歷經 4-2-1 結構的形成（四位祖父母，兩位父母和一個孩子）(Wang and Fong 2009)，直至獨生子女政策終止 (Xu 2017)。「溺愛」的意思是指「父母和祖父母的過度放縱和對孩子的管教失敗」 (Tobin et al. 1989, p. 196)。值得注意的是，對於「溺愛」的擔憂並非突然出現。避免溺愛孩子的危險是傳統中國社會育兒文本 (Solomon 1971, p. 65; Wu 1981, p. 154) 和實踐 (Saari 1990, p. 155) 的主題。社會主義時期也曾出現抱怨過分放縱孩子以及養育出「脆弱」兒童的後果 (Kessen 1975, p. 45)。1980 年代的新變化是第一代獨生子女的崛起，他們被冠以「小皇帝」的標籤。因此，在治理話語和教育話語層面，被寵壞一代的威脅與國家未來前景之間形成了聯繫：「幾個被寵壞的孩子是累贅煩惱。一代人全是被寵壞的孩子，則可能給中國現代化運動構成威脅，逆轉過去三十年的成就，並破壞建立於集體主義、無私奉獻和同志精神等原則基礎上的社會價值觀」(Tobin et al. 1989, p. 86)。

雖然目前尚無系統證據支持獨生子女被溺愛的迷思，但第一代獨生子女進入學齡階段的時候，這種擔憂在中國城市家庭和教育者中越來越普遍 (Chin 1989; Tobin et al. 1989)。後來人們仍使用「溺愛」一詞，但討論話語已轉變為表達對變化的社會中養育方式和教育質量的廣泛關注 (Kuan 2015)。這種話語反映了各種道德問題：對孝道的焦慮 (Wu 1996a)，父母對孩子不切實際的期望 (Fong 2004a, 2007b)，以及對社會道德衰退如何影響兒童親社會發展的恐慌 (Xu 2017)。

（二）不平等的童年與流動兒童

　　道德發展研究主要集中在城市兒童，與「小皇帝」問題相關，但研究教育和移民的學者則聚焦於流動兒童，既有留守在農村的孩子也有與他們父母一同流動到城市的孩子。然而，關於流動兒童的研究要麼採取了規範性、去情境化的觀點，往往將這些兒童視為素質低、發展「異常」（參見 Normile 2017），要麼採用了傅柯式 (Foucauldian) 框架來批判結構性不平等形塑主體性 (Li and Xiong 2019; Ling 2015)。心理認知人類學視角尤為必要，在對兒童道德發展情境化的同時又不消解兒童的內在心理。

　　Kajanus (2019) 的研究就是很好的例子：她對南京兩所小學進行比較，一所是大學附屬的精英學校，另一所是農民工子女學校。Kajanus 將詳盡的民族誌與對照實驗相結合，探索了作為普遍動機的競爭力與其潛在的文化和倫理意義之間的張力。她發現，儘管根據標準化實驗中的表現衡量，兩所學校的孩子都具有同等的競爭能力，但民族誌則展現了兩所學校孩子競爭傾向的差異：精英小學的個體取向／零和取向更強，但農民工小學的互助／群體性更高。除了家庭背景，尤其是父母的教育願望之外，這種差異還受到兩所學校教學風格的影響，大學附屬小學顯然將個人競爭放在首位。

（三）競爭性的童年與道德教育的困境

　　改革開放四十年來，競爭日益激烈的教育與育兒價值觀的日漸多樣化交織在一起，給道德教育造成了根本性的困境。「好孩子」究竟意味著什麼？這個答案一直在重新定義和協商；養育有道德的孩子還是養育成功的孩子，這個矛盾滲透到育兒的方方面面 (Xu 2017, pp. 30-72)。

　　隨著兒童養育脫離了社會主義時期凌駕一切的集體主義、民族主義框架，教育競爭、努力和個人成功越來越受到重視 (Kajanus 2019; Kuan 2015; Yan 2013)。例如 1984 年，就在秦安平第一次訪問某中國城市學校僅僅五年之後，她發現「（學習）成功的壓力比以往任何時候都要大」(Chin 1989, p. 227)，還發現孩子們自己的態度也發生了改變：

> （五年前）自畫像裡的她（一位七歲女孩）看起來驕傲又自信，下面配著文字：「我是小紅兵」。五年後，姚晨濤變得柔和而含蓄多了。她姐姐五年前曾熱情洋溢地談論著袖子上的幾道槓，這幾道槓表明她中隊長的身分。現在，她姐姐說：「我們對政治並不真正感興趣。」她把自己和同學稱為「讀書人」，

更關心學習成績表現好。(Chin 1989, p. 298)

這種趨勢甚至在幼兒園階段就已經開始。1999 年，Tobin et al. (2009) 再次訪問了團隊曾於 1985 年訪問過的同一所學校，他們的研究指出：「當代育兒關注過度的最普遍形式是父母為了給孩子提供更多學習儲備，而對幼兒園施加的壓力」(p. 39)。但是，我們不應該將這種日益激烈的競爭看作一個簡單、線性過程：首先，激烈教育競爭不僅反映了全球市場的新趨勢，而且與中國儒家的教育理念有關 (Tobin et al. 1989, p. 123)。其次，這種競爭已從僅專注於學業成功擴展到了橫跨多個領域的更全面的比拼 (Fong 2004a; Kuan 2015; Xu 2017)。最終，這種競爭精神的興起已與教育的其他目標相糾纏甚至衝突，例如：培養利他主義的美德 (Fong 2007a; Xu 2017)，還有呵護兒童心理健康 (Kuan 2015)。

多種教育目標交織在一起引發的一個重要悖論是道德社會化本身即導致了諷刺和偽善 (Wang 2017)。在我對上海幼兒園的研究中，父母和老師表達了他們頗為矛盾反諷的擔憂：他們珍惜善良、同情和有愛心的孩子，卻又擔心這樣的孩子在一個充滿欺詐和不義的社會中成長，將來會被人欺負 (Xu 2017, pp. 73-95)。這種矛盾反諷甚至升級成虛偽：雖然今天的幼兒園小朋友仍被教導《孔融讓梨》的故事，但面對類似於「孔融讓梨」故事的虛構情景，大多數年幼的孩子選擇把最大的梨給自己。有些年齡大點的孩子（比如大班）選擇放棄最大的梨，可他們的動機不是讓給別人，而是為了得到老師的稱讚獎賞。老師們呢，雖然以操縱學生之間競爭的方式來提倡「謙讓」精神，但他們也擔心這種做法會將美德變成惡習 (Xu 2017, pp. 114-117)。

這些困境反映出歷史連續性與變化之間的複雜關係，這些複雜關係的典範就是以辯證而非二分的方式將個體競爭與對等級／權威的順從相結合的教育文化 (Tobin et al. 2009, pp. 52-53)，尤其是「表現好」的社會化 (Xu 2019)。簡而言之，「三種文化下的幼兒園」系列告訴我們，即使是新的教育方法「所關注的也不僅是培養將來能夠在競爭激烈的市場經濟中取得成功的孩子，而且是將來有社會意識、行事為人有中國特色的孩子」(Tobin et al. 2009, p. 227)。

（四）關鍵概念：管教和榜樣

現在讓我們聚焦道德發展過程的實際過程，我用「管教」和「榜樣」兩個例子（中國育兒中的兩個關鍵概念）來闡釋連續性和變化之間相互交織的關係，以及道德學習的縱向（從成人到兒童）與橫向維度（兒童之間）之間的細微關係。

「管教」一詞結合了控制／紀律和照料／支持這兩個相反的維度，是研究中國兒童培訓的一個重點概念 (Chao 1994; Ho 1986; Wu 1996b)。新時代的育兒理念強調關愛孩子的內心世界，尊重他們的自主權以及培育快樂童年，中國人在養育孩子方面必須不斷協商各式各樣、有時甚至相互矛盾的文化模型 (Fong 2007b; Xu 2017)。在充滿壓力和不確定性的世界中，他們盡其所能、最大程度地縮小自身期望與孩子需求之間的差距 (Kuan 2015)。我們不能像西方心理學文獻中假定的那樣，將「管教」理解為一種本質化且不變的中國兒童養育方式。相反，這個在現代中國依然很重要的概念，為了理解有關兒童養育和兒童個體能動性的新觀點，提供了辯論反思的空間 (Xu 2017, pp. 148-154)。例如城市中產階級家庭雖然仍有對幼兒進行嚴厲管教的例子（如體罰和羞辱），但我對幼兒園父母的問卷調查表明，父母並不是把「順從」，而是優先把「社交能力」、「善良」和「獨立」視為更可取的品質特徵 (Xu 2017, pp. 154-158)；這與早前在上海進行的另一項研究構成對比，該研究發現「順從」是首要的育兒目標 (Wu 1996b)。育兒者在轉型社會中摸索和適應，這些不斷變化的育兒觀念和策略伴隨著他們主動思考和時常反思的過程 (Xu 2017, pp. 164-188)。

對管教觀念的考察凸顯出歷史延續中的變革，而當我們仔細探究一種具體的道德社會化策略——榜樣式的學習，則揭示出變革中的歷史延續性。榜樣示例的力量對於中國傳統道德教化思想很重要 (Bakken 2000; Munro 1975)。對榜樣示例的使用，包括正面和負面例子 (Kuan 2012)，既融入到了自我批評和相互批評的社會主義教學法 (Kessen 1975)，也包裝進了二十一世紀的市場品牌營銷 (Tobin et al. 2009, p. 94)。當代中國的學校課堂以榜樣示例為主要機制，將橫向學習（例如同齡人相互比較和評估）和縱向學習（例如老師通過明示型交流方式來表揚和批評學生）巧妙整合，我稱之為「集體情境下公開明顯的社會比較和道德評價」(Xu 2019)。

上海某著名公立幼兒園評比「故事大王」的研究案例 (Tobin et al. 2009, pp. 65-69) 精闢闡述了連續性與變化之間的微妙地帶：這項活動的確反映了一些進步式變化，例如由兒童自己發起的故事講述和選擇「故事大王」的民主過程；但是，其中對效仿榜樣和同伴批評的結合卻又表明這種活動在所謂進步形式中加入了「有中國特色的變音」(p. 68)。誰能預測這樣的混雜形式將如何演變？歷史連續與變革在當代中國的關係如此複雜有趣，研究兒童因而更加重要。研究兒童是我們窺探中國道德倫理未來風貌的機會。

五、結論：兒童與中國倫理道德的未來

本章我從兒童發展的視角回顧了關於中國道德倫理的人類學研究。這個視角發源於心理認知人類學的理論傳統，把兒童作為理解文化、社會和人性的中心。這種視角也呼籲人類學家欣然接納「方法論多元主義」(Weisner 2012)；順應這種精神，本章梳理的研究也結合了心理學、語言學等學科的方法論，來補充民族誌方法。通過這篇綜述，我提倡一種整體論的進路，將人類道德視為自然演進與社會歷史相互建構的產物，並認為，在成為道德個體的動態過程中，兒童是維繫文化傳統和促進變革的關鍵行動者 (Xu 2019, p. 658)。接下來在這個總體框架下，我對未來研究方向做出幾點展望。

首先，在中國的研究，人類學應該更深入地與兒童史研究進行對話：為闡明「道德生活的心理和歷史維度」之間的重要關聯 (Keane 2015, p. 33)，例如道德的陰暗面 (Yan 2014)。與「好孩子」相反，有關中國兒童的史學和人類學研究對「壞孩子」關注甚少（除少數例外，請參見 Rothschild and Wallace 2017, pp. 19-55; Saari 1990, pp. 75-106; Wang 2011; Xu 2020a）。對這個方向進行更多的研究可以幫助我們理解中國道德以及全人類道德的基本問題，即理念與現實之間的張力。畢竟，「淘氣」孩子無處不在（例如 Headland 1901, pp. 35-36），這提醒我們「有個更為黑暗、沒那麼死板、更為有趣、甚至更為荒唐的中國——就某些方面而言很不儒家的中國——也在那裡」(Stafford 2011)。

其次，由於理論上的偏見和方法上的挑戰，嬰兒期是人類學研究忽略的生命階段 (Gottlieb 2000)。然而，在範圍更廣的認知科學，關於嬰兒思維的革命性研究推翻了學界關於嬰兒的經典刻板印象 (Osborne 2017)，並引發了關於道德起源、本質以及跨文化發展的新論爭 (Lucca, Hamlin, and Sommerville 2019; Kärtner and Keller 2012)。對嬰兒期的研究可以為理解社會變革時代（例如全面二孩政策）下，中國倫理道德的生物—心理—文化互動提供寶貴的見解。

第三，另一個很有前景的方向是研究道德社會化如何與情感過程交織在一起，特別是在親子依戀理論和親密關係領域。人類學家和心理學家已經有對話合作、共同闡述依戀關係的文化屬性、改造以西方中心的依戀理論 (Keller and Bard 2017; Quinn and Mageo 2013)；中國家庭領域諸多新變化，例如代際親密關係 (Yan 2016) 和以核心家庭為單位構建的多人育兒聯盟 (Goh 2013)，使得中國成為研究道德生活之情感維度的有力案例。

最後，鑑於中國兒童觀的悠久歷史，人類學對道德倫理問題日益增長的研究

興趣以及採用認知理論研究文化方面令人興奮的進展，中國兒童的人類學研究可以結合中國研究社會科學和認知科學，從而對理解中國道德倫理和更廣泛的文化演進做出重要貢獻。例如對「模範示例」這一教育文化理念的進一步研究：（一）引人向上的驅動力，「模範示例」這個源遠流長的道德社會化技術如何激發道德倫理規範中引人向上的力量？例如 Durkheim (1973) 道德理論中被低估的積極面向，對某種價值的渴慕嚮往 (Robbins 2017)？（二）在文化傳承演進中的作用，「模範示例」的教育文化將同伴之間的比較和成年人循序漸進的「支架式教學」整合起來，這與社會學習、文化學習 (Legare 2017) 和文化演進 (Creanza, Kolodny, and Feldman 2017) 之間有何關聯？

這篇述評立足於心理認知人類學的理論傳統，意在呼籲人類學家和心理學家開展更多合作，以研究多種社會情境之下的中國道德發展問題，例如族群、城鄉、階層界線以及不同年齡和性別群體。認知人類學家 Hirschfeld (2002) 曾經以此標題撰文：〈為什麼人類學家不喜歡孩子？〉正如他敏銳指出：「兒童被主流人類學邊緣化，是因為主流人類學忽視了兒童極為擅長的兩件事情：兒童在習得成年人的文化，以及在創造他們自己的文化上，都是驚人地嫻熟，雖然前者比後者更顯而易見」(p. 611)。兒童擁有卓爾不凡的創造力和學習能力，難道不值得更多關注嗎？將近二十年後，仍有一篇新文章問道：「為什麼人類學家不關注學習問題？」(Blum 2019)。道德倫理如何在童年時期傳承轉化是人類社會經久不衰的興趣所在，但願時機已至，這個曾被人類學主流話語遮蔽的問題將在中國研究領域得以復興。

參考文獻

Anagnost, Ann. 1997. "Children and National Transcendence in China." In *Constructing China: The Interaction of Culture and Economics*, edited by Kenneth G. Lieberthal, Shuen-fu Lin, and Ernest P. Young, 195-222. Ann Arbor, MI: Center for Chinese Studies, University of Michigan.

———. 2004. "The Corporeal Politics of Quality (Suzhi)." *Public Culture* 16 (2): 189-208. https://doi.org/10.1215/08992363-16-2-189

———. 2008. "Imagining Global Future in China: The Child as a Sign of Value." In *Figuring the Future: Globalization and the Temporalities of Children and Youth*, edited by Jennifer Cole and Deborah Durham, 41-72. Santa Fe, NM: School for Advance Research Press.

Aries, Philippe. 1965. *Centuries of Childhood: A Social History of Family Life*. New York, NY: Vintage.

Astuti, Rita, and Maurice Bloch. 2010. "Why a Theory of Human Nature Cannot Be Based on the Distinction between Universality and Variability: Lessons from Anthropology."

Behavior and Brain Sciences 33 (2-3): 83-84.

———. 2012. "Anthropologists as Cognitive Scientists." *Topics in Cognitive Science* 4 (3): 453-461. https://doi.org/10.1111/j.1756-8765.2012.01191.x

Bai, Limin. 2005. *Shaping the Ideal Child: Children and Their Primers in Late Imperial China.* Hong Kong, China: The Chinese University Press.

Bakken, Børge. 2000. *The Exemplary Society: Human Improvement, Social Control, and the Dangers of Modernity.* New York, NY: Oxford University Press.

Baum, Carolyn Lee, and Richard Baum. 1979. "Creating the New Communist Child." In *Value Change in Chinese Society*, edited by Richard W. Wilson, 98-121. New York, NY: Praeger.

Bloch, Maurice. 2005. *Essays on Cultural Transmission.* New York, NY: Berg.

———. 2012. *Anthropology and the Cognitive Challenge.* Cambridge, UK: Cambridge University Press.

Bloom, Paul. 2013. *Just Babies: The Origins of Good and Evil.* New York, NY: Crown.

Blum, Susan D. 2019. "Why Don't Anthropologists Care about Learning (or Education or School)? An Immodest Proposal for an Integrative Anthropology of Learning Whose Time Has Finally Come." *American Anthropologist* 121 (3): 641-654. https://doi.org/10.1111/aman.13268

Boyer, Pascal. 1993. *Cognitive Aspects of Religious Symbolism.* Cambridge, UK: Cambridge University Press.

———. 1998. "Cognitive Tracks of Cultural Inheritance: How Evolved Intuitive Ontology Governs Cultural Transmission." *American Anthropologist* 100 (4): 876-889. https://doi.org/10.1525/aa.1998.100.4.876

Chan, Anita. 1985. *Children of Mao: Personality Development and Political Activism in the Red Guard Generation.* London, UK: Palgrave Macmillan.

Chao, Ruth K. 1994. "Beyond Parental Control and Authoritarian Parenting Style: Understanding Chinese Parenting through the Cultural Notion of Training." *Child Development* 65 (4): 1111-1119. https://doi.org/10.2307/1131308

Chen, Theodore Hsi-en. 1969. "The New Socialist Man." *Comparative Education Review* 13 (1): 88-95.

Chin, Ann-ping. 1989. *Children of China: Voices from Recent Years.* Ithaca, NY: Cornell University Press.

Cline, Erin M. 2015. *Families of Virtue: Confucian and Western Views on Childhood Development.* New York, NY: Columbia University Press.

Creanza, Nicole, Oren Kolodny, and Marcus W. Feldman. 2017. "Cultural Evolutionary Theory: How Culture Evolves and Why It Matters." *Proceedings of the National Academy of Sciences* 114 (30): 7782-7789. https://doi.org/10.1073/pnas.1620732114

Curry, Oliver Scott, Daniel Austin Mullins, and Harvey Whitehouse. 2019. "Is It Good to Cooperate?: Testing the Theory of Morality-as-Cooperation in 60 Societies." *Current Anthropology* 60 (1): 47-69. https://doi.org/10.1086/701478

Durkheim, Emile. 1973. *Moral Education*. New York, NY: Free Press.

Fernsebner, Susan R. 2003. "A People's Playthings: Toys, Childhood, and Chinese Identity, 1909-1933." *Postcolonial Studies* 6: 269-293. https://doi.org/10.1080/1368879032000162167

Fong, Vanessa. 2004a. "Filial Nationalism among Chinese Teenagers with Global Identities." *American Ethnologist* 31 (4): 631-648.

———. 2004b. *Only Hope: Coming of Age Under China's One-Child Policy*. 1st edition. Stanford, CA: Stanford University Press.

———. 2007a. "Morality, Cosmopolitanism, or Academic Attainment? Discourses on 'Quality' and Urban Chinese-Only-Children's Claims to Ideal Personhood." *City and Society* 19 (1): 86-113. https://doi.org/10.1525/city.2007.19.1.86

———. 2007b. "Parent-Child Communication Problems and the Perceived Inadequacies of Chinese Only Children." *Ethos* 35 (1): 85.

Fung, Heidi. 1994. The Socialization of Shame in Young Chinese Children. Thesis (PhD). Chicago, IL: Committee on Human Development, University of Chicago.

———. 1999. "Becoming a Moral Child: The Socialization of Shame among Young Chinese Children." *Ethos* 27 (2): 180-209. https://doi.org/10.1525/eth.1999.27.2.180

Fung, Heidi, and Eva Chian-Hui Chen. 2001. "Across Time and Beyond Skin: Self and Transgression in the Everyday Socialization of Shame among Taiwanese Preschool Children." *Social Development* 10 (3): 419-437. https://doi.org/10.1111/1467-9507.00173

Fung, Heidi, and Benjamin Smith. 2010. "Learning Morality." In *The Anthropology of Learning in Childhood*, edited by David F. Lancy, John Bock, and Suzanne Gaskins, 261-286. Walnut Creek, CA: AltaMira Press.

Gilligan, Chris. 2009. "'Highly Vulnerable'? Political Violence and the Social Construction of Traumatized Children." *Journal of Peace Research* 46 (1): 119-134. https://doi.org/10.1177/0022343308098407

Goh, Esther. 2013. *China's One-Child Policy and Multiple Caregiving: Raising Little Suns in Xiamen*. 1st edition. New York, NY: Routledge.

Gottlieb, Alma. 2000. "Where Have All the Babies Gone? Toward an Anthropology of Infants (and Their Caretakers)." *Anthropological Quarterly* 73 (3): 121-132.

Greenhalgh, Susan. 2010. *Cultivating Global Citizens: Population in the Rise of China*. 1st edition. Cambridge, MA: Harvard University Press.

Hansen, Mette Halskov. 2013. "Learning Individualism: Hesse, Confucius, and Pep-Rallies in a Chinese Rural High School." *The China Quarterly* 213: 60-77. https://doi.org/10.1017/S0305741013000015

———. 2014. *Educating the Chinese Individual: Life in a Rural Boarding School*. Seattle, WA: University of Washington Press.

Harkness, Sara, Caroline Johnston Mavridis, Jia Ji Liu, and Charles M. Super. 2015. "Parental Ethnotheories and the Development of Family Relationships in Early and

Middle Childhood." In *The Oxford Handbook of Human Development and Culture: An Interdisciplinary Perspective*, edited by Lene Arnett Jensen, 271-291. New York, NY: Oxford University Press. https://doi.org/10.1093/oxfordhb/9780199948550.013.17

Headland, Isaac Taylor. 1901. *The Chinese Boy and Girl*. New York, NY: Fleming H. Revell Company.

Hirschfeld, Lawrence A. 2002. "Why Don't Anthropologists Like Children?" *American Anthropologist* 104 (2): 611-627. https://doi.org/10.1525/aa.2002.104.2.611

Ho, David Y. F. 1986. "Chinese Patterns of Socialization: A Critical Review." In *The Psychology of the Chinese People*, edited by Michael Harris Bond, 1-37. New York, NY: Oxford University Press.

House, Bailey, Joseph Henrich, Barbara Sarnecka, and Joan B. Silk. 2013. "The Development of Contingent Reciprocity in Children." *Evolution and Human Behavior* 34 (2): 86-93. https://doi.org/10.1016/j.evolhumbehav.2012.10.001

Hsiung, Ping-chen. 2005. *A Tender Voyage: Children and Childhood in Late Imperial China*. Stanford, CA: Stanford University Press.

Hsu, Francis L. K. 1961. *Psychological Anthropology; Approaches to Culture and Personality*. Homewood, IL: Dorsey Press.

———. 1971a. "Filial Piety in Japan and China: Borrowing, Variation and Significance." *Journal of Comparative Family Studies* 2 (1): 67-74. https://doi.org/10.3138/jcfs.2.1.67

———. 1971b. "Psychosocial Homeostasis and Jen: Conceptual Tools for Advancing Psychological Anthropology." *American Anthropologist* 73 (1): 23-44.

Jenkins, Henry. 1998. "Introduction: Childhood Innocence and Other Modern Myths." In *The Children's Culture Reader*, edited by Henry Jenkins, 1-40. New York, NY: New York University Press.

Jones, Andrew F. 2002. "The Child as History in Republican China: A Discourse on Development." *Positions: East Asia Cultures Critique* 10 (3): 695-727.

———. 2011. *Developmental Fairy Tales: Evolutionary Thinking and Modern Chinese Culture*. Cambridge, MA: Harvard University Press.

Kajanus, Anni. 2019. "Mutualistic vs. Zero-Sum Modes of Competition—A Comparative Study of Children's Competitive Motivations and Behaviours in China." *Social Anthropology* 27 (1): 67-83. https://doi.org/10.1111/1469-8676.12578

Kärtner, Joscha, and Keller, Heidi. 2012. "Comment: Culture-Specific Developmental Pathways to Prosocial Behavior: A Comment on Bischof-Köhler's Universalist Perspective." *Emotion Review* 4 (1): 49-50. https://doi.org/10.1177/1754073911421383

Keane, Webb. 2015. *Ethical Life: Its Natural and Social Histories*. Princeton, NJ: Princeton University Press.

Keller, Heidi, and Kim A. Bard. 2017. *The Cultural Nature of Attachment: Contextualizing Relationships and Development*. Cambridge, MA: MIT Press.

Kessen, William. 1975. *Childhood in China*. New Haven, CT: Yale University Press.

Kinney, Anne Behnke. 1995a. *Chinese Views of Childhood*. Honolulu: University of Hawaii

Press.

———. 1995b. "Dyed Silk: Han Notions of the Moral Development of Children." In *Chinese Views of Childhood*, edited by Anne Behnke Kinney, 1-55. Honolulu, HI: University of Hawaii Press.

Kipnis, Andrew B. 2006. "Suzhi: A Keyword Approach." *The China Quarterly* 186: 295-313. https://doi.org/10.1017/S0305741006000166

———. 2007. "Neoliberalism Reified: Suzhi Discourse and Tropes of Neoliberalism in the People's Republic of China." *Journal of the Royal Anthropological Institute* 13 (2): 383-400. https://doi.org/10.1111/j.1467-9655.2007.00432.x

———. 2011. *Governing Educational Desire: Culture, Politics, and Schooling in China*. Chicago, IL: University of Chicago Press.

Kuan, Teresa. 2011. "The Heart Says One Thing but the Hand Does Another: A Story about Emotion-Work, Ambivalence and Popular Advice for Parents." *The China Journal* 65: 77-100. http://doi.org/10.1086/tcj.65.25790558

———. 2012. "The Horrific and the Exemplary: Public Stories and Education Reform in Late Socialist China." *Positions: East Asia Cultures Critique* 20 (4): 1095-1125.

———. 2015. *Love's Uncertainty: The Politics and Ethics of Child Rearing in Contemporary China*. Oakland, CA: University of California Press.

Laidlaw, James. 2002. "For an Anthropology of Ethics and Freedom." *Journal of the Royal Anthropological Institute* 8 (2): 311-332. https://doi.org/10.1111/1467-9655.00110

———. 2017. "Ethics/Morality." *Cambridge Encyclopedia of Anthropology*. http://www.anthroencyclopedia.com/entry/ethics-morality

Lee, Thomas H. C. 2000. *Education in Traditional China: A History*. Boston, MA: Brill Academic Publishers.

Legare, Cristine H. 2017. "Cumulative Cultural Learning: Development and Diversity." *Proceedings of the National Academy of Sciences* 114 (30): 7877-7883. https://doi.org/10.1073/pnas.1620743114

Leimgruber, Kristin L. 2018. "The Developmental Emergence of Direct Reciprocity and Its Influence on Prosocial Behavior." *Current Opinion in Psychology* 20: 122-126. https://doi.org/10.1016/j.copsyc.2018.01.006

LeVine, Robert A. 2001. "Culture and Personality Studies, 1918-1960: Myth and History." *Journal of Personality* 69 (6): 803-818. https://doi.org/10.1111/1467-6494.696165

———. 2007. "Ethnographic Studies of Childhood: A Historical Overview." *American Anthropologist* 109 (2): 247-260.

Li, Miao, and Yihan Xiong. "Producing the Morally Captive Guest: Discourse and Power in Gratitude Education of Migrant Children in Beijing." *The China Quarterly* 240: 1018-1038. https://doi.org/10.1017/S0305741019000304

Ling, Minhua. 2015. "'Bad Students Go to Vocational Schools!': Vocational Education for Migrant Youth in Urban China." *The China Journal* 73: 108-131.

Lourenço, Orlando. 2012. "Piaget and Vygotsky: Many Resemblances, and a Crucial

Difference." *New Ideas in Psychology* 30 (3): 281-295. https://doi.org/10.1016/j.newideapsych.2011.12.006

Lucca, Kelsey, J. Kiley Hamlin, and Jessica A. Sommerville. 2019. "Editorial: Early Moral Cognition and Behavior." *Frontiers in Psychology* 10: 2013. https://doi.org/10.3389/fpsyg.2019.02013

Miller, Joan G. 2006. "Insights into Moral Development from Cultural Psychology." In *Handbook of Moral Development*, edited by Melanie Killen and Judith G. Smetana, 375-398. Mahwah, NJ: Lawrence Erlbaum Associates Publishers.

Miller, Peggy J., Heidi Fung, and Judith Mintz. 1996. "Self-Construction through Narrative Practices: A Chinese and American Comparison of Early Socialization." *Ethos* 24 (2): 237-280. https://doi.org/10.1525/eth.1996.24.2.02a00020

Miller, Peggy J., Angela R. Wiley, Heidi Fung, and Chung-Hui Liang. 1997. "Personal Storytelling as a Medium of Socialization in Chinese and American Families." *Child Development* 68 (3): 557-568. https://doi.org/10.2307/1131678

Munro, Donald J. 1975. "The Chinese View of Modeling." *Human Development* 18 (5): 333-352. https://doi.org/10.1159/000271495

Naftali, Orna. 2014a. *Children, Rights and Modernity in China: Raising Self-Governing Citizens*. London, UK: Palgrave Macmillan.

———. 2014b. "Marketing War and the Military to Children and Youth in China: Little Red Soldiers in the Digital Age." *China Information* 28 (1): 3-25. https://doi.org/10.1177/0920203X13513101

Normile, Dennis. 2017. "One in Three Chinese Children Faces an Education Apocalypse. An Ambitious Experiment Hopes to Save Them." *American Association for the Advancement of Science*. https://www.sciencemag.org/news/2017/09/one-three-chinese-children-faces-education-apocalypse-ambitious-experiment-hopes-save

Ochs, Elinor, and Tamar Kremer-Sadlik. 2007. "Introduction: Morality as Family Practice." *Discourse and Society* 18 (1): 5-10. https://doi.org/10.1177/0957926507069451

Ochs, Elinor, and Merav Shohet. 2006. "The Cultural Structuring of Mealtime Socialization." *New Directions for Child and Adolescent Development* 2006 (111): 35-49. https://doi.org/10.1002/cd.154

Osborne, Meredith. 2017. "From Blobs to Beings: An Overview of Research on Baby Brains." *Smithsonian Early Enrichment Center*. https://seecstories.com/2017/03/23/from-blobs-to-beings-an-overview-of-research-on-baby-brains/

Piaget, Jean. 2007. *The Moral Judgment of the Child*. Whitefish, MT: Kessinger.

Quinn, Naomi. 2005. "Universals of Child Rearing." *Anthropological Theory* 5 (4): 477-516. https://doi.org/10.1177/1463499605059233

Quinn, Naomi, and Jeannette Marie Mageo. 2013. *Attachment Reconsidered: Cultural Perspectives on a Western Theory*. New York, NY: Palgrave Macmillan.

Riesman, Paul. 1992. *First Find Your Child a Good Mother: The Construction of Self in Two African Communities*. New Brunswick, NJ: Rutgers University Press.

Robbins, Joel. 2017. "Where in the Wold Are Values? Exemplarity and Moral Motivation." In *Moral Engines: Exploring the Ethical Drives in Human Life*, edited by Cheryl Mattingly, Rasmus Dyring, Maria Louw, and Thomas Schwarz Wentzer, 174-192. New York, NY: Berghahn Books.

Rothschild, N. Harry, and Leslie V. Wallace. 2017. *Behaving Badly in Early and Medieval China*. Honolulu, HI: University of Hawaii Press.

Saari, Jon L. 1990. *Legacies of Childhood: Growing up Chinese in a Time of Crisis, 1890-1920*. Cambridge, MA: Council on East Asian Studies, Harvard University Press.

Sidel, Ruth. 1974. *Families of Fengsheng: Urban Life in China*. 1st edition. Baltimore, UK: Penguin.

———. 1976. *Women and Child Care in China*. New York, NY: Penguin.

Slocombe, Katie E., and Amanda M. Seed. 2019. "Cooperation in Children." *Current Biology* 29 (11): R470-R473. https://doi.org/10.1016/j.cub.2019.01.066

Solomon, Richard H. 1971. *Mao's Revolution and the Chinese Political Culture*. Berkeley, CA: University of California Press.

Sperber, Dan. 1985. "Anthropology and Psychology: Towards an Epidemiology of Representations." *Man* 20 (1): 73-89. https://doi.org/10.2307/2802222

———. 1996. *Explaining Culture: A Naturalistic Approach*. Cambridge, MA: Blackwell.

———. 2004. "The Cognitive Foundations of Cultural Stability and Diversity." *Trends in Cognitive Sciences* 8 (1): 40.

———. 2008. "Claude Lévi-Strauss, a Precursor?" *European Journal of Sociology/Archives Européennes de Sociologie/Europäisches Archiv Für Soziologie* 49 (2): 309-314.

Sperber, Dan, and Deirdre Wilson. 1996. *Relevance: Communication and Cognition*. 2nd edition. Cambridge, MA: Wiley-Blackwell.

Spigel, Lynn. 1998. "Seducing the Innocent: Childhood and Television in Postwar America." In *The Children's Culture Reader*, edited by Henry Jenkins, 110-135. New York, NY: New York University Press.

Stafford, Charles. 1992. "Good Sons and Virtuous Mothers: Kinship and Chinese Nationalism in Taiwan." *Man* 27 (2): 363-378. https://doi.org/10.2307/2804058

———. 1995. *The Roads of Chinese Childhood*. Cambridge, UK: Cambridge University Press. https://doi.org/10.1017/CBO9780511586347

———. 2011. "What Confucius Would Make of It." *Anthropology of This Century*. http://aotcpress.com/articles/confucius-2/

Super, Charles M., and Sara Harkness. 1986. "The Developmental Niche: A Conceptualization at the Interface of Child and Culture." *International Journal of Behavioral Development* 9 (4): 545-569. https://doi.org/10.1177/016502548600900409

Tappan, Mark B. 1997. "Language, Culture, and Moral Development: A Vygotskian Perspective." *Developmental Review* 17 (1): 78-100. https://doi.org/10.1006/drev.1996.0422

Thøgersen, Stig Bjarka. 2002. *A County of Culture: Twentieth-Century China Seen from the*

Village Schools of Zouping, Shandong. Ann Arbor, MI: University of Michigan Press.

Tillman, Margaret Mih. 2018. *Raising China's Revolutionaries: Modernizing Childhood for Cosmopolitan Nationalists and Liberated Comrades, 1920s-1950s.* New York, NY: University of Columbia Press.

Tobin, Joseph Jay, Yeh Hsueh, and Mayumi Karasawa. 2009. *Preschool in Three Cultures Revisited: China, Japan, and the United States.* Chicago, IL: University of Chicago Press.

Tobin, Joseph Jay, David Y. H. Wu, and Dana H. Davidson. 1989. *Preschool in Three Cultures: Japan, China, and the United States.* New Haven, CT: Yale University Press.

Tomasello, Michael. 2019. *Becoming Human: A Theory of Ontogeny.* Cambridge, MA: Belknap Press.

Toren, Christina. 1999. "Why Children Should Be Central to Anthropological Research." *Etnofoor* 12 (1): 27-38.

Turiel, Elliot. 2018. "Moral Development in the Early Years: When and How." *Human Development* 61 (4-5): 297-308. https://doi.org/10.1159/000492805

Unger, Jonathan. 1982. *Education under Mao: Class and Competition in Canton Schools, 1960-1980.* New York, NY: Columbia University Press.

Vygotsky, L. S. 1980. *Mind in Society: The Development of Higher Psychological Processes.* Cambridge, MA: Harvard University Press.

Wang, Chih-yuan. 2011. "Right or Wrong? A Taoqi Student in an Elite Primary School in Beijing." In *Ordinary Ethics in China*, edited by Charles Stafford, 29-44. London, UK: Bloomsbury Academic.

Wang, Xiao-lei. 2017. "Cultivating Morality in Chinese Families—Past, Present, and Future." *Journal of Moral Education* 46 (1): 24-33. https://doi.org/10.1080/03057240.2017.1291416

Wang, Ying, and Vanessa L. Fong. 2009. "Little Emperors and the 4:2:1 Generation: China's Singletons." *Journal of the American Academy of Child and Adolescent Psychiatry* 48 (12): 1137-1139. https://doi.org/10.1097/CHI.0b013e3181bc72f8

Weisner, Thomas S. 2012. "Mixed Methods Should Be a Valued Practice in Anthropology." *Anthropology News* 53 (5): 3-4.

Whiting, Beatrice Blyth. 1996. "The Effect of Social Change on Concepts of the Good Child and Good Mothering: A Study of Families in Kenya." *Ethos* 24 (1): 3-35.

Wilson, Richard W. 1974. *The Moral State: A Study of the Political Socialization of Chinese and American Children.* New York, NY: Free Press.

———. 1981a. "Conformity and Deviance Regarding Moral Rules in Chinese Society: A Socialization Perspective." In *Normal and Abnormal Behavior in Chinese Culture*, edited by Arthur Kleinman and Tsung-Yi Lin, 117-136. Dordrecht, Netherlands: Springer. https://doi.org/10.1007/978-94-017-4986-2_7

———. 1981b. "Political Socialization and Moral Development." *World Politics* 33 (2): 153-177. https://doi.org/10.2307/2010368

Wolf, Margery. 1971. "Child Traiing and the Chinese Families." In *Family and Kinship in Chinese Society*, edited by Maurice Freedman, 37-62. Stanford, CA: Stanford University Press.

Woronov, Terry. 2007. "Performing the Nation: China's Children as Little REd Pioneers." *Anthropological Quarterly* 80 (3): 647-672.

———. 2009. "Governing China's Children: Governmentality and 'Education for Quality.'" *Positions: East Asia Cultures Critique* 17 (3): 568-589.

Wu, David Y. H. 1981. "Child Abuse in Taiwan." In *Child Abuse and Neglect: Cross-Cultural Perspectives*, edited by Jill E. Korbin, 139-165. Berkeley, CA: University of California Press.

———. 1996a. "Chinese Childhood Socialization." In *Handbook of Chinese Psychology*, edited by Michael Harris Bond, 143-154. Hong Kong: Oxford University Press.

———. 1996b. "Parental Control: Psychocultural Interpretations of Chinese Patterns of Socialization." In *Growing up the Chinese Way*, edited by Sing Lau, 1-26. Hong Kong: Chinese University Press.

Xu, Jing. 2014. "Becoming a Moral Child amidst China's Moral Crisis: Preschool Discourse and Practices of Sharing in Shanghai." *Ethos* 42 (2): 222-242. https://doi.org/10.1111/etho.12049

———. 2017. *The Good Child: Moral Development in a Chinese Preschool*. Stanford, CA: Stanford University Press.

———. 2019. "Learning 'Merit' in a Chinese Preschool: Bringing the Anthropological Perspective to Understanding Moral Development." *American Anthropologist* 121 (3): 655-666. https://doi.org/10.1111/aman.13269

———. 2020a. "The Mischievous, the Naughty, and the Violent in a Taiwanese Village: Peer Aggression Narratives in Arthur P. Wolf's 'Child Interview' (1959)." *Cross-Currents* 33: 143-165.

———. 2020b. "Tattling with Chinese Characteristics: Norm Sensitivity, Moral Anxiety, and 'the Genuine Child.'" *Ethos* 48 (1): 29-49. https://doi.org/10.1111/etho.12262

Yan, Yunxiang. 2002. "Unbalanced Reciprocity: Asymmetrical Gift Giving and Social Hierarchy in Rural China." In *The Question of the Gift: Essays across Disciplines*, edited by Mark Osteen, 67-84. London, UK: Routledge Press.

———. 2013. "The Drive for Success and the Ethics of the Striving Individual." In *Ordinary Ethics in China*, edited by Charles Stafford, 263-291. London, UK: Bloomsbury Academic.

———. 2014. "The Moral Implications of Immorality: The Chinese Case for a New Anthropology of Morality." *Journal of Religious Ethics* 42 (3): 460-493. https://doi.org/10.1111/jore.12066

———. 2016. "Intergenerational Intimacy and Descending Familism in Rural North China." *American Anthropologist* 118 (2): 244-257. https://doi.org/10.1111/aman.12527

———. 2017. "Doing Personhood in Chinese Culture: The Desiring Individual, Moralist

Self and Relational Person." *The Cambridge Journal of Anthropology* 35 (2): 1-17. https://doi.org/10.3167/cja.2017.350202

第十一章

文化心理學與道德在中文和中國之意涵：誤解、觀念和可能性

蒲安梅 *(Emma E. Buchtel)* 著
Aaron Hao 譯

摘要

文化或許是造就人類親社會行為的重要因素，而道德是創造成功社會的關鍵。那麼，什麼是道德？本章探討中國文化中道德的內容。中國人的「不道德」行為以「不文明」(uncultured) 來形容最為恰當，而西方的道德關注則集中在避免傷害上。中西方道德原則除了內容差異之外，還有一些更值得探究的話題。西方道德強調基於普遍原則的對行為的絕對道德判斷，但中國道德則重視對美德品格的培養和表達。我們將探究道德規範與非道德規範的內容和基本原則，嘗試去理解在中國和受西方傳統影響的文化中，道德的目的和作用可能有哪些相似和不同之處。

一、前言

在我們「逐步完善」(ratcheted up) (Tomasello et al. 1993) 的社會中，社會規範已經累積和建立了數千年，而文化也許是造就人類親社會行為的關鍵因素。人類孩童並非在自然狀態中長大，從零開始培養道德，而是從出生起便立即融入豐富的文化環境，其中包括規範、價值觀和複雜的世界觀，這些環境定義和鼓勵道德行為 (Wellman & Miller 2008)。我們的文化不僅可以維護和傳播合作行為（例如，Norenzayan et al. 2016），還可以定義道德義務的內容（例如，Miller et al. 1990; Miller & Bersoff 1992），並改變一個人履行社會義務的體驗和動機 (Buchtel et al. 2018)。另一方面，在促進和強化親社會合作方面，文化之間的差異會影響不同社會的繁榮程度（例如，Bhui et al. 2019; Henrich et al. 2012; Norenzayan et al. 2016）。

在眾多可能的社會規範類型中 (Sinnott-Armstrong & Wheatley 2013)，心理學家們認為道德是創造成功社會的關鍵（例如，Curry, Chesters et al., 2019; Haidt & Kesebir 2010）。那麼，什麼是道德——具體來說，不同的文化如何定義、創造和施行道德？如果我們想知道為什麼人類是道德的——為什麼不同的人類社會可以發展出道德觀念，以及為什麼人類個體會按照這些觀念行事——我們需要更多地瞭解道德在不同文化中的含義，以及道德是如何被鼓勵發展的。人類文化是否都傾向於發展一套特殊的道德規範，而這些規範具有幫助人們管理人際行為的特殊心理力量？如果是的話，這些規範的內容是什麼，其心理或行為後果是什麼？如果我們質疑前述假設——即人類道德並無一套普遍規範——那麼人類文化中什麼可以替代道德？

在本章中，我將概述我和我的同事對中國日常道德觀念進行的已發表和未發表的研究，並邀請讀者探討一個問題：中國文化中道德的內容是什麼；關於人類道德的目的／形式，中國文化中道德的內容可以告訴我們什麼？我將從總結 Buchtel 等人 (2015) 開始，其研究發現，中國人的不道德行為以「不文明」(uncultured) 來形容最為恰當，而西方的道德關注則集中在避免傷害上。然而，這些研究提出的問題多於答案。尤為突出的是，由於西方假設道德價值是「最重要的」價值，這些研究（在我看來）被誤解為支持這樣一種觀點：（比起傷害他人），不文明行為 (incivility) 被認為是對中國社會價值觀「最嚴重」的違反。

此後，我們對中英文中不道德行為觀念的內容，以及對不文明和傷害他人行為的情感 (emotional) 和絕對主義 (absolutist) 反應進行了更詳細的研究。基於這些數據，我想指出，中西方道德原則除了內容差異之外，還有一些更值得探究的話題。中西方道德原則內容的差異可能部分源於如下事實：西方受基督教以及隨之而來的絕對主義或全知的道德判斷假設的影響，而中國歷史上儒家的影響，特別是「角色倫理」(Role Ethics)，強調培養品格、表達尊重和禮節，以及瞭解個體相對於他人的特定職責 (Ames & Rosemont 2014; Buchtel et al. 2018)。但這種差異也可能在於人類使用和體驗道德的兩種方式，雖然在不同文化中很常見，但可能受到不同程度的強調：一種是基於普遍原則的對行為的絕對道德判斷，另一種是對美德品格的培養和表達。

是否存在跨文化共通的「道德的意義」？要解決這個宏大的問題，讓我們首先將在西方心理學家那裡常見的道德觀和來自西方的數據，與關於中國道德觀念的內容和心理意義的新證據進行比較。我們將探究道德規範與非道德規範的內容和基本原則，理解它們與道德絕對主義的心理意義的獨特關聯程度，進而總結，

在中國和受西方傳統影響的文化中，道德的目的和作用可能有哪些相似和不同之處。

二、排除先見尋找道德規範

我對這些問題的處理方式受到了現實生活中的跨文化憂慮的影響。大學畢業後，我第一次從美國搬到中國工作，當時很擔心會不小心違反我還沒有學會的中國道德準則，害怕因此影響個人聲譽。但是，在不道德（或道德）行為或原則的種類上，美國和中國文化之間的道德規則是否實際上存在有意義的差異？或者，假設存在某種具有社會和心理意義的「道德」社會規範，我會因違反這些規範而嚴重冒犯我的新朋友和同事，這種設想是否恰當？

我是否會在道德價值上遇到重要的文化差異？作為回答這個問題的第一步，我們應該找出在中西方文化中被認為是不道德的東西。然而，這個看似簡單的問題卻生出了先有雞還是先有蛋的問題：要瞭解道德規範的內容之間是否存在差異，我們需要知道根據相關理論哪些社會規範是道德規範 (Sinnott-Armstrong & Wheatley 2013)。要解決這個問題，使用道德規範應該是什麼樣的理論，有幾種心理學方法可選。但是，考慮到我在許多方面對中國道德可能有與對西方道德不同的期望，要想以開放的態度，尋找對我的中國朋友和同事來說可能特別重要但尚未想像到的道德價值，這些理論驅動的方法不會有利。換句話說，如果我們根據理論來決定哪些社會規範是道德規範，那麼某些道德規範的內容就會被理論排除。

例如，一種定義道德規範的方式可以基於它們的社會結果。最近，Curry 及其同事從這一假設出發，將道德規範定義為解決合作困境的規範 (Curry 2016; Curry, Chesters, et al. 2019; Curry, Mullins, et al. 2019)。這種定義雖然給出了新的理論見解，但我對將道德定義為非零和博弈 (non-zero-sum games) 的解決方案心存擔憂。這種定義排除了與普通人或「民間」(folk) 觀念密切相關的規範，例如具有精神和身體的神聖性，其理由是這些規範與「協同合作根本沒有明確的聯繫」(Curry, Mullins, et al. 2019, p. 50)。如果我擔心在不熟悉的文化中某些行為可能會冒犯他人，那麼瞭解該文化中的人們覺得道德的哪些方面更重要，這一點似乎很關鍵。

另一種提出問題的方式是從道德的心理學定義開始。例如，我們可以向人們徵求「有客觀義務」的行為示例——即，無論規則或環境如何，必須履行的義務或絕對不允許的行為 (DeScioli & Kurzban 2013; Miller et al. 1990; Shweder 1990)。例如，DeScioli 和 Kurzban (2009, 2013) 提出，道德絕對主義感 (a sense of moral absolutism) 可能是人類發展道德規範的關鍵進化原因，因為它們通過提供無可置

疑的原則來評判內群體 (ingroup) 成員，從而有助於社會協調，進而加速群體決策 (DeScioli 2016)。

然而，Berniūnas 及其同事 (Berniūnas et al. 2021; Dranseika et al. 2018) 提醒我們，道德絕對主義感，尤其是將規範劃分為允許 (permissible)（慣例 conventions）與不允許 (impermissible)（道德 morals）的傾向，可能不是所有文化中道德思想的普遍特徵。他們指出，哲學家 Anscombe (1958) 認為，絕對道德義務的觀念源於基督教對神聖法 (divine law) 的關注——這個歷史偶然事件「深深植根於我們的語言和思想中」(p. 5)。基於絕對道德原則的道德認知，可能只出現在存有對絕對神聖法歷史信仰的文化中，而根本不是一種文化普遍性。

基督教和其他一神教在中國歷史上的影響一直很弱。此外，我們知道東亞文化比西方文化更鼓勵關注情境 (Nisbett et al. 2001)；也許道德規則在中國可能更具情境性，從而使道德的絕對論定義無效。這與哲學家安樂哲 (Roger Ames) 在《儒家角色倫理》(Confucian Role Ethics, Ames 2011) 中倡導的對中國道德的廣泛非理論方法 (broadly non-theoretical approach) 一致。中國的道德觀念被認為本質上與儒家思想同義，儒家思想是一種相對世俗的哲學，通常被認為是「三教」之一，「三教」還包括佛教和道教。由此，道德心理學關於什麼是「道德信念感」(sense of moral conviction) 的假設是否不能應用於中國的道德思想？儒家強調人格美德和禮節的重要性，並重視根據個人角色或特定情況行事，而淡化上神 (high gods)（可能會評判個人，可能是全知的）的重要性。由於這些影響，我們是否應該期望中國道德不那麼強調絕對規則和道義論原則？

另一種選擇是將道德定義為那些不僅備受重視，而且還通過訴諸正義、權利或避免傷害來證明其合理性的規則 (Turiel et al. 1987)。這一定義使得在訴諸純潔、忠誠或尊重等級制度和社會秩序等的道德理由 (moral justification) 中發現文化差異成為不可能 (Graham et al. 2013; Shweder et al. 1997)。

三、理解「不道德」觀念

與其從「道德」的定義開始，我決定換一種方式，從「不道德」這個詞開始。如果「道德」是一個連貫且具有社會重要性的觀念，那麼應該存在一個用來表述「道德」的詞語。在中英文中，恰好都有一個特定的詞被理解為指的是道德方面的錯誤行為。根據字典釋義、德育機構的官方用法和中國學生的用法等，通常認為中文裡 budaode（「不道德」或「沒道德」；本章統稱為 budaode）一詞是 "immoral" 的正確翻譯 (Buchtel el al., 2015)。因此，為瞭解典型的普通人眼中的道

德觀念內容，我們問了普通人一個非常簡單的問題：不道德行為有什麼例子？然而，在對普通人 budaode 行為原型 (prototype) 的初步研究中，我們發現該詞語所涵蓋的行為不如西方普通人和理論家所謂的「不道德」(immoral) 行為嚴重；相反，我們的研究發現中文裡 budaode 行為更典型地表現為明顯的不文明行為 (Buchtel et al. 2015)。

延續 Buchtel 等人 (2015) 的研究，本章將描述在香港、中國大陸和美國進一步探索 budaode 和不道德 (immorality) 觀念的發現。我將首先描述普通人眼中不道德／budaode 行為原型的主要行為類型。然後，我將描述不同文化下普通人如何解釋不同類型的行為為何是錯誤的，以揭示在判斷不良行為時最常見原因類型的文化差異。最後，我將描述我們對不道德行為在心理反應上觸發「道德信號」(moral signature) 程度的初步研究，發現雖然普通中國人比普通西方人更重視像亂扔垃圾這樣的不道德行為，但「道德信號」實際上並沒有將中文中更受關注的 budaode 行為（即不文明行為）與較少受關注的 budaode 行為（例如犯罪、極其有害的行為）區分開來。

總體而言，以下研究結果表明，雖然 budaode 是一個重要的觀念，並且與西方心理學家眼中的 "immoral" 在內容和認知方面有許多相似之處，但它似乎也描述了一種對不道德截然不同的思考方式，與 budaode 聯繫更緊密之處在於行為是否反映有教養的品格，而不在於行為是否嚴重反社會。事實上，避免 budaode 行為似乎反映了更高的行為標準，儘管它在需要避免什麼樣的行為方面是一個更靈活的觀念。因此，與西歐傳統文化中判斷某事為不道德相比，判斷某事為 budaode 不那麼絕對主義和黑白分明。本章末尾會重申如下觀點，中國道德引入了一種促進親社會行為的方式，這種方式較少依賴於普遍是非感，而更多地依賴於反映文明和有教養品格的行為。而這對中國社會有什麼好處和壞處則是另一個問題。

（一）immoral 與 budaode：budaode 意謂不文明，immoral 意謂有害

在對普通中國人眼中不道德行為原型的研究中，我們發現在公認最有害（例如殺人）和不道德行為之間存在令人費解的脫節。中文裡「不道德」一詞最適用於特別未開化或不文明的行為，例如在街上隨地吐痰或不尊重父母，而不太適用於偷盜或殺人等刑事犯罪類有害行為 (Buchtel et al. 2015)。在下面的第一部分，我將討論這些數據和其他數據如何表明在中國文化背景下，絕對主義道德原則可能

不是中國道德體系的主要社會效益。

　　Buchtel 等人 (2015) 的研究描述了我們首次嘗試探索香港、中國大陸和受西方傳統影響的文化中「不道德行為」原型的內容。首先，我們從香港、中國大陸（上海和北京）和兩個西方文化處所（溫哥華和墨爾本）的普通人（大學學生）中收集了關於不道德行為的開放式例子。1,259 個不道德行為的例子大致分為 46 個類別，其內容上的文化差異立即顯現出來。例如，「殺人」是溫哥華和墨爾本參與者最常提到的十大不道德行為之一，但在上海和北京參與者給出的例子中只提到過一次。讓人好奇的是，雖然溫哥華和墨爾本兩地的學生給出的行為示例類型和頻率幾乎相同，但上海和北京學生提供的行為例子卻大不相同。這表明，與受西方不道德觀念影響更大的參與者相比，budaode 這個詞所適用的行為類型在中國不同地區之間可能變化更大。

　　為避免這個結果起因於極端犯罪行為對中國參與者來說不夠突出，我們隨後要求新參與者考慮第一次研究中每個城市的前十種行為（總共 26 種行為，從「殺人」到「在公共場所大聲說話」），並判定對每種行為以下哪個描述更恰當：最好將其描述為不道德；錯誤但並非不道德；或者根本沒有錯。然而，結果再次表明存在巨大的文化差異。尤其是，西方和中國大陸使用不道德／budaode 標籤的文化差異最大的在於不文明行為，例如在公共場所大聲說話和大笑或不尊重父母（更可能被中國大陸稱為不道德）和犯罪行為，例如殺人（更有可能被西方參與者稱為不道德）。

　　在最後一項研究中，我們要求中國大陸和美國的新參與者也對相同行為的有害程度和不文明程度進行評分。正如預期的那樣，我們發現，當參與者將行為歸類為「不道德」（或 budaode）而不是「錯誤但並非不道德」時，這些行為被中國大陸參與者評為特別不文明，但對於美國參與者來說，他們歸入不道德類別的是非常有害的行為。值得注意的是，中國和美國參與者就哪些行為最有害達成了一致。只是對於中國參與者來說，一個行為的危害性並不像一個行為的不文明程度那麼重要。這一發現表明儒家對 "budaode" 這個詞的使用產生了影響，即這個詞通常用於指示缺乏禮節或文明的行為。相比之下，受西歐傳統文化影響的參與者使用不道德來描述最糟糕的行為，即絕對不能做的事情，或極其有害且無可爭辯的有害行為。

（二）什麼是不道德與 budaode 行為？

　　在新近的研究中，我們努力從西方、中國大陸和香港參與者的角度更詳細地

瞭解不道德／budaode 行為的內容，因為這三個群體在如何使用這個詞方面受到相對不同的文化影響。我們首先對先前關於不道德行為的開放式數據進行了更精細的分析 (Buchtel & Guan 2021b)。區別於將行為分類為 Buchtel 等人 (2015) 的 46 個一般類別，我們只有在描述具體的動作或使用的短語相同時才將行為示例計為相同。例如，「不雅的公共行為」和「光著身子走在街上」這兩個短語儘管主題相似，但仍將被視為不同的行為。分析結果為 352 種特定行為，根據行為在給定的文化處所至少要有 2 到 3 名參與者提及進行篩選，這些行為進一步減少到每個調查地點 40 到 60 種行為。可以說，這些行為包括了這三個文化集群中最典型的不道德／budaode 觀念的內容。

這些出自不同處所的行為可以概括為哪些一般類別或行為類型呢？我們要求新參與者對行為進行評分，以便我們進行因素分析 (factor analysis)，進而瞭解參與者在這些不道德行為中看到的潛在類別。來自每個受訪地點的 200 至 300 名參與者對他們所在地區的典型不道德行為進行了評分，參與者包括來香港的大學生，中國大陸的大學生和在線招募的成人，以及從美國在線招募的成人。對參與者反應的因素分析向我們展示了他們對不道德行為的心理觀念中哪些行為會「共現」——即被認為彼此相似。結果因子參見表 1。[1]

我們可以從這些因素及其示例行為中發現一些跨文化相似性。例如，所有三種文化都至少有一個關於性不忠和濫交的因素（特別是香港數據中的兩個因素：骯髒的性行為和下流粗鄙）。它們都有一個「壞品格」因素，將由負面品格特徵引起的行為歸為一類，例如自私、冷漠、傲慢和不負責任。這種「品格」因素的跨文化一致性有點令人驚訝和出乎意料，我們稍後會回到這點。

雖然犯罪活動因素在所有三個文化群體中都出現，但內容卻大不相同。在美國的數據中，出現了兩個因素：一個是極其有害的行為（謀殺、強姦、肇事逃逸），另一個包括偷竊、欺騙和撒謊等行為。在內地和香港的數據中，只出現了一個包含犯罪活動的因素。在這兩種文化中，這個因素都包括入室犯罪、腐敗和拾遺不還等行為，但顯然這些行為的危害性並沒有達到美國例子的極端水平。

最後，與美國數據相比，來自中國的數據存在兩個文化上的獨特因素。首先，在大陸和香港的調查都發現了與缺乏公民美德有關的因素，描述了不文明或沒公德的行為：在大陸的數據中有兩個因素，一個是關於不衛生行為（隨地吐

---

[1] 中國大陸的兩個樣本（大學生和在線成人參與者）被分別分析，導致了兩種不同的行為因素結構；由於我們的目的是收集廣泛的可能因素以用於以下研究，表 1 中顯示的因素是兩個大陸群體之間的共同因素和獨特因素的組合。

表1　普通原型：各地調查中描述不道德／budaode行為因素的典型示例

因素	示例行為
中國大陸	
犯罪的行為	某人在街上撿到別人的錢但不肯還給失主。
婚姻不忠	某人背著妻子與另一名女子發生關係。
人品不好	某人覺得自己比其他人聰明，看不起其他人。
不講衛生	某人上廁所後不冲廁。
破壞社會規則	某人在排隊買票的時候插隊。
不符合儒家思想	某人對他老師或長輩的言行很不禮貌。
欺騙／利用他人	某人以中傷誹謗的方法離間他人和朋友的感情。
香港	
犯罪的行為	某人破門進入別人家中偷走電視機和珠寶首飾。
骯髒的性行為	某人自願參與賣淫活動。
下流粗鄙	某人在公眾場合大聲說髒話。
人品不好／惡毒的	某人為了自己得到升職機會，刻意散播流言中傷對手。
不文明	某人在街上隨地吐痰。
不符合儒家思想	某人置年老的父母不顧，甚至不去探望他們。
侵犯隱私	某人偷看別人的日記。
學術作弊	某人在一次期中考試中作弊。
美國	
嚴重傷害	某人成為殺手並且為了錢殺人。
偷竊和作弊	某人破門進入別人家中偷走電視機和珠寶首飾。
不正當的性行為	某人背著女朋友與另一名女子發生關係。
人品不好	某人總是向別人作出承諾但是事後卻做不到。
利用他人	某人假裝對某位同學很友好以便能夠抄她的作業。

痰，不洗手），另一個是關於擾亂性公共行為（例如，大聲說話、插隊、亂穿馬路），而香港的數據只有一個因素，例如隨地吐痰、亂扔垃圾或「占座」。在大陸和香港的數據中，另一個獨特的中國因素是一系列我們稱之為「非儒家式」(unconfucian)的行為，指的是不尊重父母或在經濟上不支持父母的不孝行為。

我從這些數據中得出兩個主要結論：首先，budaode行為和不道德行為的相似之處表明兩者確實都在借鑑我們可能跨文化稱為「道德」價值的東西；但其次，它們的不匹配表明兩者之間存在根本性差異，尤其是在於「絕對不可接受」是否是budaode的重要標誌。中國人的budaode行為在西方眼光看來確實是「不道德的」，因為它們包括違反儒家重要價值觀的行為（例如照顧父母），以及違法行為；在所有三種文化的不道德原型中也都出現了一些共同因素，例如品格不好和對婚姻不忠或濫交。不同文化的道德類別包括或排除了重要的不同類型的行為。美國

數據涵蓋的行為包括中國數據未包含的極端傷害（例如強姦、謀殺），而中國數據則包含更多粗俗和缺失公德的行為，例如大聲喧嘩或亂扔垃圾。

這些內容差異意味著，如果我們假設所有參與者普遍認為謀殺和極端傷害是絕對不可接受和必須禁止的，那麼這些不道德行為與 budaode 行為的比較顯示「絕對不允許」的要求在中國和西方的道德觀念中可能並非同等重要。

（三）為什麼這些行為是錯誤的？基本理由

上述內容描述表明，與西方不道德類別相比，中國不道德類別中包含的行為更少可能是極度有害的，而更多可能是溫和但不禮貌的行為。但是如何解釋這些行為──它們被認為是不良行為的原因是什麼？難道 budaode 和不道德的行為實際上都因為相同的原因被認為是錯誤的：例如，因為它們是有害的，或不公平的，或不純的？

在更進一步的研究中 (Buchtel & Guan 2021a)，我們要求參與者用他們自己的話簡要說明為什麼某些行為是錯誤的 (cuode, wrong)。我們向香港的大學生參與者以及中國大陸和美國的在線招募的參與者展示了兩類行為：一類是代表參與者所在地域文化中不道德／budaode 因素的行為；另一類是代表五種道德基礎的行為 (Moral Foundations Theory, Graham et al. 2013)：有害、不公平、不忠誠、不尊重或令人作嘔的行為 (harmful, unfair, disloyal, disrespectful, or disgusting)，後一類是為探究參與者為相同行為提供的理由是否存在文化差異。在將參與者的書面解釋分成單個部分後，我們對每個文化群體整理出 6,000 多個理由。該數據由兩位精通中文和英文的獨立評估者使用詳盡的 200+/- 類別內容編碼方案 (category content coding scheme) 進行編碼。表 2 顯示了每個受訪地因素最常見的理由，而道德基礎行為的最常見理由可以在表 3 中找到。

（四） budaode ／不道德行為的理由

讓我們首先查看表 2，其中顯示參與者如何解釋自己的文化對不道德／budaode 行為的定義。因為每個調查地域的「最常見」解釋都參考了上述對普通人眼中不道德／budaode 行為原型的研究，這些解釋可以讓我們瞭解哪些「原則」（即最常被引據的原因）是每個地方不道德行為定義的基礎。假設這些地域因素確實捕捉到了相應文化中典型的不道德行為類型範圍，那麼這些因素中最常見的理由可能會告訴我們在談論不道德時，該文化中最常用和最容易理解的解釋類型是什麼。

表 2 顯示了每種文化中最常見的十種理由類型，針對不同地區出現了合理而獨特的解釋。來自美國數據的理由彼此非常相似，因為大多數理由都是以傷害和公平為重心的。然而，香港和中國大陸數據中的解釋更加多樣化，這可能是由於參與者解釋的不道德行為因素更加多元（見表 1）。中國大陸數據中的理由通常包括破壞秩序／造成混亂、缺失公德、不禮貌和受教育程度低，這表明缺乏禮節

表 2 （各地的）這些行為為什麼是錯的？對不道德／budaode 行為因素最常見的解釋

地點	10 個最經常被提到的理由	%
北京 （「問卷星」成年被試者）	製造混亂，破壞秩序	5.90
	不禮貌，粗魯，無禮	3.60
	沒同情心，沒惻隱之心	3.10
	沒素質／沒教養／沒修養／沒文化	2.40
	不公義	2.30
	不注意個人衛生，個人衛生習慣差	2.20
	不尊重（其他人或事物）	2.10
	沒公民責任心，沒公德心	2.10
	對自己不負責任	2.00
	身體髮膚受之父母	2.00
香港 （大學生）	不尊重（其他人或事物）	8.10
	不誠實，欺騙人，作弊	5.80
	不公平	5.50
	不道德，違反道德倫理，沒道德底線，沒道德觀念	5.00
	沒同情心，不考慮別人，自私	4.40
	不孝	3.90
	影響／騷擾他人	2.70
	非法，違法，犯法	2.70
	不衛生，有細菌	2.60
	傷害他人；導致痛苦和折磨	2.20
美國 （MTurk 成年被試者）	不誠實，欺騙人，作弊	4.60
	傷害他人；導致痛苦和折磨	4.50
	損害自己的健康	4.30
	不公平	3.90
	傷害別人的感情；影響他人心情	3.60
	不尊重（其他人或事物）	3.00
	自殘，自我傷害	2.80
	非法，違法，犯法	2.80
	不禮貌，粗魯，無禮	2.50
	影響／騷擾他人	2.50

是判斷某人行為錯誤的常見理由；不衛生、不尊重他人或對自己的身體（來自父母的饋贈）不尊重／不負責任也很常見。與美國人對傷害和公平的關注相似，缺乏同情心和不公正（不義）出現在中國大陸數據的前十名解釋中，這裡呈現出一種更微妙或基於品格的美國式短視，專注於反對傷害和追求公平。最後，香港數據中的理由最典型的就是將行為判斷為不尊重，其中還包含對不公平／作弊的擔憂，以及一種一般性的「不道德」理由（對性不潔的普遍反應），同時，與中國大陸數據的理由一樣，香港數據中不孝順的說法很常見。同中國大陸和美國的數據相似，與不誠實／不公平、不體諒人（缺乏同情心；影響他人）或造成痛苦有關的理由在香港數據中也很常見。

因此，解釋美國式的不道德行為似乎相當簡單。他們是錯誤的，主要是因為它們非常有害或不公平。而解釋香港和中國大陸的不道德行為，則需要更多不同的理由，包括是否合禮節、對父母考慮是否周到和行為是否體現尊重。雖然後者也提及傷害和公平，但它們的形式更為溫和。也就是說，不道德的行為是錯誤的，可能是因為它們不體諒他人並影響他人，儘管這些行為很少會造成身心傷害。這種克制 (prim) 的立場在某些人看來可能是行為得當「更高」的標準，因為儘管這些行為不會對他人造成嚴重傷害，但它們呈現的仍是缺乏在公共場合和對待他人正確行為方式的認識，這些反映在個人身上是件壞事。

（五）違反道德基礎行為的理由

那些文化差異是否僅限於我們的參與者解釋 budaode／不道德行為，還是說這裡反映了更普遍的文化差異？如果我們換一個測試：在判斷完全相同的行為時，美國人和中國人是否還會對行為錯誤的原因提供不同的解釋？不同文化下人們是否習慣性地根據不同的理由來判斷不良行為？

回想一下，在這項研究中，我們還要求參與者解釋為什麼違反道德基礎的行為是錯誤的，並從傷害、公平、權威、內群體和純潔 (harm, fairness, authority, ingroup, and purity) 這五個基礎給出行為示例 (Graham et al. 2011)。由此我們得到一些有趣的結果。例如，從表 3 我們看到，在解釋為什麼有害行為錯誤時（例如，折磨貓；取笑某人；隨機在一個孩子的手掌上插針），美國人都在以不同的方式說「這傷害了別人」；但在香港，最常見的原因是行為有失尊重，香港和中國大陸的參與者都強調主體的品格特徵，即缺乏對他人的同情和缺乏道德。同樣，在解釋為什麼違反權威的行為錯誤時（例如，取笑傳統；不服從權威人物；在聚會上製造混亂），美國人最常見的理由是這些行為是有害的，而中國大陸和（尤其

是）香港參與者最有可能說這些行為是不尊重和不禮貌的。關於純潔的道德基礎在美國的數據中也顯示出類似對傷害的關注，最常見的令人作嘔的 (disgusting) 行為是錯誤的（例如，從垃圾桶裡撿巧克力吃；吃寵物狗；手術將舌頭一分為二），因為那些行為會損害自己的健康。香港和中國的參與者更有可能說這些行為是錯誤的，因為他們本身不衛生，或者說主體沒有個人衛生意識。

因此，即使描述相同行為，其為何錯誤的理由中最為顯著的部分也表現出文化差異。在解釋為什麼行為是錯誤的這件事上，美國人似乎更傾向於尋找基於傷害的理由，而香港人和中國大陸人則傾向於尋找有關行為或品格中缺失尊重的理由。這些表明對於哪些理由可以有效解釋行為是錯誤的，參與者之間存在重要的文化差異。我還想在此特別指出，針對參與者提供的理由側重於對行為對象的負面影響還是行為主體的負面品格，調查數據顯示存在文化差異。美國參與者似乎更傾向於談論行為對行為對象造成的有害後果，而香港和中國大陸的參與者則更傾向於提及主體的個人品格。

（六）小結：不道德行為內容的含義和絕對主義道德判斷的理由

行為內容和道德判斷的理由都明顯存在文化差異。我們的研究結果與人類學家嚴雲翔（見本書第十二章）描述的當代中國道德面貌非常一致，包括道德判斷日益多元化和對「公共道德」（文明和具有公民意識）日益關注。但從以上描述性數據進行引申，我想強調的是，這些數據表明與西方的道德相比，中國的道德心理學不太強調從普遍概括中得出道德判斷，較少依賴於一些人可能稱之為「絕對感」(sense of 'absolutism') 的東西。

不文明和不尊重是中國 budaode 行為的一個重要特徵——也許更令人驚訝的是，這類主題更常被用來解釋行為或有害行為之所以錯誤的根本原因。何種行為算是不文明、不體貼或不尊重的，這可能隨周圍的人、處所（例如，在家還是在公共場所）、文化不同而存在合理差異。儒家經典經常稱讚孔子對形勢的敏銳洞察力：知道如何對待不同類型的人，知道穿著規則必須隨著時間和地點而改變。而西方參與者對禁止極端傷害行為關注更多，這可能更容易被認為是每個人都以同樣的方式共享的經歷，因此更有可能成為無論如何都應遵循的原則。因此，西方的道德觀念似乎更有可能與一種清晰而關涉普遍判斷的心理聯繫在一起，而中國的道德觀念可能更具有審美性和對環境的敏感性。中國的道德判斷可能需要考慮更多方面的情況，另一方面也代表了更高的行為標準。除了簡單地避免傷害和公平之外，人們還必須避免打擾或影響他人，行事需禮貌、具有公民意識、文明

第十一章　文化心理學與道德在中文和中國之意涵：誤解、觀念和可能性　267

表3　為何這些（違反道德基礎的）行為是錯的？對違反道德基礎因素的行為的5種最常見解釋

因素	香港 理由	%	大陸 理由	%	美國 理由	%
傷害	不尊重（其他人或事物）	14.7	沒同情心、不考慮別人、自私	8.6	傷害他人；導致痛苦和折磨	10.0
	沒同情心、不考慮別人、自私	14.4	不道德、違反道德倫理、沒道德底線、沒道德觀念	7.3	傷害需要幫助的/弱小的/脆弱的/沒有防備能力的人	8.9
	傷害他人；導致痛苦和折磨	8.8	非法、違法、犯法	6.3	傷害別人的感情；影響別人心情	8.6
	不道德、違反道德倫理、沒道德觀念	3.8	傷害他人；導致痛苦和折磨	6.1	殘忍的/殘暴的	5.5
	以貌取人	3.6	不尊重（其他人或事物）	5.5	刻薄的；不善良	4.6
公平	不公平	37.8	不公平	21.3	不公平	25.9
	偏袒/偏心	9.6	裙帶關係/任人唯親	4.9	不誠實、欺騙人、作弊	12.6
	不誠實、欺騙人、作弊	6.9	生命平等、人與動物平等	4.9	偏袒/偏心	10.4
	貪婪	5.0	不公正	4.3	賞罰不分明	4.3
	生命平等、人與動物平等	2.8	偏袒/偏心	4.3	偷竊；搶劫	4.1
內群體	不尊重（其他人或事物）	13.9	不愛國	13.6	叛國、不忠於祖國	9.4
	喜新厭舊、貪新忘舊	8.8	喜新厭舊、貪新忘舊	8.5	傷害別人的感情；影響他人心情	6.5
	不誠信、不守信、破壞信任	8.5	說人閒話、八卦多嘴	6.2	不愛國	6.3
	叛國、不忠於祖國	6.4	不誠信、不守信、破壞信任	5.0	沒誠信、不守信；破壞信任	6.0
	不是錯誤的/其他原因/沒有說明原因	6.2	損害自己的人際關係/社交	4.0	不忠誠	5.5
權威	不尊重（其他人或事物）	21.6	不尊重（其他人或事物）	7.1	傷害他人；導致痛苦和折磨	10.1
	不禮貌、粗魯、無禮	6.9	不禮貌、粗魯、無禮	5.8	不尊重（其他人或事物）	8.8
	不理智、不合理、盲目	6.9	不禮貌、粗魯、無禮	5.3	不禮貌、粗魯、無禮	7.5
	影響/騷擾他人	6.7	沒素質/沒教養/沒修養/沒文化	4.4	不尊重權威/上級	6.4
	不尊重傳統	4.5	破壞社會秩序	4.2	傷害別人的感情；影響他人心情	5.4
純潔	不衛生、有細菌	20.8	不衛生、有細菌	12.8	損害自己的健康	25.7
	損害自己的健康	13.1	不注意個人衛生、個人衛生習慣差	12.5	不衛生、有細菌	12.9
	不乾淨、骯髒	7.4	損害自己的健康	10.0	噁心、令人厭惡的	6.0
	不自愛、出賣/不尊重自己身體	3.4	噁心的、令人厭惡的	4.1	自殘、自我傷害	5.4
	不是錯誤的：其他原因/沒有說明原因	3.0	傷害自己的身體	3.6	影響/騷擾他人	5.1

（我在此補充一下柯仁泉 [Ryan Nichols] 的見解。在他看來，可以用不干涉準則 [a maxim of non-interference] 來刻畫中國道德，該準則與孔子的律例更加一致〔《論語》15.24〕，通常被稱為「銀律」[silver rule]，即「己所不欲，勿施於人」，而基督教的黃金律 [golden rule] 則說，「己所欲之，施於人」〔馬太福音 7:12，也見於其他宗教的聖典〕）。這個假設值得進一步檢驗。

四、道德信號 (moral signature) 解釋是否適用於 budaode？

（一）budaode 的三種解釋

在 Buchtel 等人 (2015) 的研究中，我們提出了三種可能的解釋，以說明為何 budaode 行為通常是不文明的而不是有害的。首先，最保守的一種解釋是這樣：西方研究中關於不道德標籤的所有心理學理論和發現都可能同樣適用於 budaode 標籤。例如，對於中國人來說，budaode 行為可能是那些特別能引起最強烈的譴責和觸發道德信號的行為，後者包括絕對不允許，激發道德情感（厭惡、憤怒和蔑視）以及引起社會疏離的行為 (Kelly et al. 2007; Skitka 2010)。第二種可能的解釋是，中國關於不道德的規範並沒有明確觸發「道德信號」，但在其他方面仍與西方道德認知相似，例如提供強化意義 (meaning-enhancing) 的道德指南。最後，第三種可能性是，中國的 "daode" 和西方的「道德」代表了文化上特定的社會規範劃分方式，而 budaode 在認知或社會功能上可能並不等同於西方道德規範的範疇。

（二）測試第一個解釋：道德信號

社會認知領域理論 (Social-Cognitive Domain Theory) 的長期研究表明，在道德、社會習俗和個人見解或品味之間存在心理界線，前兩個類別之間的劃分以「道德─習俗區分」(moral-conventional distinction) 之稱聞名（見 Turiel 1998 中的總結）。道德規則採用了一種信號反應模式 (signature response pattern) (Kelly et al. 2007)：這些規則被認為具有普遍約束力（跨越文化和人民），獨立於任何特定的背景、機構或權威；違反道德規則的行為相當嚴重，會引起強烈的情緒並激發社會疏離 (Miller et al. 1990; Skitka 2010; Skitka et al. 2005; Turiel 1983; Wright et al. 2008)。相應地，習俗則被理解為因文化、權威認可和背景而異 (Turiel 2006)。budaode 行為是否明確喚起了類似於西方關於「不道德」判斷的道德認知，以至於「不文明」行為（不僅僅是極其有害的犯罪行為）被認為是普遍和／或強制性不允許的，尤為嚴重並易於激發情緒，並導致社會排斥？

為了測試「最保守」的解釋,即 budaode 行為可能比非 budaode 行為更能觸發道德信號,我們要求中國和西方社會(加拿大、美國、澳大利亞)的參與者對各種不文明和有害的行為進行評分,以通常被認為是道德化的反應為標準 (Buchtel & Guan 2021c)。例如,參與者評價這些行為的根據包括如下:行為有多「糟糕」(錯)以及應該對做出這些行為的人給予多嚴重的懲罰;是否有絕對義務不做某事;是否應該普遍禁止該行為(即使在其他文化中);是否想避免與在判斷行為好壞上有不同意見的人進行社交互動(社會疏離:例如,〔不〕願意與那樣的人結婚、工作或生活在同一個地方)。方差分析 (Analysis of Variance, ANOVA) 表明,在這些「道德信號」標準上,1. 中國和西方參與者對有害行為的評分無法區分,2. 中國人和西方人對有害行為的反應比對不文明行為更負面;然而,3. 中國參與者對不文明行為的反應比西方參與者更負面。這與 Berniūnas 等人 (2021) 的最新研究成果一致,他們發現中國人比美國人和立陶宛人更能將不文明行為道德化,但中國人也與西方參與者一樣將有害行為道德化。

因此,與美國參與者相比,中國參與者對不文明行為的「道德化」程度更高;然而,我們還沒有發現證據表明,對於中國人來說,不文明行為比有害和犯罪行為更能觸發道德信號。在第二項研究 (Buchtel & Guan 2021d) 中,來自香港和中國大陸的參與者觀看了人們做出有害或違反公德／不文明行為的影片(例如,打孩子和偷竊,在公共場所亂扔垃圾和在街上隨地吐痰)。在這項研究中,中國參與者在某些方面將不文明和有害行為視為同樣糟糕,這可能是因為亂扔垃圾和隨地吐痰的影片更為直觀;但是,不文明行為從未被評為比有害行為更糟糕的行為。

在(主要是北美的)研究中發現,強烈的情緒反應與「道德信念感」有關 (Skitka 2010)。由於李克特量表 (Likert scales) 在跨文化比較中存在問題,我們使用了心理生理學 (psychophysiological) 方法(例如測量自發面部表情的極端)來研究,相比有害行為,中國參與者的自發情感反應是否與 budaode 評分和 budaode 行為聯繫更密切。然而,我們實驗室的兩組研究發現,雖然更強烈的面部表情(假設其會反映更強烈的情緒反應)與對行為的更多負面評價有關,但並未發現將某事評價為 budaode(而不僅僅是負面)與受情感影響的強烈面部表情相關 (Buchtel et al. 2022);也沒有證據表明 budaode 行為(例如,不孝或缺乏公德)比有害行為能引起受情感影響的更強面部表情 (Buchtel et al. 2021)。

因此,雖然中國人更傾向於將不文明行為稱為 budaode 而不是有害行為,但這似乎並不能表明不文明行為比有害行為更糟糕:「道德信號」並未區分對不文明行為與對有害行為的反應。另一方面,這些研究確實表明,與西方人相比,中

國人更為不文明行為感到不安,而在一些比較研究中,按照經典西方標準,不文明行為和有害行為都可以被納入道德化範疇。本質上,中文中 budaode 一詞並沒有劃分出唯一值得在意的行為,budaode 行為也沒有被視為比有害的行為「更加惡劣」。

(三) 中國道德之謎

這裡考察的數據嘗試回答這樣一個問題:budaode 的目的是什麼?

我們現有文獻提供的一些「道德的目的」(例如,道德規範是產生合作的規範,Curry, Chesters, et al. 2019;或者快速譴責 (fast condemnation) 是道德規範的基本要素,DeScioli & Kurzban 2013) 似乎不符合上述關於 budaode 行為、理由和認知的描述。budaode 只是與西方的不道德和道德判斷概念部分相符。被稱為不道德與 budaode 的行為涵蓋了不同程度的危害,英語語境提供了更多極其有害行為的例子。西方國家的數據中,給行為錯誤提供的理由直接聚焦於傷害/公平,但在中國數據中,基於禮節、尊重和孝道以及同情和公平的一組更複雜的原因構成瞭解釋行為錯誤的理由。在認知上,給一個行為貼上 budaode 的標籤,似乎並沒有表明該行為會喚起最強烈的道德信號或最情緒化的反應。

那麼,關於中國道德,以上可以告訴我們什麼?我認為有兩點:第一,不良行為的類別在中英文中劃分不同;其次,可以推測的是,中國的道德並不重視將行為分類為禁止和允許的道德原則,而是可能有一個不同的主要關注點:培養與角色相稱的文明品格。

關於行為的類別,上述數據表明,不良行為類型之間的「接合處」(joints) 在中西認知中處於不同的關口(即 Buchtel et al. 2015 提出的第三種解釋)。西方的「不道德」行為類別主要包含中國人所說的更極端的「邪惡」或「犯罪」行為,而 budaode 類別則程度較輕,包括一些西方的不道德行為(例如,性不忠),同時還涉及對失禮和不文明的關注。不道德行為的典型不是違反禁止傷害和公平規則,而是涵蓋了包括文明和禮儀在內的更大範圍的問題。然而,就道德信號而言,不道德的行為確實會引起嚴重的反感(中國人對不文明行為的評價比西方人更負面,禮節有失是錯誤行為之所以錯誤的常見原因),雖然極其有害的行為(儘管不適合放入 budaode 範疇)會被認為是更嚴重的錯誤。

既然 budaode 標籤不是一個簡單的觸發道德信號的指標,那麼它的意義何在?budaode 與西方道德觀念有何不同?對這個問題可能有一個更複雜的答案。是否

僅僅是關注的原則不同，主要以不尊重和不禮貌作為不道德 (budaode-ness) 的重要標誌？或者這裡展示出一些更加不同的東西：一種道德認知形式，其更關注行為如何反映 budaode 主體的品格，而不是某些原則是否被打破？

(四) 超越道德原則：道德品格

我想說的是，budaode 與西方關於道德認知的假設不相稱，這可能意味著我們找錯了對象。中國的道德可能更少關於絕對原則，而更多關於道德品格美德，重點是激勵人們調整和適應複雜而穩定的社會角色。

基於品格的倫理學理論對西方哲學來說並不是一個完全陌生的概念。回想一下，在哲學領域，Anscombe (1958) 頗具影響力的文章批評了旨在定義絕對道德義務的道德理論；她的文章被認為是對亞里斯多德美德倫理學哲學興趣的復興。對於來自當代西方的參與者來說，關注品格也不是一個完全陌生的想法。回想一下，即使在美國數據（表1）中，普通人眼中不道德行為的一個因素是「不良品格」，這表明普通人在定義不道德行為時會自發地列出品格特徵（例如，「自私」）。在西方心理學中，對美德倫理的研究也引起了越來越多的興趣 (Fowers et al. 2021)。

但是，一種基於美德而非絕對主義原則的道德形式在中國可能是一種更普遍的現象，甚至可能是一種默認模式，就像西方認知中的道德絕對主義「嵌入語言和思想」(Anscombe 1958, p.5) 一樣。正如濱村武在本書中（第三章）所強調的那樣，隨文化演變的道德認知形式應該（或曾經）是社會應變歷史環境壓力的一種有用形式。在承認濱村武所強調的物質環境的同時，我們還可以考慮中國的歷史文化環境對確定什麼是「有用」的道德認知形式的影響。在法律史中，John W. Head 的章節（第八章）表明，刑法與道德之間存在長期的組織上的劃分，兩者各自規範不同的行為形式；換言之，道德在中國不一定是規範犯罪行為的必要條件。這種區分符合上述研究中當代普通中國人對不良行為的分類，犯罪行為不太可能被稱為 budaode。作為補充，林培瑞 (Perry Link) 的章節（第七章）指出科舉制度以及當代中國治理如何鼓勵合適的社會行為作為道德修養的標誌。換句話說，一個人需要表現得文明禮貌才能有道德。他認為這是一種表現形式，它摒棄了簡單的真假概念（即絕對主義判斷），也符合我們上述關於道德理由的數據，因為普通中國人傾向於將不道德行為描述為不文明或不尊重的行為。

儒家思想特別注重禮節和孝道等美德，實際上已被描述為一種美德倫理 (Angle & Slote 2013)，其中道德修養要適應不同的具體情況，特別是不同的社會

角色 (Ames & Rosemont 2014; Rosemont & Ames 2016)。哲學家 Rosemont 和 Ames (2016) 創造了「儒家角色倫理」(Confucian Role Ethics) 一詞，以強調這種美德倫理如何要求有教養的個人不斷意識到其在特定情況下的社會角色職責，及其社會角色所承擔的義務。

因此，中國道德影響親社會行為的方式，可能主要是通過鼓勵人們意識到在特定情況下什麼是正確的行為——什麼樣的行為是仁慈的、禮貌的、尊重的和適合自己的——而不是基於適用於任何情況或任何角色的原則鼓勵專注於判斷行為絕對正確或錯誤。中國文化道德體係通過關注品格美德，並尋求將道德行為與對他人的積極責任感交織在一起 (Buchtel et al. 2018)，來支持道德的個人內在 (intrapersonal) 目的 (Kesebir & Pyszczynski 2011)。個人內在目的賦予自己一種社會意義感——連貫性、目的性和價值感 (Martela & Steger 2016)，尤其是在擁有道德方向或相信自己是一個好人的意義上，從而產生一種完滿 (eudemonic) 的幸福（見倫妙芝，本書第十三章）。

雖然道德譴責無疑會引導道德行為，但也許我們需要更多地瞭解文化如何增強我們在滿足親社會規範時所體驗到的好處。這可能是儒家文化的優勢，它可能使履行無私職責的經驗更加令人滿意。在其他研究中，我們發現受儒家傳統文化（與西方傳統文化相比）影響更大的參與者更有可能將有義務幫助他人的感覺與積極情緒以及個人能動性聯繫起來（Buchtel et al. 2018；另見 Miller et al. 2011；Tripathi et al. 2018）。自我與群體之間的衝突，以及因此限制自私行為的需要，是經典的西方關注點，但這些不是儒家的中心主題。相反，在儒家影響下，與一個人的社會角色相關的義務被視為實現和提升自我的機會 (Shun & Wong 2004)。具有諷刺意味的是，在我們對義務體驗的研究中 (Buchtel et al. 2018)，受儒家傳統影響的參與者對責任和義務的體驗更少具有強制性。然而，我們應該注意到，除了文化差異之外，我們還發現了令人驚訝的有力證據，表明歐洲裔加拿大人在感到有更多義務幫助他人時也會體驗到積極的情緒和個人能動性，這表明履行職責產生的回報可能是普遍性的。

（五）文明與不傷害對社會的益處

除了對個人的影響之外，一個更加注重文明和修養的道德體系對人際之間的影響會是如何？回想一下，香港和中國大陸的參與者提供的理由中尤其強調體諒和意識到個人行為如何影響他人；打擾別人，例如在公共場所大聲喧嘩，是缺乏文明品格的表現。這種更高的行為標準可能有助於受儒家影響或以和諧為導向的

文化的「安全」感──一種不那麼咄咄逼人的感覺，普遍強調自我控制，以及對環境的自我調整。事實上，持續意識到一個人在某種情況下應該採取怎樣的行為才算得當，並根據這種禮節來規範自己的行為，這可能會讓人筋疲力盡。但是，與擁有絕對是非意識而基本要求限於不傷害他人相比，意欲表現自己的文化和教養可能是通向更和諧、更傾向於合作的社會的途徑。

但另一方面，對個人直接社會角色的道德關注可能會使鼓勵迎合更大社會需求的行為變得更加困難，例如拒絕幫朋友或家人走後門，或阻止當地工廠生產可能傷害他人的含有毒添加劑的嬰兒配方奶粉（見閻雲翔，本書第十二章）。基於品格和角色的道德認知有何種社會優勢和劣勢，這是一個頗有意義的研究課題。

五、道德經驗的類型需要更多研究

中國的 budaode 概念似乎與美德倫理而非道德判斷理論共享更多特徵，通過對其考察，我們可能還看到了一種在其他文化中自然產生的道德認知形式。美德和道德原則可能是世界各地人類社會中常見的道德形式，但不同文化對兩者的重視程度不同，這讓我很感興趣。道德譴責既存在於中國人的認知，也存在於西方認知。但西方心理學家對研究道德判斷的興趣可能受到文化影響，所以我們（西方）對美德倫理的研究相對滯後 (Fowers et al. 2021)。如果我們起點不同，基於美德倫理或角色倫理的道德心理學會是什麼樣子？與一個深切關注道德判斷的道德體系相比，它會如何改變我們的道德教育、我們對他人的態度和看法以及我們自己的行為？它對社會有什麼好處或壞處？隨著時間的推移，中國文化在傳播和維持社會方面取得了顯著的成功，因此研究它的運作方式和原因非常有趣。我希望本章描述的研究能夠開始幫助消除西方文化的盲點 (Markus & Kitayama 1994)，讓西方人瞭解人類使用道德認知來調節自我和社會的不同方式。

參考文獻

Ames, R. T. (2011). *Confucian role ethics: A vocabulary*. Honolulu, HI: University of Hawai'i Press.

Ames, R. T., & Rosemont, H. J. (2014). Family reverence (xiao 孝) in the Analects: Confucian role ethics and the dynamics of intergenerational transmission. In A. Olberding (Ed.), *Dao companion to the Analects* (pp. 117-136). Dordrecht, Netherlands: Springer.

Angle, S., & Slote, M. (2013). *Virtue ethics and Confucianism.* New York, NY: Routledge.

Anscombe, G. E. M. (1958). Modern moral philosophy. *Philosophy, 33*(124), 1-19.

Berniūnas, R., Silius, V., & Dranseika, V. (2021). Moralization East and West: Moralizing different transgressions among Chinese, Americans and Lithuanians. *Asian Journal of Social Psychology, 25*(2), 185-197. https://doi.org/10.1111/ajsp.12479

Bhui, R., Chudek, M., & Henrich, J. (2019). How exploitation launched human cooperation. *Behavioral Ecology and Sociobiology, 73*(6), 78. https://doi.org/10.1007/s00265-019-2667-y

Buchtel, E. E., & Guan, Y. (2021a). *Immoral behavior justifications: Comparison of Hong Kong, Beijing, and USA explanations of why local and moral foundations moral violations are wrong.* Manuscript in Preparation.

Buchtel, E. E., & Guan, Y. (2021b). *Immoral behavior prototypes in Hong Kong, Beijing, and the USA: Factors of content.* Manuscript in Preparation.

Buchtel, E. E., & Guan, Y. (2021c). [Meaning of morality study 1 a/b, moralization of harmful and uncivilized behaviors]. Unpublished raw data.

Buchtel, E. E., & Guan, Y. (2021d). [Meaning of morality study 2, moralization of videos of harmful and uncivilized behavior videos]. Unpublished raw data.

Buchtel, E. E., Guan, Y., Peng, Q., Su, Y., Sang, B., Chen, S. X., & Bond, M. H. (2015). Immorality East and West: Are immoral behaviors especially harmful, or especially uncivilized? *Personality and Social Psychology Bulletin, 41*(10), 1382-1394. https://doi.org/10.1177/0146167215595606

Buchtel, E. E., Ng, L. C. Y., Bidwell, A., & Cannon, P. R. (2022). Moral expressions in Hong Kong, New Zealand, and the UK: Cultural similarities and differences in how affective facial muscle activity predicts judgments. *Emotion, 22*(3), 511-525. https://doi.org/10.1037/emo0000766

Buchtel, E. E., Ng, L. C. Y., Norenzayan, A., Heine, S. J., Biesanz, J. C., Chen, S. X., ... Su, Y. (2018). A sense of obligation: Cultural differences in the experience of obligation. *Personality and Social Psychology Bulletin, 44*(11), 1545-1566. https://doi.org/10.1177/0146167218769610

Buchtel, E. E., Wong, M. Y., & Cannon, P. R. (2021). *Giving you the eye: Relaxed and lowered brow predicts judgement of harmful and unfilial behaviors among Hong Kong and Mainland Chinese students.* Manuscript in preparation.

Curry, O. S. (2016). Morality as cooperation: A problem-centred approach. In K. T. Shackelford & R. D. Hansen (Eds.), *The evolution of morality* (pp. 27-51). Cham, Switzerland: Springer.

Curry, O. S., Chesters, M. J., & VanLissa, C. J. (2019). Mapping morality with a compass: Testing the theory of "morality-as-cooperation" with a new questionnaire. *Journal of Research in Personality, 78*, 106-124. https://doi.org/10.1016/j.jrp.2018.10.008

Curry, O. S., Mullins, D. A., & Whitehouse, H. (2019). Is it good to cooperate? Testing the theory of morality-as-cooperation in 60 societies. *Current Anthropology, 60*(1), 47-69.

DeScioli, P. (2016). The side-taking hypothesis for moral judgment. *Current Opinion in Psychology*, *7*, 23-27.

DeScioli, P., & Kurzban, R. (2009). Mysteries of morality. *Cognition*, *112*(2), 281-299. https://doi.org/10.1016/j.cognition.2009.05.008

DeScioli, P., & Kurzban, R. (2013). A solution to the mysteries of morality. *Psychological Bulletin*, *139*(2), 477-496. https://doi.org/10.1037/a0029065

Dranseika, V., Berniūnas, R., & Silius, V. (2018). Immorality and budaode, unculturedness and buwenming. *Journal of Cultural Cognitive Science*, *2*(1-2), 71-84. https://doi.org/10.1007/s41809-018-0013-y

Fowers, B. J., Carroll, J. S., Leonhardt, N. D., & Cokelet, B. (2021). The emerging science of virtue. *Perspectives on Psychological Science*, *16*(1), 118-147. https://doi.org/10.1177/1745691620924473

Graham, J., Haidt, J., Koleva, S., Motyl, M., Iyer, R., Wojcik, S. P., & Ditto, P. H. (2013). Moral foundations theory: The pragmatic validity of moral pluralism. *Advances in Experimental Social Psychology*, *47*, 55-130. https://doi.org/10.1016/b978-0-12-407236-7.00002-4

Graham, J., Nosek, B. A., Haidt, J., Iyer, R., Koleva, S., & Ditto, P. H. (2011). Mapping the moral domain. *Journal of Personality and Social Psychology*, *101*(2), 366-385. https://doi.org/10.1037/a0021847

Haidt, J., & Kesebir, S. (2010). Morality. In S. T. Fiske, D. T. Gilbert, & G. Lindzey (Eds.), *Handbook of social psychology*, Vol. 2 (5th ed., pp. 797-832). Hoboken, NJ: John Wiley & Sons. http://search.ebscohost.com/ login.aspx?direct=true&db=psyh&AN=2010-03506-022&site=ehost-live&scope=site

Henrich, J., Boyd, R., & Richerson, P. J. (2012). The puzzle of monogamous marriage. *Philosophical Transactions of the Royal Society B: Biological Sciences*, *367*(1589), 657-669. https://doi.org/10.1098/rstb.2011.0290

Kelly, D., Stich, S., Haley, K. J., Eng, S. J., & Fessler, D. M. T. (2007). Harm, affect, and the moral/conventional distinction. *Mind & Language*, *22*(2), 131-171.

Kesebir, P., & Pyszczynski, T. (2011). A moral-existential account of the psychological factors fostering intergroup conflict. *Social and Personality Psychology Compass*, *5*(11), 878-890. https://doi.org/10.1111/j.1751-9004.2011.00397.x

Markus, H. R., & Kitayama, S. (1994). A collective fear of the collective: Implications for selves and theories of selves. *Personality and Social Psychology Bulletin*, *20*(5), 568-579.

Martela, F., & Steger, M. F. (2016). The three meanings of meaning in life: Distinguishing coherence, purpose, and significance. *The Journal of Positive Psychology*, *11*(5), 531-545. https://doi.org/10.1080/17439760.2015.1137623

Miller, J. G., & Bersoff, D. M. (1992). Culture and moral judgment: How are conflicts between justice and interpersonal responsibilities resolved? *Journal of Personality and Social Psychology*, *62*(4), 541-554.

Miller, J. G., Bersoff, D. M., & Harwood, R. L. (1990). Perceptions of social responsibilities in India and in the United States: Moral imperatives or personal decisions? *Journal of Personality and Social Psychology, 58*(1), 33-47.

Miller, J. G., Das, R., & Chakravarthy, S. (2011). Culture and the role of choice in agency. *Journal of Personality and Social Psychology, 101*(1), 46-61. https://doi.org/10.1037/a0023330

Nisbett, R. E., Peng, K., Choi, I., & Norenzayan, A. (2001). Culture and systems of thought: Holistic versus analytic cognition. *Psychological Review, 108*(2), 291-310.

Norenzayan, A., Shariff, A. F., Gervais, W. M., Willard, A. K., McNamara, R. A., Slingerland, E., & Henrich, J. (2016). The cultural evolution of prosocial religions. *Behavioral and Brain Sciences, 39*, e1. https://doi.org/10.1017/S0140525X14001356

Rosemont, H. J., & Ames, R. T. (2016). *Confucian role ethics: A moral vision for the 21st century?* Taipei, Taiwan: National Taiwan University Press.

Shun, K.-L., & Wong, D. B. (2004). Introduction. In K.-L.Shun & D. B.Wong (Eds.), *Confucian ethics: A comparative study of self, autonomy, and community* (pp. 1-7). Cambridge, England: Cambridge University Press.

Shweder, R. A. (1990). In defense of moral realism: Reply to Gabennesch. *Child Development, 61*(6), 2060-2067. https://doi.org/10.2307/1130859

Shweder, R. A., Much, N. C., Mahapatra, M., & Park, L. (1997). The "big three" of morality (autonomy, community, and divinity), and the "big three" explanations of suffering. In A. Brandt & P. Rozin (Eds.), *Morality and health* (pp. 119-169). New York, NY: Routledge.

Sinnott-Armstrong, W., & Wheatley, T. (2013). Are moral judgments unified? *Philosophical Psychology, 27*(4), 451-474. https://doi.org/10.1080/09515089.2012.736075

Skitka, L. J. (2010). The psychology of moral conviction. *Social and Personality Psychology Compass, 4*(4), 267-281.

Skitka, L. J., Bauman, C. W., & Sargis, E. G. (2005). Moral conviction: Another contributor to attitude strength or something more? *Journal of Personality and Social Psychology, 88*(6), 895-917. https://doi.org/10.1037/ 0022-3514.88.6.895.

Tomasello, M., Kruger, A. C., & Ratner, H. H. (1993). Cultural learning. *Behavioral and Brain Sciences, 16*(3), 495-511. https://doi.org/10.1017/S0140525X0003123X

Tripathi, R., Cervone, D., & Savani, K. (2018). Are the motivational effects of autonomy-supportive conditions universal? Contrasting results among Indians and Americans. *Personality and Social Psychology Bulletin, 44*(9), 1287-1301. https://doi.org/10.1177/0146167218764663

Turiel, E. (1983). The development of social knowledge: Morality and convention. In *Cambridge studies in social and emotional development*. Retrieved from http://0-search.ebscohost.com.edlis.ied.edu.hk/login.aspx?direct=true& db=cat00353a& AN=hkied.b1094454& site=eds-live& scope=site& groupid=Test

Turiel, E. (1998). The development of morality. In W. Damon & N. Eisenberg (Eds.),

Handbook of child psychology: Vol. 3. Social emotional and personality development (5th ed., pp. 863-932). New York, NY: Academic Press.

Turiel, E. (2006). Thought, emotions and social interactional processes in moral development. In M. Killen & J. G. Smetana (Eds.), *Handbook of moral development* (pp. 7-35). Mahwah, NJ: Lawrence Erlbaum Associates.

Turiel, E., Killen, M., & Helwig, C. (1987). Morality: Its structure, functions, and vagarities. In J. Kagan & S. Lamb (Eds.), *The emergence of morality in young children* (pp. 155-244). Chicago, IL: The University of Chicago Press.

Wellman, H. M., & Miller, J. G. (2008). Including deontic reasoning as fundamental to theory of mind. *Human Development*, *51*(2), 105-135. https://doi.org/10.1159/000115958

Wright, J. C., Cullum, J., & Schwab, N. (2008). The cognitive and affective dimensions of moral conviction: Implications for attitudinal and behavioral measures of interpersonal tolerance. *Personality and Social Psychology Bulletin*, *34*(11), 1461-1476. https://doi.org/10.1177/0146167208322557

第十二章

當代中國道德轉型的軌跡

閻雲翔著
許晶譯

摘要

關於當代中國是否處於道德危機之中的討論似乎形成截然不同的兩種觀點。許多學者認為道德危機確實存在；各種社會醜聞的大量出現似乎支持這一論點。其他人，尤其是英語世界的學者，認為個體在中國社會正在獲得新的權利，並認為民族主義和儒家倫理提供了道德方向。這些不同觀點有一個共同特徵，既有大多數研究僅涉及一、兩個案例，或者後毛澤東時代中國道德變遷的某些方面；缺失的是針對全局的一種較為平衡而且整體性的觀點。這種大的視野雖然不可避免省略具體細節，卻可以勾勒出歷史過程的結構或者社會變遷的路徑。本章恰好就是對當代中國道德危機問題進行宏觀綜述。在我看來，倫理話語和道德實踐的全國性趨勢表明，自 1980 年代初以來發生了動態、複雜的道德轉型過程，這個過程呈現出多條軌跡，並非單維度、單方向。我大量借鑑了我以前的研究以及相關學術研究和媒體報導的二手資料，重點介紹了後毛澤東時代中國社會道德變遷的四條主要軌跡，闡明道德轉型已經發生並且仍在繼續。

————

一、前言

迄今為止，中國人對後毛澤東時代（簡稱後毛時代）道德變遷的判斷存在分歧。最為主導的觀點是自 1980 年代初以來在傳統媒體和社交媒體上關於道德滑坡或道德危機趨勢的熱情討論；國家宣傳和文化政策上也表達了類似觀點 (Z. Liu 2001; J. Wang 2011)。駭人聽聞的不道德現象通常會引發全國性的道德恐慌，例如 2008 年因奶粉污染而引起的醜聞，還有 2011 年的「小悅悅事件」中十八位路人的冷漠，他們看到街上被汽車撞倒、躺在血泊中的孩子卻沒有一人過去幫助。倫理

學學者關注道德話語的價值變遷，強調了責任倫理的解體和道德危機的形成（Ci 1994, 2014; He 2015；另見 X. Wang 2002）。民族誌研究還表明，在充滿不確定性和高度爭議的道德環境下，一個人的性格和既定的自我意識很容易受到挑戰、改變或扭曲，從而導致人格斷裂和道德品格的敗壞 (X. Liu 2000, 2002; Osburg 2013; Y. Yan 2009, 2014)。

同樣值得重視的是與「道德危機」相反的觀點，其大多數見於英語文獻。Ku (2003) 強調村民在對房地產開發商和掠奪性地方政府的抵抗中出現了新的權利道德觀。Oxfeld (2010) 發現傳統美德在農村社會中仍然存續，Jankowiak (2004) 探討了城市生活新型倫理規範的發展（另見 Schak 2018）。自 1990 年代以來，民族主義與愛國主義，儒家倫理以及其他宗教道德觀念一直在上升，這為許多中國人帶來了新的生活意義 (Goossaert and Palmer 2011: 241-269; Gries 2005; Hoffman 2010; Y. Zhang 2018)。國內學者中，關於道德下降還是道德提升的爭論也一直在進行著（有關總體綜述，請參見 Chen and Li 2015）。

這些不同觀點有一個共同特徵：既有大多數研究僅涉及一、兩個案例，或者後毛時期中國道德變遷的某些方面；缺失的是對全局的一種較為平衡而且整體性的觀點。這種大的視野雖然必須省略具體細節，卻可以勾勒出歷史過程的結構或者社會變遷的路徑。這就是本章主旨。在我看來，倫理話語和道德實踐的全國性趨勢表明，自 1980 年代初以來發生了動態、複雜的道德轉型過程，這個過程呈現出多條軌跡，並非單維度、單方向。我大量借鑑了我以前的研究以及相關學術研究和媒體報導的二手資料，將突出勾勒後毛時代中國社會道德變遷的四條主要軌跡，闡明道德轉型已經發生並且仍在繼續。

首先是價值觀方面的變化，從過去強調責任和自我犧牲的集體主義倫理，向一種強調權利和自我發展的個體主義倫理轉變；這種轉變粉碎了毛時期共產主義道德在社會層面的壟斷控制，從而在個體層面重新塑造道德自我。第二是隨著此前單一道德權威的崩塌、新型道德資源的引入，道德判斷、推理和實踐層面發生了逐漸且持續的多樣化。公共道德（公德）的增長是第三條軌跡，在這個進程中我們看到個體公民、社會組織以及政府機構如何互動、形塑更廣闊的文明禮儀建設這一道德項目。最後一條主線，是國家近四十年來在規訓道德發展方面所發揮的積極作用。這導致了最近十年官方道德話語的校準、修正和復興，為思考中國道德景觀未來發展提出了重要問題。

本章沒有空間討論「倫理」與「道德」這兩個分析類別之間重要而微妙的差異。簡而言之，「倫理」主要是指關於善惡的包含能動性的個體推理和公共話

語；作為更常見的術語，「道德」主要指的是由社會強加的行為規範和對於倫理價值的具體實踐。接下來我將討論價值觀變革的軌跡，即倫理話語層面的價值體系變革和道德實踐層面的行為變遷。然而，「道德」也是更為通用的術語，描述特定的道德話語和道德實踐體系，例如毛澤東時代的共產主義道德。後毛時代的道德變遷是根據社會上道德話語和道德實踐廣泛共享的基礎來衡量的。1970 年代末，這種基礎似乎是破碎的儒家道德和衰落的共產主義道德的怪異組合 (Ci 1994; Madsen 1984)。

二、價值觀變革與道德自我的重塑

道德變遷第一條值得注意的軌跡是從責任和自我犧牲的集體主義倫理轉向以權利和自我發展為本的個人主義倫理。一個明確的開端就是 1980 年關於人生意義的全國大討論。該辯論發軔於共青團官方喉舌《中國青年》當年五月號出版的一封署名潘曉（兩位作者的化名）的公開信。在這封信中，作者表達了對集體主義價值觀（如無私和自我犧牲）的懷疑，以及他們的挫敗感，這種挫敗感源自於他們對個人慾望、自我利益的內在追求與他們所接受的道德教條之間的矛盾。

當時，中國領導人已經擔心經濟改革會破壞共產主義意識形態和道德，特別是承認「三信危機」（共產主義信仰危機，對共產黨的信任危機和對共產主義革命的信心危機）的出現。政府以（潘曉）公開信作為應對這些倫理危機的一次機會，決定公開潘曉的反思和質疑並在隨後的問題中徵求大眾討論，在中國年輕人中開展道德教育運動。由於各行各業人們異常的熱情參與，這次相當常規的媒體報導迅速發展為一項全國性的事件。到 1980 年底，該期刊收到來自讀者的 60,000 多封信，已出版 111 封。超過 100 家雜誌和報紙參與了這場辯論，其中包括特刊、專欄和徵文。公開信事件成為該年度最重要的公共活動（有關詳細研究，請參見 Xu 2002: 51-71）。

這場圍繞公開信的討論集中於作者提出的兩個關鍵問題。第一個是個人利益的正當性，第二個是人生意義。公開信問道：賺錢和物質享受是否關乎人生目的？如果要在今天的中國提出這些問題，那人們將是置若罔聞。但是，在 1980 年，公開信的作者糾結於他們認為應該做的事情和他們想要做的事情之間。當時，由於毛時期共產主義道德的主導式影響，他們的道德困境在大多數人中普遍存在。

共產主義道德包含五個原則。首先，有道德的人必須將自己的愛心和絕對忠誠奉獻給共產黨、獻給社會主義國家、獻給祖國，使自己成為革命大輪上的一顆齒輪。第二，有道德的人必須始終將集體利益置於自己的個人利益之上，並與個

人主義做鬥爭——個人主義是腐朽資本主義道德的基本原理。第三，個人必須完全致力於建立共產主義的神聖工作，而不能關心個人報酬或收益。第四，倫理價值和道德觀念由階級這一社會事實決定，因此體現於階級鬥爭。有道德的人必須積極主動地與剝削階級的腐朽倫理價值做鬥爭，並將自己培養成「社會主義新人」。最後一點，共產主義道德必須深入到私人生活領域，因為與性別、婚姻、家庭和人際關係有關的道德行為可能會影響一個人在公共生活中的工作表現和政治活動（Ci 1994; Y. Yan 2023；另見 T. Li and Yan 2019）。

　　從話語轉向社會實踐，這些共產主義道德原則是通過政治運動、學習小組和教育宣傳來灌輸的。通過與各種獎懲相結合，這些道德準則給那些敢於將自我利益置於集體利益之上的人們製造了一個相當壓迫的環境 (Chan 1985; T. Li and Yan 2019; Madsen 1984)。例如，在 1980 年代中期之前，利用閒暇時間搞副業被認為不道德、違法，因為作為一個完全奉獻給黨和國家並被黨和國家支配的有德之人，所有的業餘時間都屬於黨和國家。這絕不是誇大其詞。的確，許多人在那個年代因為搞副業而受到懲罰，甚至被監禁 (X. Wu 2007: 86)。

　　在這種情況下，1980 年那場關於生命意義的公開討論之重要性再怎麼強調都不為過，因為那場討論為千百萬人開闢了一個公共空間，以反思他們所接受的倫理信條並重新評估他們生命的道德價值。隨著這場討論的展開，大多數人同意自私是人性的一部分，並認為追求個人利益在道德上應該是可以接受的。這標誌著人們開始偏離集體責任道德觀，轉向主張個人利益的道德觀。

　　但是，自我利益和個體的道德合法性繼續受到爭議，直到 1988 年稱為「蛇口風波」的全國性論戰。1 月 13 日，來自北京「中國青年思想教育研究中心」的三位全國知名青年教育家在深圳經濟特區蛇口區面向七十來位青年提供了正式講座。當演講者批評一些年輕人到深圳只是為了自己賺錢而不是為社會主義經濟特區的建設做貢獻，並稱他們為「淘金者」時，他們遭到青年聽眾的反駁。這些青年認為通過辛勤工作賺錢並沒有錯、並不可恥。這些聽眾把演講者稱為過時的宣傳家，他們不瞭解社會現實，只會講空話。受邀演講者向北京當局提交了一份報告，指責聽眾想法和觀點錯誤，並把這次稱為「諷刺甚至是敵意的」研討會。蛇口共青團於 2 月 1 日在當地報紙《蛇口通訊報》上就該事件發布了自己的版本，為當地青年辯護。其他幾家媒體也跟進了雙方的更多報導，這場辯論以與 1980 年公開信討論類似的方式迅速引起了全國關注 (Xu 2002: 140-147)。

　　1988 年的蛇口事件與 1980 年關於生命意義的辯論在幾個方面有所不同。1980 年公開討論的參與者在集體主義說辭的掩蓋下主張接受個體利益的道德正當性，

而 1988 年參加辯論的大多數人都把個人利益和自我發展視為理所當然，在此基礎之上他們公開駁斥了官方專家有關青年教育的道德說教。此外，共青團蛇口團委、深圳市政府許多幹部以及全國各地許多知識分子都支持蛇口青年的個人主義觀點，視其為「特區精神」的一部分，代表了整個國家發展與繁榮的希望。這場辯論從根本上反映了改革派和保守派之間的鬥爭，而另一方面反映了西方個人主義和毛時期集體主義之間的意識形態鬥爭。此外，蛇口青年及其成千上萬的支持者通過排斥共產黨集體主義的官方倫理說教，有效拒絕了黨和國家的一元道德權威。

1990 年代初加速了集體主義倫理的坍塌，特別是在鄧小平 1992 年南巡、恢復市場改革之後，賺錢突然成為一種美德。成千上萬的科學家、藝術家、學者和政府官員，包括高級共產黨幹部，辭去了公共部門的工作，這些工作崗位以前是社會成就的象徵；他們加入或成立了私營企業、通過從事商業活動賺錢。大量從事商業活動的政府官員迅速導致了掌權者腐敗的高漲，這對共產主義式的無私和公平倫理造成了致命打擊。這裡必須指出，政治和文化精英們急於賺錢，標誌著自我利益、牟利和金錢崇拜獲得了充分的道德合法性，並導致普通老百姓在心態和行為層面發生了巨大變化 (Zha 1995: 3-23)。

在日益商業化和競爭日益激烈的社會，為了應對新挑戰，中國人不僅被迫學習新知識和新技能，而且被迫重塑自己的道德自我。他們開始反思自己生命的意義，尋求自我實現，並表現出一種新型的道德自我，即我提到的「拼搏的個體」(Y. Yan 2013)，這個詞的主要含義是理性計算的、主動的、自律的自我，他們訴諸一切手段去追逐「自我實現」(Hanser 2001)。但是，努力的個人在公共生活中也變得越來越民族主義化，以愛國主義的名義實現對國家的認同 (Hoffman 2010)。在私人生活層面，大多數中國人，尤其是年輕人，已經培養出了「慾望自我」。正如 Rofel (2007) 所指出的那樣，中國社會上演最有趣的戲劇是各種各樣的慾望──包括性的、物質的和情感慾望──如何在大眾媒體、在網路聊天室、在法庭論辯、在公共場所社會交往中得到展現、鋪陳、協商和慶祝。通過這些公共寓言的運作，一種新的內在自我建構起來，用後社會主義的個人慾望觀念代替了從前社會主義的階級意識觀念。

到了 1990 年代後期，賺錢的衝動已發展成對物質成功的迷戀，將富有和成功的個人塑造成新的文化英雄 (Y. Yan 2013)，即時滿足個人慾望的合法性成為通往現代性和世界主義的大道 (Rofel 2007)。由於國家強烈反對政治自由主義和基督教倫理，西方的個人主義價值觀主要通過消費主義和物質主義進入中國的道德視野，

因此首先被理解為自我主義和功利主義倫理。頗具諷刺意味的是，這恰恰是共產主義批判所描繪和攻擊的個人主義倫理的形象 (Y. Yan 2023)。

換句話說，1980 年代以來面向個人主義倫理的轉變並不完整、也不平衡。這種變革並不完整，因為大多數價值變化都局限於私人生活領域。這種變革也不平衡，因為對個人權利的強調並不能由對其他平等個人的尊重或對公民職責的委身來補充。這為某種自我主義倫理的發展創造了空間，這種倫理將缺乏公德的個體性正當化，從而造就了「無公德的個體」(Y. Yan 2003: 225-235)。競爭激烈但卻缺乏公德的個體之間存在張力和衝突，這似乎是價值觀轉變的未預結局，這也促成了大眾形成道德滑坡敗壞的判斷，其中症狀包括金錢崇拜，婚姻和家庭形式遭到侵蝕，性的商業化以及社會生活中各種傷害他人的不道德行為 (Chen and Li 2015; Ci 1994; He 2015; X. Liu 2002; Z. Liu 2001; J. Wang 2011; X. Wang 2002; Zha 1995)。

三、道德景觀的多元化

以權利和自我發展為本的個人主義倫理的價值觀轉變，立即催生了嚴肅的倫理問題，並直接導致了中國道德景觀的多元化。在作為單一道德權威的共產主義倫理坍塌之後，以及個人慾望的即時滿足成為美好生活的唯一具體指標之後，中國人發現自己面臨著新的挑戰。毛主義式的共產主義道德已經失去吸引力，儒家道德長期以來被譴責為封建落後思想，人們在哪裡可以找到新的道德權威來追隨，在哪裡找到新的倫理價值當作道德推理和判斷的基準？如果其他人遵循了不同的倫理價值觀或援引了不同於自己的道德權威，我們該如何判斷、如何做出回應？

應對這些問題而出現的倫理話語、個人選擇和道德實踐直接導致了中國道德景觀的多元化 (Y. Yan 2016a)，這是道德轉型的第二條軌跡。因此，以前那種整齊劃一、擁有終極權威的官方倫理或共產主義道德被不同的價值體系和倫理話語所取代，從功利主義式的個人主義和體驗主義到佛教、基督教和儒學復興的宗教倫理，不一而足。多元化的道德環境具有多種面向，但由於篇幅所限，我只能對道德推理、倫理話語和道德實踐方面發生的一些變化做出簡要回顧。

道德推理是一種思維過程，個體試圖確定過去的行為或預期的行為在道德意義上是好是壞，是對是錯。這是一種個人發揮自由和自主的倫理工作 (Laidlaw 2002)，同一個人有可能借鑑幾種不同的倫理體系，以尋求建立自己的道德自我 (Zigon 2009)。儘管這主要是個體層面上的心理過程，但道德推理的不同邏輯反映了道德話語的豐富性和道德實踐的多樣性 (Heintz 2009; Howell 1997)。

上海和華北地區的年輕人反覆告訴我，他們在找到工作或已經結婚後仍然依靠父母的經濟支持，部分原因是父母的支持使他們能夠過上舒適幸福的生活；他們生活幸福則使父母也感到幸福，因此追求生活的愉悅和舒適應被視為他們履行孝道的方式（參見 Y. Yan 2011）。這種以自己幸福作為孝順的詮釋，顯然不同於傳統孝道的定義，傳統的孝道是指子女要犧牲自己的時間、勞動、財富甚至生命來讓父母幸福。2008 年，我跟隨一群富裕的職業人士和私人企業家參加了每週一次的道德倫理自學會議。在我第三次訪問期間，他們正在學習的美德是溫柔。某些男性參與者質疑將溫柔作為一種美德，他們認為溫柔是女性氣質的一部分。他們的觀點遭到了一些女性的批評，這些女性認為溫柔的核心是對他人的感受有敏感，以及不去傷害他人，包括非人類的生物。小組最終達成共識，使溫柔成為美德的根本思想是平等——如果一個人相信人人在道德價值上都是平等的，那麼他／她就會以尊重和敏感的心對待他人，因此會變得溫柔。

道德推理還可能以全新的方式帶來道德自我的重建，正如三十七歲的同性戀 IT 從業人員魏先生的例子所示。到 2013 年我們相識時，他的職業生涯取得了可觀的收入，並且與愛人保持穩定的關係已有十多年了。為了滿足父母的期望，他與一位異性戀女人結婚，有了一個可愛的孩子，雙方父母都非常高興。表面上看來，他似乎已經很好地處理了所有這些複雜的關係，並一直被與他交往的人稱讚為好人。然而，在我對他進行了兩次初步採訪之後，他逐漸與我分享了他的道德困境和內心苦痛。他感到良心不安，就是為了成為一個好人並且履行他所有的義務，他不僅要欺騙父母，還要欺騙妻子和愛人。他告訴我，由於這種種欺騙，他無法面對自己。更重要的是，他還認為，真實的自我是人格中最有價值的部分，因此，他將自己在生活中的其他善舉視為無法對自己道義負責的證據（有關詳細信息，請參見 Y. Yan 2017: 10-11）。在這裡，魏先生的道德推理超出了當代中國社會普遍認可的倫理規範，在這種倫理規範之下他將被視為道德典範，因為他屈己以利人，為了讓父母快樂並滿足所有社會期望。魏先生希望成為一個能夠對自己的道德舉止負責，並堅持以真實自我為理想的人，這是一種具有現代個人主義倫理精神的新型道德自我。

在社會層面，道德話語變得更加多樣化，自 1990 年代以來，對不同行為的容忍度有所提高，以下兩個著名事件就是很好的案例。第一個是關於個人責任、生活價值和對內在自我的誠實。2008 年 5 月 12 日四川省發生毀滅性地震的那天，范老師感覺到第一次震顫就跑出教室，拋下了全班同學。更糟的是，此後他在博客中說出了一段令他臭名昭著的話：「連滾帶爬地以最快速度衝到了教學樓旁邊的

足球場中央！我發現自己居然是第一個到達足球場的人。我不是先人後己勇於犧牲自我的人！在這種生死抉擇的瞬間，只有為了我的女兒我才可能考慮犧牲自我，至於其他的人，哪怕是我的母親，在這種情況下我也不會管的。」

范先生的博客文章幾乎一夜之間成為了全國範圍內批評譴責的目標。然而，隨著民眾討論深入開展，有些人開始理解范先生關於個人選擇和自由價值的觀點，也有一些人稱讚他向大眾展示自己的軟弱和道德失敗所表現出來的誠實和勇氣。在與某郭先生參加電視轉播辯論後，范先生得到了更多同情和道義上的支持。郭先生援引毛時代的共產主義道德，倡導自我犧牲的道德，並責罵范先生，稱其為毫無價值廉恥的畜生。在辯論後的在線調查中，有 57,452 人回答了這個頗具挑戰性的問題：「范先生與郭先生之間，您更想讓哪位成為您孩子的老師？」結果非常令人驚訝。總共有 21,645 人 (37.7%) 選擇了郭先生，理由是郭先生有強烈的道德感，在地震發生時可以挽救兒童的生命；18,580 人 (32.3%) 選擇了范先生，因為他們認為要求老師為他人犧牲自己的生命並不合理；其餘 30% 的受訪者選擇不發表評論（請參見 Y. Yan 2016a）。

另一個恰切的例子是變性者劉霆的故事。由於他對患慢性病母親的孝順行為，劉霆於 2005 年被中國政府樹立為全國十大道德楷模之一。在被高舉為民族英雄的同時，他不得不壓制自己夢想成為女人的內心渴望。在與他自己的道德思想，他的家庭以及整個社會進行長期而痛苦的鬥爭之後，劉霆在 2015 年底，三十五歲的時候接受了外科變性手術，成為女人並改名劉婷。網路和紙媒上的民眾輿論都非常支持，讚賞劉婷的勇氣、決心和自我實現的精神 (Havoun 2015)。

這兩個例子表明，到了二十一世紀，中國社會再也不能被任何一個人或任何單一倫理體系進行道德綁架，個人能夠以不同的方式進行道德推理，並通過道德判斷對同一個案例得出不同的結論。通過隨著道德景觀變得更加多樣化，社會容忍度也增加了，價值觀多元化社會反過來又鼓勵了社會容忍度和道德多樣性 (Madsen 2019)。這在毛主義之下是無法想像的，毛主義要求個人完全接受一元的共產主義道德灌輸。同樣，在傳統中國儒家倫理之下，這樣的個體也會被視作不道德，因為儒家倫理不容許任何個人企圖背離祖宗典籍規訓的道德教義。

毋庸置疑，個人道德推理以及公共道德話語的多樣化與道德實踐的巨大差異或中國社會道德行為的不同模式密切相關。在實證研究中，我將不同的道德實踐分為三類，即不道德的、有爭議的和新式道德，但我認為三者之間相互聯繫，在某些情況下也是可以互換的。

我將不道德定義為在特定社會中故意違反普遍道德價值觀，或故意損害同胞

利益或性命的行為。但是，這兩個定義不道德的指標是該社會建構的，並且可能會隨著時間推移而改變。違反道德價值觀的不道德程度通常取決於更大的社會環境，並且由於存在多種價值體系而具有爭議，特別是在劇變的現代社會中。一個很好的例子是有關性取向和行為方式的價值理念和規範的不斷變化。通過哄騙、欺騙、勒索、濫用權力或殺害等方式蓄意傷害他人的行為在世界各地始終被認為是不道德的；然而，誰才有資格被當作人看待卻是社會建構的產物，因此充滿爭議、不斷變化。例如，在戰場上殺死敵人並不是不道德的。

但是，總有一些共同的道德底線不可逾越，例如亂倫禁忌、不偷竊原則或互惠原則。超出道德底線的行動將以最為有害的方式傷害他人，也將對整個社會造成最大的損害。在這方面，後毛時代的兩種不道德行為值得我們密切關注。首先是對好撒瑪利亞人 (Good Samaritans) 的勒索，指的是這種騙局：一個在困境中受到陌生人幫助的人反過來指控這位幫助自己的好撒瑪利亞人、指責他才是讓自己陷入困境的那個人，並試圖從中勒索金錢（有關詳細研究，請參見 Y. Yan 2009）。這種極端的不道德形式嚴重損害了中國社會的集體良知和民眾信任。2011 年，一名兩歲的小孩悅悅被卡車司機撞倒時，對被勒索的懼怕是十八位路人都沒有挺身而出的主要原因 (Y. Yan 2014)。

第二種行為是有毒食品的生產和流通，這方面最臭名昭著的例子之一是 2008 年由中國乳業巨頭、合資企業三鹿集團生產的嬰兒配方奶粉的醜聞 (Yoo 2010)。除了有毒化學物質直接危害消費者身體健康，有毒食品問題也是社會的致命傷，因其無視甚至剝奪他人的健康和安全，因其為了利潤故意損害他人，也因為隱祕和欺騙是有毒食品生產和流通所必需，還有，監管機構對食品流通的監督失敗也導致大規模組織生產和銷售有毒食品的案例 (Y. Yan 2012, 2014)。

值得注意的是，勒索好撒瑪利亞人問題和食品安全問題都發生在公共領域陌生人之間的互動中，傳統的基於親屬關係和基於內部聯繫密切社區的儒家道德觀念很難給個人以正確指導。例如，有一位老年人勒索幫助了自己的人，他被自己小侄女（我採訪過的一名大學生）盤問時，如此為自己辯護：「卡車是從另一個省來的，司機是一個陌生人。我是個窮人，我得找人付我的醫院帳單（註：他因病倒在街頭，被這位卡車司機送到醫院）。讓這樣一個陌生人給我付帳是最容易的辦法。剛好是他（卡車司機）運氣差、他笨。在有陌生人的地方，他應該格外小心」(Y. Yan 2014)。這種特殊主義式的道德推理方式在有毒食品的生產和流通中也很突出。在大多數問題食品案例裡，生產者和分銷者都表現出對受害者無動於衷的態度，或者他們以特殊主義式的倫理來證明自己行為的正當性 (Lora-

Wainwright 2009; Y. Yan 2012, 2014)。在這方面,大眾對道德敗壞的認識反映了中國社會面臨的一項根本挑戰,即在日益開放和流動的社會中如何與陌生人進行恰當和良好的互動(Lee 2014 從文學的角度對這一問題進行了有見地的探索研究)。

不道德行為只不過是道德實踐多元景觀中的一個極端。在另一個極端,我們也見證了新式道德的迅速發展和增加,我將在下一節中討論。在此我要強調的是,在善惡這兩個極端之間,道德行為還有其他變化,這些變化屬於所謂的「灰色領域」、有爭議的道德實踐。這些有爭議的道德實踐在中國道德景觀的多元化中發揮了重要作用,也是導致大眾作出「道德滑坡」判斷的貢獻因素。

在這方面,性道德的變遷是一個很好的例子。毛時代,婚前性行為和婚外戀被普遍認為是嚴重的不道德行為。違反性道德準則的人,甚至那些正在約會或已經訂婚的單身人士,都可能受到各種行政制裁。到了 1990 年代,大約有 20% 至 25% 的男性和女性有婚外戀,關於通姦的道德判斷有譴責、有同情理解,也有憤世嫉俗式的接受 (Farrer and Sun 2003)。在新世紀,越來越多的中國人將婚前性行為與婚姻制度脫鉤,並且管制浪漫關係的道德規範也在發生變化 (Farrer 2014)。性慾本身已經獲得了文化上的合法性,成為實現個人幸福的重要渠道,因此有助於建立新的道德自我 (E. Y. Zhang 2007)。從毛時代到 1980 年代,同性戀被廣泛認為是不道德的,甚至應該受到法律懲處,而且,儘管中國社會已經開始多元化,同性戀在流行文化和公共話語中依然備受爭議。1997 年通過一部新法律將同性戀定為非刑事罪名,以及 2001 年醫學界對同性戀進行去病化,此後同性戀在越來越多人們心目中逐漸變得非道德或者在道德上可以接受,當然,這在全國人口中還是少數 (Jeffreys and Yu 2015; Rofel 2007)。過去十年左右的時間裡,許多同性戀孩子的父母公開捍衛同性戀權利,在異性戀者中獲得了更多同情理解,並維護不同性取向人群的道德立場 (Engebretsen 2018; Wei and Yan 2021)。

這種種變化都是由最信奉自由的人們發起,而這些人則受到最保守人群的譴責,他們的分歧通常與年齡和世代有關。起初,人們認為這樣的變化雖沒有傷害到別人卻不是好事,但是後來這些變化被逐漸接受、成為正常行為,最終這些變化成為新道德常態的一部分。也有的變化沿著相反方向展開。吃狗肉在過去是個無可爭辯、無關道德的普通問題;可是由於寵物文化的興起,隨著動物福利意識的出現和動物保護運動的增加,吃狗肉被賦予了新的倫理意義,遭到城市中產階級的猛烈批評和拒絕。

隨著道德在私人和公共領域變得越來越有爭議,人們發現自己生活在一個新的道德世界,這個世界不再單一,也不再穩定。這個過程主要是由市場經濟以及

全球信息和思想流動所驅動 (Jankowiak 2004; Y. Yan 2016a)。應該指出的是，促進美好的多元文化絕非市場體制本意。市場只是要推動個體實現各種慾望和野心的權利，從而製造和出售更多的商品。當個體利益和自我發展的追求僅僅通過市場機制來激勵和推動、缺乏其他社會文化機制來制衡的時候，從集體主義（自我犧牲與義務）倫理到個人主義倫理（自我權利與發展）的價值觀轉向就可能、而且確實已經導致道德上令人不安的行為。而且，市場經濟體制產生的多樣性並不一定能為通往政治意義上更為自由的社會打開大門，在那樣的自由社會，多樣性本身就是一種美德。如果缺乏這種將多樣性本身視為美德的倫理意識，大多數人仍然會只根據他們認為正確的道德觀來做出道德判斷，而將他人的不同觀點視為錯誤、貶為不道德。就是這樣，過去四十年來，道德話語和道德實踐的多樣化也促成了有關「道德危機」的民眾認知。

四、公德的發展

隨著中國社會變得更加流動和開放，人們對公共道德的重要性和意義的認識也在不斷提高。因此，違反公德讓越來越多的人會感到不安和失望，這反過來又導致人們普遍認為道德滑坡或道德危機存在。但是，如果仔細觀察公共生活中的道德變化，我們也能發現一種新式公德在生長。

公德可以分為文明美德和公民美德。前者只是意味著人們遵守公共生活的態度規則，例如禮貌地與他人互動，不在公共場所亂扔垃圾或者插隊。後者則指公民參與政治和社會問題的行動。文明美德為指導和制約個人在社交活動中的行為提供規範和態度；公民美德則促進了公共生活的內在價值，例如平等與正義。公德將這種功能性的和內在的價值相結合，成為溝通現代社會文明生活最基本要素的倫理機制，即相互尊重、寬容以及對陌生人和熟人都同樣關照 (Meyer 2000; Rucht 2011)。

由於受到毛時代共產主義倫理影響，改革精英的早期話語過多地關注積極道德或公民美德。因此，公德的門檻提得很高，以至於只有少數幾位榜樣人物能將這樣的公德付諸實踐，例如毛時代的模範公民雷鋒。大多數人被貶抑為道德不完善的層級，因此必須不斷向官方道德楷模學習。但是，當官方倫理話語抬高到不可能實現的程度，例如強調完全公正和無私，而實際的道德實踐卻恰恰相反，公德淪為空話，這反過來引發了犬儒主義在 1980 年代和 1990 年代的盛行 (Ci 1994; X. Wang 2002)。

改革開放時代，由於公共場所中陌生人之間社會交往的擴展，文明舉止的重

要性變得越來越突出。自1990年代以來,將中國人與日本人或美國人在日常生活文明舉止方面的負面比較一直是導致大眾形成道德滑坡認知的主要因素。常見例子包括批評公共場所隨地吐痰、在公園亂扔垃圾、插隊或無視交通規則等。但是到了新世紀,有關文明舉止的公開討論不斷擴大,尤其是在2011年中國政府對大陸部分城市居民開放了臺灣自費旅遊之後。幾乎所有大陸遊客都對臺灣美麗的自然風光和宜人的社會風貌印象深刻。億萬大陸人讚揚臺灣社會的文明發展,那裡的人禮貌、熱情、善良、有信任。在一定程度上,大陸人已將臺灣的文明狀況理想化,進而批評大陸社會生活缺乏文明,這也表明中國大陸建設現代文明的強烈道德動機和潛力(詳見Y. Yan 2016b)。總體情況確實有了很大改善。特別是在大城市中,年輕一代在公共生活中與陌生人互動時更願意遵守規則,並且似乎更在乎自己的形象,在乎社會環境和公共空間。例如,在上海和北京等城市,上述隨地吐痰、亂扔垃圾、插隊或忽略交通規則等不文明行為已明顯減少;其他中國城市社會在這些方面也出現了不同程度的改善跡象 (Schak 2018: 70-111)。政府在文明建設中發揮了核心作用,2017年禁菸政策的順利實施和2019年上海市垃圾分類的舉措就是很好的例子。

積極的公德或公民美德的發展同樣值得注意。當我們將注意力轉移到普通人日常生活的漸變而不是社會劇變時,我們能看到伴隨中國市場改革而出現的各種新式道德和積極道德規範。個人權利意識的提高和對社會不公的拒絕,環境保護主義和動物保護的發展,對殘障人士態度變化和對弱勢群體的同情,個體志願者的興起以及私人慈善事業的增長都是後毛時代道德倫理的新變化、積極變化。正如我在別處所論述的那樣,如果不是通過全球市場體系傳播和交流新的思想觀念,尤其是自由、尊嚴、寬容和同情心等核心的普世價值,所有這些變化都是不可能發生的 (Y. Yan 2002, 2016a)。讓我們以慈善和志願服務為例具體闡述。

特別值得一提的是普通民眾對公共事業的個人捐贈。第一次全國範圍內的捐贈熱潮發生在1998年,那一年發生特大洪災,無數中國公民做出了個人捐款(相對於包含企業家捐款的企業捐贈),熱心響應呼籲、幫助受災人民。2008年四川大地震後的全國救災工作中,這種新的慈善精神和實踐在普通民眾中達到了很高的水平。這種趨勢在二十一世紀繼續發展,特別是1980後、1990後中國年輕一代線上捐款的興起。普通民眾慈善捐贈的一個共同特徵是,這些捐贈是為了幫助陌生人,而不是幫助自己的親屬群體或同鄉。改革開放時期,一種真正的慈善精神在中國萌芽。

正如私人慈善一樣,出於個體自由意志的志願服務也逐漸成為一種新式公德。

自 1950 年代以來，中國政府一直主要以共青團為渠道來推動由國家贊助和組織的志願者工作。志願者必須經由志願者協會領導和組織來實現共青團的目標，參加政治學習會議，履行黨和國家宣傳計畫以及在國家指定的特殊時日組織活動。正如 Rolandsen (2008) 所言，這是「展演國家議程的標誌」。

對於中國人來說，第一個真正的純屬個體自發的志願者行動發生在 2008 年 1 月。席捲南方的暴風雪讓通訊、交通和日常生活陷入癱瘓，唐山的十三個村民租了一輛小巴開往湖南省，並在那裡停留數週幫助當地人民。問及他們此行意圖時，村民們簡單地回答道，他們都是 1976 年唐山地震的倖存者，長大後聽到了許多關於地震後來自各地的人們如何幫助唐山震後重建的故事。因此，他們要回報他們從前獲得的幫助。這個故事在中央電視臺和其他官方媒體上播出，第一次表明在沒有黨或政府領導和組織的情況下，志願工作也是可以開展的。這件事對中國社會產生了深遠的影響，官方認可也帶來了一種政治上的安全感。正是在這種情況下，2008 年 5 月四川地震激起了全國志願服務的浪潮，超過二十五萬名志願者在沒有政府組織的情況下獨自前往地震災區。儘管官方媒體極力將他們的志願服務渲染為雷鋒精神的回歸（意味著共產主義式的無私和獻身集體的價值觀），但這些志願者堅持認為，他們只是在電視上看到地震受害者遭受的痛苦，他們感同身受，他們沒有多想，只是去四川盡一己之力。真正驅動這些志願者的是共情／同理心，這是現代社會最重要的倫理價值觀之一。

然而，為公益投入時間和精力的志願者和社會工作者也陷入這樣的困境：他們一方面必須屈從於各種充滿政治色彩的政府要求，另一方面又對自己的父母充滿內疚，因為他們未能滿足父母希望他們加入市場競爭成為成功人士的期待 (Madsen 2019; Ning and Palmer 2020)。這些挑戰的背後是兩種道德觀的張力，一種是新興的基於個人選擇和善意的道德觀，另一種則是官方道德和儒家道德殘留的影響。

五、官方道德的復興

道德轉型最後一條主線是國家控制中國道德景觀的種種努力，以及過去四十年來官方道德的衰落和復興。Andre Nathan 在其 2003 年著名論文中對中國共產黨通過其學習能力和制度創新所展現出的「威權韌性」進行了精妙而令人信服的解釋。這種「威權韌性」使得中國共產黨不僅渡過了 1989 年的危機，而且獲得了新的政治合法性 (Nathan 2003)。官方道德的重新校準和復興是中國共產黨重新獲得執政合法性的這個「韌性」敘事的內在組成部分之一 (Holbig and Gilley 2010)。

如本章第一節所示，1980年和1988年兩次全國範圍辯論發生時，國家均處於守勢，當時所謂的「三信危機」表明共產主義道德在衰落。國家隨後發起了一系列思想政治運動，例如1983年「清除精神污染」運動，1986年「反對資產階級自由化」，1989年「反對和平演變」，以及貫穿整個1980年代的道德改革，即「五講四美三熱愛」運動。

同時，黨和國家最高領導團隊中分出了改革派和保守派，這在很大程度上加劇了官方／共產主義道德的衰落，因為在上述以新興個人主義道德為靶子的思想政治運動中，改革派釋放出了不同的信號。一個很好的例子是中央電視臺播出的六集紀錄片《河殤》，這個紀錄片傳達了一條清晰簡單甚至想當然的信息：批判中國傳統文化，向西方學習，以及擁抱市場經濟。

改革派似乎在整個1990年代都有較強的聲勢，而反對個人主義倫理和西方文化的官方運動在前面各節所討論的更為激進的道德變遷面前黯然失色，造就了自1949年以來最多樣化的道德景觀。然而，同樣值得注意的是，共產主義道德在整個中國正式道德教育體系中一直具有壟斷性的領導作用，其合法性從未受到任何社會力量的有效挑戰。正如我在別處所論述的那樣，國家在處理全球化問題時一直居於主導地位，並且已經相當成功地對外界信息、思想和社會運動的輸入進行管理 (Y. Yan 2002)。同樣，中國社會的個體化過程主要是由國家通過體制改革發起的，而且國家也不斷管治著這個過程、控制社會力量增長的同時又使個人從等級、安全和福利保障等早期社會主義機制中脫嵌。個人主義缺席的個體化已成為中國個體化路徑的里程碑式特徵 (Y. Yan 2010)，這也可說明個人主義倫理以及它所推動的道德多元化景象的脆弱性。

通過提倡民族主義和愛國主義，國家開始重新奪取對不斷變化的道德景觀的控制權。1989年天安門事件之後強加的愛國主義教育計畫在中國年輕人中慢慢見效，這種愛國主義教育第一個勝利信號是1999年針對北約轟炸中國大使館事件的抗議，以及一系列敦促中國對西方採取強硬態度的挑釁性出版物 (Gries 2005)。此後二十年，愛國主義仍然是將年輕人以及大多數中國人民集結於共產黨紅旗之下的最有效倫理工具。最近的例子就是中國如何在對抗COVID-19疫情的鬥爭中拯救全世界的話語被民眾廣泛接受。

國家使用的另一個同等重要的倫理工具是傳統文化，特別是儒家倫理，二者都重新占據了越來越多中國人的道德想像 (F. Wu and Xu 2017; Y. Zhang 2018)。從2000年代初提倡孝順和家庭主義開始，國家就逐漸用儒家價值觀（如忠孝、名分和仁）為共產主義道德觀作掩護。國家利用不斷增長的經濟實力、與儒家倫理

結成新的聯盟並喚起傳統中國的昔日榮光，似乎找到了一條重新確立集體主義倫理首要地位的新道路：通過社會主義核心價值觀這一形式，以及對儒家「天下」世界觀話語的復興，使得共產黨和共產主義倫理牢固居於中心和領導地位 (Gow 2017; X. Yan 2018)。

更為重要的是，由於共產主義道德的官方合法性源於一黨專政的政治合法性和權威，因此當國家採取更為激進的態度將社會思潮和公共輿論重新納入官方認可渠道時，它可能會阻礙個人主義倫理的興起並恢復集體主義倫理至上。這正是新世紀發生的事情。2001 年，中共中央委員會發布了官方道德準則，即《公民道德建設實施綱要》，弘揚共產主義道德和集體主義價值觀，與個人主義和其他道德惡習作鬥爭。國家於 2019 年 10 月發布了該道德準則的更新擴展版本，重點突出習近平政治思想 (Chung 2019)。具體實踐是由中共最高級別的精神文明建設委員會（成立於 1997 年）領導，並由地方各級政府機構進行了一系列全國範圍的道德教育重建運動。德育工作在胡錦濤 (2002–2012) 的「八榮八恥」和習近平（2012 年開始）「社會主義核心價值觀」的指導下，以學習班、有組織的志願者行動和公務員服務等形式展開 (Lewis 2002)。效仿道德榜樣是毛時代推廣共產主義道德廣泛運用的方法，如今又被各級政府機構重新利用，例如自 2007 年以來每年舉行一次全國範圍內表彰道德榜樣的會議。新的策略包括「道德銀行」式的互助信貸和管控犯罪行為的監控攝像機，其中尤以新建立的社會信用體系最為引人注目 (Mistreanu 2018)，事實證明後者在遏制公共場所亂扔垃圾或者違反交通規則等不道德行為方面成效顯著 (Schak 2018)。

與此同時，自由主義、個人主義、女權主義以及諸如自由、民主和人權之類普世價值觀的影響力都在下降，因為國家越來越多地對不符合官方精神文明要旨的主題橫加禁止、加強對公共輿論的控制 (R. Li 2013)；取而代之的是另一種強烈趨勢正處於中心地位，即尋求和促進基於民族主義和儒家思想的一元道德權威，尤其是通過網路公共輿論。

六、結語

綜上所述，中國後毛時代道德轉型的主要特徵體現在四條軌跡上。第一條軌跡顯示了從倡導義務和自我犧牲的集體主義倫理到倡導權利和自我發展的個人主義倫理的轉變，這導致了 1980 年代和 1990 年代道德自我的重建，並在一定程度上削弱了毛主義主導下共產主義道德觀的單一權威。然而，進入二十一世紀後，這種變化趨勢遇到了明顯的挫敗，因為在民族主義愛國主義包裝下，共產主義和

儒家道德的集體主義倫理觀念日漸強大。我們無法預測這種轉變的結果。但是顯而易見的是，由於這種價值觀的轉變，絕大多數中國人的道德自我面臨著新的挑戰，其中最主要的是個體對自由和自我發展的追求與復興的集體主義倫理之間的張力。

第二條軌跡是個體層面道德推理的多樣化、公共輿論層面道德話語的多樣化以及社會層面道德實踐的多樣化。因此，道德成為中國社會生活中越來越有爭議的領域。在整個中國歷史上，一個穩定的一元倫理體系（無論是儒家倫理還是毛時代共產主義倫理）提供了最終的道德權威，並指導中國人做出道德判斷和採取道德行動。這種單一的道德權威也導致了強烈的泛道德化視野，人們將所有偏離這種價值體系的行為一律視為不道德。這種道德權威在1990年代呈現了坍塌的跡象，取而代之的是湧現出許多替代性和競爭性的倫理體系。因此，在後毛時代，人們根據不同的價值標準做出道德判斷、採取道德行動。然而，今天的許多中國人仍然秉承以前的泛道德化視野，根據自己的價值規範對他人進行道德判斷，並將不同於自己的道德行為視為不道德。因此，過去四十年，大眾對於道德滑坡的認識與道德景觀多元化之間有著直接的聯繫。

沿著第三條軌跡，無論是在文明建設還是在公民美德發展方面，公德都有所提高。與之相伴的是社會流動性增加以及陌生人之間社會互動日益頻繁，這就引出以下問題：如何建立現代意義上的文明禮儀和社會信任？如何與陌生人打交道，在某些情況下如何幫助陌生人？在公共生活中如何追求個人尊嚴、平等和社會正義？在後毛時代，這些問題既困擾著國家精英，也困擾著普通人民。有關這些問題的公共輿論常常是針對個人行為的社會批判，認為這些個人行為有違公德，或者是對於單一道德體系的懷舊式重構，將過去（比如激進毛主義的1950年代）想像為道德天堂。這些問題也使得人們普遍認為當代中國社會存在道德危機或道德衰退。

過去四十年裡，國家一直試圖重振已經破產的毛時代共產主義道德，並試圖根除正在崛起的講權利和自我發展的個人主義道德，這構成了道德轉型的第四條軌跡。國家在1980年代和1990年代的大部分時間都處於守勢，但自從1990年代末以來，國家通過提倡民族主義和某種儒家價值觀重整共產主義道德之後，便開始居於攻勢。

充分考察四條軌跡上的道德變遷之後，我清楚意識到，中國道德領域在過去四十年所發生的是一場道德轉型，而這一過程仍在進行之中。值得注意的是，以上探討的道德變遷都並非不可逆轉。二十一世紀之初便出現了一些反向變化。儒

家倫理已經在家庭生活、私立和公立教育系統以及企業文化中出現迴歸的跡象。國家當局和社會力量都將孝道重新塑造為中國個人和整個國家的核心道德價值，甚至將其視為文化靈魂的拯救者。因此，一種新的家庭主義正在興起，並迅速成為中國人的精神支柱 (Y. Yan 2018)。所有這些新的發展都對從集體主義倫理向個人主義倫理的轉變形成了反作用力，從而在道德轉型的第二軌跡上產生了新的競爭、衝突和多樣化的形式。在第三條軌跡上，隨著同理心、慈善事業和志願服務等文明禮儀和公民美德的穩步提高，也興起了情感民族主義和無條件愛國主義，尤其是在青年人中間。這就加強了黨、政府和國家的三位一體，也加強人們對這種三位一體式國家的政治依賴，既包括個人認同層面也包括公共生活層面 (Gries 2005; Hoffman 2010; Link 2015; Schneider 2018)。學生舉報教師在教學過程中表達的不正確的想法 (Lau and Guo 2018) 和在國家支持的「學習強國」社交媒體平臺上分享個人的政治意識的巨大社會壓力（見 A. J. Li 2019）等新動向導致已經萎縮的公共領域越發遭到擠壓、降低了公共話語的多樣性。已有跡象表明，公德話語越來越與官方意識形態和國家主義議程混為一談。因此，正在進行的道德轉型何去何從，仍是懸而未決的問題。

參考文獻

Chan, Anita. 1985. *Children of Mao: Personality Development and Political Activism in the Red Guard Generation*. Seattle, WA: University of Washington Press.

Chen, Liangsheng and Li Jing. 2015. "Dangdai Zhongguo Shehui Daode Xiangzhuang Yanjiu Zongshu" (An Overview of Studies on the Current State of Morality in China). *Jingchu Xuekan* (Academic Journal of Jingchu), 16(3): 86-91.

Chung, Eric. 2019. "'Inherit the Red Gene': China Issues Xi-Focused Morality Guidelines." October 30, CNN online. https://www.cnn.com/2019/10/30/asia/china-morality-xi-jinping-intl-hnk/index.html (accessed May 26, 2020).

Ci, Jiwei. 1994. *Dialectic of the Chinese Revolution: From Utopianism to Hedonism*. Stanford, CA: Stanford University Press.

――――. 2014. *Moral China in the Age of Reform*. Cambridge, MA: Cambridge University Press.

Engebretsen, Elisabeth Lund. 2018. "'As Long as My Daughter Is Happy': 'Familial Happiness' and Parental Support-Narratives for LGBTQ Children." In Gerda Wielander and Derek Hird, eds., *Chinese Discourse on Happiness*, pp. 86-106. Hong Kong, China: Hong Kong University Press.

Farrer, James. 2014. "Love, Sex, and Commitment: Delinking Premarital Intimacy from Marriage in Urban China." In Deborah S. Davis and Sara L. Friedman, eds., *Wives, Husbands, and Lovers: Marriage and Sexuality in Hong Kong, Taiwan and Urban China*, pp. 62-96. Stanford, CA: Stanford University Press.

Farrer, James and Zhongxin Sun. 2003. "Extramarital Love in Shanghai." *The China Journal*, 50: 1-36.

Goossaert, Vincent and David Palmer. 2011. *The Religious Question in Modern China*. Chicago, IL: University of Chicago Press.

Gow, Michael. 2017. "The Core Socialist Values of the Chinese Dream: Towards a Chinese Integral State." *Critical Asian Studies*, 49(1): 92-116.

Gries, Peter H. 2005. *China's New Nationalism: Pride, Politics, and Diplomacy*. Berkeley, CA: University of California Press.

Hanser, Amy. 2001. "The Chinese Enterprising Self: Young, Educated Urbanites and the Search for Work." In Perry Link, Richard P. Madsen, and Paul G. Pickowicz, eds., *Popular China: Unofficial Culture in a Globalizing Society*, pp. 189-206. Lanham, MD: Rowman & Littlefield.

Havoun, Massoud. 2015. "Chinese Media Embraces Trans Star, Reflecting Attitude Shift in Beijing." April 9, Al Jazeera America. http://america.aljazeera.com/articles/2015/4/9/chinese-state-media-stands-by-morality-of-trans-woman.html (accessed August 2, 2018).

He, Huaihong. 2015. *Social Ethics in a Changing China: Moral Decay or Ethical Awakening?* Washington, DC: Brookings Institution Press.

Heintz, Monica, ed. 2009. *The Anthropology of Moralities*. New York, NY: Berghahn Books.

Hoffman, Lisa M. 2010. *Patriotic Professionalism in Urban China: Fostering Talent*. Philadelphia, PA: Temple University Press.

Holbig, Heike and Bruce Gilley. 2010. "Reclaiming Legitimacy in China." *Politics & Policy*, 38(3): 395-422.

Howell, Signe, ed. 1997. *The Ethnography of Moralities*. London, UK: Routledge.

Jankowiak, William. 2004. "Market Reforms, Nationalism, and the Expansion of Urban China's Moral Horizon." *Urban Anthropology and Studies of Cultural Systems and World Economic Development*, 33(2-4): 167-210.

Jeffreys, Elanie and Haiqing Yu. 2015. *Sex in China*. Cambridge, UK: Polity Press.

Ku, Hok Bun. 2003. *Moral Politics in a South Chinese Village: Responsibility, Reciprocity, and Resistance*. Lanham, MD: Rowman & Littlefield.

Laidlaw, James. 2002. "For an Anthropology of Ethics and Freedom." *Journal of the Royal Anthropological Institute*, 8(2): 311-32.

Lau, Mimi and Guo Rui. 2018. "Chill and Fear in Chinese Classrooms as Students Are Recruited to Report Teachers with 'Radical' Opinions." October 20, South China Morning Post. https://www.scmp.com/news/china/politics/article/2169440/chill-and-fear-classroom-students-are-recruited-report-teachers (accessed October 12, 2019).

Lee, Haiyan. 2014. *The Stranger and the Chinese Moral Imagination*. Stanford, CA: Stanford University Press.

Lewis, Steven W. 2002. "'What Can I Do for Shanghai?' Selling Spiritual Civilization in China's Cities." In Stephanie H. Donald, Michael Keane, and Yin Hong, eds., *Media in China: Consumption, Content and Crisis*, pp. 139-51. London, UK: Routledge.

Li, Audrey Jiajia. 2019. "Uber but for Xi Jinping: Shiny New App, Same Old Propaganda." April 4, New York Times. https://www.nytimes.com/2019/04/04/opinion/xi-jinping-thought-app.html (accessed September 3, 2019).

Li, Raymond. 2013. "Seven Subjects off Limits for Teaching, Chinese Universities Told." May 10, South China Morning Post. https://www.scmp.com/news/china/article/1234453/seven-subjects-limits-teaching-chinese-universities-told (accessed June 29, 2020).

Li, Tian and Yunxiang Yan. 2019. "Self-Cultivation of the Socialist New Person in Maoist China: Evidence from a Family's Private Letters, 1961–1986." *The China Journal*, 82: 88-110.

Link, Perry. 2015. "What It Means to Be Chinese: Nationalism and Identity in Xi's China." *Foreign Affairs*, 94(3): 25-31.

Liu, Xin. 2000. *In One's Own Shadow: An Ethnographic Account of the Condition of Post-Reform Rural China*. Berkeley, CA: University of California Press.

_____. 2002. *The Otherness of Self: A Genealogy of the Self in Contemporary China*. Ann Arbor, MI: University of Michigan Press.

Liu, Zhifeng. 2001. *Daode Zhongguo: Dangdai Zhongguo Daode Lunli de Shengzhong Yousi* (Moral China: Deep Worries on Ethical and Moral Problems in Contemporary China). Beijing, China: Zhongguo Shehui Kexue Chubanshe (China Social Sciences Publisher).

Lora-Wainwright, Anna. 2009. "Of Farming Chemicals and Cancer Deaths: The Politics of Health in Contemporary Rural China." *Social Anthropology*, 17(1): 56-73.

Madsen, Richard. 1984. *Morality and Power in a Chinese Village*. Berkeley, CA: University of California Press.

_____. 2019. "Making the People or the Government Happy? Dilemmas of Social Workers in a Morally Pluralistic Society." In Becky Yang Hsu and Richard Madsen, eds., *The Chinese Pursuit of Happiness: Anxieties, Hopes, and Moral Tensions in Everyday Life*, pp. 110-30. Berkeley, CA: University of California Press.

Meyer, Michael J. 2000. "Liberal Civility and the Civility of Etiquette: Public Ideals and Personal Lives." *Social Theory and Practice*, 26(1): 69-84.

Mistreanu, Simina. 2018. "Life Inside China's Social Credit Laboratory: The Party's Massive Experiment in Ranking and Monitoring Chinese Citizens Has Already Started." April 3, Foreign Policy. https://foreignpolicy.com/2018/04/03/life-inside-chinas-social-credit-laboratory/ (accessed June 28, 2020).

Nathan, Andrew J. (2003). "China's Changing of the Guard: Authoritarian Resilience." *Journal of Democracy*, 14(1): 6-17. doi:10.1163/9789004302488_005

Ning, Rundong and David A. Palmer. 2020. "Ethics of the Heart: Moral Breakdown and the Aporia of Chinese Volunteers." *Current Anthropology*, 61(4): 395-406.

Osburg, John. (2013). *Anxious Wealth: Money and Morality among China's New Rich*. Stanford, CA: Stanford University Press.

Oxfeld, Ellen. 2010. *Drink Water, but Remember the Source: Moral Discourse in a Chinese Village*. Berkeley, CA: University of California Press.

Rofel, Lisa. 2007. *Desiring China: Experiments in Neoliberalism, Sexuality, and Public Culture*. Durham, NC: Duke University Press.

Rolandsen, Unn Mälfrid H. 2008. "A Collective of Their Own: Young Volunteers at the Fringes of the Party Realm." *European Journal of East Asian Studies*, 7(1): 101-29.

Rucht, Dieter. 2011. "Civil Society and Civility in Twentieth-Century Theorising." *European Review of History*, 18(3): 387-407.

Schak, David. 2018. *Civility and Its Development: The Experience of China and Taiwan*. Hong Kong, China: Hong Kong University Press.

Schneider, Florian. 2018. *China's Digital Nationalism*. New York, NY: Oxford University Press.

Su, Alice. 2020. "Spied on. Fired. Publicly Shamed. China's Crackdown on Professors Reminds Many of Mao Era." June 27, Los Angeles Times. https://www.latimes.com/world-nation/story/2020-06-27/in-chinas-universities-targeted-attacks-on-intellectuals-raise-memories-of-the-cultural-revolution (accessed June 30, 2020).

Wang, Jianing. 2011. "Daode Huapo, Huaxiang Hefang?" (Moral Decline, Whither Morality?). *Chongqing Shehui Kexue* (Chongqing Social Sciences), 5: 111-24.

Wang, Xiaoying. 2002. "The Post-Communist Personality: The Spectre of China's Capitalist Market Reforms." *The China Journal*, 47: 1-17.

Wei, Wei and Yunxiang Yan. 2021. "Rainbow Parents and the Familial Model of *Tongzhi* (LGBT) Activism in Contemporary China." *Chinese Sociological Review*, 53(5): 451-72.

Wu, Feng and Panpan Xu. 2017. "Daode Chongjian Zhong de Ruxue Dandang" (The Role of Confucianism in Moral Reconstruction). *Journal of Yangzhou University-Humanities and Social Sciences Edition*, 21(3): 64-72.

Wu, Xiaobo. 2007. *Jidang Sanshinian: Zhongguo Qiye 1978–2008* (The Vibrant Thirty Years: Enterprises in China, 1978–2008), Vol. 1. Beijing, China: Zhongxin Chubanshe and Hangzhou, China: Zhejiang Renmin Chubanshe.

Xu, Luo. 2002. *Searching for Life's Meaning: Changes and Tensions in the Worldviews of Chinese Youth in the 1980s*. Ann Arbor, MI: University of Michigan Press.

Yan, Xuetong. 2018. "Chinese Values vs. Liberalism: What Ideology Will Shape the International Normative Order?" *Chinese Journal of International Politics*, 11(1): 1-22.

Yan, Yunxiang. 2002. "Managed Globalization: State Power and Cultural Transition in Contemporary China." In Peter L. Berger and Samuel P. Huntington, eds., *Many Globalizations: Cultural Diversity in the Contemporary World*, pp. 19-47. New York,

NY: Oxford University Press.

_____. 2003. *Private Life under Socialism: Love, Intimacy, and Family Change in a Chinese Village, 1949–1999*. Stanford, CA: Stanford University Press.

_____. 2009. "The Good Samaritan's New Trouble: A Study of the Changing Moral Landscape in Contemporary China." *Social Anthropology*, 17(1): 9-24.

_____. 2010. "The Chinese Path to Individualization." *British Journal of Sociology*, 61(3): 489-512.

_____. 2011. "The Changing Moral Landscape." In Arthur Kleinman, Yunxiang Yan, Jing Jun, Sing Lee, Everett Zhang, Pan Tianshu, Wu Fei, and Guo Jinhua, eds., *Deep China: The Moral Life of the Person, What Anthropology and Psychiatry Tell Us about China Today*, pp. 36-76. Berkeley, CA: University of California Press.

_____. 2012. "Food Safety and Social Risk in Contemporary China." *Journal of Asian Studies*, 71(3): 705-29.

_____. 2013. "The Drive for Success and the Ethics of the Striving Individual." In Charles Stafford, ed., *Ordinary Ethics in China Today*, pp. 263-91. London, UK: Bloomsbury.

_____. 2014. "The Moral Implications of Immorality: The Chinese Case for a New Anthropology of Morality." *Journal of Religious Ethics*, 42(3): 460-93.

_____. 2016a. "Between Morals and Markets: The Diversification of the Moral and Social Landscapes in China." In Caroline Y. Robertson-von Trotha, ed., *Die Zwischengesellschaft. Aufbrüche zwischen Tradition und Moderne?* (Interdisciplinary Studies on Culture and Society), Vol. 10, pp. 131-46. Baden-Baden, German: Nomos.

_____. 2016b. "Civility, Taiwanese Civility, and the Taiwanese Civility Reconstructed by Mainland Chinese." In Steve Tsang, ed., *Taiwan's Impact on China: Why Soft Power Matters More Than Economic or Political Inputs*, pp. 233-57. Cham, Switzerland: Palgrave Macmillan.

_____. 2017 "Doing Personhood in Chinese Culture: The Desiring Individual, Moralist Self, and Relational Person." *The Cambridge Journal of Anthropology*, 35(2): 1-17.

_____. 2018. "Neo-Familism and the State in Contemporary China." *Urban Anthropology and Studies of Cultural Systems and World Economic Development*, 47(3-4): 181-224.

_____. 2023. "Communist Moralities under Socialism." In James Laidlaw, ed., *Cambridge Handbook of the Anthropology of Ethics and Morality*. Cambridge, MA: Cambridge University Press (forthcoming).

Yoo, Yungsuk Karen. 2010. "Tainted Milk: What Kind of Justice for Victims' Families in China?" *Hastings International and Comparative Law Review*, 33(2): 555-75.

Zha, Jianying. 1995. *China Pop: How Soap Operas, Tabloids, and Bestsellers Are Transforming a Culture*. New York, NY: The New Press.

Zhang, Everett Yuehong. 2007. "The Birth of Nanke (Men's Medicine) in China: The Making of the Subject of Desire." *American Ethnologist*, 34(3): 491-508.

Zhang, Yanhua. 2018. "Cultivating Capacity for Happiness as a Confucian Project in Contemporary China: Texts, Embodiment, and Moral Affects." In Gerda Wielander and

Derek Hird, eds., *Chinese Discourse on Happiness*, pp. 150-68. Hong Kong, China: Hong Kong University Press.

Zigon, Jarrett. 2009. "Within a Range of Possibilities: Morality and Ethics in Social Life." *Ethnos*, 74(2): 251-76.

第十三章

中國文化中的幸福感與道德

倫妙芝著

Translated S.r.l. 譯審

摘要

幸福感是指一個人過著美好生活的程度。為瞭解幸福感，不同的理論相繼被提出，並有大量的研究來檢視什麼是「美好生活」及如何過美好生活。在本章中，將回顧與理解中國文化中的幸福感相關文獻。具體而言，本章強調社會關係對中國人幸福感的重要性。在強調人際關係的基礎上，我們還將參考西方以人為本的幸福感概念，研究和諧在理解中國人幸福感方面的核心作用。我們將討論此種關係取向的幸福感，對於我們理解當代中國文化中之道德的影響。

一、引言

每個人都希望過美好生活。雖然過美好的生活可能是人類的普遍目標，但在什麼是「美好的」及如何實現「美好」方面存在相當大的差異；而此差異的根源在於社會文化。由於不同的價值觀與信仰體系，在某些文化中，如何定義及如何過美好生活可能成為一種道德問題。藉由幸福感的跨文化心理學研究（例如：Lun & Bond, 2016; Lun & Yeung, 2019），首先我將探討西方傳統中幸福感與道德間的關聯。以西方視角為背景，我將研究對和諧的強調如何影響中國人的幸福概念與相關道德考量。繼而探討中國文化中當代社會文化變遷對幸福感的影響。

在對中國人幸福感考察時，採用東西方對比方式，對某些人而言可能顯得過分簡化，惟考量心理學的歷史，採用此方法是合適的，甚至是必要的。心理學及關於幸福感的心理學研究長期由西方思維主導。Henrich、Heine 與 Norenzayan (2010) 創造一個縮寫詞 WEIRD 來描述此一事實：心理學中的多數理論、建構及實證發現皆是由西方 (Western)、受過教育 (educated)、工業化 (industrialized)、富裕

(rich) 與民主 (democratic) 社會中抽取的樣本。因此，西方邏輯與哲學對當代心理學家如何理解人類的思想及行為產生了廣泛影響。在此提醒，勿將此比較視為對中國幸福感的完整描述，但可作為在更複雜的文化維度模型（參見第二章）或更精細的中國文化概念化（參見第十四章）的基礎上，進一步分析中國文化的變遷。

二、西方傳統中的幸福感

自積極心理學運動 (Seligman & Csikszentmihalyi, 2000) 開始以來，我們注意到對幸福感與相關概念的研究，如：幸福、生活滿意度、復原力或生活目的，急遽增加。如同許多其他心理學理論或概念一樣，此研究亦引起了一些爭論。一項主要辯論係關於享樂式 (hedonic) 與意義式 (eudaimonic) 幸福感間的區別 (Deci & Ryan, 2008)。享樂式與意義式幸福感在哲學上皆具有悠久歷史；Crisp (2017) 針對這些概念做出詳盡說明。在心理學中，上述哲學概念已成為幸福感研究兩個傳統支柱 (Deci & Ryan, 2008)。

享樂式幸福感研究著重於快樂 (happiness)。Diener (1984) 使用主觀幸福感這個詞來描述人們對生活的一般積極體驗，其中包含存在愉快的情緒（如：感到快樂）、沒有不愉快情緒（如：不感到沮喪），以及生活滿足感 (Diener, 1994)。這些要素指向一種幸福的享樂觀，可以概括為試圖實現「愉悅與痛苦的最大平衡」(Crisp, 2017, p. 5)。據此觀點，幸福被理解為「人類行動的最高利益與最終動機」(Diener, 1984, p. 542)。賦予幸福的主觀體驗如此高的地位，使人們對幸福的本質產生了道德上的關注，因為此種幸福是利己主義的，而利己主義與道德是相悖的，道德本應關注他人的利益 (Crisp, 2017)。此外，追求最大化愉悅與最小化痛苦，使人類的生活看起來與其他動物的生活沒有太大區別，這使得對幸福的追求看起來更有問題。

在哲學中，可以透過區分較高級與較低級的快樂來解決此問題（如：柏拉圖 [Plato] 的《理想國》[*Republic*]），其中一些快樂被認為比其他快樂更有價值，甚至更高尚（參 John Stuart Mill 在 1863 年的著作 *Utilitarianism*，轉引自 Crisp, 2017）。與此說法一致的是，對某些積極特點（如：愛）的認可比對其他特點（例如：美）的認可已被證明與生活滿意度有更一致與有力的關係（參見 Park, Peterson, & Seligman, 2004）。除了對愉悅進行「排序」外，一些幸福感研究者採用意義式幸福感的觀點來平衡享樂式幸福感傳統中對利己主義愉悅的重視 (Kashdan, Biswass-Diener, & King, 2008)。

研究幸福感傳統的心理學家，依據亞里斯多德 [Aristotle] 對愉悅與美好生活

的區分，認為美好生活是指「最充分地發揮其潛力或符合某種內在美德的生活」(Kashdan et al., 2008, p. 220)。美好生活的特點是有意義感（即體驗到自己生活中的理解感、目的感與價值感），此亦被視為是促進幸福與健康的要素 (Martela & Steger, 2016)。這種關於幸福的描述是「客觀清單」(objective list) 理論中的一個版本 (Crisp, 2017)，其中幸福意味著一個人對客觀社會價值或美德的實現，而非對快樂的體驗。例如：Ryff（1989；另參見 Ryff & Keyes, 1995）開發了一個心理幸福感 (psychological well-being, PWB) 的測量方法，利用自主性、環境掌握、個人成長、積極關係、生活目標與自我接納等方面評估幸福感。這些特質應喚起「健康、良好及全面運作」的本質 (Ryff & Singer, 2006, p. 19)，所以在這些維度上獲得高分代表一個人的心理健康層次較高。與實現的概念類似，自我決定理論 (self-determination theory [SDT]; Ryan & Deci, 2000) 提出，三個基本心理需求的滿足，即能力、自主及關聯性，此三項為自我激勵與幸福的基礎。PWB 與 SDT 等理論與建構不強調愉悅或痛苦，而是關注人類本性或潛能的實現，從而為享樂式幸福感提供替代方案。

Kashdan 等人 (2008) 對心理學研究中區分享樂式與意義式幸福感的做法提出了質疑，渠等認為其創造了「一種可能阻礙對幸福感進行嚴肅科學探究的人為道德等級制度」(p. 228)。此質疑背後有二個主要原因。首先，享樂式幸福感已被明確定義為心理建構（如：情感與生活滿意度），而意義式幸福感則透過大量的理論與建構進行操作及測量，此舉導致難以使用標準的心理學研究設計進行重點研究。其次，研究一再顯示，基於此二種傳統的幸福感測量方法有中度到強度的相關性（例如：Keyes, Shmotkin, & Ryff, 2002; Linley, Maltby, Wood, Osborne, & Hurling, 2009），顯示這兩種幸福感「在概念上是重疊的，且可能代表了共同運作的心理機制」(Kashdan et al., 2008, p. 219)。Waterman (2008) 對此質疑做出回應，他認為享樂式幸福感與意義式幸福感衡量標準與不同心理素質相關：意義式幸福感的衡量標準與付出努力或感受到挑戰有密切關聯，而享樂式幸福感的衡量標準與失去時間觀念或感到放鬆較有關聯。鑑於上述心理學差異，Waterman 認為應將享樂式幸福感與意義式幸福感分開討論。

關於是否及如何區分享樂式與意義式幸福感的爭論仍在持續中（參閱如：Raibley, 2012；區分對事件感覺的幸福感與作為個人屬性的幸福感）。此辯論凸顯了西方哲學傳統中幸福感道德的張力：用主觀的、利己主義的愉悅體驗來定義「美好」，會被視為是有問題的。藉由將焦點由主觀愉悅轉移到透過實現客觀美德來達到生活的意義，減輕了道德上的擔憂。儘管愉悅與意義間存在差異，但要注意

的是,享樂式與意義式取向很大程度上皆側重於人;無論採取何種取向,幸福感的定義皆以人為本。

中國傳統文化的特點是高度重視和諧,這亦是「美好」的標準 (Lun, 2012)。一般來說,和諧的概念係指不同元素間的關係狀態,而非單一元素。因此,中國傳統的「美好」的定義在本質上是關係性的,而非如西方傳統中的以人為本。因此,關於個人愉悅與意義的爭論雖不是中國傳統幸福感關注焦點,但卻存在一系列不同的道德問題。

三、中國傳統中的幸福感

在儒家與道家的哲學影響下,中國傳統文化中的和諧可大致分為四個相互關聯的類別,即內心和諧、人際和諧、社會和諧及人類與宇宙的和諧(參見 Jia, 2008)。這些和諧的維度描述了自我與世界在不同層面上的和諧互動狀態。內心和諧是自我內部的和諧;著重於氣或能量的流動,並透過低度的自我意識與慾望來維持。人際和諧關注的是,兩個人彼此間的親情相愛(如:仁,積極關心他人的福祉;關於此概念的更多詳細討論,請參見 Luo, 2012),而非單獨行動以最大化自我利益。關係中的雙方以無衝突的方式進行溝通與合作,並處於情感相互滿足的狀態。社會和諧是人與人間和諧的延伸,且適用於整個社會的其他群體。依據 Jia (2008) 的說法,社會和諧的前提是「一個人的自我不會與社會對立。而是將自己當作社會中一個雖小而不可分割的一部分,有責任為社會做出貢獻,而非從社會中主張自己的權利與反對社會」(p. 26)。人類與宇宙的和諧是指人類與宇宙之間的關係,這是由「道」來維持,即創造「大同」的方式,這被認為是維持所有生命形式的最佳方式 (Jia, 2008)。在中國傳統文化中,「以和為貴」的理念貫穿於人類生存的各個層面。

人際和諧與社會和諧是指完美的人際關係。這些和諧的維度常與儒家思想一併探討,儒家思想對新加坡、日本或韓國等華人與東亞社會的文化傳統有所影響 (Tan & Chee, 2005)。儒家傳統中提倡的許多美德,本質上是關於個人在特定角色關係中的社會互動行為(參見第十一章)。例如:孔子提出的仁(可以粗略地譯為厚道),包含五種美德:恭謙(恭)、寬厚(寬)、誠實(信)、勤敏(敏)及施惠(惠),其中四個顯然與社會規範的理想有關(參見 Luo, 2012)。

這種對維持人際關係和諧的強烈關注,仍影響著當代中國人的日常社會行為。中國人與 WIERD 研究對象於衝突管理的跨文化比較顯示,中國人為了維持人際與社會和諧,會避免衝突及分歧(例如:Leung, Brew, Zhang, & Zhang, 2011; Leung,

Koch, & Lu, 2002; Smith, Dugan, Peterson, & Leung, 1998）。人際和諧也被發現是中國人主觀幸福感的重要預測指標。在 WIERD 中，自我效能 (Bandura, 1994) 或自尊 (Rosenberg, 1965) 等以自我聚焦的衡量指標，在預測主觀幸福感方面更為重要，但對中國人來說，人際和諧或類似的關係建構會與這些以自我聚焦的衡量指標發揮同樣重要的作用（如：Chen, Chan, Bond, & Stewart, 2006; Kwan, Bond, & Singelis, 1997; Lu et al., 2001; Lun & Yeung, 2019）。與西方人專注於自我不同，對中國人來說，要體驗享樂式幸福感，人際關係的和諧與個人的自我一樣重要。

內心和諧及人類與宇宙的和諧往往與道教連結在一起，道教是一種哲學傳統，是中國人與其他東亞人士常見的辯證思維基礎 (Nisbett, Peng, Choi, & Norenzayan, 2001; Peng & Nisbett, 1999; Peng, Spencer-Rodgers, & Nian, 2006)。依據 Peng 與 Nisbett (1999)，中國人的思維具有三個相互關聯的原則：變化原則，即認為現實並非靜止的，而是不斷變化的；矛盾原則，即認為現實並非精確的，而是充滿矛盾的；關係或整體主義原則，即認為必須從事物間的關係來理解現實。這些原則與西方的 Aristotelian logic 形成對比，後者以同一律為其特徵，本質上認為「萬物皆為其所是」(p. 744)；無矛盾律，即某事不可能同時為真與為假；及排中律，斷言在兩個相互矛盾的陳述之間沒有中間詞。上述認知上的差異解釋了中國人與西方人相較之下，對悖論有更高的容忍度 (Chen, 2002)，且更偏向直覺推理 (Norenzayan, Smith, Kim, & Nisbett, 2002)。

辯證思維也有助於解釋心理健康的文化差異 (Spencer-Rodgers, Peng, Wang, & Hou, 2004)。跨文化研究顯示，中國人（以及其他東亞人）的自尊心與生活滿意度往往比西方人低（例如：Diener & Diener, 1995）。Spencer-Rodgers 等人 (2004) 觀察到，辯證思維傾向可能會促使中國人（及亞裔美國人）採取更加矛盾的自我觀點，因此當一個人以自尊或生活滿意度來評價自己時，他／她會比西方同齡者更不可能自我提升（例如：Cai, Wu, Shi, Gu, & Sedikides, 2016）。

辯證思維方式的另一個影響關係到人們的情緒經驗。Schimmack、Oishi 與 Diener (2002) 的研究顯示，中國人的愉快情緒與不愉快情緒的頻率無關，但西方人在相反效價的情緒頻率間會有明顯的負相關。與享樂式幸福感觀點假設不同，對中國人來說，並非有最大化的愉悅，就會有最小化的痛苦，一個人有可能同時體驗到愉悅與痛苦。

用西方以人為本的幸福感定義，人們常將上述研究解釋為中國人的幸福感比西方人低。然而，由於中國人將和諧視為「美好」，研究也顯示，也許需要用其他方法來理解中國人的幸福感，內心平靜的建構 (Lee, Lin, Huang, & Fredrickson,

2013) 也許是方式之一。鑑於中國人重視內在平和與和諧的狀態，Lee 等人 (2013) 發展出一個內心平靜的衡量標準，且確實發現中國參與者於此幸福感衡量標準上的得分比西方人高。

在定義「美好」時強調和諧，可能使中國人免於與利己主義的道德鬥爭，但強調和諧反而對個人的權利構成了威脅 (Weatherley, 2002)。儒家的社會和諧理想係透過滲入社會等級制度的社會角色來實現 (Rosemont & Ames, 2016)。五種「基本關係」，即君臣、父子、夫婦、兄弟及朋友，其中明確規定每個角色占有者的權力差異與職責（例如：Tan & Chee, 2005; Weatherley, 2002）。這些角色關係的占有者透過依據禮節規則，履行其角色責任以促進社會和諧 (Chen, 2008)。在這種維持和諧社會結構的理想狀態下，每個人都會像社會機器中一個合適的零件般運作，如此一來，就會有和平與秩序，社會亦會繁榮 (Lun, 2012)。

然而，社會等級結構中角色的權力差異，意味著個人間的不平等。Weatherley (2002) 指出，儒家社會與家庭等級制度的不平等也反映了個人的相對道德地位；藉由一個人的社會角色，他或她亦會在道德等級制度中承擔較高或較低的位置。例如：在父子關係中，父親被視為處於較高的家庭地位，因此他的道德地位也會比兒子高。當角色關係的和諧被破壞時，處於較低道德地位的人（即兒子）將受到更嚴重的懲罰（參見 Weatherley, 2002）。

社會和諧的理想很容易被用來「為一個不平等的社會辯護，在這社會中，個人的權利受到損害，先決條件與地位透過侵犯他人的權利得到維護甚至加強」 (Lun, 2012, p. 472)。若無有效的制衡機制來監督可能出現的權力濫用，低等級的個人權利與利益很容易被上級以維護和諧之名義壓制 (Ip, 2009)。當問題出現時，在社會等級制度中占據較低地位的個人僅能採取非對抗性之方法來處理問題，如迴避或沉默，因其擔心可能會透過其他替代行動破壞和諧（見 Li & Cropanzano, 2009）。此種對個人權利與利益漠視之行為被當代文化標準所否定。

四、兩個傳統的總結

Joshanloo (2014) 針對各類東方宗教與哲學傳統所做的全面回顧，總結出東方與西方的幸福概念有六大差異。此六差異中的其中兩種，即自我超越與自我提升，以及和諧與掌握 (Schwartz, 2006)，與目前中西方幸福傳統之比較特別相關。

就自我超越與自我強化而言，很明顯地，個人的自我概念在西方的幸福概念中至關重要，因此，自我（如自尊或自我決定理論）總是被視為幸福感體驗的中

心。相較之下，強調關係和諧意味著不強調自我，這代表了中國人對幸福感的定義與體驗的一種自我超越。就和諧與掌控而言，中國人關注的是自我內部的和諧，以及與他人和宇宙的和諧，這顯然與西方文化中占主導地位的掌控對個人追求幸福或實現美德不同（亦可參見 Kitayama, Duffy, & Uchida, 2007）。無論如何，此兩種文化傳統都有不同的道德挑戰。這些道德鬥爭的共同要素，皆是試圖透過依據文化傳統實現意義或和諧來阻止自私的追求，並鼓勵無私的生活方式。

因全球化而強化的跨文化交流已改變人們在個人層面（如：Ozer, 2019; Tribe & Melluish, 2014）與社會層面（如：Helliwell, 2002; Tsai, 2007）對幸福的概念與體驗方式。例如：許多華人社會，尤其是中國大陸的社會，在過去的一個世紀中經歷了許多社會經濟的變革，使中國文化中的幸福感概念與體驗帶來了實質性的變化。這些變化可能對一個人如何努力過著美好的日子提出一系列新的道德挑戰。

五、當代世界中的中國幸福感

上個世紀社會經濟快速發展為中國文化帶來重大變革。Zeng 與 Greenfield (2015) 利用 Google Ngram Viewer，分析了 1970 年（也就是文化大革命中期）與 2008 年（研究時 Google Ngram Viewer 提供的結束點）間以中文出版的數位化書籍，以瞭解當時中國文化的變化趨勢。他們觀察到，隨著中國經濟的蓬勃發展，代表個人主義價值觀的詞彙出現頻率也隨之上升。具體來說，代表個人主義價值觀的詞彙，如自主或得到（獲得自己想要的東西的意義上），頻率增加，惟代表集體主義價值觀的詞彙，如服從或給予（向他人分配資源的意義上），或頻率下降，或與該時期代表個人主義價值觀的詞彙相較下，上升速度較慢。該研究結果顯示，隨著中國經濟的發展，個人主義的價值觀越來越普遍。

中國個人主義興起的一個結果意味著西方對幸福的概念與評量方式，越來越適用於中國社會。許多研究顯示，西方發展出的幸福感心理評量方法（如：Rosenberg 的自尊量表）可適用於中國環境 (Zhang & Norvilitis, 2002)。西方心理評量的適用性使我們可用標準的心理學研究方法來研究中國人的幸福感。有趣的是，個人主義價值觀的增長似乎也導致中國人幸福感的「西化」，這在心理障礙的症狀表現中相當明顯。

Sun 與 Ryder (2016) 指出，隨著中國個人主義水準的提升，憂鬱症的患病率也隨之增加。過去對中國憂鬱症的研究顯示，中國人傾向於淡化其憂鬱情緒傾向，更強調身體症狀（例如：Kleinman, 1982; Kleinman & Kleinman, 1995），這導致在使用標準的西方診斷工具獲得憂鬱症診斷的機會降低，因為那些工具常以情緒經

驗為重點。此模式被解釋為中國人具有為了維護人際關係和諧而壓抑情緒的傾向（例如：Wei, Su, Carrera, Lin, & Yi, 2013）。然而，隨著中國變得更強調個人主義，價值觀與社會化實踐的轉變可能改變了情感表現的規範，因此中國人會更加直言不諱地表達其內心情緒經驗。當使用相同的西方診斷工具時，中國患者表現出的症狀更符合診斷標準，這可能部分解釋了為什麼憂鬱症患病率有所上升。

在香港，神經性厭食症的診斷也出現了類似的變化。1990年代，大多數被診斷為神經性厭食症的患者會提到擔憂胃脹氣，而非對肥胖的恐懼；前者被發現為香港華人病患特有的症狀，而後者則是厭食症的標誌(Lee, 1991)。直到2000年中期，對胃脹氣的主訴急劇減少，而對肥胖的恐懼越來越普遍，因此大多數被診斷為厭食症的病例報告皆提到肥胖恐懼，而非胃脹氣的症狀(Lee, Chan, & Hsu, 2003)。從胃脹氣到肥胖恐懼的轉變被認為是香港中國文化日益西化的結果；隨著人們對這種疾病的瞭解越多，症狀表現也越符合西方的診斷標準(Lee, 1991)。

日益劇增的個人主義使西方的幸福感概念與評量在中國人社會中更具適用性。中國的社會經濟變遷還如何影響人們的幸福感經驗？Xu與Hamamura (2014)研究了中國人對中國文化變遷的看法，發現人們認為當今的個人主義與物質主義比過去更重要，此一結果與Zeng與Greenfield (2015)的發現一致。除了個人主義與物質主義的增加，中國受訪者還認為自由、民主及人權的重要性更高，同時保有對家庭關係、友誼及愛國主義重要性的信念。結果顯示，一種複雜的文化變遷模式正在發生：個人主義與物質主義的價值觀正在上升，但關於人際關係與集體傳統價值觀仍然存在（有關此價值觀變化的更詳細討論，請參見第十二章）。

這些複雜的文化變化對幸福感的影響仍需參考中國現行的社會規範與制度結構來解釋 (Leung, 2008)。一方面，中國經濟的快速發展鼓勵人們更加關注物質上的成就與獲取，這可能會對個人的幸福感經驗產生不利影響 (Dittmar, Bond, Hurst, & Kasser, 2014)。另一方面，中國人的社會行為在很大程度上仍受傳統價值觀的支配，例如：願意為家庭做出犧牲，對人際關係的關注。這些價值觀有助於中國人在積極情緒與生活滿意度方面的主觀幸福感（例如：Chen et al., 2006; Kwan et al., 1997; Lu et al., 2001; Lun & Yeung, 2019），也許是作為物質主義的負面影響的緩衝 (Burroughs & Rindfleish, 2002)。

儘管關係對個人的幸福感有積極貢獻，但繼續強調人際關係與社會和諧可說是為「不平等的社會、道德和法律秩序」提供了理由，破壞了個人權利 (Weatherley, 2002, p. 247)，因為保護個人權利的社會規範與制度結構發展仍未實現。隨著對物質成就的日益重視，缺乏與之相匹配的社會規範與制度結構來保護個人，可能會

導致腐敗及不道德的行為，這在商業領域是明顯的現象 (Faure & Fang, 2008; Leung, 2008)。對腐敗的看法可能對個人與整個社會的幸福感有害 (Tay, Herian, & Diener, 2014)。因此，在當代中國文化中，人際和諧對幸福的綜合影響是可以預期的。

中國文化中的辯證思維傳統 (Peng & Nisbett, 1999) 或中庸之道哲學 (Chen, 2002) 可能是複雜變化中的一種補救措施。辯證思維對幸福感的影響本身就是辯證的：儘管辯證思維與較低的主觀幸福感有關（例如：Spencer-Rodgers et al., 2004），但同時也預測了靈活地採用壓力應對策略，而這往往是更有效，且更有益於幸福感 (Cheng, 2009)。要從辯證思維中獲益，關鍵在於人們要進行綜合性複雜思考，其目的是整合矛盾，而非單純地透過協調矛盾找到中間立場 (Leung et al., 2018)。在亞洲樣本中，辯證思維方式被發現與批判性思維成正相關 (Lun, Fischer, & Ward, 2010)，而批判思維是在日益全球化的世界中建立公民社會亟需的技能。透過促進寬容、信任、公民參與及物質壓力最小化的社會特徵，增加個人主義可對幸福感產生積極影響 (Krys, Uchida, Oishi, & Diener, 2019)。儘管中國複雜的文化變遷對幸福感產生不同的影響，但保持靈活性與整合差異的能力可能有助於中國人在這些變化中也能獲得幸福感 (Chen, 2002)。

六、結論

此探究顯示，中國傳統文化中對和諧的關注可協助中國人避免西方人所面臨的利己主義道德鬥爭。然而，隨著中國文化在保持傳統和諧價值觀的同時，變得越來越個人主義，幸福的含義也發生了變化，因此與幸福相關的不同道德關注可能會更加明顯。

值得注意的是，在中國社會發生文化變遷的同時，世界其他地區也因全球化而發生劇烈變化。例如：自由意志主義在美國的興起顯示現在個人可選擇不同的社會、政治及道德觀點，替代慣常的自由主義與保守主義分野。Iyer、Koleva、Graham、Ditto 與 Haidt (2012) 在一項包含近 12,000 名自認自由意志主義者的研究中發現，自由意志主義者表現出對個人自由作為道德指導原則的強烈認可；他們亦更傾向於理性而非感性的認知方式，且表現出較自由派與保守派更低的相互依賴及社會關聯度。研究結果顯示，接觸與認可不同的道德價值觀可能會在情感與認知偏好及反應方面產生重要的心理後果，例如改變一個人的自我認同感 (Ozer, 2019)，這反過來會影響如何定義與實現美好生活。這些觀察結果亦強調了實證檢視全球化如何改變中國文化中的幸福感概念與經驗的重要性。

全球化時代的文化流動並非單向的。雖然中國人可能變得更加個人主義，但

西方的幸福觀也受到其他文化傳統的影響。此情況在心理健康實踐中的文化影響方面是顯而易見的 (Tribe & Melluish, 2014; White, Jain, & Giurgi-Oncu, 2014)。例如：美國精神病學協會出版的第五版《精神疾病診斷與統計手冊》(*Diagnostic and Statistical Manual Of Mental Disorders-5, DSM-5*) 納入了更多文化相對主義元素，即文化與心理病理學是相互交織的觀點。現在憂傷的文化概念是評估一個人心理狀態的關鍵。當臨床醫生依據 DSM-5 進行診斷時，他／她尚需要考慮特定文化的症狀表現，例如在社交焦慮症的診斷中包含對「冒犯他人」的恐懼，以反映日本人強調避免傷害他人，而非傷害自己 (American Psychiatric Association, 2013)。DSM-5 中的這些變化反映了我們定義美好生活方式的變化。中國文化對其他文化的影響將是一個值得進一步探索的領域。

本研究僅針對中國文化中幸福與道德間的聯繫做一個簡單的探討。尚有許多其他重要領域值得進一步研究。例如：為瞭解中國社會複雜的文化變遷如何影響幸福感，一個值得探究的方向是研究中國境內的區域資料（參考第十四章）。Clark、Yi 與 Huang (2019) 利用中國家庭金融調查的三波數據，證明中國農村與城市受訪者間的幸福感存在差距，但由 2013 年至 2017 年，差距逐步縮小。此外，透過研究相同地區的資料，研究者能夠說明，感知到的安全與保障、社區參與及社會是否被認為是公平的，可預測受訪者自陳的幸福感。透過此種縱向的區域研究，當代文化變遷對中國人幸福感的複雜影響將被揭開。

在此篇評論中，我採用心理學的視角來理解幸福與道德間的關聯。除了我一開始提出的歷史限制外，與此觀點相關的另一個限制是心理學研究中對自陳式測量的依賴。在處理如「什麼可以使生活變得美好」的問題時，心理學家傾向於關注個人提供的獨特性答案，如此可以同時考慮對幸福不同的定義（例如：享樂式與意義式幸福感的辯論），進而著手研究。自陳式測量存在顯而易見的問題，例如缺乏有效性 (Heine, Buchtel, & Norenzayan, 2008) 及受訪者對敏感問題的某些答案會更符合社會期許 (van de Mortel, 2008)，在此僅舉幾個例子。然而，自陳式測量仍替我們提供了如「什麼是美好」（幸福）與「什麼是對的」（道德）等問題的重要洞察，尤其是當「美好」與「對」的定義並非絕對時。除採用更多的行為測量來評估幸福感外，Oishi 與 Roth (2009) 提出另一個合適的建議：「重要的是使用全國代表性樣本來檢驗自陳式人格、自尊及生活滿意度的有效性，以澄清哪些變量容易受到參照組效應與其他自陳式測量偏見的影響」(p. 107)。同樣，這顯示需要對更多文化的幸福感進行更複雜的研究（參見第二章）。

參考文獻

American Psychiatric Association. (2013). *Diagnostic and statistical manual of mental disorders* (5th ed.). Washington, DC: Author.

Bandura, A. (1994). Self-efficacy. In V. S. Ramachaudran (Ed.), *Encyclopedia of human behavior* (Vol. 4, pp. 71-81). New York, NY: Academic Press.

Burroughs, J., & Rindfleisch, A. (2002). Materialism and well-being: A conflicting values perspective. *Journal of Consumer Research, 29*(3), 348-370. doi:10.1086/344429

Cai, H., Wu, L., Shi, Y., Gu, R., & Sedikides, C. (2016). Self-enhancement among Westerners and Easterners: A cultural neuroscience approach. *Social Cognitive and Affective Neuroscience, 11*(10), 1569-1578. doi:10.1093/scan/nsw072

Chen, M. (2002). Transcending paradox: The Chinese "middle way" perspective. *Asia Pacific Journal of Management, 19*, 179-199. doi:10.1023/A:1016235517735

Chen, G.-M. (2008). Towards transcultural understanding: A harmony theory of Chinese communication. *China Media Research, 4*(4), 1-13.

Chen, S. X., Chan, W., Bond, M. H., & Stewart, S. M. (2006). The effects of self-efficacy and relationship harmony on depression across cultures: Applying level-oriented and structure-oriented analyses. *Journal of Cross-Cultural Psychology, 37*, 643-658.

Cheng, C. (2009). Dialectical thinking and coping flexibility: A multimethod approach. *Journal of Personality, 77*(2), 471-493. doi:10.1111/j.1467-6494.2008.00555.x

Clark, W. A., Yi, D., & Huang, Y. (2019). Subjective well-being in China's changing society. *Proceedings of the National Academy of Sciences, 116*(34), 16799-16804.

Crisp, R. (2017). Well-being. In Edward N. Zalta (Ed.), *The Stanford encyclopedia of philosophy* (Fall 2017 ed.). Retrieved from https://plato.stanford.edu/entries/well-being/

Deci, E. L., & Ryan, R. M. (2008). Hedonia, eudaimonia, and well-being: An introduction. *Journal of Happiness Studies, 9*(1), 1-11. doi:10.1007/s10902-006-9018-1

Diener, E. (1984). Subjective well-being. *Psychological Bulletin, 95*, 542-575.

Diener, E. (1994). Assessing subjective well-being: Progress and opportunities. *Social Indicators Research, 31*(2), 103-157.

Diener, E., & Diener, M. (1995). Cross-cultural correlates of life satisfaction and self-esteem. *Journal of Personality and Social Psychology, 68*, 653-663.

Dittmar, H., Bond, R., Hurst, M., & Kasser, T. (2014). The relationship between materialism and personal well-being: A meta-analysis. *Journal of Personality and Social Psychology, 107*(5), 879-924. doi:10.1037/a0037409

Faure, G. O., & Fang, T. (2008). Changing Chinese values: Keeping up with paradoxes. *International Business Review, 17*, 194-207.

Heine, S. J., Buchtel, E. E., & Norenzayan, A. (2008). What do cross-national comparisons of personality traits tell us? The case of conscientiousness. *Psychological Science, 19*(4), 309-313.

Helliwell, J. F. (2002). *Globalization and well-being*. Vancouver, Canada: University of

British Columbia Press.

Henrich, J., Heine, S. J., & Norenzayan, A. (2010). The weirdest people in the world? *Behavioral and Brain Sciences*, *33*, 1-75. doi:10.1017/S0140525X0999152X

Ip, P. K. (2009). Is Confucianism good for business ethics in China? *Journal of Business Ethics*, *88*, 463-476.

Iyer, R., Koleva, S., Graham, J., Ditto, P., & Haidt, J. (2012). Understanding libertarian morality: The psychological dispositions of self-identified libertarians. *PLoS ONE*, *7*(8), e42366. doi:10.1371/journal.pone.0042366

Jia, W. (2008). Chinese perspective on harmony: An evaluation of the harmony and the peace paradigms. *Chinese Media Research*, *4*(4), 25-30.

Joshanloo, M. (2014). Eastern conceptualizations of happiness: Fundamental differences with Western views. *Journal of Happiness Studies*, *15*, 475-493.

Kashdan, T. B., Biswass-Diener, R., & King, L. A. (2008). Reconsidering happiness: The costs of distinguishing between hedonics and Eudaimonia. *The Journal of Positive Psychology*, *3*(4), 219-233.

Keyes, C. L., Shmotkin, D., & Ryff, C. D. (2002). Optimizing well-being: The empirical encounter of two traditions. *Journal of Personality and Social Psychology*, *82*(6), 1007-1022.

Kitayama, S., Duffy, S., & Uchida, Y. (2007). Self as cultural mode of being. In S. Kitayama & D. Cohen (Eds.), *Handbook of cultural psychology* (pp. 136-174). New York, NY: Guilford Press.

Kleinman, A. (1982). Neurasthenia and depression: A study of somatization and culture in China. *Culture, Medicine and Psychiatry*, *6*, 117-190. doi:10.1007/BF00051427

Kleinman, A., & Kleinman, J. (1995). Remembering the cultural revolution: Alienating pains and the pain of alienation/transformation. In T.-Y. Lin, W. S. Tseng, & E.-K. Yeh (Eds.), *Chinese societies and mental health* (pp. 141-155). Hong Kong: Oxford University Press.

Krys, K., Uchida, Y., Oishi, S., & Diener, E. (2019). Open society fosters satisfaction: Explanation to why individualism associates with country level measures of satisfaction. *The Journal of Positive Psychology*, *14*(6), 768-778. doi:10.1080/17439760.2018.1557243

Kwan, V. S. Y., Bond, M. H., & Singelis, T. M. (1997). Pancultural explanation for life satisfaction: Adding relationship harmony to self-esteem. *Journal of Personality and Social Psychology*, *73*(5), 1038-1051.

Lee, S. (1991). Anorexia nervosa in Hong Kong: A Chinese perspective. *Psychological Medicine*, *21*(3), 703-711. doi:10.1017/S0033291700022340

Lee, S., Chan, Y. L., & Hsu, L. G. (2003). The intermediate-term outcome of Chinese patients with anorexia nervosa in Hong Kong. *American Journal of Psychiatry*, *160*(5), 967-972.

Lee, Y.-C., Lin, Y.-C., Huang, C.-L., & Fredrickson, B. L. (2013). The construct and measurement of peace of mind. *Journal of Happiness Studies, 14*, 571-590. doi:10.1007/s10902-012-9343-5

Leung, A. K. Y., Liou, S., Micron-Spektor, E., Koh, B. Y. R., Chan, D., Eisenberg, R., & Schneider, I. K. (2018). Middle ground approach to paradox: Within- and between-culture examination of the creative benefits of paradoxical frames. *Journal of Personality and Social Psychology, 114*(3), 443-464.

Leung, K. (2008). Chinese culture, modernization, and international business. *International Business Review, 17*, 184-187. doi:10.1016/j.ibusrev.2008.02.009

Leung, K., Brew, F. P., Zhang, Z.-X., & Zhang, Y. (2011). Harmony and conflict: A cross-cultural investigation in China and Australia. *Journal of Cross-Cultural Psychology, 42*(5), 795-816. doi:10.1177/0022022110363474

Leung, K., Koch, P. T., & Lu, L. (2002). A dualistic model of harmony and its implications for conflict management in Asia. *Asia Pacific Journal of Management, 19*, 201-220.

Li, A., & Cropanzano, R. (2009). Do East Asians respond more/less strongly to organizational justice than North Americans? A meta-analysis. *Journal of Management Studies, 46*(5), 787-805.

Linley, P. A., Maltby, J., Wood, A. M., Osborne, G., & Hurling, R. (2009). Measuring happiness: The higher order factor structure of subjective and psychological well-being measures. *Personality and Individual Differences, 47*(8), 878-884.

Lu, L., Gilmour, R., Kao, S.-F., Weng, T.-H., Hu, C.-H., Chern, J.-G., ... Shih, J.-B. (2001). Two ways to achieve happiness: When the East meets the West. *Personality and Individual Differences, 30*, 1161-1174. doi:10.1016/S0191-8869(00)00100-8

Lun, V. M.-C. (2012). Harmonizing the conflicting views about harmony in Chinese culture. In X. Huang & M. H. Bond (Eds.), *The handbook of Chinese organizational behavior: Integrating theory, research, and practice* (pp. 467-479). Northampton, MA: Edward Elgar Publishing.

Lun, V. M.-C., & Bond, M. H. (2016). Achieving subjective well-being around the world: The moderating influence of gender, age and national goals for socializing children. *Journal of Happiness Studies, 17*(2), 587-608. doi:10.1007/s10902-015-9614-z

Lun, V. M.-C., Fischer, R., & Ward, C. (2010). Exploring cultural differences in critical thinking: Is it about my thinking style or the language I speak? *Learning and Individual Differences, 20*(6), 604-616. doi:10.1016/j.lindif.2010.07.001

Lun, V. M.-C., & Yeung, J. C. (2019). Elaborating on the effect of culture on the relations of extraversion and neuroticism to life satisfaction. *Personality and Individual Differences, 142*, 79-84. doi:10.1016/j.paid.2019.01.039

Luo, S. (2012). Setting the record straight: Confucius' notion of *ren*. *Dao, 11*, 39-52. doi:10.1007/s11712-011-9256-8

Martela, F., & Steger, M. F. (2016). The three meanings of meaning in life: Distinguishing coherence, purpose, and significance. *The Journal of Positive Psychology, 11*(5), 531-545.

Nisbett, R. E., Peng, K., Choi, I., & Norenzayan, A. (2001). Culture and systems of thought: Holistic versus analytic cognition. *Psychological Review*, *108*(2), 291-310.

Norenzayan, A., Smith, E. E., Kim, B. J., & Nisbett, R. E. (2002). Cultural preferences for formal versus intuitive reasoning. *Cognitive Science*, *26*(5), 653-684.

Oishi, S., & Roth, D. P. (2009). The role of self-reports in culture and personality research: It is too early to give up on self-reports. *Journal of Research in Personality*, *43*(1), 107-109.

Ozer, S. (2019). Towards a psychology of cultural globalisation: A sense of self in a changing world. *Psychology and Developing Societies*, *31*(1), 162-186.

Park, N., Peterson, C., & Seligman, M. E. P. (2004). Strengths of character and well-being. *Journal of Social and Clinical Psychology*, *23*(5), 603-619.

Peng, K., & Nisbett, R. E. (1999). Culture, dialectics, and reasoning about contradiction. *American Psychologist*, *54*(9), 741-754.

Peng, K., Spencer-Rodgers, J., & Nian, Z. (2006). Naïve dialecticism and the Tao of Chinese thought. In U. Kim, K.-S. Yang, & K.-K. Hwang (Eds.), *Indigenous and cultural psychology* (pp. 247-262). Boston, MA: Springer.

Raibley, J. R. (2012). Happiness is not well-being. *Journal of Happiness Studies*, *13*, 1105-1129.

Rosemont, H., Jr., & Ames, R. T. (2016). *Confucian role ethics: A moral vision for the 21st century?* (Vol. 5). Taipei, Taiwan: National Taiwan University Press.

Rosenberg, M. (1965). *Society and the adolescent self-image*. Princeton, NJ: Princeton University Press.

Ryan, R. M., & Deci, E. L. (2000). Self-determination theory and the facilitation of intrinsic motivation, social development, and well-being. *American Psychologist*, *55*(1), 68-78.

Ryff, C. D. (1989). Happiness is everything, or is it? Explorations on the meaning of psychological well-being. *Journal of Personality and Social Psychology*, *57*(6), 1069-1081.

Ryff, C. D., & Keyes, C. L. M. (1995). The structure of psychological well-being revisited. *Journal of Personality and Social Psychology*, *69*(4), 719-727.

Ryff, C. D., & Singer, B. H. (2006). Know thyself and become what you are: A eudaimonic approach to psychological well-being. *Journal of Happiness Studies*, *9*, 13-39.

Schimmack, U., Oishi, S., & Diener, E. (2002). Cultural influences on the relation between pleasant emotions and unpleasant emotions: Asian dialectic philosophies or individualism-collectivism? *Cognition and Emotion*, *16*(6), 705-719.

Schwartz, S. (2006). A theory of cultural value orientations: Explication and applications. *Comparative Sociology*, *5*(2-3), 137-182. doi:10.1163/156913306778667357

Seligman, M. E. P., & Csikszentmihalyi, M. (2000). Positive psychology: An introduction. *American Psychologist*, *55*(1), 5-14. doi:10.1037/0003-066x.55.1.5

Smith, P. B., Dugan, S., Peterson, M. F., & Leung, K. (1998). Individualism, collectivism and the handling of disagreement. A 23-country study. *International Journal of Intercultural*

Relations, 22, 351-367.

Spencer-Rodgers, J., Peng, K., Wang, L., & Hou, Y. (2004). Dialectical self-esteem and East-West differences in psychological well-being. *Personality and Social Psychology Bulletin*, 30(11), 1416-1432.

Sun, J., & Ryder, A. G. (2016). The Chinese experience of rapid modernization: Sociocultural changes, psychological consequences? *Frontiers in Psychology*, 7. doi:10.3389/ fpsyg. 2016.00477

Tan, H. H., & Chee, D. (2005). Understanding interpersonal trust in a Confucian-influenced society: An exploratory study. *International Journal of Cross Cultural Management*, 5(2), 197-212. doi:10.1177/1470595805054493

Tay, L., Herian, M. N., & Diener, E. (2014). Detrimental effects of corruption and subjective well-being: Whether, how, and when. *Social Psychological and Personality Science*, 5(7), 751-759.

Tribe, R., & Melluish, S. (2014). Globalization, culture and mental health. *International Review of Psychiatry*, 26(5), 535-537.

Tsai, M.-C. (2007). Does globalization affect human well-being? *Social Indicators Research*, 81(1), 103-126.

van de Mortel, T. F. (2008). Faking it: Social desirability response bias in self-report research. *Australian Journal of Advanced Nursing*, 25(4), 40-48.

Waterman, A. S. (2008). Reconsidering happiness: A eudaimonist's perspective. *The Journal of Positive Psychology*, 3(4), 234-252.

Weatherley, R. (2002). Harmony, hierarchy, and duty based morality: The Confucian antipathy towards rights. *Journal of Asian Pacific Communication*, 12(2), 245-267.

Wei, M., Su, J. C., Carrera, S., Lin, S.-P., & Yi, F. (2013). Suppression and interpersonal harmony: A cross-cultural comparison between Chinese and European Americans. *Journal of Counseling Psychology*, 60(4), 625-633. doi:10.1037/a0033413

White, R., Jain, S., & Giurgi-Oncu, C. (2014). Counterflows for mental well-being: What high-income countries can learn from low and middle-income countries. *International Review of Psychiatry*, 26(5), 602-606.

Xu, Y., & Hamamura, T. (2014). Folk beliefs of cultural changes in China. *Frontiers in Psychology*, 5, 1066.

Zeng, R., & Greenfield, P. M. (2015). Cultural evolution over the last 40 years in China: Using the Google Ngram Viewer to study implications of social and political change for cultural values. *International Journal of Psychology*, 50(1), 47-55.

Zhang, J., & Norvilitis, J. M. (2002). Measuring Chinese psychological well-being with Western developed instruments. *Journal of Personality Assessment*, 79(3), 492-511.

第十四章

從文化多樣性的角度瞭解中華道德思想

敬一鳴、蔡華儉著
Translated S.r.l. 譯審

摘要

中華道德思想擁有複雜的文化心理。但是，跨文化學者往往忽略了這種複雜性，而僅對東西方之間的社會文化差異進行二元劃分並聚焦於特定文化系統的整體特徵。舉例來說，與北美文化等西方文化相比，中華道德文化被視為集體主義的典範，強調維護傳統的社會秩序，但卻淡化了對個人權利和自由的保護。為糾正這些過於簡化的觀點，本章會以文化多樣性的角度來研究中華道德思想的多樣性與活力，並透過這種方法展現支撐中華道德思想的文化心理會隨著宏觀、中觀和微觀的環境而變化。這導致中國內部不同的地區、社區和個人之間，也因此存在道德價值觀、判斷和習俗方面的極大差異。為了證明這一點，我們將提出初步的研究發現，以揭示來自不同省分、社區、組織和社經群體的中國受訪者，在個人自由選擇性生活方式的道德判斷上有哪些不同，以及在形塑這些道德多樣性方面，社會現代化扮演了哪種至關重要的角色。這些研究發現帶來了更多關於中華道德文化心理的知識，協助我們避免將中華文化刻劃成嚴靜的實體。

一、從文化多樣性的角度瞭解中華道德思想

鑑於中國人早已意識到自身的地域差異與多樣性，我們理應以同樣的意識和靈敏度來教導中國的相關知識。(McColl, 2020)

區分對與錯的道德觀念是中華文化傳統中的核心問題。舉例來說，孔子的主要教義總是強調人的生活舉止應以倫理為中心 (Ivanhoe, 2011)。中國現代文學史中的傑出文豪魯迅甚至批評，中華文化的傳統道德觀念壓制了自治和民主發展 (Lu & Lyell, 1990)。鑑於如此悠久的道德養成和執行，我們必須以道德的觀察角度，來瞭

解在長久的文化傳統之下，中國人民的心理形成。

如果沒有比較的視角，我們可能難以完全瞭解一個民族的文化特徵 (Berry, 2000)。在過去的三十年裡，跨文化心理學得到了一些有趣的發現，凸顯出中華文化體系在與西方相比之下的獨特思維 (Bond, 2010)。舉例來說，中華道德文化較注重良好禮儀的培養，而西方的道德文化則似乎更重視個人權利的保護 (Buchtel et al., 2015)。儘管這些知識大大地加深了我們對中華文化和道德的理解，但筆者認為，這些研究大多仍集中在以二分法（例如：東西方的對比或個人主義與集體主義的對比）來對社會文化傳統進行分類，導致我們誤以為中國擁有單一的道德體系。為了糾正這種過度簡化的看法，本章將以全新的方式來研究中華道德思想的文化多樣性和活力。

在本章的第一部分中，筆者選擇性地回顧了過去的研究。這些研究比較了中美之間的道德文化和心理，而我們將闡明這些研究獲得了哪些發現，以及忽略了中華道德思想的哪些重要層面。接下來，將討論如何以另一種文化多樣性的觀點來增進對中華道德思想的理解。最後，本章將討論這種觀點在中華文化與心理學研究上，帶來了哪些更廣泛的意義。

二、瞭解中華道德思想的文化心理：比較研究教了我們什麼？

現代跨文化心理學始於對社會文化體系進行歸類，或對獨特的地理文化區域進行辨識（請參閱 Minkov, 2013; Taras & Steel, 2009）。在這項傳統中，東西方文化體系之間的對比已成為經典又常見的話題 (Markus & Kitayama, 1991; Triandis, 1989)。尤其是中華或儒家文化時常被視為東方傳統中的主要典範；而在西方傳統中，北美或基督新教文化則被視為主要典範 (Fukuyama, 1995; Inglehart & Baker, 2000; Triandis, 1995)。研究者在過去的幾十年中發表了許多理論，以解釋這兩大傳統之間在社會文化差異方面的心理表現，包括價值觀和規範（如 Hofstede, 2011）、自我模式（如 Ho, 1995; Markus & Kitayama, 1991）、認知方式（如 Nisbett, Choi, Peng, & Norenzayan, 2001），以及社會互動策略（如 Yamagishi, 2011）。這種比較方法也主導了過去有關中華道德思想文化心理學的研究。

三、中國和北美之間的道德思想差異經常被二元化

長期以來，跨國研究便依賴二分法來對社會文化差異進行歸類。例如：個人

主義與集體主義 (Hofstede, 2011; Triandis, 1995) 已成為刻劃並定位國家文化特徵最常見的依據。在這種文化二分法的對比之下，中國被視為集體主義的國家，強調在內團體中的義務勝過個人自由；而美國則被視為價值觀相反的個人主義國家。同樣地，著名的「獨立自我與相依自我」(independent vs. interdependent self-construal) 理論 (Markus & Kitayama, 1991) 也揭開了自我建構型態在文化間的差異，在中國自我與美國自我的文化理想間形成對比。在此理論之下，典型的中國人的自我構念與對其他人（如家庭成員和朋友）的表徵是相融合的，而典型的美國人的自我構念則與對其他人的表徵截然不同。諸如此類的文化二分法，對比較中美道德文化心理的研究產生了重大的影響。

（一）道德基礎

過去的研究比較了中美文化體系中對於道德的基本關切。舉例來說，過去的研究指出，相較於中國等非西方國家，非傳統的個人性生活方式（如同性戀）在美國等西方國家中更被視為正當行為 (Vauclair & Fischer, 2011)。根據這些研究發現，美國的道德思想更加以個人主義為導向，旨在保護個人權利與自由；而中華道德思想則更加以集體主義為導向，旨在維護社會秩序和群體的內部和諧（另見 Hwang & Han, 2010）。

此外，跨文化心理學家蒲安梅 (Emma E. Buchtel) 和研究夥伴發現，中美文化針對不道德行為的常人概念 (lay concept) 有很大的不同 (Buchtel et al., 2015)：雖然在美國文化中，「不道德行為」是指向犯罪／有害行為（如殺害）；而在中華文化中，「不道德行為」則是偏向不文明的行為（如隨地吐痰）。這些研究結果也指出，美國的道德觀較注重於個人權利的保護，而中華道德思想則更重視良好舉止與社交禮儀的養成。

（二）互惠原則

道德體系的中心目標在於壓制人們的自私行為，以及促進人際合作 (Haidt, 2008)。因此，互惠原則（例如：如何應對他人的合作或非合作行為）便成為了道德核心。過去的研究顯示，中美文化之間的互惠原則也有所不同。舉例來說，在一項跨文化的實驗中，中國的參與者較美國的參與者對朋友的合作行為（即促進夥伴的經濟福祉）給予了更多的獎勵；而相較於中國的參與者，美國的參與者則對朋友的不合作行為（即從夥伴身上獲取經濟利益）給予了更重的懲罰 (Jung et al., 2014)。這些發現與以下理論是一致的：與美國的道德思想相比，中華道德

思想更傾向於維持內團體的和諧，甚至不惜犧牲個人利益（另見 Chen, Chen, & Portnoy, 2009）。

（三）道德規範的強度

除了道德思想上的不同，有學者近期也開始研究道德規範強度方面的跨文化差異。根據新提出的文化「緊密度和鬆散度」(tightness-looseness) 理論 (Gelfand, Harrington, & Jackson, 2017; Gelfand et al., 2011)，主流的道德規範在較緊密的文化（如中國）中，比在較寬鬆的文化（如美國）中會得到更強力的執行。譬如說，相較於美國等西方國家，中國等非西方國家的民眾擁有更同質的道德態度與判斷 (Uz, 2015)。此外，根據一項跨文化實驗發現，相較於美國的參與者，中國參與者對違反規範的行為表現出更高的敏感性，而這也表現在內隱的生心理活動中 (Mu, Kitayama, Han, & Gelfand, 2015)。這些發現在中美道德思想的區分方面帶來了全新的視野，也引發人們對這兩種國家文化體系中不同道德規範強度的關注。

四、為什麼必須拋棄二分法？

透過比較中國（東亞）與美國（西方）文化，上述的這些研究使我們更加瞭解中華道德思想的獨特文化特徵。然而，在研讀這兩種典型文化體系之間的整體差異時，這些研究易過度簡化分析，認為國家文化是一種與共同的國籍與地理疆界所綁定的，具有內在一致性的、穩定的構念 (Cohen, 2009; Mccarthy, 2013; Minkov, 2013)。這種類型學（二分法）與靜態的研究方法，在很大的程度上忽略了中華文化的多樣性與活力。

首先，一個國家內部的價值觀、信仰與習俗差異（包括道德觀念的不同），可能與跨國家間的差異一樣顯著 (Graham, Meindl, Beall, Johnson, & Zhang, 2016; Greenfield, 2013)。已經有越來越多的研究發現，中國的各省分之間存在著「個人主義」和「集體主義」(Van de Vliert, Yang, Wang, & Ren, 2013)，以及「獨立我」與「互依我」之間的極大差異（如 Talhelm et al., 2014）。同樣地，根據一項新發表的研究發現，中國各省之間的社會規範強度也有著極大的差異 (Chua, Huang, & Jin, 2019)。對於基於二分法的文化比較研究，這些發現提出了嚴峻的挑戰。

其次，過去幾十年來，社經發展和科技創新席捲全球，為包括中國在內的許多國家帶來深刻的文化變革（見 Cai, Huang, & Jing, 2019; Sun & Ryder, 2016）。儘管沒有絕對的變革方向 (Inglehart & Baker, 2000)，但在全球範圍內以個人主義和公民意識為主的價值觀與做法正日益流行，而許多傳統、集體主義的價值觀與做法

正在逐漸衰落 (Cai et al., 2019; Santos, Varnum, & Grossmann, 2017)；中華道德思想的基礎文化也不例外。譬如說，文化人類學家閻雲翔記錄了在快速的社會現代化過程中，中國當代社會的道德思想從以義務為本的集體主義（如自我犧牲），到以權利為本的個人主義（如個人幸福）的驚人文化轉變 (Yan, 2011)。然而，二分法卻沒有充分重視中華道德思想的這些轉變。

五、從文化多樣性的角度研讀中華道德思想

鑑於將國家文化體系內部同質化以及固定化這一取向的固有局限性，我們建議從文化異質性和多樣性的角度來瞭解中華的道德思想。因此，本節將會介紹文化多樣性的觀點。

（一）多層面的框架

文化系統可從不同的層面同時表現與運作 (Erez & Gati, 2004)。因此，國家的文化多樣性（包括道德多樣性），應該在不同的分析層面上加以解讀。更具體地說，無論是從宏觀分析還是微觀分析來看，筆者認為文化差異是人類生態環境變化的產物。此觀點與近期新興的行為生態框架 (Behavioral-Ecological Framework) 相吻合，該框架假設人類文化會適應於與其更遠或更近的環境 (Sng, Neuberg, Varnum, & Kenrick, 2018)。如圖 1 所示，就同一國家內的文化多樣性而言，這些環境涉及了遠端的地緣政治區域的宏觀環境配置（例如：省分的社經發展、氣候壓力或流行病；Berry, 2018），中端的社區、組織和團隊的中觀層次的環境配置（例如：組織的社會氣氛和實體環境），以及近端的家庭、社會關係和個人微觀層次的環境配置（例如：個人的社會人口統計學背景）。因此，文化多樣性是指這些宏觀、中觀和微觀社會單位之間，在意義和資訊共享系統以及其行為或物化表現方面 (Chiu & Hong, 2006; Cohen, 2009) 之差異。

（二）中國各地道德多樣性的潛在驅動力

在多層次的框架之下，有著多種可能會推動中華文化多樣性的環境或情境因素。由於道德思想是中華文化體系中的一個精髓 (Ivanhoe, 2011)，因此，中華的道德多樣性可能也會受到這些因素的影響。

1. 宏觀因素

地緣政治區域之間的文化差異，是同一國家內宏觀層次文化多樣性的一種

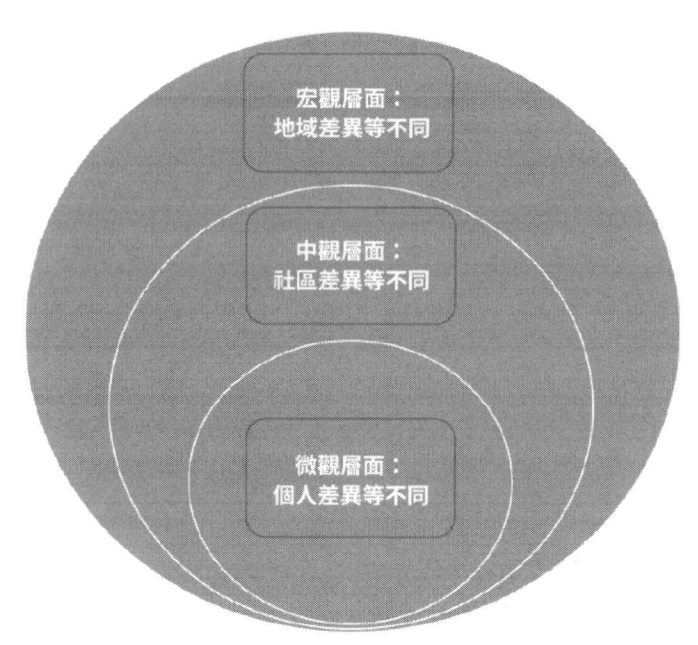

圖 1　揭開國家文化多樣性的多層面框架

註：　宏觀層面的多樣性是指地緣政治區域之間的差異，中觀層面的多樣性是指社區、組織和團隊之間的差異，微觀層面的多樣性是指家庭、社會關係和個人之間的差異。在此框架之下，規模較小的社會單位會套入規模較大的社會單位中。

重要形式 (Cohen, 2009)。有越來越多的研究顯示，區域環境的社會與生態特徵變化，能夠解釋文化多樣性的適應起源（見 Rentfrow & Jokela, 2016; Talhelm & Oishi, 2019）。儘管有些開創性的研究收集了相關證據，證明中國的社會生態變化與區域文化變化之間存在著緊密的關係，但對於這些區域文化如何在空間上聚集以及社會生態的形態，這些研究結果仍相互矛盾。譬如說，Van de Vliert 與研究夥伴在 2013 年發現，相較於中國南方的省分，集體主義在中國北方的省分更為盛行；他們將這種區域文化的差異歸因於區域在氣候壓力與經濟資源之間的交互作用 (Van de Vliert et al., 2013)。相反地，在 2014 年的一場研究中，Talhelm 與研究夥伴則有了相反的發現，他們將區域間迥異的生存方式（即水稻種植與小麥種植）視為出現這種模式的原因 (Talhelm et al., 2014)。

為了釐清這些相互矛盾的研究結果，我們進行了一場名為「中國文化心理大調查」(Jing et al., 2021) 的心理學研究。這是一場史無前例的大型研究項目，召集了全中國一百多所大學裡超過三十萬名的大學生參加線上問卷調查，以便我們能夠針對中國大陸三十一個省分，評估每個省的文化取向。透過關於文化取向的十六種心理測驗，我們找到了許多有利證據，足以證明社會現代化（例如：省分

的社經發展、城市化發展、工業化和後工業化發展，以及正規教育等）對中國在個人主義（vs. 集體主義）的地域文化差異來源的解釋力勝過許多其他競爭性的社會生態因素（包括氣候和水稻農業）。更具體地說，比起中國西部的內陸地區（如西藏、新疆與青海等），我們發現中國東部的沿海地區（如上海、浙江和江蘇等）個人主義觀念的存在更為普遍，而這項調查發現也與中國社會現代化過程中，長期存在的東西方差異一致 (Cochrane, Deng, Singh, Rogers, & Merollo, 2019)。

2. 中觀因素

中觀層面的社會生態因素也可以解釋組織、社區和團隊之間的文化差異。譬如說，工商業環境與當地社區的特色，被視為是組織文化的前身 (Ostroff, Kinicki, & Muhammad, 2012)。更重要的是，有越來越多的證據顯示，個人主義在城市社區較農村社區更為盛行 (Kashima et al., 2004; Yamagishi, Hashimoto, Li, & Schug, 2012)；將簡單的農村社會轉變為複雜的城市社會之社會現代化發展過程，能使個人擺脫關係緊密的社區與內群體控制，並加深他們對自決和自治的偏好 (Greenfield, 2009; Welzel & Delhey, 2015)。

3. 微觀因素

微觀層面的社會與人口因素能夠強烈預測文化的多樣性 (Greenfield, 2013)。社會因素，比如與關係親近性有關的人際情境因素（如親密 vs. 疏遠關係），可以調節社會互賴的目標和期望 (Rusbult & Van Lange, 2003)，從而改變人們的個人主義或集體主義傾向 (Realo, Allik, & Vadi, 1997)。另一方面，人口背景與不同的社會規範和經驗相關，也會進而影響個人的文化世界觀 (Greenfield, 2013; Scheepers, Te Grotenhuis, & Van Der Slik, 2002)。譬如說，越來越多的證據顯示，社會階級（如個人的教育程度和社經地位）對文化取向的影響很大：與中產階級相比，工人階級往往更具有集體主義，對於權利的意識也較微弱（見 Cohen, 2009; Cohen & Varnum, 2016）。同樣地，過去的研究也曾將宗教與深深影響道德態度和判斷的不同文化世界觀相連結 (Graham et al., 2016)。

（三）中華的道德多樣性及其驅動力的初步證據

關於中華道德多樣性的文化心理學研究仍處於起步階段。本節將提供一些初步證據，以說明道德多樣性如何展現在中國的宏觀、中觀和微觀社會單位之間。

我們的分析集中在一系列與個人選擇的性生活方式有關的道德問題，這些性生活方式偏離了傳統或宗教規範（如同性戀、墮胎）。如本章上面所述，有過去

的研究顯示，對於此類道德問題的判斷存在著系統的國家文化和社會生態差異；在較重視個人自由和自主權的富裕國家中，有悖常理的個人性生活方式被視為是正當的（如 Minkov, Blagoev, & Hofstede, 2013; Vauclair & Fischer, 2011）。正如同這些與其他的研究結果 (Uz, 2015)，我們發現與美國、澳大利亞等許多其他西方國家相比，對於上述的個人性生活方式之正當性，中國展現了較微薄的道德多樣性（圖 2）。

接著，筆者以此類的道德態度為基礎，對中國國內的多樣性進行了專門分析。為此，我們從針對中國大學生所作的「中國文化心理大調查」(Jing et al., 2021) 裡，提取了 2.6 萬筆以上的道德相關數據。首先，研究檢驗了宏觀社會單位間的道德多樣性，就此主題的道德態度方面分析跨省分差異。如圖 3 所示，根據我們的研究發現，有較多在社會現代化程度較高的省分中長大的學生，將個人的性行為偏差視為合理。這項發現與我們的跨國分析結果一致：中國的省級道德差異也會隨著各省分的社經發展程度而展現系統性的變化。

接者，為了分析道德態度在此主題上的跨社區和跨組織差異，我們研究了中觀社會單位之間的道德差異。研究結果發現，與在農村中成長的學生相比，在城市中成長的學生較能接受偏差的個人性生活。除此之外，在更知名大學就讀的學生也更能接受此類的道德偏差，而這些大學也往往位於開發程度較高的大城市（如北京和上海）。

最後，為了分析道德態度在此主題上的社經差異，我們研究了微觀社會單位之間的道德差異，並且發現有許多社會人口統計學因素（如性別），能夠解釋道德態度上的個體差異。尤其是教育程度較高的學生，更能接受此類的個人性行為；與採用西方樣本的研究結果相似 (Ohlander, Batalova, & Treas, 2005; Scheepers et al., 2002)，這項發現指出，自由主義的價值觀在中國也受到了高等教育傳播。

綜上所述，根據我們的研究發現，至少在個人性生活方式的個人自由態度方面，當代中國的道德觀念絕對不是同質的。重要的是，我們在宏觀、中觀和微觀社會單位之間獲得了相同的證據，確認了日益富裕的社會和城市化發展，以及正規的教育水準所表現出的社會現代化，是提升中華道德多樣性的重要社會生態因素。儘管中國的道德規範仍比許多西方國家更嚴格和保守（圖 2），但持續的社會經濟發展是一種有助於「自由賦能」文化 (Welzel, 2013) 傳播的強大力量，可能會使中國的文化體系更加尊重多樣性。

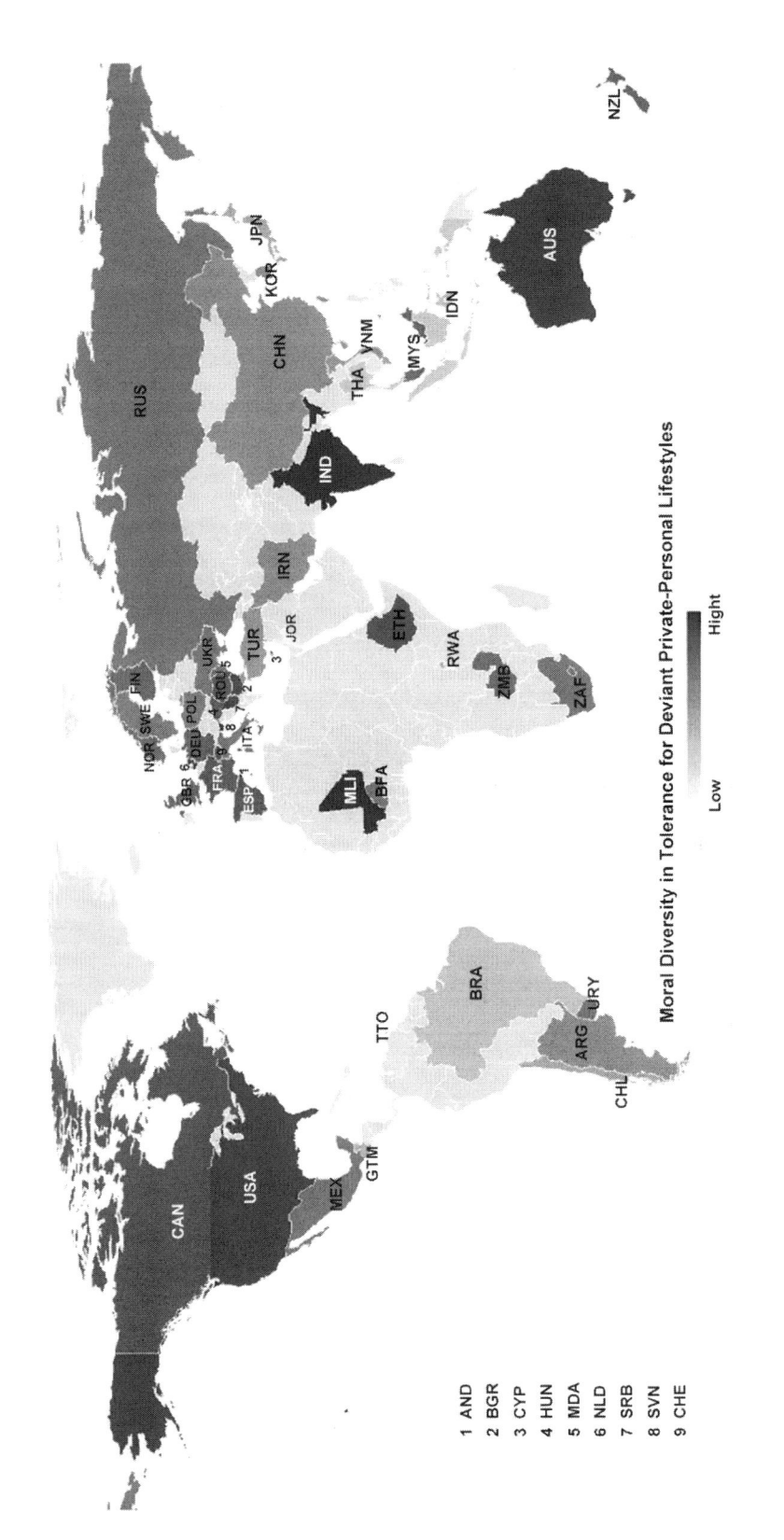

第十四章　從文化多樣性的角度瞭解中華道德思想　325

圖 2　全球 49 個國家對個人性生活方式偏差的正當性之道德多樣性

1 AND
2 BGR
3 CYP
4 HUN
5 MDA
6 NLD
7 SRB
8 SVN
9 CHE

Moral Diversity in Tolerance for Deviant Private-Personal Lifestyles

Low　　　Hight

註：每個國家道德多樣性的程度，是根據該國家全體受訪者的道德判斷差異來評估。較深的顏色代表的是較富當的多樣性。此數據是來自於「世界價值觀調查」(World Values Survey, WVS) 於 2005 年至 2009 年的調查資料。如欲進一步瞭解 WVS 於 2005 年至 2009 年的調查詳情，請參見 http://www.worldvaluessurvey.org/WVSDocumentationWV5.jsp。

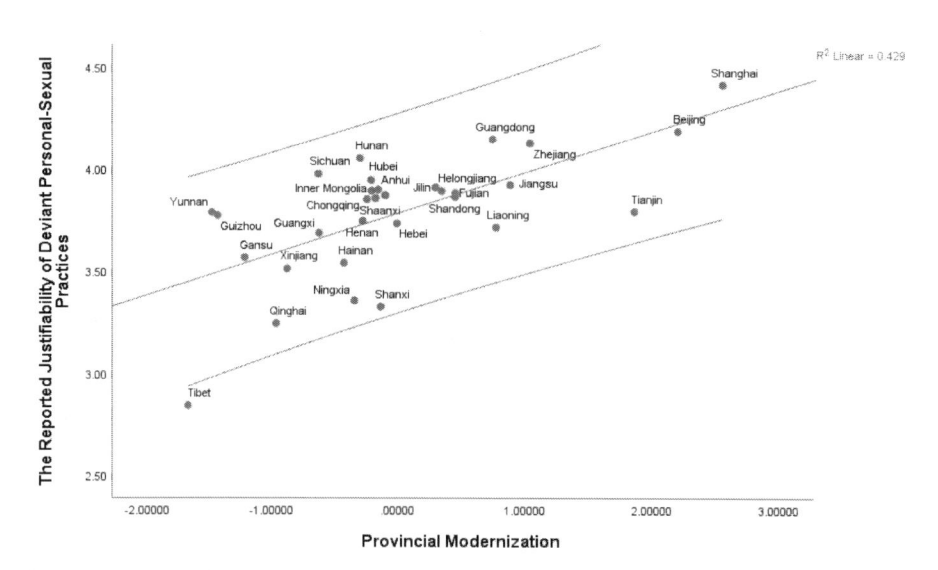

圖3　對於個人性行為偏差的容忍態度與各省分社會現代程度之間的省級線性關聯

註：　上方的線條代表95%信賴區間的上限，而下方的線條代表95%信賴區間的下限。此研究運用了WVS於2005年至2009年所採用的相同問卷，來評估受訪者的道德態度。省級現代化程度是涵蓋了人均國內生產毛額(gross domestic product, GDP)、工業化和後工業化程度、城市化和市場化程度的綜合性指標，這些指標均取自公共資料庫。

（四）未來的發展方向

未來的研究有許多的發展可能。除了擴大道德問題的研究範圍（例如：從針對個人性行為偏差的判斷延伸到更多其他的道德現象）之外，我們也須進行其他多方面的研究調查，才能瞭解中國其他社會單位之間的道德差異。第一，民族差異。中國包含了五十六個民族，儘管漢人占了中國總人口的90%以上。近年來，有越來越多的文獻記錄了中國境內的民族文化差異（如Mccarthy, 2013）。譬如說，根據近期的一項行為經濟學研究結果，與漢族的參與者相比，藏族的參與者更加傾向於保留現有的社會階級制度(Xie, Ho, Meier, & Zhou, 2017)。這項研究表明這兩個族群在道德觀念上存在著顯著的差異，因為社會階級與秩序是道德觀的關鍵考量(Haidt, 2008)。儘管如此，文化與道德心理學家迄今仍未深入研究此類問題。

第二，宗教差異。雖然迄今絕大多數的中國人都認為自己是無宗教信仰者，但佛教、道教、伊斯蘭教和其他宗教的習俗在中國擁有悠久的歷史(Ho, 1995)，尤其是在少數民族中(Mccarthy, 2013)。有充分的證據顯示，宗教能夠有效預測世界各地的文化與道德差異(Cohen & Varnum, 2016; Graham et al., 2016)；舉例來說，越虔誠的人擁有越嚴苛的道德觀念(Vauclair & Fischer, 2011)。儘管如此，只有少數的研究調查指出道德差異如何展現在中國不同的宗教與非宗教群體之間。

第三，政治差異。雖然中國是一黨領導制的國家，但是來自不同社會群體的人，對於某些政治事務仍可能持有不同的看法。舉例來說，根據一項針對中國人政治態度的大型問卷調查發現，較發達省分或教育程度較高的受訪者，對政治自由主義展現了較高的支持 (Pan & Xu, 2018)；這項調查發現似乎證明了社會現代化之於民主化的推動是一種泛文化的機制 (Welzel, 2013; Welzel, Inglehart, & Klingemann, 2003)。已有部分學者發表理論，說明在西方國家中，政治傾向與不同道德觀念之間的關係。舉例來說，在美國的政治體系中，自由派較傾向於依照自主倫理來進行道德判斷，而保守派則傾向於依照社區倫理來進行道德判斷 (Haidt & Graham, 2007)。如果我們可以瞭解這些自西方國家發展而來的道德理論，是否能夠推廣到政治背景截然不同的中國，則這將是一項有趣的研究調查。

第四，商業組織差異。組織文化對於商業倫理來說很重要。譬如說，強調誠信的組織文化可能會轉化為員工的個人價值觀，進而使他們反對不道德的商業行為 (Douglas, Davidson, & Schwartz, 2001)。但是，組織研究學者針對組織文化的前因變量所開展的研究有限 (Ostroff et al., 2012)。因此，對於有哪些環境因素導致了企業間的文化與道德差異，我們至今所知甚少，而中國也許能成為該主題的珍貴研究對象。

未來的研究調查也應當探討道德多樣性對中國瞬息萬變的社會與文化所帶來之影響。道德思想能將社會凝聚在一起 (Graham et al., 2016)。逐漸興起的道德多樣性，是否會對中國的社會穩定性構成極大挑戰？抑或是，道德多樣性實際上促進了公民合作與創造力，從而改造並振興了這個古老文明？這些都是很重要的問題，有待世人去解答。

六、瞭解中華文化與中國人心理的意義

在過去的幾十年裡，跨文化研究帶來了許多證據，幫助我們瞭解國家文化間的差異。這之中特別有趣的地方，在於中國的民族文化體系與西方國家的不同之處、這些民族文化差異如何表現在日常生活中，以及造成這些差異的社會生態因素（如 Bond, 2010; Nisbett et al., 2001; Triandis, 1995）。然而，這些研究卻大大忽略了同一個國家文化體系中的多樣性和活力。因此本章中跳脫出過於簡化的錯誤觀點，以文化多樣性的角度來研究中華道德思想的文化心理，這種觀點對於研究中華文化和心理學具有廣泛的意義。

首先，在瞭解中國文化前，必須先認識它的次文化差異。如果我們在共同國籍的基礎之上，將文化視為同質一致的結構，則這樣的瞭解方式在根本上是有問

題的。正如文化心理學家 Adam Cohen 強烈指出：「來自沙加緬度的南方浸信會男信徒、來自舊金山的塞法迪猶太裔老太太，以及柏克萊加州大學的不可知論者華裔美國學生，他們說同一種語言、擁有共同的歷史背景，並住在同樣的地區，但他們的態度、信仰、規範或價值觀可能不盡相同。」(Cohen, 2009, p. 194)；而這樣的評論也適用於對來自不同社會群體（如農村和城市）的中國人針對賣淫和同性戀等議題應具有相似的道德情感之假設。因此，取出主流價值觀和規範等原型，僅是研究中國人民文化心理的第一步。接著，需要進一步研究這些原型如何在不同的人口、位置或環境中傳播、變化和實踐，以及人們如何在「身為中國人」的共同基礎下，保存並變通他們的次文化身分（如 Mccarthy, 2013）。

其次，我們也必須以「動態思維」(dynamic thinking) 來瞭解中國文化。文化並非是一成不變的實體，儘管傳統觀念往往讓其看似穩定 (Taras & Steel, 2009)。過去幾十年來，中國在社會與經濟方面歷經了高度的發展，「中國奇蹟」(Lin, Cai, & Li, 2003) 也深深地重塑了文化世界觀與人文景觀。尤其是，社會現代化在當代中國民族和文化認同的形成和演變中扮演了關鍵的角色 (Mccarthy, 2013; Sun & Ryder, 2016)。譬如說，我們可以從研究結果中明顯看出，社會現代化大大地促進了在個人自由和生活型態多樣性方面的道德發展，這些觀念就反映在來自較發達地區或受過高等教育的大學生身上，而這個趨勢也與眾多將中國文化定義為單一社會與集體主義的刻板觀念大相逕庭。因此，忽視這些不斷變化的文化動態，將導致我們對中國的當前和未來狀態作出不準確，甚至是錯誤的預測。

接著，我們必須以「多層面思維」(multilevel thinking) 來瞭解中國文化。許多心理學家過去常常會關注人類行為的微觀層面，而社會學家和生態學家則傾向於關注人類社會的宏觀層面。這些學科上的障礙導致微觀、中觀和宏觀層面之間的相互作用未能獲得足夠的重視。此外，若未從這些分析層面謹慎地推斷結果，可能會導致錯誤推論的產生 (Na et al., 2010; Subramanian, Jones, Kaddour, & Krieger, 2009)。鑑於這些挑戰，越來越多的文化研究學者開始採用多層面思維，同時且協同地分析個人、社會群體及其所在環境 (Berry, 2018; Talhelm & Oishi, 2019)。本章證明了這種多層面分析可以得出有趣的發現，並說明道德多樣性在中國的分布與形成方式（例如：地區的社會生態會如何對個人的道德心理產生影響）。若只依賴微觀或宏觀分析，我們將無法獲得這些發現。

最後，若要瞭解中國文化與心理，也必須考量到邊界條件。事實上，我們對文化多樣性、文化變化和多層面分析的強調皆與尋找邊界條件有關。這些環境限制可能會使研究更為複雜。舉例來說，若要僅依據中國和美國大學生對於個人性

生活偏差的看法，來預測兩國農民在相同議題上的態度差異，則必須以更謹慎的形式來進行研究。儘管如此，這些挑戰將帶來新的機會，讓我們得以揭示環境 (context) 在研究調查中的影響力，從而以更明智和鼓舞人心的方式闡明中國人民的文化和心理。

參考文獻

Berry, J. W. (2000). Cross-cultural psychology: A symbiosis of cultural and comparative approaches. *Asian Journal of Social Psychology*, *3*(3), 197-205. https://doi.org/10.1111/1467-839X.00064

Berry, J. W. (2018). Ecocultural perspective on human behavior. In A. K. Uskul & S. Oishi (Eds.), *Socioeconomic environment and human psychology: Social, ecological, and cultural perspectives* (pp. 3-32). Cambridge, UK: Oxford University Press.

Bond, M. H. (2010). *Oxford handbook of Chinese psychology*. Cambridge, UK: Oxford University Press.

Buchtel, E. E., Guan, Y., Peng, Q., Su, Y., Sang, B., Chen, S. X., & Bond, M. H. (2015). Immorality East and West: Are immoral behaviors especially harmful, or especially uncivilized? *Personality and Social Psychology Bulletin*, *41*(10), 1382-1394. https://doi.org/10.1177/0146167215595606

Cai, H., Huang, Z., & Jing, Y. (2019). Living in a changing world: The change of culture and psychology. In D. Matsumoto & H. C. Hwang (Eds.), *The handbook of culture and psychology* (2nd ed., pp. 786-817). New York, NY: Oxford University Press.

Chen, Y., Chen, X., & Portnoy, R. (2009). To whom do positive norm and negative norm of reciprocity apply? Effects of inequitable offer, relationship, and relational-self orientation. *Journal of Experimental Social Psychology*, *45*(1), 24-34. https://doi.org/10.1016/j.jesp.2008.07.024

Chiu, C., & Hong, Y.-Y. (2006). *Social psychology of culture*. New York, NY: Psychology Press.

Chua, R. Y. J., Huang, K. G., & Jin, M. (2019). Mapping cultural tightness and its links to innovation, urbanization, and happiness across 31 provinces in China. *Proceedings of the National Academy of Sciences of the United States of America*, *116*(14), 201815723. https://doi.org/10.1073/pnas.1815723116

Cochrane, S. G., Deng, S., Singh, A., Rogers, J., & Merollo, B. (2019). *China's provincial economies: Growing together or pulling apart?* Retrieved from https://www.moodysanalytics.com/-/media/article/2019/china-provincial-economies.pdf. Accessed, March, 29, 2020.

Cohen, A. B. (2009). Many forms of culture. *The American Psychologist*, *64*(3), 194-204. https://doi.org/10.1037/a0015308

Cohen, A. B., & Varnum, M. E. W. (2016). Beyond East vs. West: Social class, region, and religion as forms of culture. *Current Opinion in Psychology, 8*, 5-9. https://doi.org/10.1016/j.copsyc.2015.09.006

Douglas, P. C., Davidson, R. A., & Schwartz, B. N. (2001). The effect of organizational culture and ethical orientation on accountants' ethical judgments. *Journal of Business Ethics, 34*(2), 101-121. https://doi.org/10.1023/A:1012261900281

Erez, M., & Gati, E. (2004). A dynamic, multi-level model of culture: From the micro level of the individual to the macro level of a global culture. *Applied Psychology, 53*(4), 583-598. https://doi.org/10.1111/j.1464-0597.2004.00190.x

Fukuyama, F. (1995). *Trust: The social virtues and the creation of prosperity*. New York, NY: Free Press Paperbacks.

Gelfand, M. J., Harrington, J. R., & Jackson, J. C. (2017). The strength of social norms across human groups. *Perspectives on Psychological Science, 12*(5), 800-809. https://doi.org/10.1177/1745691617708631

Gelfand, M. J., Raver, J. L., Nishii, L., Leslie, L. M., Lun, J., Lim, B. C., ... Yamaguchi, S. (2011). Differences between tight and loose cultures: A 33-nation study. *Science, 332*(6033), 1100-1104. https://doi.org/10.1126/science.1197754

Graham, J., Meindl, P., Beall, E., Johnson, K. M., & Zhang, L. (2016). Cultural differences in moral judgment and behavior, across and within societies. *Current Opinion in Psychology, 8*, 125-130. https://doi.org/https://doi.org/10.1016/j.copsyc.2015.09.007

Greenfield, P. M. (2009). Linking social change and developmental change: Shifting pathways of human development. *Developmental Psychology, 45*(2), 401-418. https://doi.org/10.1037/a0014726

Greenfield, P. M. (2013). Sociodemographic differences within countries produce variable cultural values. *Journal of Cross-Cultural Psychology, 45*(1), 37-41. https://doi.org/10.1177/0022022113513402

Haidt, J. (2008). Morality. *Perspectives on Psychological Science, 3*(1), 65-72.

Haidt, J., & Graham, J. (2007). When morality opposes justice: Conservatives have moral intuitions that liberals may not recognize. *Social Justice Research, 20*(1), 98-116. https://doi.org/10.1007/s11211-007-0034-z

Ho, D. Y. F. (1995). Selfhood and identity in Confucianism, Taoism, Buddhism, and Hinduism: Contrasts with the West. *Journal for the Theory of Social Behaviour, 25*(2), 115-139. https://doi.org/10.1111/j.1468-5914.1995.tb00269.x

Hofstede, G. (2011). Dimensionalizing cultures: The hofstede model in context. *Online Readings in Psychology and Culture, 2*(1), 1-26. https://doi.org/10.9707/2307-0919.1014

Hwang, K. K., & Han, K.-H. (2010). Face and morality in Confucian society. In M. H. Bond (Ed.), *Oxford handbook of Chinese psychology* (pp. 479-498). Cambridge, UK: Oxford University Press.

Inglehart, R., & Baker, W. E. (2000). Modernization, cultural change, and the persistence of traditional values. *American Sociological Review*, *65*(1), 19-51. https://doi.org/10.2307/2657288

Ivanhoe, P. J. (2011). *Confucian moral self cultivation*. Indianapolis, IN: Hackett Publishing.

Jing, Y., Ji, L.-J., Bao, H.-W.-S., Yang, Z., Xie, Y., Wang, X., ... Cai, H. (2021). *Understanding regional cultural-psychological variations and their sources: A large-scale examination in China*. Manuscript in preparation.

Jung, Y., Hall, J., Hong, R., Goh, T., Ong, N., & Tan, N. (2014). Payback: Effects of relationship and cultural norms on reciprocity. *Asian Journal of Social Psychology*, *17*(3), 160-172. https://doi.org/10.1111/ajsp.12057

Kashima, Y., Kokubo, T., Kashima, E. S., Boxall, D., Yamaguchi, S., & Macrae, K. (2004). Culture and self: Are there within-culture differences in self between metropolitan areas and regional cities? *Personality and Social Psychology Bulletin*, *30*(7), 816-823. https://doi.org/10.1177/0146167203261997

Lin, J. Y., Cai, F., & Li, Z. (2003). *The China miracle*. Hongkong, China: Chinese University Press.

Lu, X., & Lyell, W. A. (n.d.). *Diary of a madman and other stories*. Hononolu, HI: University of Hawaii Press.

Markus, H. R., & Kitayama, S. (1991). Culture and the self: Implications for cognition, emotion, and motivation. *Psychological Review*, *98*(2), 224-253. https://doi.org/10.1037/0033-295X.98.2.224

Mccarthy, S. K. (2013). *Communist multiculturalism: Ethnic revival in Southwest China*. Seattle, WA: University of Washington Press.

McColl, R. W. (2020). *Understanding the geography of China*. Retrieved from https://asiasociety.org/education/understanding-geography-china. Accessed, April, 14, 2020.

Minkov, M. (2013). *Cross-cultural analysis: The science and art of comparing the world's modern societies and their cultures*. Thousand Oaks, CA: Sage Publications Inc.

Minkov, M., Blagoev, V., & Hofstede, G. H. (2013). The boundaries of culture: Do questions about societal norms reveal cultural differences? *Journal of Cross-Cultural Psychology*, *44*(7), 1094-1106. https://doi.org/10.1177/0022022112466942

Mu, Y., Kitayama, S., Han, S., & Gelfand, M. J. (2015). How culture gets embrained: Cultural differences in event-related potentials of social norm violations. *Proceedings of the National Academy of Sciences of the United States of America*, *112*(50), 15348-15353. https://doi.org/10.1073/pnas.1509839112

Na, J., Grossmann, I., Varnum, M. E. W., Kitayama, S., Gonzalez, R., & Nisbett, R. E. (2010). Cultural differences are not always reducible to individual differences. *Proceedings of the National Academy of Sciences of the United States of America*, *107*(14), 6192-6197. https://doi.org/10.1073/pnas.1001911107

Nisbett, R. E., Choi, I., Peng, K., & Norenzayan, A. (2001). Culture and systems of thought: Holistic versus analytic cognition. *Psychological Review*, *108*(2), 291-310. https://doi.org/10.1037/0033-295X.108.2.291

Ohlander, J., Batalova, J., & Treas, J. (2005). Explaining educational influences on attitudes toward homosexual relations. *Social Science Research*, *34*(4), 781-799. https://doi.org/10.1016/j.ssresearch.2004.12.004

Ostroff, C., Kinicki, A. J., & Muhammad, R. S. (2012). Organizational culture and climate. In I. B. Weiner (Ed.), *Handbook of psychology* (2nd ed.). New York, NY: John Wiley & Sons, Inc. https://doi.org/10.1002/9781118133880.hop212024

Pan, J., & Xu, Y. (2018). China's ideological spectrum. *Journal of Politics*, *80*(1), 254-273. https://doi.org/10.1086/694255

Realo, A., Allik, J., & Vadi, M. (1997). The hierarchical structure of collectivism. *Journal of Research in Personality*, *31*(31), 93-116. https://doi.org/10.1006/jrpe.1997.2170

Rentfrow, P. J., & Jokela, M. (2016). Geographical psychology: The spatial organization of psychological phenomena. *Current Directions in Psychological Science*, *25*(6), 393-398. https://doi.org/10.1177/0963721416658446

Rusbult, C. E., & Van Lange, P. A. M. (2003). Interdependence, interaction, and relationships. *Annual Review of Psychology*, *54*(1), 351-375. https://doi.org/10.1146/annurev.psych.54.101601.145059

Santos, H. C., Varnum, M. E. W., & Grossmann, I. (2017). Global increases in individualism. *Psychological Science*, *28*(9), 1228-1239. https://doi.org/10.1177/0956797617700622

Scheepers, P., Te Grotenhuis, M., & Van Der Slik, F. (2002). Education, religiosity, and moral attitudes: Explaining cross-national effect differences. *Sociology of Religion*, *63*(2), 157-176. https://doi.org/10.2307/3712563

Sng, O., Neuberg, S. L., Varnum, M. E. W., & Kenrick, D. T. (2018). The behavioral ecology of cultural psychological variation. *Journal of Personality and Social Psychology*, *125*, 714-743. https://doi.org/10.1037/rev0000104

Subramanian, S. V, Jones, K., Kaddour, A., & Krieger, N. (2009). Revisiting Robinson: The perils of individualistic and ecologic fallacy. *International Journal of Epidemiology*, *38*(2), 342-360. https://doi.org/10.1093/ije/dyn359

Sun, J., & Ryder, A. G. (2016). The Chinese experience of rapid modernization: Sociocultural changes, psychological consequences? *Frontiers in Psychology*, *7*, 1-13. https://doi.org/10.3389/fpsyg.2016.00477

Talhelm, T., & Oishi, S. (2019). Culture and ecology. In D. Cohen & S. Kitayama (Eds.), *Handbook of cultural psychology* (pp. 119-143). New York, NY: Guilford Press.

Talhelm, T., Zhang, X., Oishi, S., Shimin, C., Duan, D., Lan, X., & Kitayama, S. (2014). Large-scale psychological differences within China explained by rice versus wheat agriculture. *Science*, *344*(6184), 603-608. https://doi.org/10.1126/science.1246850

Taras, V., & Steel, P. (2009). Beyond Hofstede: Challenging the ten commandments of cross-cultural research. In C. Nakata (Ed.), *Beyond Hofstede: Culture frameworks for global marketing and management*. New York, NY: Macmillan/Palgrav.

Triandis, H. C. (1989). The self and social behavior in differing cultural contexts. *Psychological Review*, *96*(3), 506-520.

Triandis, H. C. (1995). *Individualism and collectivism.* Boulder, CO: Westview.

Uz, I. (2015). The index of cultural tightness and looseness among 68 countries. *Journal of Cross-Cultural Psychology, 46*(3), 319-335. https://doi.org/10.1177/0022022114563611

Van de Vliert, E., Yang, H., Wang, Y., & Ren, X. (2013). Climato-economic imprints on Chinese collectivism. *Journal of Cross-Cultural Psychology, 44*(4), 589-605. https://doi.org/10.1177/0022022112463605

Vauclair, C. M., & Fischer, R. (2011). Do cultural values predict individuals' moral attitudes? A cross-cultural multilevel approach. *European Journal of Social Psychology, 41*(5), 645-657. https://doi.org/10.1002/ejsp.794

Welzel, C. (2013). *Freedom rising.* Cambridge, UK: Cambridge University Press.

Welzel, C., & Delhey, J. (2015). Generalizing trust: The benign force of emancipation. *Journal of Cross-Cultural Psychology, 46,* 875-896. https://doi.org/10.1177/0022022115588366

Welzel, C., Inglehart, R. F., & Klingemann, H.-D. (2003). The theory of human development: A cross-cultural analysis. *European Journal of Political Research, 42,* 341-379. https://doi.org/10.1111/1475-6765.00086

Xie, W., Ho, B., Meier, S., & Zhou, X. (2017). Rank reversal aversion inhibits redistribution across societies. *Nature Human Behaviour, 1*(8), 1-5. https://doi.org/10.1038/s41562-017-0142

Yamagishi, T. (2011). *Trust: The evolutionary game of mind and society.* New York, NY: Springer.

Yamagishi, T., Hashimoto, H., Li, Y., & Schug, J. (2012). Stadtluft macht frei (city air brings freedom). *Journal of Cross-Cultural Psychology, 43*(1), 38-45. https://doi.org/10.1177/0022022111415407

Yan, Y. (2011). The changing moral landscape. In A. Kleinman (Ed.), *Deep China* (pp. 36-77). Berkeley, CA: University of California Press.

國家圖書館出版品預行編目（CIP）資料

中國人道德體系的文化演進 / 柯仁泉（Ryan Nichols）編著. -- 新北市：華藝數位股份有限公司學術出版部出版：華藝數位股份有限公司發行, 2023.08
　面；　公分
ISBN 978-986-437-205-8(平裝)

1.CST: 道德 2.CST: 中國文化

199　　　　　　　　　　　　　　　112006038

中國人道德體系的文化演進

編　　著／柯仁泉 (Ryan Nichols)
責任編輯／吳若昕
封面設計／張大業
版面編排／許沁寧

發 行 人／常效宇
總 編 輯／張慧銖
業　　務／陳姍儀

出　　版／華藝數位股份有限公司　學術出版部（Ainosco Press）
　　　　　地　　址：234 新北市永和區成功路一段 80 號 18 樓
　　　　　電　　話：(02) 2926-6006　傳真：(02) 2923-5151
　　　　　服務信箱：press@airiti.com

發　　行／華藝數位股份有限公司
　　　　　戶名（郵政／銀行）：華藝數位股份有限公司
　　　　　郵政劃撥帳號：50027465
　　　　　銀行匯款帳號：0174440019696（玉山商業銀行　埔墘分行）

　　ISBN／978-986-437-205-8
　　 DOI／10.978.986437/2058
出版日期／2023 年 8 月
定　　價／新台幣 1,000 元

版權所有・翻印必究
（如有缺頁或破損，請寄回本社更換，謝謝）

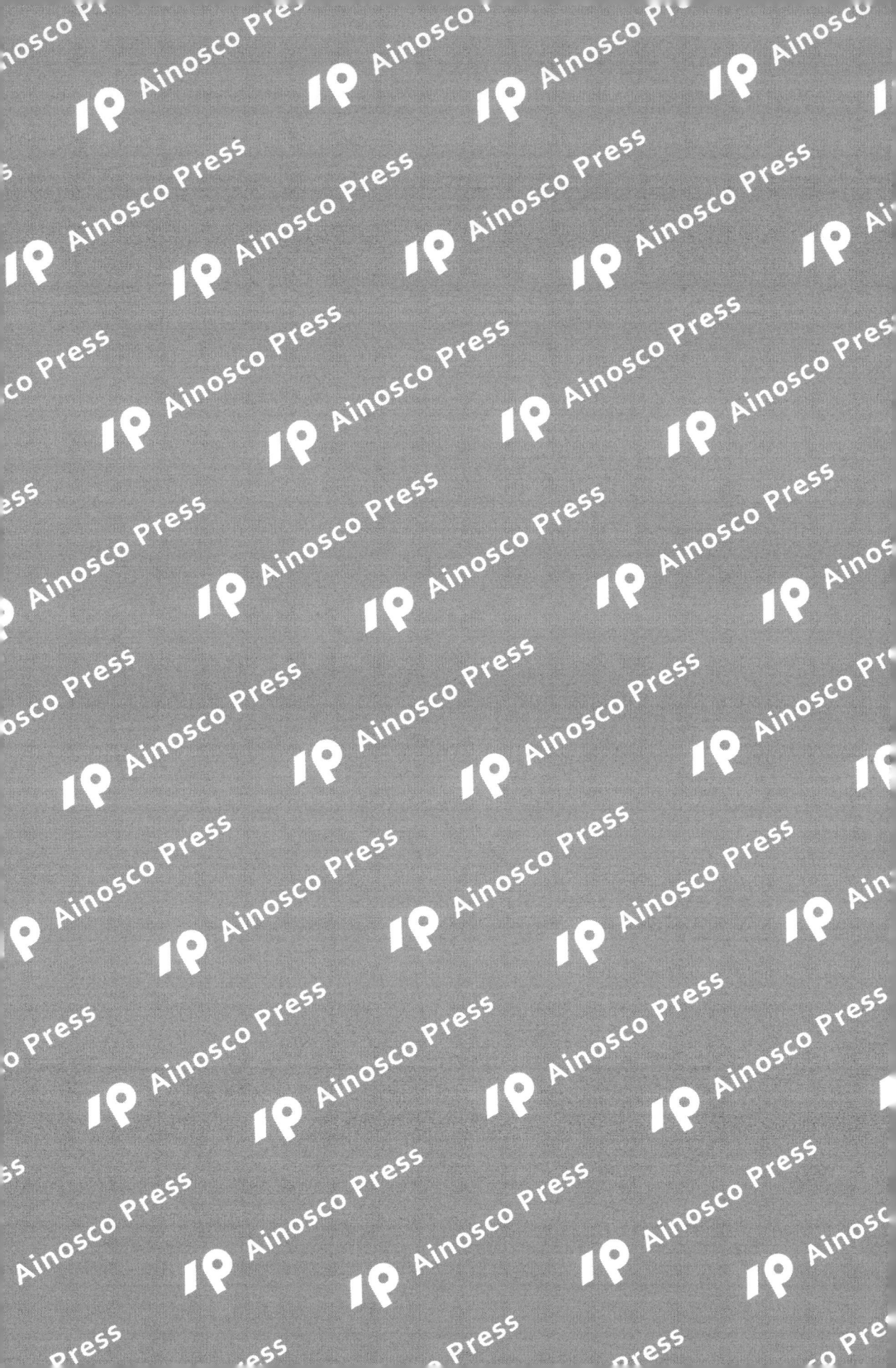

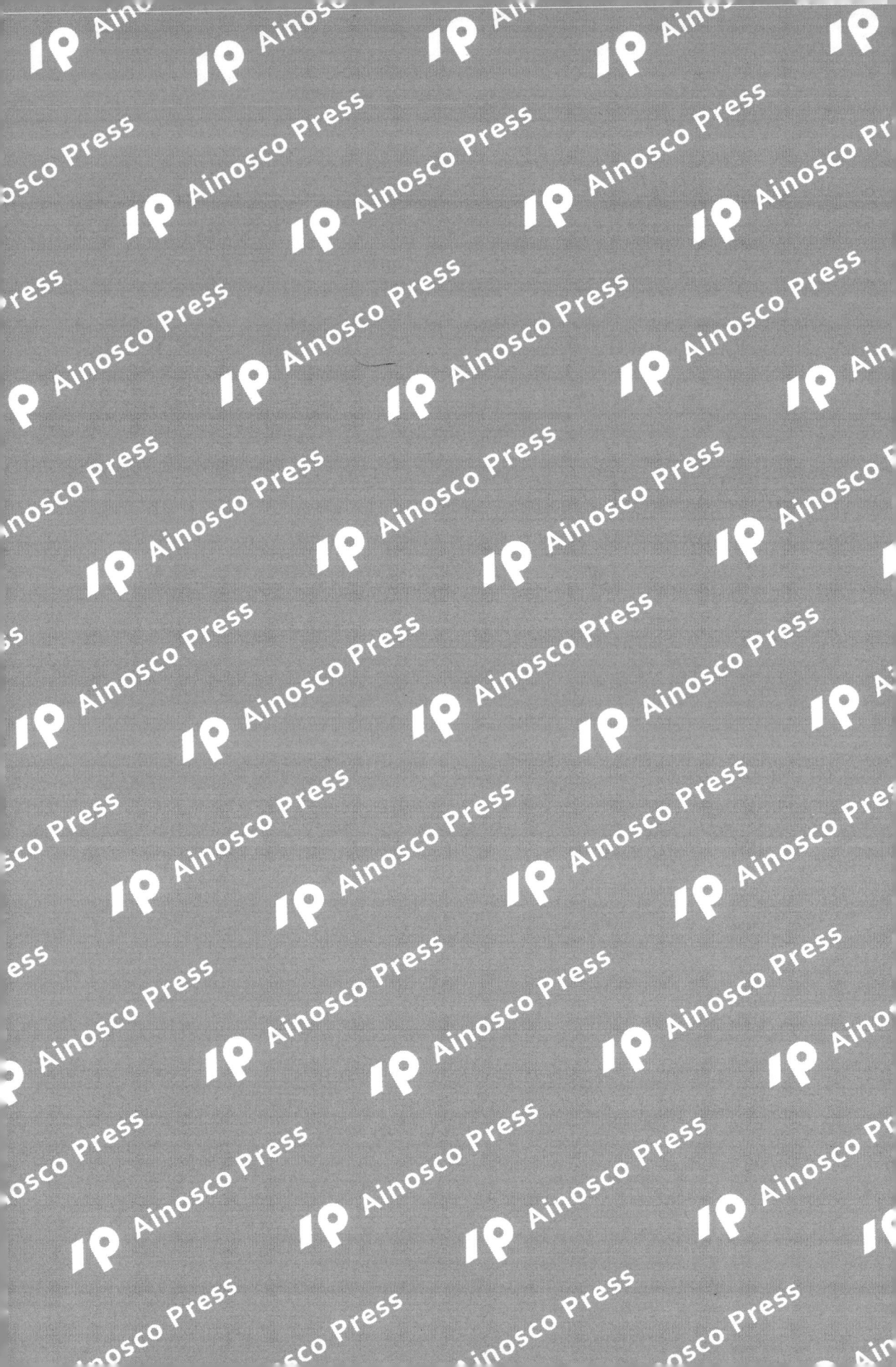